高等教育财经类核心课程系列教材
高等院校应用技能型精品规划教材

富媒体 智能化

国际货物运输与保险
International Cargo Transportation and Insurance

（第四版）

应用·技能·案例·实训

李贺 ◎ 主编

（视频版）

上海财经大学出版社

图书在版编目(CIP)数据

国际货物运输与保险:应用·技能·案例·实训/李贺主编.—4版.
—上海:上海财经大学出版社,2021.3
高等教育财经类核心课程系列教材
高等院校应用技能型精品规划教材
ISBN 978-7-5642-3656-4/F·3656

Ⅰ.①国… Ⅱ.①李… Ⅲ.①国际货运-高等学校-教材②国际货运-交通运输保险-高等学校-教材　Ⅳ.①F511.41②F840.63

中国版本图书馆 CIP 数据核字(2020)第 177519 号

□ 责任编辑　汝　涛
□ 书籍设计　贺加贝

国际货物运输与保险
——应用·技能·案例·实训
(第四版)
李　贺　主编

上海财经大学出版社出版发行
(上海市中山北一路369号　邮编200083)
网　　址:http://www.sufep.com
电子邮箱:webmaster@sufep.com
全国新华书店经销
上海新文印刷厂有限公司印刷装订
2021年3月第4版　2024年1月第4次印刷

787mm×1092mm　1/16　19.75印张　506千字
印数:32 301—33 300　定价:49.00元

第四版前言

在国际贸易中,运输与保险相辅相成、不可或缺,是进出口贸易业务流程中的两个重要环节。为了适应我国对外贸易运输与保险事业的快速、持续增长,培养更多的应用技能型人才,我们依据《国务院关于印发国家教育事业发展"十三五"规划的通知》,结合目前教育部对高校教改的要求,以及财经类高等院校应用技能型学生培养模式教学目标的创新、国家相关政策的发展变化,以工作过程为导向,注重理论联系实际,目的在于提高学生的应用能力、实践能力和创新能力,依照"原理先行、实务跟进、案例同步、实训到位"的原则,改版了这本最新的实用性很强并具有一定前瞻性的富媒体·智能化教材——《国际货物运输与保险》(第四版)。富媒体·智能化教材实现了传统纸质教材与数字技术的融合,通过二维码建立链接,将视频、图文和试题库等富媒体资源呈现给学生;从教材内容的选取来看,实现了技能教育与产业发展的融合,注重专业教学内容与职业能力培养的有效对接;从教材的教学使用过程来看,实现了线下自主与线上互动的融合,学生可以在有网络支持的地方自主完成预习、巩固和复习等。

本书共分为两篇:上篇,国际货物运输;下篇,国际货物保险。涵盖12个项目、41项任务。本书在编写时对每一个项目均做了下列阐述:首先,"知识目标",针对项目的内容做了递进层次上的编排,分为理解、熟知、掌握,使学生在学习时有一定的侧重点把握;"技能目标",培养学生的思考能力和解决实际应用问题的能力;"素质目标",培养大批具有创新意识和创新能力的应用技术型人才,是迎接知识经济挑战的根本任务。其次,"项目引例",激发学生的学习兴趣,通过引例使学生明确学习的内容,增强学生的学习自信心和学习自觉性。"知识精讲",把理论和实践融会贯通,在内容的讲解上,穿插了"视野拓展""同步思考""同步案例""做中学",便于学生对所学知识点的理解;在形式上,尽量采用图表阐释;在语言上,力求通俗易懂的表达,将概念和术语可读化。最后,本课程具有较强的实践性,立足于提高学生整体素质和综合实践应用技术能力,使学生掌握必要的专业知识,课后编排了"基础训练"(包含单项选择题、多项选择题、简述题、技能案例、计算题)、"综合实训"(包含实训项目、实训情境、实训任务),体现本书内容的实用性、新颖性、创新性和可操作性。

作为普通高等教育应用技能型财经类核心课程系列教材,本书具有以下特色:

1. 内容全面,体系规范。本书对国际货物运输与保险的基本内容进行了深入细致的讲解,图文并茂,并利用二维码技术呈现相关解析和视频,活泼了本书的形式、拓展了本书载体,使之具备富媒体特色。本书以工作过程为导向,对实践应用的具体方法做了系统而全面的介绍,以便读者进行比较、分析,增强其分析问题、解决问题的能力。

2. 结构新颖,栏目丰富。每一项目的开篇都有清晰的"知识目标""技能目标""素质目标""项目引例";正文中穿插了"视野拓展""同步思考""同步案例""做中学";课后编排了"基础训练""综合实训",以呼应本书的实践性、应用性的特色。

3. 与时俱进,紧跟政策。为了让广大读者了解到国际货物运输与保险最新的研究成果和实践中的热点问题,经过较长时间准备,对本书进行了第四版的调整和修改,更新了最新的相关数据。本次修订,立足于内容新颖、实践前沿和创新,引入了国际货物运输与保险的最新研究成果、可视化图片以及相关案例和方法,突出学术性、实用性和可操作性。

4. 学练结合,学以致用。鉴于本书实践应用性较强的特点,为了便于及时复习所学的知识内容,提高学习效率,本书在课后安排了"基础训练""综合实训",主要引导学生"学中做"和"做中学",一边学理论,一边将理论知识加以应用,充分体现应用型人才培养目标,遵循"以应用为目的,以够用为原则",实现理论和实训一体化。

5. 教辅资源,配备齐全。为方便教师教学,本书还配有免费的教学大纲、教学课件、习题参考答案、模拟试卷、综合测试试题及答案、习题指导等。

本书由李贺主编。赵昂、李明明、李虹、美荣、李林海、王玉春、李洪福 7 人负责全书教学资源包的制作以及写作过程中的资料收集整理。

本书适用于高等院校和应用型教育层次的国际经济与贸易、物流管理、报关与国际货运、国际商务、电子商务等专业方向的学生使用,同时也可作为自学考试、专升本的辅助教材。另外,本书配有姊妹书籍《国际货运代理》(书号:978-7-5642-3425-6)。

本书得到了中国外运东北有限公司赵毅、大童保险服务公司邢毅和出版单位的大力支持,以及参考文献中作者们的贡献,谨此一并表示衷心的感谢!本书在编写过程中参阅了参考文献中的教材、著作、法律、法规、网站等资料。由于编写时间仓促,加之编者水平有限,难免存在一些不足之处,恳请专家、学者批评指正,以便我们不断地更新、改进与完善。

| 内容更新与修订 | 习题指导 | 综合测试试题及答案 |

编 者
2020 年 10 月

目 录

第四版前言 ·· 001

上篇　国际货物运输

项目一　国际货物运输总论 ·· 003
　任务一　运输概述 ·· 004
　任务二　国际货物运输概述 ·· 006
　任务三　国际货物运输的组织、当事人和方式 ·· 010
　任务四　国际货物运输的研究对象、法律环境 ·· 014
　　基础训练 ··· 016
　　综合实训 ··· 017

项目二　运输代理人、国际货运代理、第三方物流 ······································ 019
　任务一　运输代理人 ··· 020
　任务二　国际货运代理 ·· 025
　任务三　第三方物流 ··· 029
　　基础训练 ··· 031
　　综合实训 ··· 032

项目三　国际海上货物运输 ·· 034
　任务一　国际海上货物运输概述 ·· 035
　任务二　海运航线 ·· 049
　任务三　国际海上运输经营方式 ·· 052
　任务四　滞期费和速遣费的计算 ·· 068
　任务五　国际海上货运单据 ·· 075
　任务六　海上货物运输合同 ·· 093
　任务七　内贸货物跨境运输 ·· 096
　　基础训练 ··· 098

综合实训 ··· 100

项目四　国际铁路货物运输 ··· 106
　　任务一　国际铁路货物运输概述 ·· 107
　　任务二　国际铁路货物联运 ··· 111
　　任务三　对港、澳地区的铁路货物运输 ·· 124
　　　基础训练 ··· 130
　　　综合实训 ··· 131

项目五　国际航空货物运输 ··· 132
　　任务一　国际航空货物运输概述 ·· 133
　　任务二　国际航空货运代理实务 ·· 141
　　任务三　国际航空货物运价与运费 ··· 144
　　任务四　航空货运单 ·· 151
　　　基础训练 ··· 157
　　　综合实训 ··· 159

项目六　国际公路、内河、管道、邮政运输 ··· 162
　　任务一　国际公路货物运输 ··· 163
　　任务二　国际内河货物运输 ··· 172
　　任务三　国际管道运输 ·· 173
　　任务四　国际邮政运输 ·· 175
　　　基础训练 ··· 179
　　　综合实训 ··· 180

项目七　集装箱运输、国际多式联运、大陆桥运输 ······························· 181
　　任务一　集装箱运输 ·· 181
　　任务二　国际多式联运 ·· 199
　　任务三　大陆桥运输 ·· 208
　　　基础训练 ··· 211
　　　综合实训 ··· 212

下篇　国际货物保险

项目八　风险、保险及保险的基本原则 ·· 215
　　任务一　风险概述 ·· 215

  任务二 保险概述 ··· 222
  任务三 保险的基本原则 ··· 236
    基础训练 ·· 248
    综合实训 ·· 249

项目九 海上运输货物保险合同与保障范围 ······································· 251
  任务一 海上运输货物保险合同 ·· 252
  任务二 海上运输货物的保障范围 ·· 256
    基础训练 ·· 264
    综合实训 ·· 265

项目十 海洋运输货物保险险别与条款 ··· 266
  任务一 我国海洋货物运输保险险别与条款 ································ 267
  任务二 伦敦保险协会海运货物保险条款 ···································· 272
    基础训练 ·· 276
    综合实训 ·· 277

项目十一 海上货物运输保险实务 ··· 278
  任务一 投保 ·· 279
  任务二 海上保险单据 ··· 284
  任务三 索赔 ·· 290
    基础训练 ·· 295
    综合实训 ·· 297

项目十二 陆运货物、空运货物和邮包货物保险 ······························· 301
  任务一 陆上运输货物保险 ··· 302
  任务二 航空运输货物保险 ··· 303
  任务三 邮包货物保险 ··· 304
    基础训练 ·· 306
    综合实训 ·· 307

参考文献 ··· 308

上 篇
国际货物运输

项目一

国际货物运输总论

○ **知识目标**

理解：运输概念、运输的功能与原理、运输的性质与特点。

熟知：国际货物运输的任务、性质；国际货物运输管理组织。

掌握：国际货物运输的特点、方式及要求；国际货物运输当事人的类型。

○ **技能目标**

能够在熟悉国际货物运输法律环境的框架下，具备合理地选择国际货物运输方式的能力。

○ **素质目标**

运用所学的理论与实务知识研究相关案例，培养和提高在特定业务情境下分析问题与决策设计的能力；能结合教学内容，依照行业规范与标准，分析行为的善恶，强化职业道德素质。

○ **项目引例**

国际货物运输带来的争执

2021年1月，大连T公司向荷兰M公司出售一批纸箱装货物，以FOB条件成交，目的港为鹿特丹，由M公司租用H远洋运输公司的货轮承运该批货物。同年1月15日，在大连港装船。船方接货时，发现30箱货物外表破碎，于是大副在收货单上注明"该批货物30箱外表破碎"字样。船方准备将其注于提单之上，T公司赶紧向船方解释说买方是老客户，不会因包装问题而提出索赔的，因此不让船方转注提单之上并向船方提交保函，"若收货人以包装为由向承运人索赔，由我方承担责任"。于是，船方签发了清洁提单。该船起航不久接到M公司指示，要求将卸货港改为法国马赛港，收货人变更为法国的F公司。一个月后货到马赛港，F公司发现40箱包装破碎，内部货物不同程度受损。于是，以清洁提单与货物不符为由向船方索赔。后经裁定，船方向F公司赔偿20多万美元。之后，船方凭保函向卖方T公司要求偿还20多万美元的损失，但T公司以装船时仅有30箱包装破碎为由，拒绝赔偿余下的10箱损失，于是船方与卖方发生了争执。

引例分析：此案卖方出具保函换取清洁提单，导致船货双方产生纠纷。国际货物运输具有线长、面广、环节多、时间性强、情况复杂、风险大的特点，买卖双方都竭力寻求满足自身货运要求的方式，以避免自己的利益受损。因此，国际货物运输是一笔交易能否顺利完成的关键所在，货物能否安全从装运地到达目的地是相关交易方极为关注的问题。国际货物运输是不同国家或单独关税区之间的货物运输。国际货物运输既是国际贸易的重要环节，又是交通运输的高级环节，可以说，国际货物运输课程是国际贸易与交通运输两门学科的交汇部分。

众所周知，按时、按质、按量将货物装运出口，安全、迅速、准确、节省、方便地利用各种运输工具，选择适当的运输方式和路线，把货物从一个国家（或地区）运到另一个国家（或地区），实现货物由卖方向买方的国际转移,是买卖双方都期望的事情。

○ **知识精讲**

任务一 运输概述

当代国际服务贸易和国际货物贸易越来越全球化,各国之间的经济交往越来越频繁,各地区之间互通有无实现了优势互补。交通运输服务贸易就是伴随着国际货物贸易的产生和发展而逐渐形成并壮大起来的。国际货物运输是国际贸易的一个重要环节,在某种商品达成交易以后,只有通过国际货物运输并按照合同约定的时间、地点和交货条件把商品交给对方或其代理人,这样国际贸易才算完成。

一、运输的概念

运输(Transportation)就是人和物的载运和输送,即以各种运载工具,沿着相应的地理运输媒介和输送路线,将人和物等运输对象从一个地方运送到另一个地方的位移过程。

【视野拓展1-1】 运输业发展史

在资本主义之前相当长时期,生产力水平较低,人们只能依靠驮畜、畜力、人力车和木帆船等运输工具进行运输。

随着社会生产和商品交换的发展,社会对运输的需求日益增加,于是便出现了以运输工具为生计的小生产者,他们专门从事运输活动。为了解决运输能力与对运输需求不相适应的矛盾,人们除了不断改进运输工具外,还致力于开河、造桥、筑路。

到了12世纪,我国就已经开始在海船上使用指南针进行导航。产业革命后出现了机器大生产,先前的运输手段已经远远不能满足资本主义大生产条件下运量急剧加大和运程迅速增长的需要,同时科学技术的发展也为运输工具的革命和运输业的发展提供了物质技术基础。美国人富尔顿发明了轮船,英国人斯蒂芬森发明了蒸汽机车后,人类从事运输活动便从仅利用自然动力和畜力动力进入机器动力时代。1807年,富尔顿的第一艘轮船"克莱蒙特号"在美国下水;1825年,第一条铁路在英国正式办理货运业务,标志着机械运输业的开始。随后,海洋运输和铁路运输迅速发展。

进入20世纪30年代,汽车运输、航空运输和管道运输又相继崛起,并迅速发展,逐渐形成了包括水、陆、空等多种运输方式的现代化运输体系。

在20世纪四五十年代,第三次产业革命的爆发,把人类社会带入了新材料、新能源、宇宙航天、生物工程、信息工程为标志的科学技术的崭新时代。人类的第三次科技飞跃,极大地推动了运输业的发展。而运输工具的新发明、新改革的结果,又引起运输业向大型化、高速化、专门化和自动化的方向发展。国际物流业和国际物流市场的出现,标志着交通运输业又进入一个新的发展阶段。

【同步思考1-1】 国际物流与运输环节的关系

国际物流系统(International Logistic System),是由商品的包装、储存、运输、检验、流通加工和其前后的整理、再包装以及国际配送等子系统组成的。其中,储存和运输子系统是物流的两大支柱。国际物流通过商品的储存和运输,实现其自身的时间和空间效益,满足国际贸易活动和跨国公司经营的要求。

运输的作用是将商品使用价值进行空间移动，物流系统依靠运输作业克服商品生产地点和消费地点的空间距离，创造了商品的空间效益。国际货物运输是国际物流系统的核心。商品通过国际货物运输作业由卖方转移给买方。国际货物运输具有路线长、环节多、涉及面广、手续繁杂、风险性大、时间性强等特点。运输费用在国际贸易商品价格中占有很大比重。国际运输主要包括运输方式的选择、运输单据的处理以及投保等有关方面。

【视野拓展1-2】　　　　现代物流业的兴起

第二次世界大战期间，美军后勤供应采用了托盘、集装箱、叉车等先进的运输工具和装卸手段，有力地保障了物资供应，促使人们认识到对物流进行系统研究可以大大提高运输效率。于是，在战后经济贸易活动中，人们开始将"物流"这个概念引入企业管理的范畴中来。通过研究，人们发现物流系统具有极大的降低成本的空间，特别是经历了20世纪70年代初第一次石油危机、1997年东南亚金融危机后，物流业所形成的产业支柱对抗和防御经济危机的能力越来越显现出来，于是，经济发达国家和地区率先展开物流业。根据美国物流管理协会（Council of Logistics Management，CLM）的定义，现代物流是以满足消费者需求而进行的对原材料、中间库存、最终产品及相关信息从起始地到消费地的有效流动与存储的计划、实施和控制的过程。我国国家标准《物流术语》对物流（Logistics）的定义是：物品从供应地向接收地的实体流动过程，根据实际需要，将运输、储存、装卸、搬运、包装、流通加工、配送、信息处理等基本功能实施有机结合。运输业处于现代物流业的中间环节，货运代理也是在这个基础上产生的。

二、运输的功能与基本原理

运输的两大功能：物品移动和短时储存。其中，①物品移动，运输的主要目的就是以最短的时间、最低的成本将物品转移到规定地点，运输的主要功能就是产品在价值链中实现位移，运输可以创造空间效用和时间效用。②短时储存，运输的另一个功能是对物品在运输期间进行短时储存，就是将运输工具（车辆、船舶、飞机、管道等）作为临时储存设施。

运输的基本原理：规模经济和距离经济。其中，①规模经济（Economy of Scale）是随装运规模的增长，使单位重量的运输成本降低。另外，通过规模运输还可以获得运价折扣，也能使单位货物的运输成本降低。②距离经济（Economy of Distance）是指每单位距离的运输成本随距离的增加而减少。距离经济的合理性类似于规模经济，尤其体现在运输装卸费用的分摊上。

三、运输的性质与特点

（一）运输的性质

运输把生产和消费联系起来，使生产过程在流通过程中继续进行。如果不通过运输把产品送至消费地点，产品的使用价值就无法实现，产品的生产过程就没有最后完成。在运输的生产过程中，不生产任何新的、有形的物质产品。运输只能使产品的位置发生移动，而不能改变产品的性质和形态。

运输业是一个独立的物质生产部门，它与其他物质生产部门一样，也具有物质生产的特征，具备物质生产的三要素，即劳动力（运输者）、劳动工具（运输通道和运输工具）、劳动对象（货物和人）。

现代运输手段由以下四个要素组成：①运输工具。它是指运载货物和人的设备，如轮船、飞机、汽车、火车等。运输工具需要与运输动力、运输通道配合,才能发挥效用。②运输动力。它是指推动运输工具前进的动力。③运输通道。它是运输工具借以运行的媒介,如海洋、江河、铁路、公路等。④电信设备。它是传递信息的工具,既能帮助提高效率,又能配合避免风险。

(二)运输的特点

运输的特点包括以下方面:
(1)运输是在产品的流通领域内进行的,是生产过程在流通过程中的延续。
(2)运输不能改变劳动对象的性质和形状,不能生产出任何独立物质形态的产品。
(3)运输使投入流通领域的产品发生位置移动,从而将生产和消费(包括生产消费和生活消费)联结起来,使产品的使用价值得以实现。
(4)在运输费用中,没有原料费用,固定资产(运输设备)的折旧和工资是运输的主要费用。

任务二 国际货物运输概述

一、国际货物运输的概念

运输,就其运送对象来说,可分为货物运输和旅客运输。货物运输可按地域划分为国内货物运输和国际货物运输两类。其中,国际货物运输,就是货物在不同的国家与地区之间的运输,按其运输对象的性质可以分为贸易物资运输和非贸易物资运输两种类型,其中贸易物资运输占有绝大部分比重,非贸易物资运输仅指展览品、个人行李、援外物资等。因此,国际贸易运输通常被称为国际货物运输,对一个国家而言,就是对外贸易运输,即"外贸运输"。

二、国际货物运输的性质

在国际贸易中,商品的价格包含着商品的运价,商品的运价在商品的价格中占有一定的比重,一般来说,约占10%;在有的商品中,要占到30%~40%。商品的运价也与商品的生产价格一样,随着市场供求关系变化而围绕着价值上下波动。商品的运价随着商品的物质形态一起进入国际市场中交换,商品运价的变化直接影响国际贸易商品价格的变化。而国际货物运输的主要对象又是国际贸易商品,可以说,国际货物运输就是一种国际贸易,只不过它用于交换的不是物质形态的商品,而是一种特殊的商品,即货物的位移。所谓商品运价,就是它的交换价格。

由此,从贸易的角度来说,国际货物运输就是一种无形的国际贸易。

三、国际货物运输的对象

国际货物运输的对象是货物(在进出口实务中称为商品)。货物的种类千差万别,了解货物的种类和性质,对于合理选择运输方式和运输工具,保证安全、准确、及时、省时和经济地将货物运送到目的地,起着非常关键的作用。货物可以根据其形态、包装、重量、体积和运量大小等角度进行分类。

(一)按货物的形态,可分为湿货和干货

1. 湿货

湿货(Liquid Cargo)又称液体货物,这类货物主要有石油、化工品、食用油、酒等。液体货

物运输一般需用专门的船舶或专门的集装箱来装运。

2. 干货

除湿货以外的其他货物统称为干货(Dry Cargo)。

(二)按货物的包装,可分为包装货物、裸装货物和散装货物

1. 包装货物

包装货物(Packaged Cargo)是指用各种容器、材料盛装、包扎的货物。为了便于货物的装卸和运输,减少货损货差,货物装运前必须进行适当的包装。货物包装按照其包装的材料和形态又可分为箱装、桶装、袋装、捆装、卷筒,以及坛、罐、瓶装等。一般日用百货、电器、药品、食品等商品均需要经包装后才能运输。

2. 裸装货物

裸装货物(Naked Cargo)是指不加包装而成件的货物,如钢材、车辆及一些设备等。它们在运输时可以不加包装。

3. 散装货物

一般规格一致、每次成交数量大的低值货物,为了有利于采用机械化、自动化装卸,在运输过程中对货物不加任何包装而采用散装运输的这类货物统称为散装货物(Bulk Cargo)。它既包括散装干质货物,如煤炭、矿石、小麦、豆类等;也包括散装液体货物,如油、酒等。

(三)按货物的重量和体积的比率,可分为重量货物和体积货物

1. 重量货物

重量货物(Weight Cargo)是指重量为1吨、体积小于1立方米或40立方英尺的货物(1立方英尺=0.028 3立方米)。

2. 体积货物

体积货物(Measurement Cargo)又称轻泡货物或尺码货物,指重量为1吨、体积大于1立方米或40立方英尺的货物。

(四)按货物的运量大小及托运时是否按件计数,可分为大宗货和件杂货

1. 大宗货

大宗货(Bulk Cargo)是指每次成交数量大、价值低,其标准、规格一致,运输过程中货物一般不需要包装的货物,如粮食、矿砂、化肥、煤炭、石油等。

2. 件杂货

件杂货(General Cargo)在运输过程中一般需要进行包装,在承托双方办理货物交接时一般以"件"为单位,如日用百货、电器、纺织品、服装等。

四、国际货物运输的特点

(一)国际货物运输是一项政策性很强的涉外工作

国际货物运输是国际贸易的重要组成部分。它与国际贸易一样,要受国际政治、经济形势变化的影响。在处理货物运输过程中,经常会涉及国际关系和国家对外政策等问题。因此,国际货物运输既是一项经济活动,也是一项外事活动。

(二)国际货物运输路线长、环节多

一般来说,国际货物运输的距离比较长,往往需要使用多种运输工具,通过多次装卸搬运,要经过许多中间环节,如转船、变换运输方式等,经由不同的地区和国家,要适应不同的法律和规定。

(三)国际货物运输涉及面广、情况复杂、可变性大

国际贸易运输涉及国内外许多部门,需要与不同国家和地区的货主、交通运输企业、商检机构、保险公司、银行或其他金融机构、海关、港口以及各种中间代理商等打交道。同时,由于各个国家和地区的法律、政策规定不一,贸易、运输习惯和经营做法不同,金融货币制度的差异,加之政治、经济和自然条件的变化,都会对国际货物运输产生较大的影响。

(四)国际货物运输的时间性强

按时装运进出口货物,及时将货物运至目的地,对履行进出口贸易合同、满足商品竞争市场的需求、提高市场竞争能力、及时结汇,都有重要意义。特别是对一些鲜活、季节性和敏感性强的商品,要求迅速运输,不失时机地组织供应,才有利于提高出口商品的竞争能力,有利于巩固和扩大销售市场。因此,国际货物运输必须加强时间观念,争时间,抢速度,以快取胜。

(五)国际货物运输的风险大

由于在国际货物运输中环节多,运输距离长,涉及面广,情况复杂多变,加之时间性又很强,运输沿途国际形势的变化、社会的动乱、各种自然灾害和意外事故的发生,以及战乱、封锁禁运或海盗活动等,都可能直接或间接地影响国际货物运输,以至于造成严重后果,因此国际货物运输的风险较大。为了转嫁运输过程中的风险损失,各种进出口货物和运输工具,都需要办理运输保险。

五、国际货物运输的任务

(一)按时、按质、按量地完成进出口货物运输

"按时"就是根据贸易合同的装运期和交货期条款的规定履行合同;"按质"就是按照贸易合同质量条款的要求履行合同;"按量"就是尽可能地减少货损、货差,保证贸易合同中货物数量条款的履行。

(二)节省运杂费用,为国家积累建设资金

由于国际货物运输是国际贸易的重要组成部分,而且运输的距离长,环节较多,各项运杂费用开支较大,故节省运杂费用的潜力比较大,途径也多。因此,从事国际货物运输的企业和部门,应该不断地改善经营管理,节省运输费用,提高企业的经济效益和社会效益,为国家积累更多的建设资金。

(三)为国家节约外汇支出,增加外汇收入

国际货物运输是一种无形的国际贸易,是国家外汇收入的重要来源之一。CIF 即"成本、保险费+运费",是指在目的港当货物装上船时卖方即完成交货。FOB(离岸价)是指由买方负责派船接运货物。CIF 通常是指"FOB+运费+保险费"。国际贸易合同在海上运输一般采用 CIF 和 FOB 等贸易术语成交,按照 CIF 条件,货价内包括运费、保险费,由卖方派船将货物运至目的港;按照 FOB 条件,货价内则不包括运费和保险费,由买方派船到装货港装运货物。为了国家的利益,出口货物多争取 CIF,进口货物多争取 FOB,则可节省外汇支出、增加外汇收入。而国际货物运输企业为了国家利益,首先要依靠国内运输企业的运力,再考虑国内的租船、中外合资船公司和侨资班轮的运力,再充分调动和利用各方面的运力,使货主企业与运输企业有机衔接,争取为国家节约外汇支出,创造更多的外汇收入。

(四)认真贯彻国家对外政策

国际货物运输是国家涉外活动的一个重要组成部分,它的另一个任务就是在平等互利的基础上,密切配合外交活动,在实际工作中具体体现和切实贯彻国家各项对外政策。

六、国际贸易运输的要求

(一)选择最佳的运输路线和最优的运输方案,组织合理运输

各种运输方式有着各自较合理的适用范围和不同的技术经济特征,选择时必须进行比较和综合分析。首先要考虑商品的性质、数量的大小、运输距离的远近、市场需求的缓急、风险的程度等因素。比如,鲜活商品、季节性商品,要求运输速度快、交货及时,以免贻误销售时机;贵重货物因商品价值高,要求严格地保证运输质量;等等。其次要考虑运输成本的高低和运行速度的快慢,比如,货价较低的大宗商品则要求低廉的运输费用,以降低商品成本,增加竞争能力。同一运输方式,如铁路或公路运输,可根据不同商品选择不同类型的车辆,海运可选择班轮或不定期船等。

1. 合理运输

所谓合理运输,就是按照货物的特点和合理流向以及运输条件,走最少的里程、经最少的环节、用最少的运力、花最少的费用、以最短的时间把货物运到目的地。

实现合理运输需要考虑以下因素:

(1)运输方式的选择。比较各运输方式的特点,考虑商品的性质、数量、运输距离、客户的具体要求、需要的缓急程度、风险程度、装卸地的情况等多方面因素。

(2)运输路线和港口。尽量安排直达运输,如没有就需要选择适当的中转地点。出口商品基地尽量做到"四就"——就地加工、就地包装、就地检验、就地出口;进口货物的卸货港应靠近用户所在地,一般选择有班轮航线经常挂靠、自然条件好、装卸设备齐全、收费较低的港口。

(3)货物的包装。货物的包装分为运输包装和销售包装,运输包装起到保护商品的作用,销售包装起到美化商品、促进销售的作用。

(4)积载。积载就是根据货物的体积、重量、包装、接收地的先后顺序,结合运输工具的特点,在不影响安全的前提下,进行合理搭配装载,充分利用运力,达到满载足吨。

(5)做好运输计划、协调管理工作。

2. 不合理运输

所谓不合理运输,就是指在各种运输方式之间,或在同一运输方式内部各条线路或航道上,发生相同产品(或可以互代产品)的对流或相向运输、重复运输,以及过远运输、迂回运输和违反各种运输合理分工原则的运输,其结果是造成不必要的货物周转或装卸工作量,浪费运输能力,增加运输费用。

在对外贸易运输中,不合理运输原因归结如下:

(1)生产、加工、包装、仓储选点布局不合理,造成迂回、过远运输。

(2)对外签订的进出口合同的运输条款规定的不合理,如未考虑货源的产地和销售地的情况,港口选择不当,导致履约上的困难和运输费用的增加。

(3)货物和运输工具以及运输方式选择不配套,如铁路沿线地区长途运输使用汽车,而短途运输反而使用火车,宜水从陆,宜陆从水,能直达的中途卸装等,这些情况都会偏离合理运输的目标,货物和运输工具不相适应又会造成运输容积的浪费和可能的货损。

(4)出口货物在产地检验不严或在单证不齐的情况下盲目发运,货到口岸不能及时出口,以致压车、压船、压库,结果是就地处理或原货退回,造成无效运输、往返运输。

(5)计划调度不当,增加不必要的中转环节,造成迂回运输或对流运输;车船调度不当,一方面有货无车(船),另一方面却是车(船)等货,使运力不能得到充分的发挥。

(6)出口包装不合理,装运时配载不当造成货物的损耗和运输容积的浪费;运输包装要求牢固、经济、科学和标准化,危险品的包装更要注意。

(7)运输条件不佳,运输计划管理人员素质不高,各部门信息不能沟通或配合不当。

(二)树立系统观念,加强与有关部门配合协作,努力实现系统效益和社会效益

在国际货物运输的过程中,要切实加强货主、运输企业、海关、银行、港口、船代和货代等部门与企业之间的联系,相互配合、密切协作,充分调动各方面的积极性,形成全局系统观念,共同完成国际货物运输任务。特别是作为货运代理企业,要综合运用各方面的运力,要以综合运输系统和国际贸易整体的系统利益出发,除了努力争取本企业的经济利益以外,还要考虑系统效益和社会效益。在完善企业自身的同时,要考虑企业的社会责任。

(三)树立为货主服务的观点,实现"安全、迅速、准确、节省、方便"的要求

根据国际货物运输的性质和特点,针对国际货物运输的任务,经过多年的实践,中国外运集团提出的国际货物运输要"安全、迅速、准确、节省、方便"的"十字方针",已被广大货运代理企业和有关部门所认可。

七、国际货物运输的作用

从国际贸易的发展历史看,国际分工使全球成为一个统一的大市场,使商品的国际流通成为必然,而连接这个大市场的最现实纽带是国际运输。运输工具的技术革命及运用使得需要交换的商品在很短的时间内实现了国际转移,明朝郑和下西洋需要几个月的时间,而使用当今的运输工具则只需十几天,大型航空货物运输机的使用可在一天之内将东半球的货物运送至西半球。可以这样说,没有国际贸易就没有国际货物运输,而缺少国际运输的国际贸易也是不可想象的。因此,要大力发展国际贸易就必然要大力发展国际货物运输。

此外,国际运输业的发展对于一国经济发展的带动作用也越来越明显,建立国际航运中心,发展临港产业,带动腹地经济发展,已成为当今贸易大国经济发展规划的重要内容。

任务三 国际货物运输的组织、当事人和方式

一、国际货物运输管理组织

以我国为例,我国国际货物运输管理组织(见表1—1)的管理方式以中央政府垂直管理为主,地方政府管理和行业协会(包括国内行业协会和中国各企业参加的国际行业组织)管理为辅。在许多情况下,与国际货物运输有关的诉讼可以由中国法院受理,或在国外进行诉讼,有时也可以由当事人协商解决,或通过仲裁处理(包括在中国和外国进行的仲裁)。

表1—1　　　　　　　　我国国际货物运输管理组织

国务院										法院	
国家发改委	商务部	交通运输部	中国铁路总公司	海关总署	公安部	中国人民银行	民用航空局	国际贸易促进委员会	地方政府	各级人民法院	海事法院

我国国际货物运输管理组织中各组成部分的主要职责如下：

(1)国家发改委负责制定运价政策,审批和确定重要的价格标准,参与进出口商品配额的确定,协调国际合作关系,制定国际货物运输管理规定和办法等。

(2)商务部负责登记核准外贸经营权、国际货运和货运代理经营权,管理发放进出口许可证,参与进出口商品配额和关税配额的确定等。

(3)交通运输部负责对海洋航运公司、港口、公路运输公司、内河航运公司的管理。

(4)中国国家铁路集团有限公司负责进出口货物的国内铁路运输、国际铁路联运、对港澳地区的鲜活商品供应、铁路装卸和换装、铁路过境货物的运输中转等。

(5)海关总署负责对进出口货物的监管、查验、放行,加工贸易货物核销,征收进出口关税,代税务部门征收进口货物增值税、消费税,代交通运输部门征收船舶吨税,进出口货物统计,查禁走私,协助税务部门办理出口货物退税,协助外汇管理局进行外汇核销等。2018年4月20日,出入境检验检疫局正式并入中国海关,"关检合一"后,在通关作业方面,统一通过"单一窗口"实现报关报检,对进出口货物实施一次查验,凭海关放行指令提离货物,实现一次放行。通关作业实现了"一次申报""一次查验""一次放行"的"三个一"标准。

2019年6月12日,国务院常务会议提出"继续简化一体化通关流程,实施进口概要申报、完整申报'两步申报'①通关模式改革,大幅压缩通关时间"。为落实国务院"放管服"改革要求、优化营商环境,以《海关全面深化业务改革2020框架方案》为指导,适应国际贸易特点和安全便利需要,实施以概要申报、完整申报为主要内容的进口货物"两步申报"改革;着力构建高效便捷、灵活开放的申报制度。

两步申报试点

(6)公安部负责对人员、运输工具和行李的边防检查,协助海关查禁走私等。

(7)中国人民银行负责对保险公司、外汇管理局、进出口商业银行的管理。

(8)民用航空局负责对航空公司的管理。

(9)国际贸易促进委员会负责在中国进行的共同海损理算等。

(10)地方政府负责对当地的主要基础设施的管理,制定地方性政策等。

(11)各级人民法院负责与国际货物运输有关的民事诉讼和行政诉讼。

(12)海事法院负责与国际货物运输有关的海事诉讼。

二、国际货物运输的当事人

国际货物运输的当事人主要有三个:承运人、货主、货运代理人。

(一)承运人(Carrier)

承运人是指专门经营水上、铁路、公路、航空等客货运输业务的交通运输部门。如轮船公司、铁路或公路运输公司、航空公司等,一般都拥有大量的运输工具为社会提供运输服务。

(二)货主(Cargo Owner)

货主是指专门经营进出口商品业务的外贸部门或进出口商。为履行贸易合同,必须组织办理进出口商品的运输,是国际货物运输工作中的托运人(Shipper)或收货人(Consignee)。

---

① "两步申报",是在保留原有申报模式的基础上增加的一种高效便捷、灵活开放的通关模式。实行"两步申报"改革后,整个申报过程可以分成两步走:企业可先进行"概要申报",无须一次性提交全部申报信息及单证,最少仅需填写9个项目,并确认涉及物流的2个项目,海关审核后就可以将货物提离海关监管作业场所。货物到达目的地后,在规定时间内,按照报关单填制规范完成第二步的"完整申报",办结海关通关手续。实行"两步申报"改革后,现有申报模式依然保留,企业可在这两种模式中自行选择。这一改革为企业提供多元化的通关服务,通过将海关监管环节"前推后移",进一步简化流程,实现海关对物流的最小化干预甚至不干预,提高货物的通关效率。

如商务部所属各专业总公司,地方外贸专业公司,各部委所属工、农、技、贸公司,从事外贸业务的其他国有企业和集体企业。

(三)货运代理人(Freight Forwarder)

货运代理人是指根据委托人的要求,代办货物运输业务的机构。为代理承运人向货主揽取货物、代理货主向承运人办理托运等业务,与海关、保险、银行以及包装、仓储等部门也有着较为密切的关系。它们属于运输中间人性质,在承运人与托运人之间起着桥梁作用。如商务部所属中国外贸运输总公司及其分支机构,商务部批准的其他货运代理公司,交通运输部所属中国外轮代理公司及各港口分公司,中外合资、合营、外资的货运代理公司。

【同步案例1-1】 正确理解国际货物运输的当事人

我国某贸易公司委托某货运代理公司办理一批从我国某港运至韩国某港的危险品货物。该贸易公司向货运代理公司提供了正确的货物名称和危险品货物的性质,货运代理公司为此签发其公司的 HOUSE B/L(货代提单)给贸易公司。随后,货运代理公司以托运人的身份向船公司办理该批货物的订舱和出运手续。该货运代理公司对贸易公司和船公司而言,分别处于何种法律地位?

案例精析

三、国际货物运输的方式

(一)按运输工具不同,可分为海洋运输、铁路运输、航空运输、邮包运输、管道运输、公路运输

1. 海洋运输(Ocean Transport)

在国际货物运输中,应用最广泛的是海洋运输。目前,海运量在国际货物运输总量中占80%以上。海洋运输之所以被如此广泛采用,是因为它与其他国际货物运输方式相比,有以下鲜明的优点:

(1)通过能力大。海洋运输可以应用四通八达的天然航道,不像火车、汽车受轨道、道路的限制。

(2)运量大。海洋运输船舶的运输能力远远大于铁路运输车辆。如一艘万吨船舶的载重量一般相当于250~300个车皮的载重量。

(3)运费低。依照规模经济的观点,因为运量大、航程远,分摊于每一货运吨的运输成本就少,因而运价相对低廉。

海洋运输虽有上述优点,但也存在不足之处。例如,海洋运输受气候以及自然条件的影响较大,航期不容易准确,而且风险较大。另外,海洋运输的速度也相对较慢。

2. 铁路运输(Rail Transport)

在国际货物运输中,铁路运输是仅次于海洋运输的主要运输方式,海洋运输的进出口货物大多是靠铁路运输进行货物的集中以及扩散的。

铁路运输有许多优点,例如,一般不受气候条件的影响,可保障全年的正常运输,而且运量较大,速度较快,有高度的连续性,运转进程中可能遭受的风险也较小。办理铁路货运手续比海洋运输简单,而且发货人以及收货人可以在就近的始发站(装运站)以及目的站办理托运以及提货手续。

3. 航空运输(Air Transport)

航空运输是一种现代化的运输方式。与海洋运输、铁路运输相比,它拥有运输速度快、货运质量高,且不受地面条件的限制等优点。因而,它最适合运送急需物资、鲜活商品、精密仪器

和贵重物品。

4. 邮包运输（Parcel Post Transport）

邮包运输是一种较简便的运输方式。各国邮政部门之间订有协议与合约，通过这些协议与合约，各国的邮件包裹可以相互传递，从而构成国际邮包运输网。因为国际邮包运输拥有国际多式联运以及"门到门"运输的性质，加上手续简便，费用也不高，故成为国际贸易中普遍采用的运输方式之一。

5. 管道运输（Pipeline Transport）

管道运输是利用管道输送气体、液体和粉状固体的一种特殊的运输方式，它随着石油原油的生产而产生。管道运输是运输通道和运输工具合二为一的专门的运输方式。

管道运输

6. 公路运输（Road Transport）

公路运输是一种现代化的运输方式，它不仅可以直接运进或运出对外贸易货物，而且是车站、港口和机场集散进出口货物的重要手段。

（二）按运输作用，可分为集货运输和配送运输

集货运输是将分散的货物集中运输的形式，集货运输是干线运输的一种补充形式。

配送运输是将节点中已按用户要求配好的货物分送给各个用户的运输。

（三）按运输的协作程度，可分为一般运输、联合运输、多式联运

一般运输是指孤立地采用不同的运输工具或同类运输工具而没有形成有机协作关系的一种运输，如汽车运输、火车运输等。

联合运输简称联运，是将两种或两种以上运输方式或运输工具连起来，实行多环节、多区段相互衔接的接力式运输。

多式联运是在集装箱运输[集装箱运输（Container Transport）是以集装箱作为运输单位进行货物运输的一种现代化的先进的运输方式，可适用于海洋运输、铁路运输及国际多式联运等]的基础上产生以及发展起来的一种综合性的连贯运输方式。它一般是以集装箱为媒介，把海、陆、空各种传统的单一运输方式有机地结合起来，组成一种国际连贯运输。

多式联运

（四）按运输中途是否换载，可分为直达运输和中转运输

直达运输是指利用一种运输工具从起运站（港）一直到目的站（港），中途不经换载，中途不入库储存的运输形式。

中转运输是指在组织货物运输时，在货物运往目的地的过程中，在途中的车站、港口、仓库进行转运换装的运输形式。

各种运输方式各有其特点。在对外贸易工作中，应根据进出口货物的性质、运量的大小、路程的远近、需要的缓急、成本的高低、装卸地的条件、政策规定与惯例、气候与自然条件以及国际政治状态等因素审慎选择，以便高效、顺利地实现外贸运输的目的。

【视野拓展1—3】　　　　托盘运输

托盘运输（Pallet Transportation）（见图1—1和图1—2）是货物按一定要求成组装在一个标准托盘上组合成为一个运输单位，并便于利用铲车或托盘升降机进行装卸托运和堆存的一种运输方式，是成组运输的一种形式。

图 1-1　塑料托盘　　　　　　　　　图 1-2　木制托盘

托盘运输的优点：
(1)可以解决件杂货装卸过程中存在的问题，如费工多、效率低、货损大、码垛及舱底作业难以使用机械等。
(2)能够提高货运质量，减少手工操作环节，加速货物和船舶周转，从而可以降低船、货双方的运输成本。
(3)适应目前第三世界港口的现状，码头、仓库无须新建或改进，即可提高工效，解决目前港口拥挤情况。当然，采用这种运输方式，要增加托盘的费用，船舶也会增加亏舱损失。但权衡得失，利多弊少。更主要的是，目前国际上某些港口规定，如果不采用成组运输，货物将禁止进口，故采用并推广托盘运输、集装箱运输等现代化运输方式已是刻不容缓的事。

托盘运输注意事项：
(1)已包装件杂货物适宜于托盘运输，散装、裸装、超重、超长或冷藏货物均不能用托盘运输；
(2)必须符合托盘积载的规定；
(3)每一托盘货载必须捆扎牢固；
(4)国际货运上对托盘本身免收运费；
(5)必须在所有运输单证上注明"托盘运输"字样。

任务四　国际货物运输的研究对象、法律环境

一、国际货物运输的研究对象

国际货物运输是研究国际货物运输的形式、方法及相关法律问题的一门实用科学。

在形式上，目前国际货物运输可以通过陆上的公路、铁路国际联运来完成，对于运输时间紧迫的高价值货物，也可以通过国际航空运输来完成，但是世界上绝大多数的货物是通过海上运输来完成的。这些运输方式各具特征，特别是运输成本和运输时间的差别很大，托运人必须有一定了解后才能懂得如何选择运输方式。

在方法上，我们要研究在各种运输方式下，如何将运输货物及时、安全、经济地运送至目的地。国际货物运输涉及的环节很多，有仓储、内陆运送、短途倒载、国际运送、多次装载卸载等。运输的货物多为贸易货物，这势必要考虑如何与贸易活动很好地衔接，以及如何与各有关机构、部门很好地衔接。

在法律上，国际货物运输是通过签订国际货物运输合同的方式来完成的。一项国际货物运输合同可能会面临法律适用的选择问题，当我们作出具体选择，其法律的基本立场是怎样的呢？一项货物的跨国运输涉及的关系人可能很多，我们怎样识别和判定他们的法律关系和权利义务呢？所有这些，对于维护合同利益，保证交易秩序，实现安全、高效的运输十分重要，因而是研究的重要内容。

二、国际货物运输的法律环境

(一)法律制度的多样性

国际货物运输法律制度由国际立法、国内立法和国际惯例三个层面构成。

国际性的立法在国际货物运输法律制度中占有重要地位。例如，海上运输方面有1924年《关于统一提单若干法律规定的国际公约》(简称《海牙规则》)、1968年修订《海牙规则》的《维斯比规则》、《1978年联合国海上货物运输公约》(简称《汉堡规则》)、《联合国国际货物多式联运公约》等。航空运输方面有1929年《关于统一国际航空运输某些规定的公约》(简称《华沙公约》)、1955年《修订统一国际航空运输某些规则的公约的议定书》，以及《1999年蒙特利尔公约》。铁路运输方面有1890年由西方主要国家签订的《国际铁路货物运送规则》(简称《伯尔尼公约》)，该公约于1934年改称《国际铁路货物运送公约》(简称《国际货约》)。公路运输方面有1956年由欧洲17个国家签订的《国际公路货物运输合同公约》。

各国的国内立法，特别是主要运输大国和贸易大国的国内立法在国际货物运输法律制度中也占有重要地位。如英国1855年的《提单法》和1992年的《海上货物运输法》，美国1893年的《哈特法》和1936年的《海上货物运输法》，以及其他一些主要国家的有关货物运输立法，如我国的《海商法》等。

除上述立法外，在国际货物运输中，特别是国际海上货物运输中，还存在着许多航运惯例。如国际航运公会等组织共同颁布的《1993年航次租船合同装卸时间解释规则》以及世界上许多港口存在的地方性习惯等，都可以成为国际海上货物运输合同的准则。

(二)法律制度的差异性

世界不同国家的法律制度存在着很大的差异，立法的目的也有所不同。例如，以英美为代表的普通法(也称判例法)和以主要欧洲大陆国家为代表的大陆法(也称成文法)差异很大；普通法中两国的制度也存在差异，英国运输立法倾向于保护承运人利益，美国则倾向于保护货主的利益。在研究国际货物运输法律制度时，应当注意研究不同法律制度之间的差异，以便更好地维护国际货物合同中各参与者的利益。例如，在诉讼中学会利用法律差异，可以进行择地诉讼(Forum Shopping)，寻求利己的法律管辖。

(三)英国法在国际航运中的重要性

由于早期英国殖民地体系在世界范围内的建立，以及当时英国在世界海上货物运输的霸主地位，英国有关海上货物运输的法律，如1855年的《提单法》，以及现在仍在使用的《海上货物运输法》对国际海上货物运输有着极其重要的影响。伦敦仍然是当今重要的航运中心之一，也是解决航运纠纷的重要中心。如果我们去看看航运合同，大多数海运当事人在遇到问题时会选择适用英国法律，或约定在伦敦仲裁。英国法院的有关判例或仲裁庭的仲裁结果成为世界其他国家法院或仲裁员判案的重要参考。国际上与运输有关的立法，特别是与国际航运有关的立法有很多，有的是关于运输合同的，如前面提到的《海牙规则》《联合国国际海上货物运输公约》《华沙公约》等;有的与运输合同无关,但会影响运输合同的履行,如国际海事组织的《国际海上人命安全公约(1974)》等。我们应当重点学习有关运输合同的法律制度,掌握有关承运人和托运人的权利与义务、责任豁免、赔偿责任限制、运输合同当事人及代理人的责任等法律规定,同时应当了解一些其他相关的法律规定,以便更好地维护运输合同权利和履行合同义务。

基础训练

一、单项选择题

1. 运输业的产品是（　　）。
   A. 运费　　　　　B. 运输的货物　　　C. 运输工具　　　　D. 位移
2. 关于铁路运输的法律制度是（　　）。
   A.《海牙规划》　B.《维斯比规划》　C.《华沙公约》　　D.《国际货约》
3. 运输通道和运输工具合二为一的专门的运输方式是指（　　）。
   A. 海洋运输　　　B. 铁路运输　　　　C. 管道运输　　　　D. 航空运输
4. 国际贸易中最重要的运输方式是（　　）。
   A. 国际公路运输　B. 国际海洋运输　　C. 国际管道运输　　D. 国际铁路运输
5. 对于小件急需品和贵重货物,理想的运输方式是（　　）。
   A. 海洋运输　　　B. 邮包运输　　　　C. 航空运输　　　　D. 公路运输

二、多项选择题

1. 国际贸易运输不同于国内运输的特点有（　　）。
   A. 政策性强　　　　　　　　　　　B. 路线长、环节多
   C. 涉及面广、复杂多变　　　　　　D. 时间性强、风险较大
2. 不合理运输可表现为（　　）。
   A. 迂回运输　　　　　　　　　　　B. 对流运输
   C. 重复运输　　　　　　　　　　　D. 往返运输、无效运输
3. 下列选项中,造成不合理运输的因素有（　　）。
   A. 地方封锁　　　　　　　　　　　B. 生产加工不合理
   C. 运输工具与运输方式不配套　　　D. 气候恶劣、合同缺乏合理性
4. 按运输中途是否换载,国际货物运输可分为（　　）。
   A. 直达运输　　　B. 中转运输　　　　C. 集货运输　　　　D. 配送运输
5. 按运输作用,国际货物运输可分为（　　）。
   A. 直达运输　　　B. 中转运输　　　　C. 集货运输　　　　D. 配送运输

三、简述题

1. 简述国际货物运输当事人的类型。
2. 简述国际货物运输的特点。
3. 简述国际货物运输的基本任务及要求。
4. 简述国际货物运输的本质属性。

5. 简述国际货物运输的研究对象和法律环境。

四、技能案例

【案例背景 1】

中国南冶公司按 CFR 条件从北海出口 2 万吨耐火材料到丹麦腓特烈港（Frederikshavn Port），信用证支付，不能分批装运。租船时才发现该港最大吃水 8.0 米，2 万吨的船舶不能直接进港卸货。南冶公司便要求变更卸货港，但买方不同意更改，卖方只好将货物运至哥德堡港（Gothenburg Port），然后转运到腓特烈港，不仅延误了时间，而且增加了运杂费用，给企业造成了不该发生的经济损失。

【技能思考】

具备哪些知识才能避免类似的无谓损失？

【案例背景 2】

金星公司从广州出口 4 000 箱拉链到汉堡，总价值为 8 万美元，信用证支付，允许分批装运，采用海运方式。后客户来传真表示急需其中 500 箱，要求改用空运方式提前装运，并提出这部分货款采用电汇方式（T/T）在发货前汇至我方。

【技能思考】

1. 可否接受客户的要求？为什么？
2. 对于剩下的货物，市场下跌时金星公司会否遇到收款风险？有必要通知客户修改信用证吗？
3. 这两种运输方式各体现了什么特点？

综合实训

【实训项目】

国际货物运输方式的选择及运用。

【实训情境】

1. 从大连运往日本的海带
2. 从荷兰运往北京的郁金香
3. 从俄罗斯运往中国牡丹江市的煤炭
4. 从海参崴运往广州的煤炭
5. 从美国西海岸运往大连的化肥
6. 从德国运往上海的急救药品
7. 从青岛运往新加坡的鲜虾
8. 从深圳运往香港的新鲜蔬菜

【实训任务】

根据运输的基础知识并结合国际货物运输方式，分析实训情境中的商品应该采用哪种运输方式，并说明理由。

货物	起始地点	可选择的运输方式	最佳方式及理由

项目二

运输代理人、国际货运代理、第三方物流

○ **知识目标**

理解:代理的概念、分类,代理人的性质;国际货运代理的概念和特征。

熟知:代理人和委托人的责任与义务;第三方物流;国际货运代理企业的设立、分类。

掌握:运输代理的种类,代理的选择和使用;国际货运代理的业务范围。

○ **技能目标**

能够具备合理选择运输代理,明确代理关系的能力。

○ **素质目标**

运用所学的理论与实务知识研究相关案例,培养和提高在特定业务情境下分析问题与决策设计的能力;能结合教学内容,依照职业道德与行业规范与标准,分析行为的善恶,强化职业道德素质。

○ **项目引例**

中国外运长航的航运业务

中国外运长航集团有限公司(以下简称"中国外运长航")由中国对外贸易运输(集团)总公司与中国长江航运(集团)总公司于2009年3月重组成立,总部设在北京。中国外运长航是招商局集团直属管理的全资子公司,是以综合物流和航运为主营业务的大型国际化现代企业集团。中国外运长航的综合物流业务包括海陆空货运代理、船务代理、供应链物流、快递、汽车运输等,是中国最大的国际货运代理公司、最大的航空货运和国际快件代理公司、第二大船务代理公司。中国外运长航的航运业务包括船舶管理、干散货运输、石油运输、集装箱运输、滚装船运输等,拥有和控制各类船舶运力达1 800余万载重吨,是我国第三大船公司,我国内河最大的骨干航运企业集团,我国唯一能实现远洋、沿海、长江、运河全程物流服务的航运企业。中国外运长航的其他业务还包括船舶制造及修理、燃油贸易、旅游等。

请问:国际货运代理企业的经营范围有哪些?

引例分析:国际货运代理企业是指接受进出口货物收货人、发货人或承运人委托,以委托人的名义或者以自己的名义,为委托人办理国际货物运输及相关业务并收取代理费、佣金或其他服务报酬的法人企业。业务范围主要有:揽货、订舱(含租船、包机、包舱)、托运、仓储、包装;货物的监装、监卸,集装箱装箱、拆箱、分拨、中转及相关的短途运输服务;报关、报验、保险;缮制签发有关单证、交付运费、结算及交付杂费;国际展品、私人物品及过境货物运输代理;国际多式联运、集运(含集装箱拼箱);国际快递(不含私人信函);咨询及其他国际货运代理业务。

○ 知识精讲

任务一　运输代理人

一、代理人

代理人(Agent)是指接受委托人的委托,在授权范围内办理国际运输业务并按提供的劳务收取一定报酬的服务方。国际上从事代理业务的代理人一般经营运输多年,精通业务,经验比较丰富,而且熟悉各种运输手续和规章制度,他们与交通运输部门以及贸易、银行、保险、海关等有着广泛的联系和密切的关系。有时委托代理人去完成一项运输业务,比自己亲自去处理更方便。

二、代理关系的建立及种类

代理关系由委托人和代理人两方组成。代理关系的建立必须是一方提出委托,经另一方接受,才算建立。委托人与代理人之间是一种委托与被委托的关系。代理人对委托人负责,代理人必须在委托人授权范围内行事。

代理人根据委托办理业务时,有的由自己直接办理,有的自己不办理实际业务而转委托有关方面办理,也有以中间人身份为委托人与第三方促成交易、签订合同的,这种代理人称为经纪人。租船代理人即属于这类代理。每一份代理合同可能会产生以下三种关系:

(1)委托人与代理人的关系,这是代理合同的主体;

(2)委托人与第三人的关系,如通过租船代理,由委托人与船东签订租船合同;

(3)代理人与第三人的关系。

从第三方的角度来说,代理人的性质和地位有以下三种可能:

(1)代理人不公开委托人,而是以自己的名义与第三人签订合同。在这种情况下,代理人代表的是未公开的委托人。

(2)代理人公开自己的身份是代表,但不公开其委托人的名称。与第三人签订合同,在自己签名后面加注"仅作为代表"字样,他代表的是隐名委托人。

(3)代理人既公开他是代表委托人,也公开委托人的名称。这是显名委托。

三、代理人和委托人的责任与义务

(一)代理人的责任与义务

1. 按照代理协议规定和委托人的指示,负责办理委托事项

代理必须以通常应有的责任心努力履行其职责,尤其是必须在委托人授权范围内行事;货运代理人作为代理人通常对自己或自己的雇员的过失承担责任。例如,违反指示交付货物;尽管有指示,仍疏漏办理货物保险;在海关业务中的过失;将货物运至错误的目的地;未依据必要的退关、退税手续进行再出口业务等。

2. 如实汇报一切重要事宜

代理人也要受到来自第三方就代理人在经营过程中由代理所引起的灭失或损害及人身伤害的索赔。

3. 负保密义务

代理人在代理协议有效期内,不得将代理过程中所得到的保密信息和重要资料向第三者

泄露。

4. 如实向委托人报账

代理人有义务对因代理业务而产生的一切费用提供正确的账目并向委托人收账。

(二)委托人的责任和义务

1. 及时给予代理人明确的指示

如船舶突然到港,代理人事先一无所知,也未接到任何必要的运输单据,以至于无法办理船舶进港手续,导致延误船期,造成损失,代理人对此没有责任。

2. 支付代理佣金

备用金是委托方按照代理人的要求,在建立代理关系后,预付给代理人用作支付船舶在港口期间所发生的一切费用和船员借支或其他费用支出的预付款项。(代理人不为委托人垫付任何款项,在代理关系建立后,委托方必须及时将备用金汇至代理人处。)

3. 支付费用和补偿

委托人必须支付代理人由于办理代理工作而产生的有关费用,除非代理协议另有规定。代理人的日常业务管理费用,因已有佣金酬劳,不能包括在费用账内向委托人报账。一般做法是,由委托人事先汇付代理人一笔备用金,代理工作完毕后由代理人向委托人报账,多退少补。

四、运输代理的种类、代理的选择和使用

(一)运输代理的种类

运输代理人种类繁多,按照代理业务的性质和范围的不同,可分为租船代理、船务代理、货运代理和咨询代理四大类。

1. 租船代理

租船代理又称租船经纪人(Shipping Broker),是指以船舶为商业活动对象而进行船舶租赁业务的人,主要业务是在市场上为租船人寻找合适的运输船舶或为船东寻找货运对象,以中间人身份使租船人和船东双方达成租赁交易,从中赚取佣金。因此,根据它所代表的委托人身份的不同又分为租船代理人和船东代理人。

租船代理的业务范围有以下几个方面:

(1)按照委托人(船东或租船人)的指示要求,为委托人提供最合适的对象和最有利的条件并促成租赁交易的成交;

(2)根据双方洽谈确认的条件拟定租船合同(Charter Party),并按委托方的授权代签合同;

(3)提供委托人航运市场行情、国际航运动态以及有关资料信息等;

(4)为当事人双方调解纠纷,取得公平合理的解决方式。

租船代理佣金,按照惯例是由运费或租金收入方支付,也就是要由船东支付,代理佣金一般按租金的1%~2.5%在租船租约中加以约定。

2. 船务代理

船务代理人(Shipping Agent)是指接受承运人的委托,代办与船舶有关的一切业务的人。船务代理业务范围很广,主要包括船舶进出港业务、货运业务、船舶供应和船舶服务方面等业务以及其他服务性业务等。

船务代理关系根据委托方式的不同,一般可分为航次代理(Agent on Trip Basis)和长期代理(Agent on Long-term Basis)两种。前者是指委托人的委托和代理人的接受均以每船一

次为限,后者是指在船方与代理人之间签订有长期(一年至五年或更长时间)代理协议的船务代理。

3. 货运代理

货运代理人(Freight Forwarder)接受货主的委托并代表货主办理有关货物的报关、报验、交接、仓储、包装、转运、订舱等业务。他们与货主之间的关系是被委托与委托的关系,在办理代理业务中,他们一方面以货主的代理人身份对货主负责,另一方面以所提供的服务向货主收取代理费。

货运代理的业务种类有:①订舱揽货代理;②货物装卸代理;③货物报关代理;④转运代理;⑤理货代理;⑥储存代理;⑦集装箱代理。

4. 咨询代理

咨询代理(Consulting Agent)是专门从事咨询工作,按委托人的需要,以提供有关国际贸易运输情况、资料、数据和信息服务而收取一定报酬的人。这类代理人不仅拥有研究人员和机构,而且与世界各贸易运输研究中心有广泛的联系,所以消息十分灵通。诸如设计经营方案、选择合理而经济的运输方式和路线、核算运输成本、研究规章制度以及调查有关企业信誉等,均可根据委托,提供专题报告和资料情报。

(二)代理的选择和使用

选择代理人时,要考虑的条件很多,主要有以下三条:

1. 政治背景和合作态度

代理人的政治背景和合作态度是建立和保持代理关系的基础。因此,首先必须遵照国家外交和外贸方针政策,选择政治可靠并能合作共事的代理人。

2. 业务能力和工作质量

能否按时、按质、按量完成代理业务,很大程度上取决于代理人的业务能力和工作质量。仅有良好的合作态度而缺乏业务能力的代理人是无法担任委托业务的。

3. 资信和经营作风

各个国家有各种各样的代理人,其中不乏商业道德败坏、经营作风恶劣的代理人。故代理人的资信和经营作风是衡量选择代理人是否忠实、可靠的重要因素。

在对代理人进行了建立代理关系前的调查后,经过不同代理的比较与取舍,选出最合适、最满意的代理,与之签订代理协议,确定委托代理关系。

在签订代理协议时,必须明确委托人与代理人各自的权利与责任义务,并确定代理人的代理权限范围。委托人在委托代理人代为办理某项事宜时,必须要明确给予指示。

五、运输代理索赔

索赔(Claim)是指合同一方当事人(受损方)因另一方当事人违约致使其遭受损失而向另一方当事人(违约方)提出损害赔偿的行为。违约方对受损方提出的赔偿要求给予受理并进行处理,称为理赔(Settlement of Claim)。索赔和理赔是一个问题的两个方面,对受损方而言,称为索赔;对违约方而言,称为理赔。

(一)解决货运争议的途径

对于国际货运业务中发生的争议,主要有和解、调解、诉讼和仲裁四种解决方式。

(1)和解(Consultation,Negotiation)也称协商,是指在发生争议后,由当事人双方直接进行磋商,自行解决纠纷。和解的方式包括自行解决、委托代理解决、仲裁庭外和解、法庭庭外和解。

(2)调解(Conciliation)是指在第三者的主持或参与下解决当事人之间的争议。根据调解人不同,可分为法院调解、仲裁机构调解、其他单位和公民个人调解。

(3)仲裁(Arbitration)是指双方当事人在争议发生后,依据仲裁条款或仲裁协议,自愿将争议提交某一临时仲裁机构或某一国际常设仲裁机构审理,由其根据有关法律或公平合理原则做出裁决,从而解决争议。

(4)诉讼(Litigation)是指当事人以起诉的方式,由法院依照法定程序行使审判权来解决双方争议的一种途径。

(二)货运索赔权利的保全措施

为了保证索赔得以实现,需要通过一定的法律程序采取措施,使得货运事故责任人对仲裁机构的裁决或法院的判决的执行履行责任,这种措施就称为索赔权利的保全措施。在实践中,货运事故的索赔人采取的保全措施主要有留置责任人的运输工具,如扣船,以及要求责任人提供担保,比如现金担保或保函担保。

(三)货运事故索赔的基本程序

1. 发出书面的货损通知

目前,规范各种运输方式的国际公约与法规中均要求货主应在索赔通知时限内向承运人发出货损、货差的通知,索赔人必须遵循其规定。索赔通知时限又称货物灭失或损害通知时限,是指有关运输的国际公约或国内法律中规定的收货人或其代理人,在从承运人或代理人收受货物后,应用书面形式向承运人或代理人提出的表明货物的损坏、灭失、延迟交付情况,并提出保留索赔权利的书面声明的期限。

对于货物灭失或损坏的书面通知,有以下三点需要注意:

(1)通知有效的基本条件。通知必须是书面的,口头通知不发生效力;通知必须在规定的时间内递交;通知必须递交于承运人或其代理人;必须表明有关货损或灭失的情况。

(2)无须递交书面通知的情况。如果货物交付时收货人已经会同承运人进行联合检查或者检验的,或者已记载于双方交接的文件上,则收货人无须再提交上述书面通知。

(3)书面通知期限的起算。从收到货物次日起计算,如果期限终止日为星期日或者法定节假日的,应顺延至下一个工作日。

在法定时间内未提交书面通知,可能会产生三种后果:

其一,货物状况良好的初步证据。在海运公约(或法律)、公路货运合同中规定:如果收货人未在规定的时间内提出书面通知,则货物的交付可视为承运人已经按照运输单证的记载交付以及货物状况良好的初步证据。

其二,丧失索赔权。《民用航空法》《华沙公约》《国际铁路货约》等规定:除非承运人有欺诈行为,否则收货人未在规定时间内递交书面的索赔通知将丧失索赔权。

其三,后果视不同的情况而区别对待。在《国际货物多式联运公约》中,除了对货物灭失、损坏规定了一般索赔通知时限,并规定未能及时通知则视为多式联运经营人按货物状况良好交付的初步证据外,进一步规定:如果在货物交付之日或应当交付之日后6个月内,没有提出书面索赔通知,并说明索赔性质和主要事项,则在期满后失去诉讼时效。

对于延迟交货损失的书面通知:如果收货人未在规定的期限内提交书面通知,各种运输方式下的国际公约或法律均规定收货人将失去索赔权;收货人在规定时间内向有关承运人或其代理人提交书面的延迟损失通知。

2. 提交索赔申请书或索赔清单及随附单证

索赔申请书、索赔清单及随附单证是索赔人向货运责任方正式要求赔偿的书面文件。索赔函的提交意味着货运责任方正式向被索赔人提出索赔要求。索赔在提出书面的货损通知后,应尽快地备妥各种有关证明文件,在规定的时效内向责任人正式提交索赔要求,索赔人除了提交索赔函外,还应该提供能够证明货运事故的原因、损失程度、索赔金额以及索赔人具有索赔权利的单证。这些单证主要包括提单、运单正本、商业发票、装箱单、货损货差理赔报告及货物残损检验报告等。

3. 解决争议

双方通常采取和解或调解途径解决争议,如果无法解决争议,则可能进入诉讼或仲裁程序。

【视野拓展2-1】 货运代理责任风险防范对策

货运代理的责任风险,是指国际货运代理企业在经营过程中对委托人或第三人的损失负有责任的可能性。

1. 货运代理责任保险的基本内容与除外责任

国际货运代理责任保险的内容:①错误与遗漏;②仓库保管中的疏忽;③货损货差责任不清;④迟延或未授权发货。

国际货运代理责任保险的除外责任:①在承保期以外发生的危险或事故不予承保;②索赔时间超过承保条例或法律规定的时效;③保险合同或保险公司条例中所规定的除外条款及不在承保范围内的国际货运代理的损失;④违法行为造成的后果;⑤蓄意或故意行为;⑥不可抗力;⑦核燃料或核燃料爆炸所致;⑧超出保险合同关于赔偿限额规定的部分;⑨事先未征求保险公司的意见,擅自赔付对方,也可能从保险公司得不到赔偿或得不到全部赔偿。

2. 国际货运代理的责任风险具有的特点

包括:①责任风险可能出现,也可能不出现;②责任风险既可能造成损失,也可能带来利润,具有两重性;③责任风险带来的损失,可分为直接损失和间接损失。

3. 国际货运代理责任风险产生的来源

包括:①国际货运代理本身的过失所产生的;②分包人的过失;③其他方面的原因。

4. 国际货运代理责任风险防范对策

包括:①实施全面的风险管理;②向相关保险公司投保责任险。

【同步案例2-1】 货运代理争议纠纷

发货人将1 000包书委托给上海一家国际货运代理。货运代理接受该批货物后,向发货人签发了清洁的无船承运人提单,并收取全程运费,然后自行将货物装箱,并以整箱委托船公司从上海运至新加坡。在向船公司支付约定的运费后,船公司向该货运代理签发了清洁提单,货物运抵目的地后,铅封完好,但箱内却短少100包书。

请问:

(1)该情况是否属于货运代理责任险的承保范围?

(2)货运代理在此案中的法律地位是代理人还是承运人?

(3)船公司在此案中的法律地位是怎样的?有没有义务对该短少负责?

任务二　国际货运代理

一、国际货运代理的概念和特征

(一)国际货运代理的概念

国际货运代理来源于英文"Freight Forwarder"。"Freight"是指运输的货物;"Forwarder"是指传递东西的人或代运人、转运商。因此,"Freight Forwarder"是指为他人安排货物运输的人,在运输领域被称为运输业者、运输行、转运公司等。

国际货运代理,又称国际货物运输代理,简称"国际货代",是指代表进出口商完成货物的装卸、储存、运输、收取货款等日常业务的代理机构。国际货运代理原为一种佣金代理,但目前各国对其称谓不尽相同,如"船货代理""通关代理行""清关代理人""报关代理人"等,而我国则称其为"国际货运代理"。虽然对它的称谓不同,但实际含义是相同的。

国际货运代理协会联合会(International Federation of Freight Forwarders Associations, FIATA)对国际货运代理的定义如下:根据客户的指示,为客户的利益而承揽货物运输的人,其本身并不是承运人。国际货运代理也可以依据这些条件从事与运输合同有关的活动,如储货、报关、验收和收款等。

《中华人民共和国国际货物运输代理业管理规定》对国际货运代理的定义是:接受进出口货物收货人、发货人的委托,以委托人的名义或者以自己的名义,为委托人办理国际货物运输及相关业务并收取服务报酬的行业。

(二)国际货运代理的特征

第一,货运代理人接受客户委托,客户可以是发货人,也可以是收货人。一般出口时是发货人,进口时是收货人。

第二,货运代理人不是承运人,一般没有自己的运输工具。运输工具主要是指进行国际运输的运输工具,如船舶、飞机等。

第三,货运代理人代理国际间货物运输及相关业务。

国际货运代理在国际上被人们誉为"国际贸易的桥梁""国际贸易运输的设计师和执行人"。国际贸易与国际货运代理两者的关系如图2-1所示。

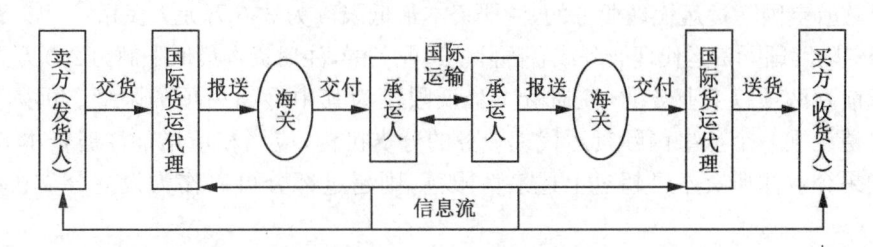

图2-1　国际贸易与国际货运代理的关系

二、国际货运代理的业务范围

国际货运代理的业务范围可以包括以下几个方面:

(1)以代理人身份从事外贸代理、保险兼业代理、报关代理、报验代理等业务；

(2)以经纪人、代理人等身份从事租船、订舱、拆装箱等海、陆、空货运代理业务；

(3)以无船承运人、多式联运经营人等身份从事无船承运与多式联运业务；

(4)以代理人或当事人身份从事国际快递、国际展品运输、危险品运输、冷藏品运输、过境运输等特殊货运服务；

(5)以第三方物流经营人身份从事国际物流业务。

三、国际货运代理企业的设立

(一)申请人资格

国际货运代理业务的申请人应当是与进出口贸易或国际货物运输有关、有稳定货源的单位，并且符合条件的投资者应当在申请项目中占多数股。

承运人以及其他可能对国际货运代理行业构成不公平竞争的企业不得申请经营国际货运代理业务。禁止具有行政垄断职能的单位申请投资经营国际货运代理业务。

(二)设立国际货运代理企业的条件

根据《中华人民共和国国际货物运输代理企业管理规定》和《中华人民共和国国际货物运输代理业管理规定实施细则(试行)》的规定，设立国际货运代理企业应当具备下列条件：

(1)有与其从事的国际货运代理业务相适应的专业人员。具体来说，至少要有五名从事国际货运代理业务三年以上的业务人员，其资格由业务人员原所在企业证明，或者取得商务部颁发的国际货物运输代理资格证书。

(2)有固定的营业场所。以自有房屋、场地作为经营场所的，应当提供产权证明；以租赁房屋、场地作为经营场所的，应当提供租赁期限在一年以上的租赁合同。

(3)有必要的营业设施。设立国际货物运输代理企业，应当拥有一定数量的电话、传真机、计算机、装卸设备、包装设备和短途运输工具。

(4)有稳定的进出口货源市场。在本地区进出口货物运量较大，货运代理行业具备进一步发展的条件和潜力，并且申报企业可以揽收到足够的货源。

(5)有与经营的业务项目相适应的注册资金。国际货物运输代理企业的注册资本最低限额应当符合下列要求：

①经营海上国际货运代理业务的，注册资本最低限额为500万元人民币；

②经营航空国际货运代理业务的，注册资本最低限额为300万元人民币；

③经营陆路国际货运代理业务或者国际快递业务的，注册资本最低限额为200万元人民币。

经营前款两项以上业务的，注册资本最低限额为其中最高一项的限额。国际货运代理企业每申请设立一个从事国际货运代理业务的分支机构，应当相应增加注册资本50万元人民币。如果企业注册资本已超过上述最低限额，则超过部分可以作为设立分支机构的增加资本。

申请设立的国际货运代理企业业务经营范围包括国际多式联运业务的，除应当具备上述条件外，还应当具备下列条件：

①从事与《中华人民共和国国际货物运输代理业管理规定实施细则(试行)》第32条规定的国际货运代理企业经营范围有关的业务三年以上；

②具有相应的国内、国外代理网络；

③拥有在商务部登记备案的国际货运代理提单。

四、国际货运代理企业的分类

(一)以投资主体、所有制形式为标准分类

(1)全民所有制国际货运代理企业。它是指由全民所有制单位单独或与其他全民所有制单位共同投资设立的国际货运代理企业,即国有国际货运代理企业,如国有独资的中国对外贸易运输(集团)总公司、中国租船公司、中国速递服务公司等。

(2)集体所有制国际货运代理企业。它是指由集体所有制单位投资设立的国际货运代理企业。

(3)私人所有制国际货运代理企业。它是指由私营企业或个人投资设立的国际货运代理企业,即私营国际货运代理企业。

(4)股份制国际货运代理企业。它是指由不同所有制成分的多个投资主体共同投资设立的混合所有制国际货运代理企业,如中外运空运发展股份有限公司等。

(5)外商投资国际货运代理企业。它是指由境外投资者以中外合资、中外合作或外商独资形式设立的国际货运代理企业。

(二)以企业的成立背景和经营特点为标准分类

(1)以对外贸易运输企业为背景的国际货运代理企业。这类企业主要有中国对外贸易运输(集团)公司及其分、子公司,控股、合资公司。这类国际货运代理企业的特点是一业为主,多种经营,经营范围较宽,业务网络发达,实力雄厚,人力资源丰富,综合市场竞争能力较强。

(2)以实际承运人企业为背景的国际货运代理企业。其主要指由公路、铁路、海上、航空运输部门或企业投资(或控股)的国际货运代理企业,如中国外轮代理总公司、中远国际货运有限公司等。这类国际货运代理企业的特点是专业化经营,与实际承运人关系密切,运价优势明显,运输信息灵通,方便货主,在特定的运输方式下市场竞争能力较强。

(3)以外贸、工贸公司为背景的国际货运代理企业。其主要是指由各专业外贸公司或大型工贸公司投资(或控股)的国际货运代理企业,如五矿国际货运公司、中化国际仓储运输公司等。这类国际货运代理企业的特点是货源相对稳定,处理货物、单据经验丰富,对某些类型货物的运输代理竞争优势较强,但多数规模不大,服务功能不够全面,服务网络不够发达。

(4)以仓储、包装企业为背景的国际货运代理企业。其主要是指由仓储、包装企业投资、控股的国际货运代理企业或增加经营范围而成的国际货运代理企业。这类国际货运代理企业的特点是凭借仓储优势揽取货源,对于特种物品的运输代理经验丰富,但多数规模较小,服务网点较少,综合服务能力不强。

(5)以港口、航道、机场企业为背景的国际货运代理企业。其主要是指由港口、航道、机场企业投资、控股的国际货运代理企业。这类国际货运代理企业的特点是与港口、机场关系密切,港口、场站作业经验丰富,对集装货物的运输代理具有竞争优势,人员素质、管理水平较高,但是服务内容较为单一,缺乏服务网络。

(6)以境外国际运输、运输代理企业为背景的国际货运代理企业。其主要是指由境外国际运输、运输代理企业以合资、合作方式在中国境内设立的外商投资国际货运代理企业。这类国际货运代理企业的特点是国际业务网络较为发达,信息化程度、人员素质、管理水平较高,服务质量较好。

(7) 其他背景的国际货运代理企业。其主要是指其他投资者投资或控股的国际货运代理企业。这类国际货运代理企业投资主体多样，经营规模、经营范围不一，人员素质、管理水平、服务质量参差不齐。

在我国，货运代理公司一般分为一级货代和二级货代两类。一级货代的资信程度最高、运费最低，提供的服务也最及时到位。一级货代和二级货代两者的区别如表2—1所示。

表2—1　　　　　　　　　　　　一级货代和二级货代的区别

项　目	一级货代	二级货代
成立条件	相对高	相对低
公司账户及开票	人民币账号＋美元账号；可以直接开票	人民币账号；只能到国税局开票
存在数量	较少	很多
订舱权大小	直接向承运人订舱（有订舱协议）	通常经一级国际货代向承运人订舱

五、国际货运代理的行业组织

（一）国际货运代理协会联合会

国际货运代理协会联合会（FIATA）是一个非营利国际货运代理行业组织，于1926年5月31日在奥地利维也纳成立，总部设在瑞士苏黎世。

该联合会的宗旨是保障和提高国际货运代理在全球的利益。其工作目标是：团结全世界的货运代理行业；以顾问或专家身份参加国际性组织，处理运输业务，代表、促进和保护运输业的利益；通过发布信息和分发出版物等方式，让贸易界、工业界和公众熟悉货运代理人提供的服务；提高制定和推广统一货运代理单据、标准交易的条件，改进和提高货运代理的服务质量，协助货运代理人进行职业培训，处理责任保险问题，提供电子商务工具。

（二）中国国际货运代理协会

中国国际货运代理协会（CIFA）是国际货运代理协会联合会的协会会员，是国际货运代理行业的全国性中介组织，于2000年9月6日在北京成立，网址是http://www.cifa.org.cn。它是我国各省（直辖市、自治区）国际货运代理行业组织、国际货代物流企业、与货代物流相关的企事业单位自愿参加的社会团体，也吸纳在中国货运、运输、物流行业有较高威望和影响的个人。目前，CIFA拥有会员近700家，其中理事会成员89家，各省市团体会员27家，包括各省市协会会员计6 000多家，代表着整个货运代理行业。

CIFA的业务指导部门是我国商务部。作为联系政府与会员之间的纽带和桥梁，它的宗旨是：协助政府部门加强对我国国际货代物流行业的管理；维护国际货代物流业的经营秩序；推动会员企业间的横向交流与合作；依法维护本行业利益；保护会员企业的合法权益；促进对外贸易和国际货代物流业的发展；为行业培训现代货代物流人才，提升行业人员素质，增强行业企业的国际竞争力；以民间形式代表中国货代物流业参与国际经贸运输事务并开展国际商务往来，参加各种国际行业会议。

任务三　第三方物流

一、第三方物流的概念

第三方物流（Third Party Logistics，TPL）是指生产经营企业为集中精力搞好主业，把原来属于自己处理的物流活动，以合同方式委托给专业物流服务企业，同时通过信息系统与物流服务企业保持密切联系，以达到对物流全程的管理和控制的一种物流运作与管理方式。

在我国2001年公布的国家标准《物流术语》中，将第三方物流定义为"供方与需方以外的物流企业提供物流服务的业务模式"。即通过物流管理的代理企业（物流企业）为供应方和需求方提供物料运输、仓库存储、产品配送等物流服务的一种业务模式。

这是由物流劳务的供方、需方之外的第三方去完成物流服务的物流运作方式。第三方就是指提供物流交易双方的部分或全部物流功能的外部服务提供者。在某种意义上，可以说它是物流专业化的一种形式。

第三方物流给企业（顾客）带来了众多益处，主要表现在：①集中主业，企业能够实现资源优化配置，将有限的人力、财务集中于核心业务，进行重点研究，发展基本技术，努力开发出新产品参与世界竞争；②节省费用，减少资本积压；③减少库存；④提升企业形象。

第三方物流随着物流业发展而发展。第三方物流是物流专业化的重要形式。物流业发展到一定阶段必然会出现第三方物流的发展，而且第三方物流的占有率与物流产业的水平之间有着非常规律的相关关系。西方国家的物流业实证分析证明，独立的第三方物流要占社会的50%，物流产业才能形成。所以，第三方物流的发展程度反映和体现着一个国家物流业发展的整体水平。

二、第三方物流的分类

（一）按照物流企业完成的物流业务范围的大小和所承担的物流功能分类

按照物流企业完成的物流业务范围的大小和所承担的物流功能分类，可将物流企业分为功能性物流企业和综合性物流企业。

功能性物流企业也称单一物流企业，是指那些仅承担和完成某一项或少数几项物流功能，按照其主要从事的物流功能可将其进一步分为运输企业、仓储企业、流通加工企业等。

综合性物流企业是指那些能完成和承担多项或全部物流功能的企业，企业一般规模较大、资金雄厚，并且有着良好的物流服务信誉，包括从配送中心的规划设计到物流的战略策划、具体业务功能等。

（二）按照物流企业是自行完成和承担物流业务还是委托他人进行操作分类

按照物流企业是自行完成和承担物流业务还是委托他人进行操作分类，可将物流企业分为物流运营企业和物流代理企业。

物流运营企业是指实际承担大部分物流业务的企业，它们可能有大量的物流环境和设备支持物流运作，如配送中心、自动化仓库、交通工具等。

物流代理企业是指接受物流需求方的委托，运用自己的物流专业知识、管理经验，为客户制定最优化的物流路线，选择最合适的运输工具等，最终由物流运营企业承担具体的物流业务。

物流代理企业还可以按照物流业务代理的范围,分成综合性物流代理企业和功能性物流代理企业。功能性物流代理企业包括运输代理企业(货代公司)、仓储代理公司(仓代公司)和流通加工代理企业等。

(三)按照第三方物流业务角度分类

按照第三方物流业务角度分类,可将第三方物流的主要模式分为以下几种类型:

第三方物流仓储服务,包括入库、上门收货服务、包装/次级组装、完善分货管理、存货及管理、位置服务等。

第三方物流特别服务,包括逆向物流、直接配送到商店、进/出口海关、ISO认证、直接送货到家等。

第三方物流国际互联网服务,包括搜寻跟踪、电子商务、电子执行、通信管理、电子供应链等。

第三方物流技术服务,包括GIS技术、GPS技术、EDI技术、RFID技术等。

三、第三方物流的特征

(一)第三方物流是建立在现代电子信息技术基础上的

信息技术的发展是第三方物流出现的必要条件,信息技术实现了数据快速、准确的传递,提高了库存管理、装卸运输、采购、订货、配送发运、订单处理的自动化水平。第三方物流使得订货、包装、运输、流通加工实现一体化;企业可以更方便地使用信息技术与物流企业间资源共享;其已渗透到客户企业的生产或销售领域,成为客户企业生产或销售活动在流通领域中的延续。同时,电子商务软件和平台的开放,使得其他业务中的物流活动的成本能够精确地计算出来,还能有效管理物流渠道中的商流,这就使企业有可能把原来在内部完成的作业交给物流公司运作。

(二)第三方物流提供个性化的服务

TPL具有明显的刚性和弹性。所谓刚性,是指按照适时(Right Time)、适地(Right Place)、适质(Right Quality)、适量(Right Quantity)、适价(Right Price),即"5R"要求提供优质的服务;所谓弹性,是指TPL活动必须与客户企业生产或销售保持同步,即必须具有高度的实时性、动态性和灵活性。

(三)企业之间是合作伙伴关系

依靠现代电子商务技术的支撑,第三方物流企业之间、第三方物流企业与客户之间充分地共享信息,并以合同为纽带,共同承担风险、共享收益,形成亲密的合作伙伴关系,达到双赢的目的。

(四)以合同为导向,按系统工程运作

第三方物流根据合同条款规定而不是根据临时需求的要求,提供多功能甚至全方位的物流服务。第三方物流把客户企业的物流当作系统工程来运作,将涉及物流的各个相关要素全部纳入物流系统,分析系统中各个要素相互之间的作用和每个要素对系统功能的独立作用,使整个物流系统达到最优化。

四、第三方物流发展趋势

(一)物流提供商和分销商之间的协作增加

随着全球第三方物流服务的增长,物流服务提供商发现客户变得越来越挑剔。过去一套

标准的服务就能满足需求,而如今复杂的供应链却常常要求他们能提供客户化解决方案。为客户提供个性化服务、承诺IT投资、与其客户协同合作成为物流服务提供商赢得市场的关键。客户越来越高的要求使两个曾是竞争对手的角色——物流提供商和电子分销商结为合作伙伴。

(二)服务内容日趋复杂

客户对供应链和物流服务的要求越来越高。他们不仅希望第三方物流服务提供商能开发出先进软件,部署全球的ERP和EDI系统,而且希望创建简单标准的IT接口,自动提交海关和出口申报单证,并能对全球各地的仓库实行精准交货。OEM公司希望能以最低的成本获得全套方案。

(三)服务需求存在地区差异

不同地区的制造商对物流服务的需求存在差异。例如,北美大部分制造商偏向能够提供整体供应链管理服务的元器件分销商,而不是那些专业从事运输和仓储服务的物流公司。因为对供应链服务的许多咨询来自元器件供应商,他们希望整体供应链管理服务商能预测物料需求,平衡库存和保持合理的安全库存,并为世界各地的生产线提供准时的物料运送。这些服务是分销业务模式中的核心内容。没有物料管理和部分物流服务的分销业务并不多见。

(四)物流提供商更多介入

为获得更大的市场,顶级物流公司不断出台新的物流和供应链服务。例如,联邦快递供应链服务公司(FedEx SCS)是联邦快递的子公司。该公司与德勤公司搭建了一个全新的按需付费技术平台,使FedEx SCS的客户能够实时查看订单状态以及来自多家公司的运输日程安排。

基础训练

一、单项选择题

1. 货运代理人是货物运输工作中的(   )。
   A. 托运人   B. 承运人   C. 中间人   D. 收货人
2. 按照惯例,支付租船代理佣金的是(   )。
   A. 船东   B. 货主   C. 租船人   D. 代理人
3. 1926年国际货运代理协会在奥地利维也纳成立国际货运代理协会联合会,总部设于(   )。
   A. 瑞士苏黎世 B. 英国伦敦   C. 奥地利维也纳 D. 德国莱比锡
4. 经营海上国际货运代理业务的,注册资本最低限额为(   )人民币。
   A. 500万元   B. 300万元   C. 200万元   D. 50万元
5. (   )主要从事的物流功能可进一步分为运输企业、仓储企业、流通加工企业。
   A. 物流运营企业 B. 物流代理企业 C. 功能性物流企业 D. 综合性物流企业

二、多项选择题

1. 代理关系由(   )组成。
   A. 托运人   B. 承运人   C. 委托人   D. 代理人
2. 代理合同订立后,代理人的责任与义务包括(   )。

A. 支付佣金 B. 负保密义务
C. 如实汇报一切重要事宜 D. 如实向委托人报账

3. 代理合同订立后,委托人应该(　　)。
A. 及时给予明确的具体指示 B. 如实汇报一切重要事宜
C. 支付代理佣金 D. 负保密义务

4. 按照运输代理业务的性质和范围不同,代理行业主要包括(　　)。
A. 租船代理 B. 船务代理
C. 货运代理 D. 咨询代理

5. 在我国,从事国际货物贸易运输代理的企业必须具备(　　)。
A. 固定的营业场所 B. 稳定的货源市场
C. 专业人员 D. 货物运输工具

三、简述题

1. 简述货运代理人的责任和义务。
2. 简述货运委托人的责任和义务。
3. 简述第三方物流的特点。
4. 简述第三方物流的发展趋势。
5. 简述国际货运代理的业务范围。

四、技能案例

【案例背景】

2021年2月,中国香港某出口商委托某一多式联运经营人作为货运代理,将一批半成品的服装经印度的孟买装运至新德里。货物由多式联运经营人在其货运站转入两个集装箱,且签发了清洁提单,表明货物是在处于良好状态下被接受的。集装箱经海路从香港运至孟买,再由铁路运至新德里。在孟买卸船时发现其中一个集装箱外表损坏。多式联运经营人在该地的代理将此情况于铁路运输前通知了铁路承运人。当集装箱在新德里开启后发现,外表损坏的集装箱所装货物严重受损;另一个集装箱虽然外表完好、铅封无损,但内装货物也已受损。香港出口商要求多式联运经营人赔偿其损失。

【技能思考】

1. 阐述该案中两个集装箱货物的损害性质。
2. 货运代理的法律地位是代理人还是当事人?
3. 货运代理是否有义务对两个集装箱货物受损予以赔偿?如果赔偿,应按照什么标准赔偿?货运代理赔偿后,是否有权追偿?应向谁追偿?(结合学过的内容和本项目内容综合作答)

综合实训

【实训项目】

货运代理与第三方物流的关系。

【实训情境】

赵昂毕业于东北财经大学,已经在外贸行业工作了若干年,为了实现自己的人生规划和价值,决定从事国际货运代理业务并兼营物流业。

【实训任务】

成立国际货运代理企业需要具备哪些条件?国际货运代理企业如何开展第三方物流服务?怎样才能把两者有机结合在一起?

提示:根据《国际货物运输代理业管理规定》的有关内容,并结合目前货代和物流行业实际的发展现状。

(1)要拓展服务范围,突出服务特色,向服务多元化发展。

(2)要认真研究所处行业的特点,谨慎选择服务对象。

(3)保持合理的人力资源配置结构。

(4)完善信息交流系统。

(5)要有良好的公司信誉,树立长期服务的意识。

项目三

国际海上货物运输

○ **知识目标**

理解：国际海上货物运输基本知识。

熟知：海运托运单、海运提单、海运单的缮制内容。

掌握：海上货物运输合同、国际海上运输经营方式及进出口代理实务。

○ **技能目标**

能够对班轮运输、装卸时间、滞期费、速遣费进行计算；能够具备签订海上货物运输合同的能力，并学会缮制海运提单。

○ **素质目标**

运用所学的理论与实务知识研究相关案例，培养和提高在特定业务情境下分析问题与决策设计的能力；能结合教学内容，依照职业道德与企业伦理的"行业规范与标准"，分析行为的善恶，强化职业道德素质。

○ **项目引例**

无单放行，损害赔偿

华通进出口公司与英国 A 公司达成一笔交易，进口 500 公吨 A 级铜，每公吨 3 275 美元 CIF 广州，不可撤销即期信用证付款。英国 A 公司按期装运并备齐全套单据议付，华通公司付款取得全套单据后，又将该套单据卖给某灯具公司，因双方约定分期付款，灯具公司虽取得全套单据，但只支付 20% 的货款，其余 3 个月后结清。考虑到市场涨价，华通公司向作为船舶代理人的某货代公司借取提货单提货，并售给另一客户。当灯具公司得知该情况后，向该货代公司提出索赔。

请问：该货代公司是否应当承担侵权损害赔偿责任？

引例分析：灯具公司持有的正本提单来源合法，应该享有提单项下的全部物权。船舶代理人未获得船舶承运人的指示无单放货，应视为该货运代理公司的独立行为而直接承担法律责任。货运代理公司在未收回正本提单的情况下开出提货单，承诺无条件放货，已构成对提单物权的侵害，造成无单放行，对此应承担侵权损害赔偿责任。

○ **知识精讲**

任务一　国际海上货物运输概述

一、海上运输的概念和特点

(一)海上运输的概念

海上运输(Ocean/Maritime Transport)，简称海运，是指以船舶为工具，通过海洋航道运送货物和旅客的一种运输方式。国际海上货物运输是指使用船舶或者其他水运工具通过海上航道在不同的国家和地区的港口之间运送货物的一种运输方式。国际海上货物运输是国际贸易运输中最主要的运输方式。

(二)海上运输的特点

1. 天然航道

海洋运输借助天然航道进行，不受道路、轨道的限制，通过能力更强。随着政治、经贸环境以及自然条件的变化，可随时调整和改变航线完成运输任务。

2. 载运量大

随着国际航运业的发展，现代化的造船技术日益精湛，船舶日趋大型化。超巨型油轮载重量已达几十万吨，第五代集装箱船的载箱能力已超过 5 000 标准箱。

3. 运费低廉

海上运输航道为天然形成，港口设施一般为政府所建，经营海运业务的公司可以大量节省用于基础设施的投资。船舶运载量大、使用时间长、运输里程远、单位运输成本较低，为低值大宗货物的运输提供了有利条件。

4. 运输的国际性

海洋运输一般是国际贸易，它的生产过程涉及不同的国家和地区的个人和组织。另外，海洋运输受到国际法和国际管理的约束，也受到各国政治、法律的约束和影响。

5. 速度慢、风险大

海洋运输是各种运输方式中速度较慢的。由于海洋运输是在海上，受自然条件的影响比较大，另外，还有诸如海盗的侵袭，风险也不小。

6. 不完整性

海洋运输只是整个运输过程的一个环节，它的两端港口必须依赖其他运输方式的衔接和配合。

尽管海洋运输有明显的不足之处，如海洋运输易受自然条件和气候的影响、航期不易确定、遇险的可能性大，但是由于其运输量大和运费低廉的优越性，它在国际贸易中所占的地位和所起的作用及其重要性仍然大大超过了其他几种运输方式。

二、海上运输的发展

海上运输历史悠久，海上运输的发展与科学技术和经济的发展有着密切的关系。在科学技术水平低下、经济不发达的时代，人类的海上活动是以帆船作为主要运输工具。现代的海上运输是在 19 世纪资本主义得以发展、运输工具加以改进的基础上发展起来的。1807 年，美国人罗伯特·富尔敦将蒸汽机用于船舶动力。1840 年前后，蒸汽机船第一次成功地横渡大西洋。1897 年，卢道夫·狄塞尔发明内燃机，并用于船动力，在德国实现了实用化，1902～1903

年间制造了最早的船用内燃机并很快成为国际航运界的宠儿。1962 年,美国建成第一艘核动力商船"萨凡纳号(Savannah)",轮船由此进入核动力时代。

随着世界新技术革命的发展,海上运输的技术发展总趋势就是海上货物运输船舶的专业化、大型化、高效化以及水运管理和航行安全系统电子化。这些将大大提高运输效率和经济效益。

三、我国海上货物运输发展

我国的海上运输历史悠久。早在战国时期,人们就已将指南针用于航海,为世界航海技术的发展做出了重大的贡献。唐代设置"市舶司",管理对外贸易并向往来我国的商船征税。宋代对外交往和进行贸易的主要通路是海上运输,泉州港是当时我国也是世界上最大的对外贸易港口之一。1405～1433 年的 28 年间,郑和率领庞大的船队七次下西洋,先后到达过 30 多个国家和地区,最远到达非洲东岸。后来为了防止倭寇入侵,明代曾一度以"海禁"为基本国策。清代为了维护其统治,直到鸦片战争前基本上沿袭明代"海禁"的闭关自守政策,严格管制当时的对外贸易和往来我国的商船。1840 年爆发了鸦片战争,我国从此逐渐沦为半封建、半殖民地社会,帝国主义列强垄断了我国的海上运输。

1872 年 12 月,李鸿章创办轮船招商局。次年 1 月,招商局从英国购置的 507 吨的"伊敦号"货轮由上海装货首航香港,从此打通了我国沿海南北航线;同年 8 月,"伊敦号"货轮首航日本的神户、长崎,这是我国商轮第一次在国际航线上航行。后因我国连年战争,该船屡次被征用,最后被炸沉。

至 1949 年中华人民共和国成立时,我国的海上运输特别是远洋运输几乎是一片空白,港口淤泥,码头失修,没有自己的船队。中华人民共和国成立初期,我国的海上运输是在十分艰难的条件下进行的。

20 世纪 50 年代,我国的贸易对象是以苏联、东欧国家为主,进出口货物主要靠铁路运输。20 世纪 60 年代初,由于国际形势的变化,我国的贸易对象也逐步由苏联、东欧国家转移到西方资本主义国家,对外贸易的进出口货物也随之转为以海运为主。我国开始组建远洋船队,于 1993 年 2 月 16 日组建成立中国远洋运输集团总公司,即中国远洋运输公司,简称中远。中远在成立初期只有 4 艘船舶,2.26 万载重吨位。由于船队处于初创时期,船队的运力不能满足我国进出口货物运输的需求,因此,这个时期主要是以租船来满足海运进出口货运量不断增长的需要。我国的远洋船队经过几十年的发展,由小到大,迅速发展。目前,中远集团拥有和控制各类现代化商船近 1 362 艘,10 875 多万载重吨,年货运量 10 亿吨以上,远洋航线覆盖全球 160 多个国家和地区的 1 600 多个港口,船队规模稳居世界第一。其中,集装箱船队规模世界排名第三;干散货船队规模世界排名第一;专业杂货、多用途和特种运输船队综合实力居世界前列;油轮船队是当今世界超级油轮船队之一。

四、海上货物运输基础知识

(一)海上船舶

1. 船舶的概念

船舶是海上运输的工具,它的种类繁多,结构和形式多样。船舶主要由以下部分构成:

(1)船壳(Shell)。船壳即船的外壳,是将多块钢板通过铆钉或电焊结合而成的,包括龙骨翼板、弯曲外板和上舷外板三部分。

(2)船架(Frame)。船架是指为支撑船壳所用各种材料的总称,分为纵材和横材两部分。纵材包括龙骨、底骨和边骨;横材包括肋骨、船梁和舱壁。

(3)甲板(Deck)。甲板是铺在船梁上的钢板,将船体分隔成上、中、下层。大型船甲板数可多至六七层,其作用是加固船体结构和便于分层配载及装货。

(4)船舱(Holds and Tanks)。船舱是指甲板以下的各种用途空间,包括船首舱、船尾舱/货舱、机器舱和锅炉舱等。

(5)船面建筑(Super Structure)。船面建筑是指主甲板上面的建筑,供船员工作、起居及存放船具的场所。它包括船首房、船尾房和船桥。船桥上有驾驶室、海图室、电报室及主要船员的宿舍。

2. 船舶的分类

货物运输船舶按照其用途不同,可以分为干货船和液货船两大类。

(1)干货船(Dry Cargo Ship)。干货船(见图3-1)可以分为件杂货船、集装箱船、滚装船、冷藏船、多用途船、干散货船和载驳船等不同类型。国际货运代理实践中经常涉及的是杂货船和集装箱船。

图3-1 干货船

①件杂货船(General Cargo Vessel)(见图3-2)也称普通杂货船、杂货船,主要用于运输各种包装和裸装的普通货物。杂货船通常设有双层底,并采用多层甲板以防止货物堆装过高而被压损,一般设置3~6个货舱,每个货舱均设有货舱口,货舱口两端备有吊杆或起重机,吊杆起重量相对较小(通常在2~20吨),若配置塔形吊机,则可起吊重件。国际海上货运中,杂货船的吨位一般在5 000~20 000吨。

图3-2

②集装箱船(见图 3—3)是指吊装式全集装箱船(Full Container Ship),或称集装箱专用船。全集装箱船是指利用船上或岸上的起重机将集装箱进行垂直装卸的船舶,是一种专门用于装载集装箱以便在海上运输时能安全、有效地大量运输集装箱而建造的专用船舶。全集装箱船的结构特点是,一般为大开口、单甲板船,且常为双船壳,以利于集装箱的装载和卸载。船舱内设置格栅结构,以固定集装箱,防止集装箱在运输途中发生前、后、左、右方向的移动,从而保证航行安全和货运质量。舷侧设有边舱,可供载燃料或作压载用。甲板上设置了能装载多层集装箱的特殊结构,多采用尾机型。因为在舱内设有永久性的格栅结构,所以只能装运集装箱而无法装载件杂货。

图 3—3

全集装箱船上有的带有船用装卸桥,用于装卸集装箱。但目前大多数全集装箱船依靠港口内的装卸桥进行集装箱的装卸,故不设装卸设备。

③滚装船(Roll on/Roll off Ship;Ro/Ro Ship)(见图 3—4)是采用将装有集装箱或其他件杂货的半挂车或装有货物的带轮的托盘作为货运单元,由牵引车或叉车直接在岸船之间进行装卸作业形式的船舶。其主要特点是将船舶装卸作业由垂直方向改为水平方向。滚装船上甲板平整全通,下面的多层甲板之间用斜坡道或升降平台连通,以便车辆通行;有的滚装船甲板可以移动,便于装运大件货物。滚装船的开口一般设在船尾,有较大的铰接式跳板,跳板可以 35°～40°角斜搭到岸上,船舶航行时跳板可折起。滚装船的吨位大多在 3 000～26 000 吨。

滚装船

图 3—4

④冷藏船(Refrigerated Ship)(见图 3—5)是将货物处于冷藏状态下进行载运的专用船舶。其货舱为冷藏舱,并有若干个舱室。每个舱室都是一个独立、封闭的装货空间,舱门、舱壁均为气密,并用隔热材料使相邻舱室可以装运不同温度的货物。冷藏船上有制冷装置;制冷温

度一般为15℃～－25℃。冷藏船的吨位较小,通常为数百吨到几千吨。

图 3－5

⑤多用途船(Multi-purpose Ship)(见图 3－6)是具有多种装运功能的船舶。多用途船按货物对船舶性能和设备等的不同要求可分为以载运集装箱为主的多用途船、以载运重大件为主的多用途船、兼运集装箱和重大件的多用途船以及兼运集装箱、重大件和滚装货的多用途船四种。

图 3－6

⑥干散货船(Dry Bulk Carrier)(见图 3－7)是运输粉末状、颗粒状、块状等无包装大宗货物的船舶。由于其所运输货物的种类较少,对隔舱要求不高,所以仅设单层甲板,但船体结构较强。为提高装卸效率,货舱口很大。按所载运的货物种类不同,又可分为运煤船(Coal Carrier)、散粮船(Bulk Grain Carrier)、矿石船(Ore Carrier)以及其他专用散装船。

散货船

图 3－7

⑦载驳船(Barge Ship)(见图3—8)又称字母船,是指在大船上搭载驳船,驳船内装载货物的船舶。载驳船的主要优点是不受港口水深的限制,不需要占用码头泊位,装卸货物均在锚地进行,装卸效率高。目前主要的载驳船有"拉希型"(Lighter Aboard Ship)和"西比型"(Seabee Ship)两种。

图3—8

(2)液货船。液货船是指载运散装液态货物的船舶,主要有油轮、液化气船和液体化学品船三种。

①油轮(Oil Tanker)(见图3—9)是专门载运石油及成品油的船舶。油轮有严格的防火要求,在货舱、机舱、泵舱之间设有隔离舱。油舱设有纵舱壁和横舱壁,以减少自由液面对船舶稳定性的不利影响。有专门的油泵和油管用于装卸,还有扫舱管系和加热管系。甲板上一般不设起货设备和大的舱口,但设有桥楼。就载重吨而言,油轮列世界第一位。世界上最大的油轮达60多万载重吨,一般油轮的载重吨在2万~20万吨。

图3—9

②液化气船(Liquefied Gas Carrier)(见图3—10)是专门装运液化气的船舶,可分为液化天然气船和液化石油气船。

图3—10

液化天然气船(Liquefied Natural Gas Carrier)按液货舱的结构有独立储罐式和膜式两种。独立储罐式是将柱形、筒形、球形等形状的储罐置于船内,液化气装载于储罐中进行运输。膜式液化天然气船采用双层壳结构,内壳就是液货舱的承载体,并衬有一层由镍合金钢制成的膜,可起到阻止液货泄漏的屏蔽作用。

液化石油气船(Liquefied Petroleum Gas Carrier)按液化的方法分为压力式、半低温半压力式和低温式三种。压力式液化石油气船是将几个压力储罐装在船上,在高压下维持液化石油气的液态。半低温半压力式和低温式液化石油气船采用双层壳结构,液货舱用耐低温的合金钢制造并衬以绝热材料,船上设有气体再液化装置。

液化气船的吨位通常用货舱容积来表示,一般在6万~13万立方米。

③液体化学品船(Chemical Tanker)(见图3—11)是载运各种液体化学品,如醚、苯、醇、酸等的专用液货船。液体化学品大多具有剧毒、易燃、易爆、易挥发、易腐蚀等特点,对防火、防爆、防毒、防腐蚀有极高的要求,所以液体化学品船上分隔舱多、货泵多。船舶有双层底和双层舷侧,翼舱宽度不小于船宽的1/5。载运腐蚀性强的酸碱类液货时,货舱内壁和管系多采用不锈钢或敷以橡胶等耐腐蚀材料。液体化学品船的吨位多在3万~10万吨。

图 3—11

3. 船舶规范

(1)船舶吨位。船舶吨位(Ship's Tonnage)又称船舶指标,是船舶大小的计量单位,可分为重量吨位和容积吨位两种。

①船舶重量吨位(Weight Tonnage)是表示船舶重量的一种计量单位,以1 000千克为1公吨,或以2 240磅为1长吨,或以2 000磅为1短吨。目前国际上多采用公制作为计量单位。船舶的重量吨位又可分为排水量吨位和载重吨位两种。

第一,排水量吨位(Displacement Tonnage)是船舶在水中所排水的吨数,也是船舶自身重量的吨数。排水量吨位又可分为轻排水量、重排水量和实际排水量三种。

a. 轻排水量(Light Displacement)又称空船排水量,是船舶本身加上船员和必要的给养物品三者重量的总和,是船舶最小限度的重量。

b. 重排水量(Full Load Displacement)又称满载排水量,是船舶载客、载货后吃水达到最高载重线时的重量,即船舶最大限度的重量。

c. 实际排水量(Actual Displacement),是船舶每个航次载货后实际的排水量。

排水量的计算公式如下:

排水量(长吨)＝长×宽×吃水×方模系数(立方英尺)/35(海水)或36(淡水)(立方英尺)

式中,吃水(Draft),是指由龙骨最底部至满载水平线间的距离。

方模系数(Block Coefficient,Coefficient of Fineness),是指船舶入水部分的体积与一同等长、宽、深的长方形体积之比率。方模系数因船型不同而不同,一般为0.3~0.9不等,通常在0.6~0.75。快速船的方模系数较小。

排水量(公吨)＝长×宽×吃水×方模系数(立方米)/0.975 6(海水)或1(淡水)(立方米)

排水量吨位可以用来计算船舶的载重吨;在造船时,依据排水量吨位可知该船的重量;在统计军舰的大小和舰队时,一般以轻排水量为准;军舰通过巴拿马运河,以实际排水量作为征税的依据。

第二,载重吨位(Dead Weight Tonnage)表示船舶在营运中能够使用的载重能力。船舶载重吨位可用于对货物的统计、作为期租船月租金计算的依据、表示船舶的载运能力、用作新船造价及旧船售价的计算单位。载重吨位又可分为总载重吨和净载重吨。

a. 总载重吨(Gross Dead Weight Tonnage),是指船舶根据载重线标记规定所能装载的最大限度的重量。它包括船舶所载运的货物,船上所需的燃料、淡水和其他储备物料重量的总和。

总载重吨＝重排水量－轻排水量＝货物＋燃料＋淡水＋其他储备物料

b. 净载重吨(Dead Weight Cargo Tonnage)又称载货重吨,是指船舶所能装运货物的最大限度重量,即从船舶的总载重量中减去船舶航行期间需要储备的燃料、淡水及其他储备物料的重量所得的差数。船舶载重吨位可用于对货物的统计,作为期租船月租金计算的依据,表示船舶的载运能力,也可用作新船造价及旧船售价的计算单位。

净载重吨＝总载重吨－燃料－淡水－其他储备物料

②船舶容积吨位(Registered Tonnage)又称注册吨,是表示船舶容积的单位,是各海运国家为船舶注册而规定的一种以吨为计算和丈量的单位,以100立方英尺或2.83立方米为1注册吨。容积吨又可分为容积总吨和容积净吨两种。

第一,容积总吨(Gross Registered Tonnage)又称注册总吨,是指船舱内及甲板上所有封闭场所的内部空间(或体积)的总和,是以100立方英尺或2.83立方米为1吨折合所得的商数。容积总吨的用途很广,它可以用于国家对商船队的统计,用于船舶登记,用于政府确定对航运业的补贴或造船津贴,用于计算保险费用、造船费用以及船舶的赔偿等。

容积总吨＝船上所有封闭场所的内部空间容积总和/100(立方英尺)或2.83(立方米)

第二,容积净吨(Net Registered Tonnage)又称注册净吨,是指从容积总吨中扣除那些不供营业用的空间后所剩余的吨位,也就是船舶可以用来装载货物的容积折合成的吨数。容积净吨主要用于船舶的报关、结关,作为船舶缴纳的各种税收和费用的依据,作为船舶通过运河时缴纳运河费的依据。

容积净吨＝可供载货容积总和(立方英尺或立方米)/100(立方英尺)或2.83(立方米)

(2)船舶载重线(Ship's Load Line)。船舶载重线是指船舶满载时的最大吃水线。它是绘制在船舷左右两侧和船舶上的标志,指明船舶入水部分的限度。船级社或船舶检验局根据船舶的用材结构、船型、适航性和抗沉性等因素,以及船舶航行的区域及季节变化等制定船舶载重线标志。此举是为了保障航行的船舶、船上承载的财产和人身安全,它已得到各国政府的承认,违反者将受到法律的制裁。

船舶载重线标志又称普利姆索尔标志(Plimsoll Mark),包括甲板线、载重线圆盘以及与圆盘有关的各条载重线三个组成部分。如图 3—12 所示。

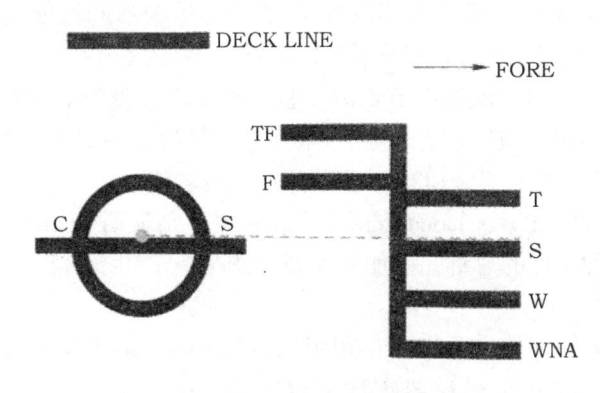

图 3—12　船舶载重线标志

图 3—12 中的各条载重线含义说明如下：

①TF(Tropical Fresh Water Load Line)表示热带淡水载重线，即船舶航行于热带地区淡水中总载重量不得超过此线。

②F(Fresh Water Load Line)表示淡水载重线，即船舶在淡水中行驶时，总载重量不得超过此线。

③T(Tropical Load Line)表示热带海水载重线，即船舶在热带地区航行时，总载重量不得超过此线。

④S(Summer Load Line)表示夏季海水载重线，即船舶在夏季航行时，总载重量不得超过此线。

⑤W(Winter Load Line)表示冬季海水载重线，即船舶在冬季航行时，总载重量不得超过此线。

⑥WNA(Winter North Atlantic Load Line)表示北大西洋冬季载重线，指船长为 100.5 米以下的船舶，在冬季月份航行经过北大西洋(北纬 36°以北)时，总载重量不得超过此线。标有 L 的为木材载重线。

我国船舶检验局对上述各条载重线，分别以汉语拼音首字母为符号，即以 RO、Q、R、X、D 和 BDD，代替 TF、F、T、S、W 和 WNA。在租船业务中，期租船的租金习惯上按船舶的夏季载重线时的载重吨来计算。

(3)船舶的船籍、船旗(Ship's Nationality and Flag)。船籍是指船舶的国籍。船旗是指船舶在航行中悬挂其所属国的国旗，船旗是船舶国籍的标志。按国际法规定，商船是船旗国浮动的领土，无论在公海或在他国海域航行，均需悬挂船籍国国旗。凡是悬挂船籍国国旗的船舶有权在船籍国领海、内水和在公海上航行，使用船籍国的法律，在从事合法的海上运输业务的过程中享受船籍国法律的保护。

方便旗船(Flag of Convenience)是指在外国登记、悬挂外国国旗并在国际市场上进行营运的船舶。将船舶转移到外国去进行登记，以图逃避国家重税和军事征用，自由制定运价不受政府管制，自由处理船舶与运用外汇，自由雇用外国船员以支付较低工资，降低船舶标准以节省修理费用，降低营运成本以增强竞争力等。

(4)船级。船级(Ship's Classification)是表示船舶技术状态的一种指标。在国际航运界，凡注册总吨在 100 吨以上的海运船舶，必须在某船级社或船舶检验机构监督之下进行建造。

在船舶开始建造之前,船舶各部分的规格须经船级社或船舶检验机构批准。每艘船建造完毕,由船级社或船舶检验局对船体、船上机器设备、吃水标志等项目和性能进行鉴定,发给船级证书。证书有效期一般为4年,期满后需重新予以鉴定。

(5)航速(Ship's Speed)。航速以节表示。船舶的航速因船型不同而不同,其中干散货船和油轮的航速较慢,散货船一般为12~17节,杂货船一般为15~17节,集装箱船的航速较快,目前最快的集装箱船航速可达25~32节,客船的航速也较快。

(6)船舶的主要文件(Ship's Documents)。船舶文件是证明船舶所有权、性能、技术状况和营运必备条件的各种文件的总称。船舶必须通过法律登记和技术鉴定并获得此类有关正式证书后,才能参加营运。

国际航行船舶的船舶文件主要有:船舶国籍证(Certificate of Nationality)、船舶所有权证书(Certificate of Ownership)、船舶船级证书(Certificate of Classification)、船舶吨位证书(Tonnage Certificate)、船舶载重线证书(Certificate of Load Line)、船员名册(Crew List)、航行日志(Log Book)。此外,还有轮机日志、卫生日志和无线电日志等。

(二)航线

1. 航线的概念

世界各地水域,在港湾、潮流、风向、水深及地球球面距离等自然条件限制下,可供船舶航行的一定径路,称为航路。而承运人在可供通行的航路中,根据主、客观条件限制,为达到经济效益最大化而选定的营运路线称为航线。航线(Shipping Line)是指船舶在两个或多个海港之间进行货物运输的路线。

2. 航线的形成因素

航线的形成取决于下列因素:①安全因素,是指确定航线时应考虑自然界的种种现象,如风向、波浪、潮汐、水流、暗礁及流冰等;②货运因素,是指航线沿途货物的主要流向及流量,将主要影响航运公司未来的经营收益;③港口因素,是指影响船舶靠泊和装卸的各种港口设施和条件,如港口的水深、冰冻期、港口使用费等;④技术因素,是指船舶航行时在技术上需要考虑的因素;⑤国际政治形势,沿途国家或地区的关税法令、经济政策、航行政策等的变化也会影响航运公司对航线的选择。

3. 航线的分类

(1)按船舶营运方式,可分为定期航线和不定期航线。

①定期航线又称班轮航线,是指使用固定的船舶,按固定的船期和港口航行,并以相对固定的运价经营客货运输业务的航线。定期航线主要装运件杂货物。

②不定期航线又称租船运输,是临时根据货运的需要而选择的航线,船舶、船期、挂靠港口均不固定,是以经营大宗、低值货物运输业务为主的航线。

(2)按航运范围,可分为国际大洋航线、地区性国际海上航线和沿海航线。

①国际大洋航线也称远洋航线,是指贯通一个或数个大洋的海上运输路线,航线距离较长,是世界性的航线,包括大西洋航线、太平洋航线、印度洋航线以及穿越两个以上大洋的航线。

②地区性国际海上航线也称近洋航线,是指不跨越大洋,在局部海域较邻近国家间港口运作的航线,航程较国际大洋航线短。

③沿海航线,是指连接同一国家沿海各港口之间的航线,属于一国的国内航线。

(三)港口

1. 港口的概念

港口是海洋交通和内路交通的连接点,一般在江、湖、海湾沿岸,具有水陆联运设备和条件,供船舶安全进出和停泊的运输枢纽。

港口既为海洋运输服务,又为内陆运输服务。客货运输无论是从船舶转入陆运工具,还是由陆运工具转入船舶,都离不开港口的服务工作,由此可见港口在组织国内外运输中的重要性。世界上沿海国家都视港口为国家的经济"咽喉",如荷兰最大的港口鹿特丹在欧洲占有重要的经济地位;新加坡提出"以港立国",其国民收入绝大部分直接与港口业务有关。世界上许多国家在港口处划分一定范围的"自由贸易区",以低税率或免税来吸引外商在该地储存、中转、加工、装备货物,以增加外汇收入。一个现代化的港口,实际上就是城市海陆空主体交通的总管,是"综合运输体系"的中心。

2. 港口的分类

(1)按地理位置,可分为海湾港、河口港和内河港。

①海湾港(Bay Port),是指濒临海湾,又据海口,常能获得港内水深地势的港口,如大连、秦皇岛等港。

②河口港(Estuary Port),是指位于河流入海口处的港口,如上海、伦敦、加尔各答等港。

③内河港(Inland Port),是指位于内河沿岸的港口,一般与海港有航道相通,如南京、汉口等港。

(2)按用途目的,可分为存储港、转运港和经停港。

①存储港(Port of Storage),一般地处水陆联络的要道,交通十分方便,同时是工商业中心,港口设施完备,便于货物的存储、转运,为内陆和港口货物集散的枢纽,如天津港。

②转运港(Port of Transshipment),一般位于水陆交通衔接处,既将陆运货物集中,转由海路运出,又将海运货物转由陆路疏运。港口本身对货物需求不多,主要办理转运业务,如荷兰鹿特丹港。

③经停港(Port of Call),地处航道要冲,为往来船舶必经之地,过往船舶根据需要可作短暂停泊,以便添加燃料、补充食品或淡水,如亚丁港。

(3)按开发工程,可分为天然港和人工港。

①天然港(Natural Harbor),是指港湾的航道水深等天然地理气候条件符合商港的需要,添置水上或陆岸各种设备以满足船舶停泊及货物装卸搬运的需要后,基本上可利用的港湾。世界有三大天然良港,分别是中国香港地区的维多利亚港、美国的旧金山港及巴西的里约热内卢港。

②人工港(Artificial Harbor),是指港湾停泊地区纯系人工自陆上开发完成的,有防波堤保护的非天然港口。由于地理环境没有天然防护,人工港需要投入大量资金及人力修筑防波堤及其他设施,以确保船舶及货物装卸不会受风浪影响,如荷兰的鹿特丹港、阿联酋迪拜的杰贝拉里港、中国的天津港。

(4)按潮汐对港口的影响,可分为开敞港和潮差港。

①开敞港,是指港口直接建在开敞的海岸上或海岸附近。其特点是港口内水域同海面直接连接,水位变化较小,船舶可以随时进出港口,不受潮汐影响。

②潮差港又称闭合港,是指港口建在受潮汐影响较大的海岸上或海岸附近。为了解决退潮时影响船舶出入港口的问题,一般在港口修建闸门,使港内水位保持一定深度,以利船舶出

入港口。

(5)按国家政策,可分为国内港、国际港和自由港。

①国内港(Domestic Port),是指专供本国船舶出入的港口,外国船舶除天灾或意外事故及特许外,不得任意驶入。

②国际港又称通商港、开放港(Open Port),是指为国际贸易,依照条约或法令所开放的商港,任何航行于国际航线的外籍船舶,办理手续后即可进出港口,但必须接受当地航政机关和海关的监督。

③自由港(Free Port),所有进出该港的货物,允许其在港内储存、装配、加工、整理、制造再转运他国,均免收关税,只有在输入内地时才课以一定的关税。

【视野拓展3-1】 港口的组成和设备以及码头

一、港口的组成

港口由水域和陆域组成。

(1)水域通常包括进港航道、锚泊地和港池。

①进港航道要保证船舶安全方便地进出港口,必须有足够的深度和宽度,适当的位置、方向和弯道曲率半径,避免强烈的横风、横流和严重淤积,尽量降低航道的开辟和维护费用。

②锚泊地是指有天然掩护或人工掩护条件能抵御强风浪的水域,船舶可在此锚泊、等待靠泊码头或离开港口。

③港池是指直接和港口陆域毗连,供船舶靠离码头、临时停泊和调头的水域。港池按构造形式分,有开敞式港池、封闭式港池和挖入式港池。港池尺度应根据船舶尺度、船舶靠离码头方式、水流和风向的影响及调头水域布置等确定。

(2)陆域是指港口供货物装卸、堆存、转运和旅客集散之用的陆地面积。陆域上有进港陆上通道(铁路、道路、运输管道等)、码头前方装卸作业区和港口后方区。

二、港口的设备

陆上设备包括间歇作业的装卸机械设备(门座式、轮胎式、汽车式、桥式及集装箱起重机、卸车机等),连续作业的装卸机械设备(带式输送机、斗式提升机、压缩空气和水力输送式装置及泵站等),供电照明设备,通信设备,给水排水设备,防火设备等。港内陆上运输机械设备包括火车、载重汽车、自行式搬运车及管道输送设备等。水上装卸运输机械设备包括起重船、拖轮、驳船及其他港口作业船、水下输送管道等。

三、码头

码头是指供船舶停靠、装卸货物和上下旅客的水上建筑物。广泛采用的是直立式码头,便于船舶停靠和机械直接开到码头前沿,以提高装卸效率。内河水位差大的地区也可采用斜坡式码头,斜坡道前方设有趸船作码头使用。这种码头由于装卸环节多,机械难以靠近码头前沿,装卸效率低。在水位差较小的河流、湖泊中和受天然或人工掩护的海港港池内也可采用浮码头,借助活动引桥把趸船与岸连接起来,这种码头一般用作客运码头、卸鱼码头、轮渡码头以及其他辅助码头。

码头结构形式有重力式、高桩式和板桩式。这主要根据使用要求、自然条件和施工条件综合考虑确定。

(1)重力式码头。靠建筑物自重和结构范围的填料重量保持稳定,结构整体性好,坚固耐用,损坏后易于修复,有整体砌筑式和预制装配式,适用于较好的地基。

(2)高桩式码头。由基桩和上部结构组成,桩的下部打入土中,上部高出水面,上部结构有梁板式、无梁大板式、框架式和承台式等。高桩码头属透空式结构,波浪和水流可在码头平面以下通过,对波浪不发生反射,不影响泄洪,并可减少淤积,适用于软土地基。近年来广泛采用长桩、大跨结构,并逐步用大型预应力混凝土管柱或钢管柱代替断面较小的桩,而成为管柱码头。

(3)板桩式码头。由板桩墙和锚碇设施组成。板桩码头结构简单,施工速度快,除特别坚硬或过于软弱的地基外,均可采用,但结构整体性和耐久性较差。

目前,世界上国际贸易海港主要有鹿特丹港、纽约港、神户港、横滨港、新加坡港、汉堡港、安特卫普港、伦敦港、长滩港及洛杉矶港等。我国贸易港口(含台湾地区港口)主要有大连港、秦皇岛港、天津港、青岛港、连云港、上海港、宁波港、广州港、湛江港、高雄港、基隆港和香港港等。

【视野拓展3-2】　　　　世界和我国主要港口

一、世界主要港口

全世界160多个沿海国家和地区,共有大小港口近万个,中型港口约2 000多个。世界上最著名的港口主要有以下几个:

(1)鹿特丹(Rotterdam)港。它位于荷兰西南部莱茵河和马斯河入海口汇合处三角洲上,是世界上吞吐量最大的港口、欧洲最大的集装箱港口,2016年总吞吐量达4.61亿吨,集装箱吞吐量达1 240万TEU。该港共有泊位650多个,其中深水泊位约380个,可同时供600多艘船停泊作业,最大可泊50万吨级的超级油轮。集装箱专用码头可停靠第五代集装箱船。港口货棚、仓库面积为89万平方米,各种装卸设施齐全、先进。码头自1996年开始使用计算机导航系统,指挥调度完全自动化,效率相当高。

(2)汉堡(Hamburg)港。它是德国最大的港口,也是欧洲第二大集装箱港和世界最大的自由港,航道水深16米,10万吨级船舶可长驱直入。更大吨位的船舶可利用平均2.8米的潮差于高潮时抵港。全港共有700多个泊位,是世界上泊位最多的商港。港口设备先进,机械化、自动化程度高。

(3)安特卫普(Antwerp)港。它是比利时最大的港口,也是世界著名的港口之一,有300多条定期航线通向世界各地。港区总面积为178平方千米,泊位约400个,可同时停泊万吨级以上船舶400艘,码头最大可泊13万载重吨的船舶。港口水深7~16.8米,10万吨级吃水14米的船舶可自由进出。该港是欧洲钢铁的主要输出港。

(4)伦敦(London)港。它是英国最大的港口,港口最大水深14米,潮差平均6米,20万吨级海轮可直达。该港自18世纪就发展成为世界大港之一,19世纪成为世界航运中心。伦敦港与世界上100多个国家和地区的港口有联系。

(5)纽约(New York)港。它既是美国也是世界最大的港口之一,港口条件优良,装卸设备齐全,运输系统发达。港口总面积为840平方千米,共有430多个深水泊位,水深9~14.6米。

(6)新奥尔良(New Orleans)港。它既是远洋港口,又是内河航运集散地,是美国内陆、河、海的联运中心。该港码头总长约50千米,共有280多个深水泊位,水深8.8~12.2米。

(7)休斯敦(Houston)港。它位于墨西哥湾北岸,既是美国也是世界大港之一,还是世界最大的石油加工中心之一。该港输出的主要是石油及其制品、棉花、小麦,其年吞吐量在1亿吨以上。

(8)神户(Kobe)港。它是日本最大的海港和集装箱港,水域面积为73.4平方千米,航道水深9~12米,共有泊位227个,包括杂货、集装箱和各种专业码头。

(9)横滨(Yokohama)港。它是日本第二大港口,港区面积为68平方千米,共有泊位202个,其中公用泊位97个、私营泊位105个。

(10)新加坡(Singapore)港。它是新加坡的主要港口,是世界著名的转运港和自由港,也是世界著名的集装箱港。港口面积达583平方千米,水深在10.4~13.4米,有46个深水泊位、70个油船泊位以及其他各种类型船只的泊位。新加坡港是世界上最繁忙的港口之一,有250条航线来往于世界各地。约有80个国家和地区的130多家船舶公司的各种船舶日夜进出该港,平均每12分钟就有一艘船舶进出,相当于一年之内世界所有的货船都在新加坡港停泊一次。因此,新加坡港有"世界利用率最高的港口"之称。

二、我国主要港口

我国拥有18 000多千米的海岸线,沿海有许多优良港湾,目前共有大小港口190多个。上海港、大连港、秦皇岛港、天津港、青岛港、广州港等港口的货物吞吐量均已超过1亿吨。我国的主要外贸港口有以下几个:

(1)宁波舟山港。宁波舟山港是世界五大港口之一,其货物吞吐量位列全国第一,集装箱吞吐量则位列全国第三。宁波市总面积为9 365平方千米,位于浙东、长江三角洲南翼,北临杭州湾,西接绍兴,南靠台州,东北与舟山隔海相望。舟山,原名定海,素有"东海鱼仓"和"祖国渔都"之美称,是一个以群岛设市的地级行政区划,位于我国东南沿海,浙江省舟山群岛拥有渔业、港口、旅游三大优势。舟山是中国最大的海水产品生产、加工、销售基地。2020年上半年,货物吞吐量位居全国第一。

(2)上海港。上海港位于长江三角洲前缘,居中国18 000千米大陆海岸线的中部,扼长江入海口之咽喉,地处长江东西运输通道与海上南北运输通道的交汇点,是中国沿海的主要枢纽港,是中国对外开放,参与国际经济大循环的重要口岸。上海市外贸物资中99%经由上海港进出,每年完成的外贸吞吐量占全国沿海主要港口的20%左右。作为世界著名港口,2020年上半年,货物吞吐量位居全国第三。

(3)天津港。也称天津新港,位于天津市海河入海口,处于京津冀城市群和环渤海经济圈的交汇点上,是中国北方重要的综合性港口和对外贸易口岸。天津港是在淤泥质浅滩上挖海建港、吹填造陆建成的世界航道等级最高的人工深水港。目前,天津港主航道水深已达21米,可满足30万吨级原油船舶和国际上最先进的集装箱船进出港。2014年1月1日,中国第一条人工开挖的复式航道在天津港正式通航。

(4)广州港。广州港是华南最大的综合性枢纽港。广州自3世纪30年代便成为"海上丝绸之路"的主港,到唐宋时期成为中国第一大港,是世界著名的东方大港。明清时期,广州成为中国唯一的对外贸易大港,是世界海上交通史上唯一的2 000多年长盛不衰的大港,被称为"历久不衰的海上丝绸之路的东方发祥地"。2020年上半年,货物吞吐量位居全国第四。

(5)青岛港。青岛港位于山东半岛南岸的胶州湾内,始建于1892年,具有126年的历史。是我国第二个外贸亿吨吞吐大港,是太平洋西海岸重要的国际贸易口岸和海上运输枢纽。港内水域宽深,四季通航,港湾口小腹大,是我国著名的优良港口。青岛港由青岛老港区、黄岛油港区、前湾新港区和董家口港区组成。各港码头均有铁路相连,环胶州湾高等级公路与济青高速公路相接,腹地除吸引山东外,还承担着华北对外运输任务。

(6)大连港。大连港位于辽东半岛南端的大连湾内,港阔水深,冬季不冻,万吨货轮畅通无阻,是东北地区最重要的综合性外贸口岸。大连是哈大线的终点,以东北三省为经济腹地,是东北的门户,截至2020年上半年,大连港货物吞吐量位居全国第11位。大连港集团已与世界上160多个国家和地区的300多个港口建立了海上经贸航运往来关系,开辟了集装箱国际航线75条,已成为中国主要集装箱海铁联运和海上中转港口之一。

(7)唐山港。唐山港位于河北省唐山市东南沿海,是我国沿海的地区性重要港口,是能源、原材料等大宗物资专业化运输系统的重要组成部分,是华北及西北部分地区经济发展和对外开放的重要窗口之一,是唐山市经济社会发展的重要依托,是曹妃甸循环经济示范区、唐山海港经济开发区开发建设的重要基础设施及战略资源。唐山港毗邻京津冀城市群,曹妃甸距韩国仁川400海里,距日本长崎680海里、神户935海里,与澳大利亚、巴西、秘鲁、南非、印度等国家的海运航线也十分顺畅。2020年上半年,货物吞吐量位居全国第二。

(8)秦皇岛港。秦皇岛港地处渤海之滨,扼东北、华北之咽喉,是我国北方著名的天然不冻港。这里海岸曲折、港阔水深,风平浪静,泥沙淤积很少,万吨级货轮可自由出入。秦皇岛港是世界第一大能源输出港,是我国"北煤南运"大通道的重要枢纽港,担负着南方"八省一市"的煤炭供应。秦皇岛港的煤码头三期工程的建成,使秦皇岛港成为世界最大的能源输出港,是我国以煤炭、石油输出为主的综合性港口。

(9)营口港。营口港是全国重要的综合性主枢纽港,也是东北地区及内蒙古东部地区最近的出海港、东北地区最大的货物运输港以及辽东湾经济区的核心港口。营口港由营口港务股份有限公司经营,下辖营口港区、鲅鱼圈港区、仙人岛港区、盘锦港区、海洋红港区、绥中石河港区和葫芦岛柳条沟港区。营口港已同50多个国家和地区的140多个港口建立了航运业务关系。

(10)深圳港。深圳港位于广东省珠江三角洲南部,珠江入海口伶仃洋东岸,毗邻香港。在世界港口中比较知名,全港260千米的海岸线被九龙半岛分割为东西两大部分:西部港区位于珠江入海口伶仃洋东岸,水深港阔,天然屏障良好,南距香港20海里,北至广州60海里,经珠江水系可与珠江三角洲水网地区各市、县相连,经香港暗士顿水道可达国内沿海及世界各地港口;东部港区位于大鹏湾内,湾内水深12~14米,海面开阔,风平浪静,是华南地区优良的天然港湾。

任务二　海运航线

一、海上航线的形成

世界各地水域,在港湾、潮流、风向、水深及地球球面距离等自然条件限制下,可供船舶航行的一定路径,称为航路。海上运输承运人在许多不同的航路中,为达到最大的经济效益所选定的营运通路称为航线。航线的形成主要取决于以下几个方面的因素:

(1)安全因素。它是指船舶航行的路线须考虑到自然界的种种因素,如风向、波浪、潮汐、水流、暗礁及流冰等,都会影响船舶航行的安全。

(2)货运因素。它是指该航线沿途货运量的多寡。货运量多,航行的船舶多,则该航线必定是繁忙的航线。

(3)港口因素。它是指船舶途经和停靠的港口水深是否适宜,气候是否良好,航道是否宽阔,有无较好的存储装卸设备、便利的内陆交通条件、低廉的港口停泊费和充足的燃料供应。

(4)技术因素。它是指船舶航行时从技术上考虑选择最经济快速的航线航行。

除上述因素外，国际政治形势的变化，有关国家的经济政策、航运政策等也会对航线的选择和形成产生一定的影响。航线选择的好坏，直接关系到航运业的经济效益，因此，航运公司都十分重视航线的选择。

二、海上航线的分类

海上航线从不同的角度有不同的划分方法，主要包括以下两种：

(一)按船舶经营方式，可分为定期航线和不定期航线

(1)定期航线又称班轮航线。它是指使用固定的船舶，按固定的船期航行，靠泊固定的港口，以相对固定的运价经营客货运输业务的航线。定期航线的经营，以航线上各港口有持续的和比较稳定的往返货源为先决条件。

(2)不定期航线。它是相对于定期航线而言的，是指使用不固定的船舶，按不固定的船期航行，靠泊不固定的港口，以租船市场的运价，经营大宗、低价货物运输业务为主的航线。

不定期航线具有下列特点：①不定期航线的船舶，除船东装运自有货物外，多数以租船方式经营，船东和租船人签订租船合同，作为双方的权利、义务及费用负担的依据。②不定期航线的船公司具有私家承运人的性质，除受航线、水深及法律限制外，可根据需要与可能，航行任何航线和港口。③不定期航线所运货物，多为散装的大宗货，如粮食、煤炭、矿砂等。这些货物每次成交的数量大、价格低，不定期航线能满足这类货物对较低运费的需求。④不定期航线的运价受国际航运市场船、货供求状况影响较大，货多船少则运价上涨，反之则运价下降。

(二)按航程远近，可分为远洋航线、近洋航线和沿海航线

(1)远洋航线。它是指使用船舶跨越大洋的运输路线，如船舶从我国各港口跨越大洋航行至欧洲、非洲和美洲等港口进行的客货运输路线。

(2)近洋航线。它是指某国各港口至邻近国家港口间的海上运输路线，如我国的近洋航线习惯上是指由我国各港口东至日本海、西至红海以东地区、南至印度尼西亚、北至鄂霍克海以及大洋洲的澳大利亚、新西兰等的各海港间的航线。

(3)沿海航线。它是指某国沿海各港口间的海上运输路线，如我国大连至青岛、天津至上海的航线。

三、世界主要航线

(一)大西洋航线

(1)西北欧—北美东海岸航线。该航线西起北美的东部海岸，北经纽芬兰横跨大西洋至西欧，是世界上两个最发达地区之间的海运航线，两岸拥有世界2/5的重要港口、80%的海洋货运，是世界上最繁忙的货运航线。该航线冬季风浪大，并常有浓雾与冰山，对航运安全有威胁。

(2)西北欧、北美东海岸—加勒比海航线。该航线大多是出英吉利海峡后横渡北大西洋，到达加勒比海沿岸各港口。行驶该航线的船舶在到达加勒比海沿岸各港口后，还可继续经巴拿马运河到达美洲太平洋沿岸的港口。

(3)北美东海岸、西北欧—直布罗陀—地中海—苏伊士运河—印度洋—亚洲、太平洋地区航线。该航线是欧洲通往亚洲的重要通道，也是世界上最繁忙的航线之一。西向货物以初级产品和农矿原料为主，是海湾国家出口石油至欧洲、北美的主要运输线，东向货物主要是工业制成品。

(4)地中海、西北欧—南美东海岸航线。该航线一般经过西非大西洋岛屿、佛得角群岛,到达南美东海岸各港口。

(5)北美东海岸、西北欧—西非—中南非—好望角—远东航线。该航线也是波斯湾地区通往西欧、北美的石油运输线。运往西欧、北美的25万吨级以上的巨型油轮必经这条航线。

(6)南美东海岸—好望角—远东航线。该航线是南美东海岸国家从海湾地区进口石油,或巴西出口铁矿石至远东地区的运输线。我国从南美东海岸进口的石油和铁矿石也走该条航线。

(二)太平洋航线

(1)远东—北美西海岸航线。该航线包括从中国、朝鲜、日本和俄罗斯远东各港口到加拿大、美国、墨西哥等北美西海岸各港口的航线。

(2)远东—巴拿马运河—加勒比海、北美东海岸航线。该航线从远东地区出发,经夏威夷群岛至巴拿马运河后,到达加勒比海、北美东海岸各港口。

(3)远东—南美西海岸航线。该航线是指从远东出发的船舶,途经夏威夷群岛南部的莱恩群岛附近穿越赤道进入南太平洋,至南美西海岸各港口。

(4)远东—东南亚及印度洋航线。该航线是中国、朝鲜、韩国、日本等国家至东南亚各国主要港口,以及向西经马六甲海峡去往印度洋、大西洋沿岸各港口的航线。东海、台湾海峡、巴士海峡、南海是该航线船只的必经之路,也是日本从中东进口石油的运输线。

(5)远东—澳新航线。远东至新西兰、澳大利亚东西海岸的航线分为两条:一条是中国北方和日本各港口去澳大利亚东海岸和新西兰港口的航线,经琉球、加罗林群岛进入所罗门海、珊瑚海,但中澳之间的集装箱航线则由我国北方港口南下经香港后途经南海、苏拉威西海、班达海、阿拉弗拉海,再经托雷斯海峡进入珊瑚海、塔斯曼海;另一条是中国和日本去澳大利亚西海岸的航线,多半经菲律宾海、苏拉威西海,然后经望加锡海峡、龙目海峡南下。

(6)南太平洋航线。该航线是澳大利亚、新西兰跨越太平洋至北美东西海岸各港口的航线。澳大利亚、新西兰至北美西海岸航线大多途经苏瓦、檀香山等重要航站。澳大利亚、新西兰至北美东海岸航线则多半取道社会群岛中的帕皮提,后经巴拿马运河到达。

(7)北美—东南亚航线。该航线一般途经夏威夷、关岛、菲律宾等国家和地区。而北美东海岸和加勒比海各港口的航线要经巴拿马运河才能到达东南亚各国。

(三)印度洋航线

印度洋是连接大西洋和太平洋的重要通道。印度洋航线过往的货物以石油运输为主,但也有不少大宗货物往来于该航线。

(1)波斯湾—好望角—西欧、北美航线。该航线过往的主要是25万吨以上的巨型油轮,是世界上主要的海上石油运输线。

(2)波斯湾—东南亚—日本航线。该航线东行经马六甲海峡或经龙目海峡、望加锡海峡至日本。

(3)苏伊士运河—地中海—西欧、北美航线。该航线可通行30万吨级的油轮,石油是该航线的主要货种。

此外,印度洋还有以下航线:远东—东南亚—东非航线,远东—东南亚—地中海—西北欧航线,远东—东南亚—好望角—西非、南美航线,澳新—地中海—西北欧航线,印度洋北部地区—亚太航线,印度洋北部地区—欧洲航线。

四、世界集装箱运输航线

目前,世界上规模最大的三条主要集装箱航线是东亚—北美航线,东亚—欧洲、地中海航线,北美—欧洲、地中海航线。

(1)东亚—北美航线。该航线又称北太平洋航线,它分为两条:一条是东亚—北美西岸航线,另一条是东亚—北美东岸航线。东亚—北美西岸航线主要由东亚—加利福尼亚航线和东亚—西雅图、温哥华航线组成,是世界集装箱运输的主干线之一。它除了承担太平洋沿岸附近地区的货物运输外,还连接墨西哥湾和北美东岸各港口以及通往美国中西部的内陆联合运输。该航线连接的主要港口有:北美太平洋沿岸的洛杉矶港、长滩港、西雅图港、温哥华港和西太平洋沿岸的东京港、名古屋港、横滨港、釜山港、仁川港、上海港、香港港、基隆港、高雄港等。

东亚—北美大西洋沿岸集装箱航线上的主要干线是日本至纽约航线。该航线将东亚地区的东京港、名古屋港、横滨港、大阪港、釜山港、仁川港、上海港、香港港、基隆港、高雄港以及澳大利亚各港口,与北美东岸的纽约港、波士顿港、费城港、休斯敦港、新奥尔良港等相连。

(2)东亚—欧洲、地中海航线。该航线由东亚至欧洲以及东亚至地中海航线组成。该航线涉及的港口主要有欧洲的鹿特丹港、汉堡港、不来梅港、安特卫普港、勒阿费尔港、南安普敦港以及上面提到的东亚地区的主要港口。而北欧的一些港口,则是通过支线集装箱运输与东亚和欧洲航线相连。地中海地区的港口主要有西班牙南部的阿尔赫西拉斯港、意大利的焦亚陶罗港和位于马耳他岛南端的马尔萨什洛克港等。

(3)北美—欧洲、地中海航线。该航线又称北大西洋航线,由欧洲、英国至北美东岸航线、地中海至北美东岸航线、五大湖至欧洲航线组成。该航线以美国东岸为中心来开展对西北欧、地中海及澳大利亚地区的集装箱运输。

任务三 国际海上运输经营方式

海上运输,即海洋运输(Ocean Transport),是指以船舶为工具,通过海上航道运送旅客或货物的一种运输方式,简称海运。从总体上看,无论是现在还是将来,海上货物运输在对外贸易中都将占据主导地位。目前,世界外贸海运量在国际货物运输总量中占 80% 左右。

按照船舶的经营方式,国际海上运输经营方式主要有班轮运输(Liner Transport)和租船运输(Shipping by Chartering)。

一、班轮运输

班轮运输简称班轮(Liner),又称定期船运输,是指船舶按固定的航线、港口以及事先公布的船期表航行,以从事客货运输业务并按事先公布的费率收取运费。

班轮运输比较适合于一般杂货和小批量货物的运输。班轮运输手续简便,为货方带来方便,而且能提供较好的运输质量,因此,使用班轮运输有利于国际贸易的发展。

【视野拓展3-3】 班轮公会

班轮公会(Freight Conference)又称航运公会,俗称水脚公会。它是由两个或两个以上在同一条航线上经营班轮运输的船公司,为避免相互间的竞争,维护共同利益,通过在运价和其他经营活动方面签订协议而组成的国际航运垄断组织。

世界上第一个班轮公会是1875年由P&I,B.I.等7家英国船公司在印度加尔各答贸易中成立的"加尔各答班轮公会"(Calcutta Conference)。它专门经营从英国至加尔各答班轮航线。参加该公会的船公司在签订的协议中,规定了每一家船公司可在该航线上派船的艘次数,并制定了一个用来约束参加公会的各个船公司由英国任何港口至印度加尔各答或相反航程的最低运费率。

此后,班轮公会的组织发展很快,世界各航线都有班轮公会成立,其中较有代表性的是"远东班轮大会"。它正式成立于1887年,会址设在英国的伦敦,是一个相当庞大的国际航运垄断组织。会员公司包括英国、瑞典、挪威、丹麦、荷兰、德国、美国、法国、日本等28个国家的40家船公司。

班轮公会都订有公会规则(Conference Rule),并按照规则规定组成公会的执行机构公会总部(Conference Office)。各个班轮公会的执行机构内部组织并不完全相同,但它们都对外保密。

班轮公会成立的目的确定了其两个方面的主要业务:一方面是属于限制和调节班轮公会内部会员相互间竞争的业务活动;另一方面则是为了防止或对付来自公会外部的竞争,以达到垄断航线货载目的的业务活动。限制或调节班轮公会内部相互竞争的主要业务有协定费率、统一安排营运、统筹分配收入、统一经营等。防止或对付来自公会外部竞争的措施有延期回扣制、合同费率制、联运协定、派出"战斗船"等。

(一)班轮运输的特点

1. 四固定、一负责

四固定即固定航线、固定港口、固定船期和相对固定的运费率。一负责即货物由承运人负责配载装卸,运费内已包括装卸费用,承运人和托运人双方不计算滞期费和速遣费;承运人和托运人双方的权利义务和责任豁免以签发的提单条款为依据。"四固定、一负责"是班轮运输的基本特点。

2. 不规定货物的装卸时间

由于班轮必须按照船期表规定的时间到港和离港,运价内已包括装卸费用,承运人对货物负责的期限是从货物装上船起,到货物卸下船止。承运人和托运人双方不计算滞期费和速遣费。

3. 班轮提单是运输合同的证明

在班轮运输中,承、托双方的权利、义务、责任均以提单条款为依据。货物装船之后,提单由承运人(代理)或船长签发给托运人。由于班轮运输距离短,托运人来不及用快递把提单寄到收货人手中,因此,便委托承运人来办理提单,这称为随船提单。

(二)班轮运输的作用

1. 有利于一般杂货和小额贸易货物运输

在国际贸易中,除大宗商品利用租船运输外,零星成交、批次多、到港分散的货物,只要班轮有航班和舱位,不论数量多少,也不论直达或转船,班轮公司一般愿意接受承运。

2. 有利于国际贸易的发展

班轮运输的"四固定"特点,为买卖双方洽谈运输条件提供了必要依据,使买卖双方有可能事先根据班轮船期表,商定交货期、装运期和装运港口,并且根据班轮费率表事先核算运费和附加费用,从而能比较准确地进行比价和核算货物价格。

3. 提供较好的运输质量

参加班轮运输的船公司所追求的目标是:保证船期,提高竞争能力,吸引货载。班轮公司派出的船舶一般技术性能好、设备较全、质量较好,船员技术水平也较高。此外,在班轮停靠的港口,一般都有自己专用的码头、仓库和装卸设备,有良好的管理制度,所以货运质量较有保证。

4. 手续简便,方便货方

班轮承运人一般采取码头仓库交接货物的做法,并负责办理货物的装卸作业和全部费用。通常班轮承运人还负责货物的转口工作,并定期公布船期表,为货方提供极大方便。

(三)班轮运价

班轮运费是班轮承运人为承运货物收取的报酬,而计算运费的单价(或费率)则称为班轮运价。班轮运价具有相对稳定性,即在一定时期(如半年、一年或更长时期)内保持不变。在贸易合同中,如运输条款规定为"班轮条件"(Liner Term;Berth Term),其含义是货物以班轮方式承运,船方承担装卸费用和不计滞期费和速遣费,并签发班轮提单。

1. 班轮运价的特点

(1)班轮运价包括货物从起运港到目的港的运输费用以及货物在起运港和目的港的装卸费用。

(2)班轮运价一般是以运价表的形式公布的,是比较固定的。

(3)班轮运价是垄断性的价格。

(4)班轮运价由基本费率和各种附加费所构成。

2. 班轮运价表

班轮运价表(Liner Freight Tariff)也称班轮费率表,是班轮公司收取运费、货方支付运费的计算依据。运价表一般由船方制定,在利益方面往往偏袒船方,把货方置于被动地位,但目前这种情况已有所改善。

班轮运价表的划分主要有以下两种形式。

(1)根据运价表的制定,班轮运价表可分为以下几种:

①班轮公会运价表。它由班轮公会制定并决定其调整和变更,为参加公会的班轮公司所使用。这种运价表的运价水平比较高,承运条件也明显有利于船方,是一种垄断性的运价表。远东水脚公会运价表即属此种。

②班轮公司运价表。它是由班轮公司自己制定,并有权调整和变更的运价表,货方可以提出意见,但解释权、决定权在船方。如中远集团运价表"中国远洋货运运价本"是以交通运输部的名义颁布的,属于班轮公司运价表性质。

③货方运价表。它是由货方(托运人)制定,船方接受使用的运价表。在对运价的调整和变更方面,货方有很大的权力。能制定运价表的货方,一般是较大的货主,掌握较大量的货载,并能保证常年有稳定的货源供应。中国对外贸易运输总公司运价表是由中国对外贸易运输总公司代表货方制定的,属于货方运价表性质。

④双边运价表。它是由船、货双方共同制定、共同遵守使用的运价表。运价的调整和变更需经船、货双方共同协商决定。这种运价表体现了船、货双方平等互利的精神。

(2)根据运价表的形式,班轮运价表可分为以下几种:

①等级费率运价表(Class Rate Freight Tariff)。它是根据商品的不同种类和性质,以及

装载和保管的难易、货值的高低将全部商品分成若干等级,每一个等级有一个基本费率,商品被规定为哪个等级就按相应等级的费率计算运费。该运价表的优点是基本费率数目少。中远集团和中国租船公司的运价表均属于等级运价表,都是将货物划分为二十个等级,属于第一级的商品运价最低,第二十级的商品运价最高。

②单项费率运价表(Single Rate Freight Tariff)。它是将每种商品及其基本费率逐个开列,每个商品都有各自的费率。香港特区华夏公司制定的中国至美国的运价表,就是单项费率运价表。

3. 班轮运价表的基本内容

(1)说明及有关规定。这部分内容主要是规定运价表的适用范围、运费计算办法、支付办法、计价货币、计价单位以及船货双方责任、权利、义务和各类货物运输的特殊规定与各种运输形式(如直航、转船、回运、选择或变更卸货港等)的办法和有关规定。

(2)港口规定及条款。这部分内容主要是将一些国家或地区的港口的规定和习惯做法列入运价表内。

(3)货物分级表。这部分内容主要是列明各种货物的名称、运费计算标准、货物所属的运价等级。商品列名一般都用英文名称(《中国远洋货物运价表》和《中国租船公司第一号运价表》,采用中英文对照)并按英文字母顺序排列。也有的分列大类,各大类的最后都有一项"未列名货物"(Cargo Not Otherwise Enumerated, Cargo N. O. E)。另外,还有商品附录(Commodity Appendix),它是商品列名的补充。

(4)航线费率表。这部分内容列明不同的航线及不同等级货物的基本运费率。基本费率是计算运费的基础,它不包括附加费。等级运价表的基本费率就是各航线的等级费率。

(5)附加费率表。这部分内容列明各种附加费及其计收的标准,用以针对客观情况的变化补充基本费率的不足。

(6)冷藏货费率表及活牲畜费率表。这部分内容列明各种冷藏货物和活牲畜的计费标准及费率。

4. 班轮运价的计算标准

(1)按货物的毛重计收,也称重量吨(Weight Ton)。在运价表中以"W"表示,一般以1公吨为计算单位,吨以下取两位小数。但也有按长吨或短吨计算的。

(2)按货物的体积计收,也称尺码吨(Measurement Ton)。在运价表中,以"M"表示,一般以1立方米为计算单位或以40立方英尺为1尺码吨计算。

(3)按货物的毛重或体积计收运费,计收时取其数量较高者。在运价表中以"W/M"表示。按惯例,凡1重量吨货物的体积超过1立方米或40立方英尺者即按体积收费;1重量吨货物的体积不足1立方米或40立方英尺者,按毛重计收。

(4)按货物的价格计收,又称从价运费。一般按商品FOB货价的百分之几(百分之零点几到百分之五不等)计算运费。按从价计算运费的,一般都属高值货物。在运价表中以"Ad Val"(拉丁文Ad Valorem的缩写)表示。

(5)按货物重量或体积或价值三者中最高的一种计收,在运价表中以"W/M or Ad Val"表示。也有按货物重量或体积计收,然后加收一定百分比的从价运费。在运价表中以"W/M Plus Ad Val"表示。

(6)按货物的件数计收。如汽车、火车头按辆(Per Unit),活牲畜如牛、羊等按头(Per Head)计费。

(7)大宗低值货物按议价费率(Open Rate)计收。粮食、豆类、煤炭、矿砂等大宗货物一般在班轮费率表内未被规定具体费率。在订舱时,由托运人和船公司洽商议定。议价运费比按等级运价计算的运费低。

(8)起码费率(Minimum Rate)。当按提单上所列的重量或体积所计算出的运费,未达到运价表中规定的最低运费额时,则按最低运费计收。

应当注意的是,如果不同商品混装在同一包装内,则全部运费按其中较高者计收。同一票商品如包装不同,其计费标准及等级也不同。托运人如果按不同包装分列毛重及体积,才能分别计收运费,否则全部货物均按较高者收取运费。同一提单内如有两种或两种以上不同货名,托运人应分别列出不同货名的毛重或体积,否则全部将按较高者收取运费。

5. 班轮运价的构成

班轮运价由基本费率(Basic Freight Rate)和多种附加费(Additional of Surcharges)所构成。

基本费率即班轮航线内基本港之间对每种货物规定的必须收取的费率,包括各航线等级费率、从价费率、冷藏费率、活牲畜费率和议价费率等。附加费是对一些需要特殊处理的货物或由于客观情况的变化使运输费用大幅度增加,班轮公司为弥补损失而额外加收的费用。附加费的种类很多,而且随着客观情况的变化而变化。以下为几种常见的附加费:

(1)超重附加费(Over Weight Surcharge)。一件货物的重量(毛重)达到或超过一定重量时,该货物即为超重货物。各船公司对一件货物重量规定的限量不一致。超重货物在装卸、配载等方面会增加额外劳动和费用,故船公司要加收超重附加费。

(2)超长附加费(Over Length Surcharge)。一件货物的长度达到或超过规定的长度,该货物即为超长货物。对超长货物的长度限制,各船公司也不一样。超长货物同超重货物一样,在装卸、配载时会增加额外劳动和费用,因此船公司要加收超长附加费。

(3)燃油附加费(Bunker Adjustment Factor or Bunker Surcharge)。它是因燃油价格上涨而加收的费用。

(4)港附加费(Port Surcharge)。它是由于一些港口设备差、装卸效率低、费用高,因船舶成本增加而加收的附加费。

(5)港口拥挤附加费(Port Congestion Surcharge)。它是由于港口拥挤致使船舶需长时间等泊,为弥补船期损失而收取的附加费。该项附加费随港口拥挤程度的变化而调整。如港口恢复正常,该项附加费即可取消,所以变动性很大。

(6)货币贬值附加费(Currency Adjustment Factor)。它是为弥补因收取运费的货币贬值造成的经济损失而收取的费用。一般随着货币贬值的幅度按基本费率的百分之几收取。

(7)绕航附加费(Deviation Surcharge)。它是由于货方的某种原因,使船舶不能按正常航线而必须绕道航行,从而增加航运开支,为此加收的附加费。这是一种临时性的附加费,一般来说,如正常航道恢复通行,该项附加费即被取消。

(8)转船附加费(Transshipment Surcharge)。它是指对运往非基本港的货物,需在中途港转运至目的港,为此而加收的附加费。

(9)直航附加费(Direct Additional)。它是指对运往非基本港的货物,一次货量达到一定数量时,船方可以安排直航卸货,为此需加收直航附加费。直航附加费一般比转船附加费低。

(10)选卸港附加费(Additional for Optional Destination)。它是由于贸易上的原因,在办理货物托运时尚不能确定具体卸货港,需要在预先选定的两个或两个以上的卸货港中进行选择,为此而加收的费用。

班轮附加费名目繁多。除上述各项附加费外,还有变更卸货港附加费(Additional for Alteration of Destination)、洗舱费(Cleaning Charge)、熏蒸费(Fumigation Charge)、冰冻附加费(Ice Additional)等。各种附加费的计算方法主要有两种:一种是以百分比表示,即在基本费率的基础上增加一个百分比;另一种是用绝对数表示,即每运费吨增加若干金额,可以与基本费率直接相加计算。

6. 班轮运价表的查找办法

如果是单项列名费率表,运价查找起来就比较简单,找到商品就同时找到了运价和计价单位,再加上有关的附加费即可;如果是等级运价表,则首先要根据商品的名称从货物等级表中查出商品等级和计算标准,然后从按航线港口划分的等级费率表中查出商品的基本费率,最后加上各项必须计算的运价表,所得的总和就是有关商品的单位运费。

7. 班轮费用的计算

计算班轮费用通常应先根据货物英文名称,按英文字母顺序从运价表中查出该货物应属等级和计费标准,再查出基本费率与所经航线和港口的有关附加费率。某一货物的基本费率和附加费率之和即为该货物的单位运价(据以计收运费的吨数,通常有重量吨和尺码吨两种),该单位运价再乘以该批货物的计费重量或体积尺码即为运费总额。如果是从价计费的货物,则按运价表规定的百分率乘以该批货物的 FOB 总值即为运费总额。凡采用临时议定运价的货物,则按货主与船公司议定的费率计算。计算班轮运费的公式如下:

(1)附加费为绝对值时:

$$班轮运费 = 基本费率 \times 运费吨 + 附加费$$

(2)附加费为百分比时:

$$班轮运费 = 基本费率 \times 运费吨 \times (1 + 附加费率)$$

【做中学 3-1】 国内某公司以 CFR 价格条件出口美国西雅图一批罐头水果汁 1 000 箱,每箱体积为 40 厘米×30 厘米×20 厘米,毛重 30 千克。该批货物总运价计算如下:

第一步:先查水果汁准确译名为:Fruit Juice。

第二步:从有关运价本的"货物分级表"(Classification of Commodities)中查找相应的货名,再从相应运价本中查到该货物运费计算标准为 M/W,货物等级为 8 级。

第三步:再查中国至美国西部地区航线等级费率表,得到 8 级货物每运费吨的基本费率为 222 元。

第四步:另查得燃油附加费率为 20%。

第五步:确定计算标准:

按尺码吨计算=0.4×0.3×0.2×1 000=24(立方米)

按重量吨计算=0.03×1 000=30(公吨)

因为 30(重量吨)>24(尺码吨),所以,应以 W(重量吨)计算。

第六步:计算总运价:

该批货物总运价=基本费率×运费吨×(1+附加费率)

=222×30×(1+20%)

=7 992(元)

该批货物总运价为 7 992 元。

【做中学3-2】 某公司装运50箱农业机械到汉堡港,每箱毛重120千克,体积为120厘米×45厘米×32厘米,该货物运费计算标准为W/M,10级,基本费率为230美元,另加燃油附加费25%,港口拥挤费15%。该批货物应付多少运费?要求写出计算公式及计算过程。

解:根据求积载系数得出运费按M计算。

运费=Fb(基本运费率)×[1+∑S(附加费之积)]×Q(总货运量)
　　=230×(1+25%+15%)×0.173×50
　　=2 785.3(美元)

该批货物应付运费2 785.3美元。

【做中学3-3】 某货物按运价表规定,以W/M Ad Val选择法计费,以1立方米体积或1公吨重量为1运费吨,由甲地至乙地的基本运费费率为每运费吨25美元加1.5%。现装运一批该种货物,体积为4立方米,毛重为3.6公吨,其FOB价值为8 000美元。应付多少运费?

解:按三种标准试算如下:
"W":25×3.6=90(美元)
"M":25×4=100(美元)
"Ad Val":8 000×1.5%=120(美元)

三者比较,以"Ad Val"的运费较高,所以,该批货物的运费为120美元。

试算时,也可以作 M/W 比较:4米和3.6公吨比较,先淘汰"W",然后作"M"和"Ad Val"试算比较,这样可省略一次试算过程。

【做中学3-4】 国内某外贸公司出口商品货号H208共4公吨。该货每件毛重40千克,体积0.03立方米,海运运费按W/M 12级计算,装中远公司班轮出口到卡拉奇,查运价表从中国口岸到卡拉奇12级货运费为每运费吨60美元,另加港口附加费10%,燃油附加费5%。试计算该批货物的运费。

解:货物体积=(4 000/40)×0.03=3(立方米),重量=4公吨
按重量计费:
运费=基本运费×(1+附加运费)×运费吨
　　=60×4×(1+10%+5%)
　　=276(美元)

该批货物应付运费276美元。

(四)班轮出口运输货运代理实务

海上班轮出口货运代理业务流程是指国际货运代理以代理人的身份代表货主办理货物经海运班轮出口,从发货人手中揽取货物,到将货物交付承运人这一过程所需要经过的环节、需要办理的手续及必备的单证等业务过程。具体操作流程如下:

1. 揽货接单

揽货接单是货主与货运代理(简称"货代")签署委托代理合同的过程。货代通过多种方式揽取货物并了解货方的基本情况。货方根据贸易合同和信用证有关的条款在办理货物托运

前,向货代公司申请订舱,提交订舱委托书、相关单证;货代公司根据货方的申请,经过审核,接受订舱要求,并以签署货方的订舱委托书及接受有关委托报关资料作为订舱确认。揽货接单一般流程如图 3-13 所示。

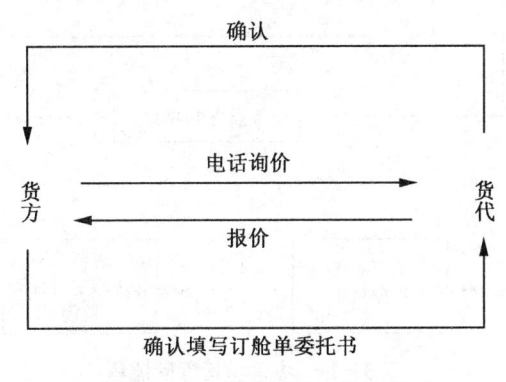

图 3-13 揽货接单一般流程

2. 理货制单

在接受客户委托后,货代把客户的委托书及相应的资料录入计算机生成货物托运单,货代根据生成的货物流转表或台账,跟踪每个工作的环节,对货物的最新动态进行更新。

3. 订舱及订舱处理

订舱是指货运代理代表货方向承运人或其代理提出托运申请,承运人对这种申请予以承诺的行为,是运输业务中必不可少的一个环节,如图 3-14 所示。

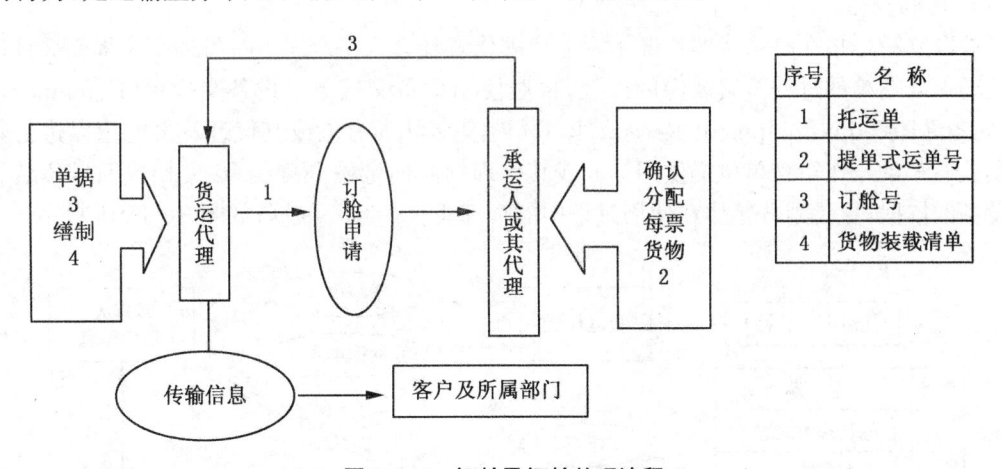

序号	名称
1	托运单
2	提单式运单号
3	订舱号
4	货物装载清单

图 3-14 订舱及订舱处理流程

在集装箱运输中,办理订舱时缮制及递交的托运单通常称为场站收据(Dock's Receipt,D/R),具体表现为十联单。

4. 办理货运保险

如果合同规定需要在装船时发出装船通知,由国外收货人自办保险,托运人应及时发出装船通知。如果以 CIF 价成交,托运人在取得订舱确认后即可在出口地向保险公司办理货物保险。托运人办理出口货物运输保险时通常采用逐笔投保的方式,如图 3-15 所示。

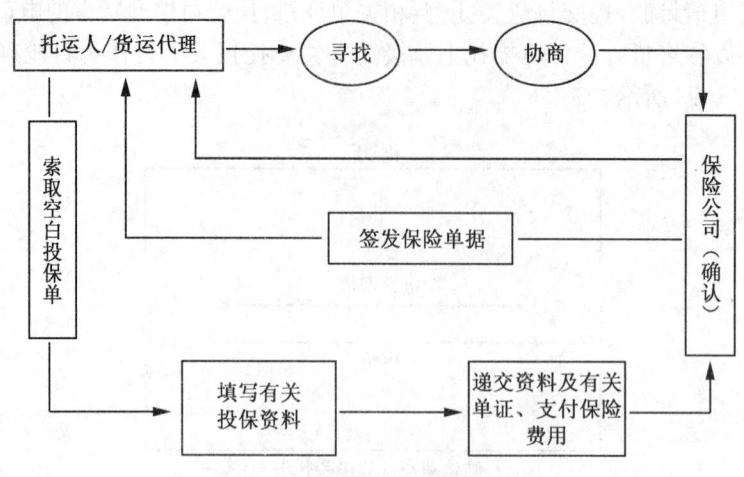

图 3-15 办理货运保险流程

填写保单时应注意以下事项：

(1)保险的货物名称、标志、包装及数量等项目一定要全部填写，不能有所遗漏，内容也要与有关单证的记载相一致；

(2)保险金额一般为发票金额加10%，也可以根据需要增加比例，但如果超过30%，必须经保险公司同意；

(3)开船日期和提单号码一定要填写清楚，不能发生遗漏。

5. 提取空箱

提取空箱是指在整箱货的情况下货运代理代表托运人持承运人签发的有关提箱凭证向货运站场提取空箱的过程。集装箱的发放，普遍使用设备交接单。设备交接单（Equipment Interchange Receipt；Equipment Receipt，E/R），是集装箱所有人或其代理签发的用以进行集装箱发放通知单兼作箱管单位提供用箱人或其代理据此向港站办理提取、交接或回送集装箱及其设备的依据，更是划分箱体在使用过程中的损坏责任的唯一依据，如图 3-16 所示。

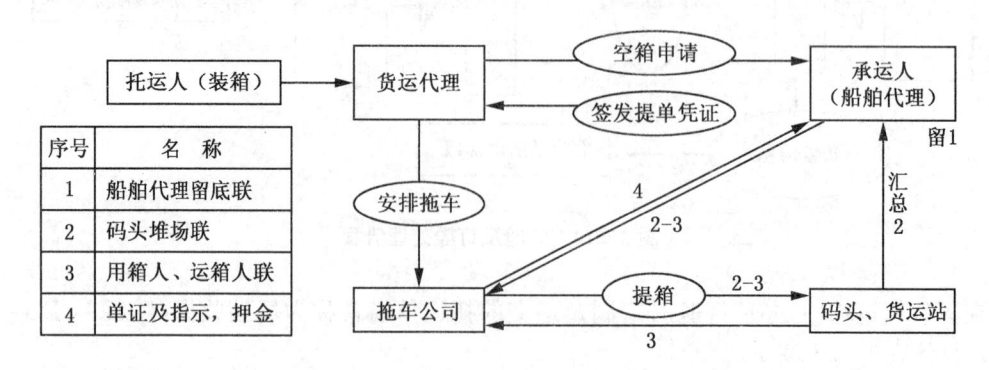

图 3-16 提取空箱流程

6. 货物报检与报关

有关货物报检与报关流程如图 3-17 所示。

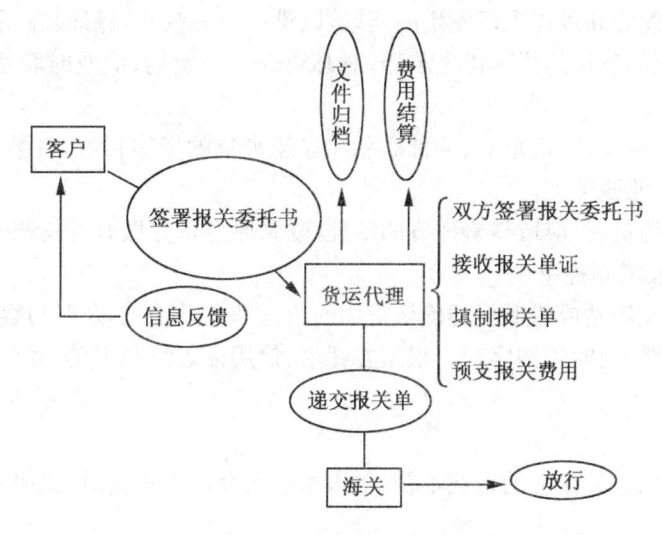

图3—17　货物报检与报关流程

7. 货物装箱

货物装箱分为产地装箱和场地交箱。装箱单(Container Load Plan, CLP)是由装箱人根据已装入集装箱的货物制作的，记载箱内所装货物的名称、数量、重量、交付方式及箱内积载顺序(由里到外)的单证。装箱单一式数份，有的一式四联，也有一式五联甚至一式十联的。一式五联装箱单的流程如图3—18所示。

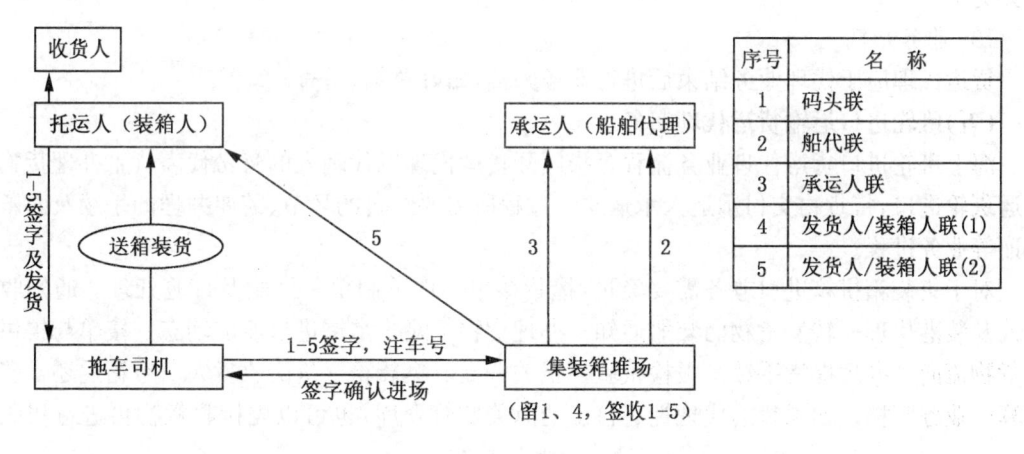

序号	名　　称
1	码头联
2	船代联
3	承运人联
4	发货人/装箱人联(1)
5	发货人/装箱人联(2)

图3—18　货物装箱流程

8. 货物的交接与签收

货物的交接与签收的流程为：订舱→货主或货运代理→联系内陆运输工具、货物集装箱，相关单证送至码头待装箱或装船，与承运人或其代理办理货物/箱子交接手续，得到经营人签发的场站收据正本。

承运人的代理人，即场站经营人签发了场站收据，就意味着承运人已接收了该单下的货物，并开始对其承担责任。

9. 监装船

监装船是指货代代表货主在装卸现场监督货物的装卸情况。货代应做好现场记录，随时掌握装卸进度和处理装卸过程中所发生的问题,以维护货方利益,保证装卸质量。如舱位确实不足,应安排快到期的急运的货物优先装船,对必须退关的货物,应及时联系有关单位设法处理。

对一级危险品、重大件、贵重品、特种商品和驳船来货的船边接装、直装工作,要随时掌握情况,防止接卸和装船脱节。

对装卸过程中的货损,应取得责任方的签证,联系原发货方做好货物调换和包装修理。

10. 告知信息及缮制提单

货运代理与有关场站或船舶代理确认货物的放行和入港情况,及时与客户联系,解决发生的问题。确认后装船,及时告知客户。根据委托书、信用证等缮制提单,客户确认无误,送船公司或代理签字。

11. 付费取单

若提单内容与场站收据上的记载不符,要求承运人在接收货物时,说明未能在场站收据上如实注明的原因。

如托运人要求倒签提单、预借提单、顺签提单等,应与承运人或其代理联系,争取其同意。

12. 处理装船后的有关事宜

单证传递要及时交单、及时结汇。货运代理在交单前要求托运人签收确认,对未支付的费用予以书面确认。

处理退关、短装和溢装货物,如货物未能及时发运、单证不齐、短装(多报少出)、溢装(少报多出)等情况发生,货运代理应开出退关、短装及溢装通知,要求托运人重新提供相关单据,向海关更正。

13. 业务归档

货运代理应于代理业务结束后进行业务归档,做好总结、备查。

(五)班轮进口运输货运代理实务

海上班轮进口货运代理业务流程是指国际货运代理以代理人的身份代表货主办理货物经海运班轮进口,将货物交付承运人承运这一过程所需要经过的环节、需要办理的手续及必备的单证等业务过程。

对于集装箱拼箱进口业务需要经过:揽货接单—理单制单—订舱及订舱处理—通知收发货人及装港代理—转发货物已装船通知—办理货物保险—掌握进口船舶动态—接单与提供进口货物流向—办理提货手续—报检报验—报关—提取集装箱—货交收货人—空箱返还—费用结算—业务归档。如果货运代理拥有自己的海关监管仓库,也可以先接收货物再进行报关报验。

对于散杂货进口业务流程与上述流程基本相同,只不过省去了提取拆箱、返还空箱环节,而且货物交接地点通常也不在货运站或码头堆场,而是在仓库。此外,所用的货运单证也与集装箱货物有所不同。

二、租船运输

租船运输(Carriage of Goods by Chartering)是相对于班轮运输的另一种海上运输方式。它既没有固定的船舶班期,也没有固定的航线和挂靠港,而是按照货源的要求和货主对货物运输的要求,安排船舶航行计划,组织货物运输。

租船运输中,船舶经营是根据船舶出租人与承租人双方签订的租船合同(Charter Party,

C/P)来进行。船舶出租人提供的是货物运输服务,而承租人是按约定的租金或运价支付运费。

(一)租船运输的特点
(1)按照船舶所有人与承租人双方签订的租船合同安排船舶航线,组织运输。
(2)适合于大宗散货运输,货物的特点是批量大、附加值低、包装相对简单。
(3)舱位的租赁一般以提供整船或部分舱位为主,主要是根据租约来定。
(4)船舶营运中的风险以及有关费用的承担由租约约定。承租人一般可以将舱位或整船再租于第三人。
(5)租船运输中的提单的性质完全不同于班轮运输,它是货物收据、权利凭证、运输合同的证明。
(6)承租人与船舶所有人之间的权利和义务是通过租船合同、运输合同来确定的。
(7)船舶港口使用费、卸货费及船期延误,按租船合同规定由船舶所有人和承租人分担及计算。

(二)租船市场与租船经纪人
1. 租船市场

狭义的租船市场也称为海运交易市场,是需要船舶的承租人与提供船舶运力的船舶所有人洽谈租船业务、协商租船合同内容并签订合同的场所。这种场所有的处于货主和船东汇集的城市,有的则分散在其方便的办公场所,通过通信手段进行联系。

广义的租船市场不强调有形的市场形态,它是船舶出租者、船舶租赁者及其他租船业务参与者,以及所有船舶租赁相关信息的总和,是一个抽象的市场概念。

租船市场具有提供交易机会、加强信息沟通、调整航运市场的作用。

2. 租船经纪人

海运市场中存在着大批专门从事船舶的租赁、订舱、买卖、保险等中介业务的航运经纪人。其中,专门从事租船订舱的经纪人称为租船经纪人。他们掌握市场动态,作为当事双方的桥梁与纽带,主要提供以大宗散杂货为主的租船、揽货、订舱、船舶买卖、信息咨询的中介服务。

租船经纪人可分为船东经纪人、承租人经纪人、双方当事人经纪人。

船东经纪人(Owner's Broker)是指根据船东的授予权和指示,代表船东利益在租船市场上从事船舶出租或承揽货源的人。

承租人经纪人(Charterer's Broker)是指代表承租人利益,在租船市场上为承租人洽租合适船舶的人。

双方当事人经纪人(Both Parties's Broker)是指以中间人身份尽力促进船东和承租人双方达成船舶租赁贸易以从中赚取佣金的人。

(三)租船经纪人进行租船业务洽谈的方式
(1)由船舶所有人和承租人各自指定一个租船经纪人,由其代表各自委托人的利益进行洽谈。征得各自"本人"同意后代表其"本人"签字。
(2)船舶所有人和承租人共同指定一个租船经纪人进行洽谈。这时候租船经纪人就是居间人。
(3)船舶所有人或承租人的一方与他方指定的租船经纪人进行租船业务洽谈。

"本人"应向租船经纪人支付"经纪人佣金",一般为运费或租金的1%～4%。航次租船下,一个经纪人的佣金通常为运费的1.25%。在签订合同下按租船合同中佣金条款来支付:

如果合同规定"佣金在签订合同同时支付",则租船经纪人无论合同执行情况如何均可获取佣金;如果合同规定"佣金在货物装运时支付",则当合同于货物装卸前被解除,租船经纪人不能获取佣金;如果合同规定"佣金在赚取运费时支付",则租船经纪人只能在租船合同得以履行,且船舶所有人获得运费后才可获得。

【视野拓展3-4】　　　　　租船合同洽商程序

1. 询盘

询盘(Inquiry)又称询价,通常是指承租人根据自己对货物运输的需要或对船舶的特殊要求,通过租船经纪人在租船市场上租用船舶。

询盘又分为一般询盘(General Inquiry)和特别询盘(Special Inquiry)。一般询盘具有了解市场情况的性质,向多方发出询盘,以得到比较多的报盘,从而选择最佳的。特别询盘是看准一个适合对象具体进行洽询,不向市场公开。

2. 发盘

发盘(Offer)又称报价,是指承租人或船舶所有人围绕询盘中的内容,就租船涉及的主要条件答复询盘。

(1)绝对发盘(Absolute Offer)。绝对发盘是指具有绝对成交的意图,主要条款明确肯定、完整而无保留。

在一项发盘中写有"Firm"字样均视为绝对发盘,例如,"We AAA shipping company offer you firm …"。

(2)条件发盘(Conditional Offer)。条件发盘是指发盘方在发盘中对其内容附带某些"保留条件",所列各项条件仅供双方进行磋商,受盘方可对发盘中的条件提出更改建议的发盘方式。

在条件发盘中,没有"Firm"字样,也不规定答复时限。对发盘中的各项条件达成协议之前,条件发盘对双方不具有约束力。因此,内容相同而在条件发盘下可向几个不同的接受方同时发出。发盘方注意遵守"先答复先交易"原则。

3. 还盘

还盘(Counter Offer)又称还价,是指在条件报价的情况下,承租人与船舶所有人之间对报价条件中不能接受的条件提出修改或增删,或提出自己的条件。

还价意味着询价人对报价人报价的拒绝和新的报价的开始。因此,船东对租船人的还价可能全部接受,也可能接受部分还价,对不同意部分提出再还价或新报价。这种对还价条件做出答复或再次做出新的报价称为反还价(Recount Offer),或称反还盘。

在一笔租船交易中,经过多次还价与反还价,如果双方对租船合同条款的意见一致,一方可以报实盘的方式要求对方做出是否成交的决定。

4. 受盘

受盘是为明确接受或确认对方所报的各项租船条件。最后一次还实盘的全部内容被双方接受,就是租船业务成交的标志,各项恰租条件对双方都具有法律约束力。

有效的受盘必须在发盘或还盘规定的时限内,且不能保留条件,若时限已过,则欲接受的一方必须要求另一方再确认才能生效。

当发盘方放弃"保留条件"而接受对方受盘时,受盘方应确认收到的是一项不附带任何保留条件的实盘。

5. 签约

正式的租船合同是在合同主要条款被双方接受后开始成立的。

受盘后，双方共同承诺的实盘中的条款已产生具有约束力的效力。在条件允许的情况下，双方签署一份"确认备忘书"作为简式租船合同。

(四)租船经营方式

目前主要的租船经营方式有航次租船(Voyage Charter)、定期租船(Time Charter)、光船租船(Bare-boat Charter)等基本形式，还有包运租船(Contract of Affreightment)和航次期租(Time Charter on Trip Basis)的形式。

1. 航次租船

航次租船又称航程租船，或称程租船、程租，是指由船舶所有人向承租人提供船舶或船舶的部分舱位，在指定的港口之间进行单向或往返的一个航次或几个航次用以运输指定货物的租船运输方式。

船舶所有人主要负责船舶的航行，承租人只负责货物的部分管理工作。航次租船是租船市场上最活跃、最普遍的一种方式，对运费水平的波动最为敏感。国际上主要有液体散货和干散货使用航次租船。

(1)航次租船的种类。

①单航次租船(Single Trip or Single Voyage Charter)。单航次租船是指船舶所有人与承租人双方约定，提供船舶完成一个单程航次货物运输的租船方式。船舶所有人负责将指定的货物从启运港运往目的港。

②往返航次租船(Return Trip or Return Voyage Charter)。往返航次租船即所租船舶在完成一个单航次后，又在原卸货港或其附近港口装货运往原装货港，卸完货后合同即告终止。船舶所有人与承租人双方约定，提供船舶完成往返航次的租船方式。但是，返航航次的出发港及到达港并不一定与去程航次的相同。

一个往返航次包括两个单航次租船。主要用于一个货主只有去程货载，而另一个货主有回程货载时，两个货主联合起来向船舶所有人按往返航次租赁船舶。

③连续单航次租船(Consecutive Single Voyage Charter)。船舶所有人与承租人约定，提供船舶连续完成几个单航次的租船运输方式。即用一艘船连续完成同一去向的、若干相同的程租航次，中途不能中断，一程运货，另一程放空，船方沿线不能揽载。

该方式主要用于某些货主拥有数量较大的货载、一个航次难以运完的情况下。可以按单航次签订若干份租船合同，也可以只签订一份租船合同。

④连续往返航次租船(Continuous Round Voyage Charter)。被租船舶在相同两港之间连续完成两个以上往返航次运输后，合同即告终止。在实务中较少出现。

(2)航次租船的特点。

①船东占有和控制船舶，负责配备船员，承担船员工资、伙食费等；承租人指定装卸港口和货物。

②承租人向船东支付运费(Freight)，运费的确定可按每吨费率计收或采用包干总运费方式。

③船东负责营运工作，除装卸费用可协商外，其他的营运费用由船东承担。

④在租船合同中订明货物的装卸费用由船东或承租人承担。

⑤船东出租整船或部分舱位。

⑥租船合同中订明可用于在港装卸货物的时间(Lay Time)、装卸时间的计算方法、滞期及相关规定,若装卸时间超过规定天数,承租人要支付滞期费。反之,船东则要向承租人支付速遣费。双方也可以同意按 CQD(Customary Quick Dispatch),即不规定装卸时间而按港口习惯装卸速度,由船东承担时间风险。

(3)航次租船的业务阶段。

①预备航次阶段。在船舶抵达装货港前,船舶在其所有人的控制下,对船舶所发生的风险和费用由船舶所有人承担。

②装货阶段。装货阶段是指船舶抵达、停靠装货港后,待泊和装货的整个阶段。这个阶段的风险主要是船舶延误所造成的损失。承担的形式以滞期费来补偿。

③航行阶段。所发生的一切风险和费用通常由船舶所有人承担。

④卸货阶段。卸货阶段是指船舶抵达、停靠卸货港后,待泊和卸货的整个阶段。这个阶段发生的风险处理原则同装货阶段。

2. 定期租船

定期航船又称期租船,简称期租,是指由船舶所有人将特定的船舶,按照租船合同的约定,在约定的期间内租给承租人使用的一种租船方式。在租期内,承租人利用租赁的船舶既可以进行不定期货物运输,也可以投入班轮运输,还可以在租期内将船舶转租。

定期租船的特点如下:

(1)船舶所有人负责配备船员,并负担其工资和伙食。

(2)承租人拥有包括船长在内的船员指挥权,否则有权要求船舶所有人予以撤换。

(3)承租人负责船舶的营运调度,并负担船舶营运中的可变费用。

(4)船舶所有人负担船舶营运固定费用。

(5)船舶租赁以整船出租。租金按船舶的载重吨、租期及商定的租金率计收。

(6)期租情况下,租船价格在租期内一般比较稳定,货载的运输不受或较少受运输市场价格波动影响。船舶所有人为避免租期内因部分费用上涨而使其盈利减少或发生亏损,而在长期的定期租船合同中加入"自动增减条款",使得在规定的费用上涨时,按合同约定的相应比例提高租金。

3. 光船租船

光船租船又称船壳租船,简称光租,实质上是一种财产租赁,船舶所有人不具有承揽运输的责任。在租赁期间,船舶所有人只提供一艘空船给承租人使用,船舶配备船员、营运管理、供应以及一切固定或变动营运费都由承租人负担。船舶所有人在租期内除了收取租金外,对船舶经营不再负担责任和费用。

对船舶所有人来说,一般不放心把船交给承租人支配;对承租人来说,雇用和管理船员工作很复杂,承租人也很少采用这种方式。因此,光船租船形式在租船市场上很少采用。

光船租船的特点如下:

(1)船舶所有人提供一艘适航的空船,不负责船舶运输;

(2)承租人配备全部船员,并负指挥责任;

(3)承租人以承运人身份负责船舶的经营及营运调度工作,并承担在租期内的事件损失;

(4)承租人负担除船舶的基本费用外的全部固定及变动成本;

(5)以整船出租,租金按船舶的载重吨、租期及商定的租金率计算;

(6)船舶的占有权从船舶交付承租人使用时起转移至承运人。

4. 包运租船

以包运租期方式所签订的租船合同称为包运租船合同,或称运量合同。包运租船是指船舶所有人向承租人提供一定吨位的运力,在确定的港口之间,按事先约定的时间、航次周期和每航次较为均等的运量,完成合同规定的全部货运量的租船方式。

包运租船的特点如下:

(1)包运租船合同中不特别规定某一船舶及其国籍,仅规定租用船舶的船级、船龄和其技术规范等;

(2)租期的长短取决于运输货物的总运量和船舶航次周期所需的时间;

(3)承租人通常是货物贸易量较大的工矿企业、贸易机构和大型的石油公司;

(4)航次中所产生的航行时间延误风险由船舶所有人承担,而对于船舶在港内装货、卸货期间所产生的延误与航次租船一样,一般用合同中的"滞期条款"来处理,通常由承运人承担船舶在港的时间损失;

(5)运费按船舶实际装运货物的数量及约定的运费率计收,通常采用航次计算;

(6)航次费用的划分一般与航次租期方式相同。

5. 航次期租

航次期租的主要特点是没有明确的租期期限,而只确定了特定的航次。它以完成航次运输为目的,按实际租用天数和约定的日租金率计算租金,费用和风险则按期租方式处理。

航次期租是船舶所有人减少了因各种原因所造成的航次时间延长所带来的船舶损失,是建立在定期和航次租船两种租船方式基础上的一种边缘型的租船方式。

【视野拓展3-5】　　　　　　租船业务中应注意的问题

1. 租船合同条款应与贸易合同条款相衔接。
2. 租船运输的租金受租船市场的供求平衡状态影响较大,要及时了解市场行情。
3. 租船时要重视船舶规范。挑选船龄小、技术状态好的船舶。
4. 租船时应考虑船舶所有人的资信和经营状况。
5. 应了解装卸港口的地理位置、自然条件、航道及泊位条件。
6. 通过租船经纪人洽谈租船合同。
7. 了解和熟悉租船市场行情及其动态。
8. 严格遵守外交和航运政策的有关规定,并密切关注各种法规的变化。

(五)租船合同

租船合同是租船人和船舶所有人双方当事人权利与义务所达成的法律文件。外贸企业有大宗货物需要租船运输时,一般只使用程租船。程租船合同的内容除船舶所有人和租船人名称外,通常应对船名、船旗、承运货物的名称和数量、装卸港口、受载期、运费和装卸费用、装卸时间或装卸率、滞期费和速遣费等作出规定。

运费(Freight)是船舶所有人提供运输服务的报酬,支付运费是租船人的主要义务。在程租船合同中,一般规定运费率(Rate of Freight),即按货物载重每吨若干金额计费,或整船包干运费。

程租船装卸费用的划分有以下四种方式:

(1)F. I. O. (Free In and Out)，即船舶所有人不负责货物的装卸费用。为进一步明确船舱内货物装载以及散装货平舱的责任和费用划分，就需使用 F. I. O. S. T. (Free In and Out Stowed Trimmed)，即船舶所有人不负责货物的装卸、理舱和平舱；

(2)F. O. (Free Out)，即船舶所有人负责装货费用，但不负责卸货费用；

(3)F. I. (Free In)，即船舶所有人负责卸货费用，但不负责装货费用；

(4)Gross Terms 或 Liner Terms，即船舶所有人负责装卸费用。

任务四　滞期费和速遣费的计算

一、装卸时间的起算

一般而言，船舶只有满足到达装卸货地点、各方面准备就绪并递交准备就绪通知书（Notice of Readiness，NOR）三个条件之后才开始起算装卸时间。

如果合同未对装卸时间的起算做出约定，在有效的 NOR 递交后，装卸时间立即起算，但租船人为了做更多的有关装卸货的准备工作，如安排装卸工班等，通常在合同中规定在 NOR 递交后一段时间才起算装卸时间。比如，上午办公时间内递交 NOR，装卸时间从下午 1 时起算；下午办公时间内递交 NOR，装卸时间从下一个工作日的早上 6 时起算。此外，船舶所有人除了应争取提早起算装卸时间外，还应在合同中写入"在装卸时间起算前实际已进行装卸货的时间应计入装卸时间"的条款。

(一)船舶到达装卸货地点

目前，在航次租船中，装卸地点可以是泊位或港口，其中约定装卸地点为泊位的情况较常见。如果合同约定装卸地点为泊位，则船舶所有人需要承担因船舶等待泊位等所造成的时间损失，因此，为了提前起算装卸时间，以便将船舶抵港后到达泊位前的时间风险转移给租船人，实务中船舶所有人通常附加如下三种条款，从而使泊位合同转化为港口合同：①（租家保证）船舶抵达时泊位是可靠泊的（Berth Reachable on Arrival）；②不论靠泊与否（Whether in Berth or Not）；③等泊时间计入装卸时间（Time Waiting for Berth to Count）。

(二)各方面准备就绪

船舶在各方面的准备就绪通常包括法律上的准备就绪和实质上的准备就绪。

(1)法律上的准备就绪是指特定文件方面应齐全，如检疫证书、清关证书、油轮财务担保证书、装载谷物证书等。根据英美法的判例，除非属于例行手续的事项，或者虽不属于例行手续的事项但已在合同中予以明确排除，否则法律上的准备就绪是递交准备就绪通知书的先决条件。因此，在实务中，为了避免因法律上未准备就绪而影响装卸时间的起算，船舶所有人通常在合同中订入诸如"不管检疫与否""不管清关与否""不管联检与否"等条款。

(2)实质上的准备就绪是指船舶本身应做好装货或卸货的准备。与法律上的准备就绪相同，对于属于例行手续的事项或部分货舱具备装卸条件的，船长仍然可以递交准备就绪通知书，其余未准备就绪的货舱按实际可以装卸时间计算。比如，若干个货舱因班轮条款的货物压在上面妨碍程租条款货物的装卸，但如果至少还有一个舱口可以装卸货，船长也可以递交 NOR，租船人或代理则可以将其余舱口实际可以开始装卸的时间在装卸事实记录上如实注明，以便在计算滞期/速遣费时按比例扣除。

(三)递交准备就绪通知书

准备就绪通知书是一份由船长或船方代理在船舶抵港做好一切准备工作后,向租船人或其代理递交的,声明本船已准备就绪以待装卸货物的书面通知。

(1)装货与卸货的 NOR 应分别递交,即使装货与卸货在同一港口同一泊位进行也是如此。

(2)NOR 递交的时间。如果合同已明确规定了递交 NOR 的具体时间,如当地办公时间内,则应在规定的时间内递交 NOR;否则,在船舶准备就绪后即可递交。

(3)只要船长递交的是一个完全有效的 NOR,则装卸时间的起算不以 NOR 是否被租船人或其代理接受为先决条件,即使合同规定 NOR 应由租船人或其代理接受也是如此。但作为船长,除了应保证所递交的 NOR 有效外,还应取得已递交的书面证据。

(4)在实务中,船舶所有人代理同时接受租船人或其代理的委托,代表租船人或其代理签收 NOR 的较为常见,但也有些船舶所有人代理事先并未取得租船人或其代理的委托,就擅自签收船长的 NOR,一旦事后租船人或其代理否认 NOR 的效力,船舶所有人代理将不得不面临船舶所有人的索赔。

(5)无效 NOR 的递交与接受。在实务中,由于诸多方面的原因,租船人或其代理可能无条件地接受了船长递交的通知书,但事后发现船舶并未备妥。对此,租船人或其代理是否可以再提出异议,应针对具体情况做具体分析。如果无条件接受行为已给船方带来影响(比如损失及误导),基于禁止翻供的原则,租船人或其代理不可以再对船舶准备未妥情况事后提出异议;反之,则可以反悔。因此,谨慎起见,租船人或其代理在接受 NOR 时应注明"无妨碍租约的条款条件"(Without Prejudice to Terms and Conditions of C/P),以表明其接受行为并不代表其放弃权利。同样的道理,在实务中,船长习惯于在船舶抵达装卸地点后即递交 NOR,而忽略了合同规定的其他条件。比如,船舶于星期天抵达装卸地点后,船长即递交了 NOR,这与租船合同规定 NOR 应在当地办公时间内递交相矛盾。为了保护船方的利益,在实务中,要么要求船长严格按照租船合同的规定递交 NOR,要么在租船合同中订立"船长可以在船舶到达后立即递交 NOR,但装卸时间从船舶实际上做到租约内的到达并准备就绪时开始计算"条款,使 NOR 的递交与装卸时间的起算分开。

二、装卸时间的中断与终止

(一)装卸时间的中断

在通常情况下,装卸时间一旦起算,就应一直计算到装货或卸货结束才终止,但在以下两种情况下,装卸时间将中断计算:

1. 租约中订明不计算装卸时间的事件发生时

这种规定通常反映在租约的除外或免责条款之中,常见的有"移泊时间不计入装卸时间""减载时间不计入装卸时间""罢工条款"等。对除外或免责条款的运用应注意如下三点:①当条款规定不明确或有多种解释时,根据逆利益方解释原则,应做出对租船人不利的解释;②合同中双方都可以免责的一般免责或除外条款,如罢工、停工、当局限制、航行疏忽等,由于针对的是一般性事情,并不是针对装卸时间的中断,因此,不能作为装卸时间中断的依据;③如果租船人对除外或免责事项的发生有过错,则不能援引除外或免责条款保护自己,即此时装卸时间并不中断。

2. 船舶所有人违约或为自己的利益妨碍租船人使用装卸时间时

这方面的例子包括船上装卸设备发生故障、将船舶驶往另一泊位加油等。需要注意的是，船舶所有人的过错必须造成租船人时间上的损失，才可以中断装卸时间，否则，不能引起装卸时间的中断。

(二)装卸时间的终止

租船合同中一般并不规定装卸时间的止算时间，而习惯在装货或卸货作业结束时终止计算装卸时间。

(1)装卸作业结束是指装卸作业完全结束，并使船舶处于可开航状态。因此，它不仅包括装卸过程，而且包括货物装卸船后的捆绑、加固、平舱、积载、装卸货工具搬离等工作过程。

(2)装卸时间止算后的时间损失风险，如等潮水、等引水员或拖轮等的时间损失，应由船舶所有人承担，除非合同订明由租船人承担或是由于租船人的违约行为而延误船舶开航。

三、确定装卸时间的方法

目前，在租船合同中，确定装卸时间的方法通常有三种，即规定具体的日数、规定平均每天应装卸货物的效率和不规定装卸时间。

(一)规定具体的日数

这种方法是指在合同中不规定装卸率，只规定固定的装货和卸货的天数，如装货 10 天、卸货 15 天。这种方法在国内租船业务中使用得较多。为了避免双方计算具体日数时对时间单位有不同的理解，合同双方需要在租约中对"装卸日"的含义作出明确规定。目前，租约中有关装卸日的约定主要有如下六种方式，其中以连续 24 小时晴天工作日最为常见：

(1)日或日历日，指午夜至午夜连续 24 小时的时间。

(2)连续日(Running Day)，指一天紧接一天的时间。

(3)工作日(Working Day，WD)，指不包括星期天、法定节假日，港口可以作业的时间。

(4)晴天工作日(Weather Working Day，WWD)，指除星期天、法定节假日、因天气不良而不能进行装卸作业的工作日之外的工作日。

(5)24 小时晴天工作日(WWD of 24 Hours)，指不论工作小时数跨及几天的时间，以累计 24 小时作为 1 个晴天工作日的时间。

(6)连续 24 小时晴天工作日(WWD of 24 Consecutive Hours)，指除去星期天、法定节假日、天气不良影响装卸作业的工作日或工作小时后，以真正的连续 24 小时为 1 日。

为了避免双方对装卸时间含义的理解的差异，有关国际组织制定了相关的解释规则。目前，有关装卸时间的定义有两个版本：一是 1980 年由 BIMCO、CMI、FONASBA、GCBS 四大组织联合制定的《1980 年租船合同装卸时间定义》；二是由 BIMCO、CMI、FONASBA、INTERCARGO 于 1993 年联合制定的《航次租船合同装卸时间解释规则》。后者与前者相比较，在条款的数量、内容及名称上都做了适当调整，甚至同一名称的术语在不同版本中做出的解释也不一样。比如，在《1980 年租船合同装卸时间定义》中，晴天工作日、24 小时晴天工作日和连续 24 小时晴天工作日的含义并不相同(见上面的定义)，但在《航次租船合同装卸时间解释规则》中，它们的含义相同，均按连续 24 小时晴天工作日来理解。因而，在使用连续 24 小时晴天工作日等术语时，承租双方最好在合同中约定选用哪个版本的定义进行解释，以免引起误解。

在租船实务中，除非事先说明，一般均将晴天工作日视为连续 24 小时晴天工作日，而且为了避免引起争议和保护自己的权益，在晴天工作日后常常附加很多其他除外事项，常见的条款主要有：①WWD SHEXUU(晴天工作日，星期天、法定节假日除外，除非已使用，但仅计算实际使用的时间);②WWD SHEXEIU(晴天工作日,星期天、法定节假日除外,即使已使用也不算);③WWD SHINC(晴天工作日,星期天、法定节假日包括在内);④WWD SSHEX(晴天工作日,星期六、星期天、法定节假日除外);⑤WWD SAT12HR TO MON8AM HEXUU(晴天工作日,星期六 12:00 至星期一 08:00 及法定节假日除外,除非已使用)。

(二)规定平均每天应装卸货物的效率

在租船实务中,租船合同中通常以约定的装卸率和装卸货物的数量来计算装卸时间。

1. 装卸率

在实务中,对于装卸率,双方既可能约定"×吨/天",也可能约定"×吨/天可工作舱口"或"×吨/天,基于×可工作舱口"。①装卸率中的"天"一般规定为晴天工作日,当然合同双方也可以做出其他约定;②由于承租双方对可工作舱口的理解不同,双方对"×吨/天可工作舱口"下装卸时间的计算有较大的差别。以下以实例说明租船人与船舶所有人对此所采用的计算方法。

【同步思考 3-1】 假设某船有 5 个舱口,最大舱口可装载货物 5 000 吨。租约规定:载货 20 000 吨,装卸率为 200 吨/晴天工作日可工作舱口,即 200T/WWD/Workable Hatch,计算装卸时间。

分析:租船人基于最后装卸完毕应是最大的舱口的假设,主张应按船舶最大舱口实际装货数量除以约定的每个可工作舱口每天的装卸率作为船舶总的装卸时间,而不考虑其他舱口的装卸货情况,即租船人认为装卸时间为 25WWD(5 000÷200)。

船舶所有人则主张不必考虑每个货舱的大小以及货舱是否装满,而是将每个舱口实际平均装卸量(即以各舱实际装卸量的总和除以舱口数所得的值)除以约定的每个可工作舱口每天的装卸率作为船舶总的装卸时间,即每个舱口平均装卸量为 4 000 吨(20 000÷5),装卸时间为 20WWD(4 000÷200)。

很明显,基于不同的角度,双方的计算结果相差较大。在英国,法院已明确支持船舶所有人的计算方法,主要理由是租船人的上述假设,只有在各舱装运同一种货物且均是满舱的情况下才成立。至于其他国家,对此尚无定论。

同样,对"×吨/天,基于×可工作舱口"下的装卸时间的计算也有不同的算法。下面仍以实例予以说明。

【同步思考 3-2】 假设某船有 5 个舱口,最大舱口可装载货物 5 000 吨。租约规定:载货 20 000 吨,装卸率为 1 000 吨/晴天工作日,基于 5 个可工作舱口,即 1 000T/WWD,BSS 5 Workable Hatch,计算装卸时间。

分析:租船人主张将最大舱口实际装货量除以平均每个舱的装卸率(每个舱口的装卸率为约定的每天的装卸吨数与约定的舱口数相除所得的值)作为整个船的装卸时间,即平均每个舱口装卸率为 200 吨/WWD(1 000÷5),装卸时间为 25WWD(5 000÷200)。

船舶所有人则认为应以实际装货量除以约定的装卸率作为装卸时间,而舱口数仅是当某个或几个舱口因船方的原因(如吊机出故障无法装卸货)造成装卸货时间损失时作为按比例扣除的依据,即装卸时间为 20WWD(20 000÷1 000)。

在英国,法院也已明确支持船舶所有人的计算方法。至于其他国家,对此尚无定论。

综上所述，在实务中，承租双方尤其是船舶所有人应避免采用这些容易引起争议的方法；即使采用，也应在合同中明确说明其计算方法。

2. 装卸货物的数量

在计算装卸时间时，装卸货物的数量应以货物的实际处理数量为基础。换言之，对于装货，它是已装上船或提单上的货量；对于卸货，它是卸出的货量。至于装货时因备货不足所造成的亏舱，船舶所有人可以另外索赔亏舱费；卸货时因货损等原因造成的实际卸货量的短少，租船人可以向船舶所有人索赔。

(三)不规定装卸时间

有时，租船合同中可能不规定装卸时间，而是采取一些术语间接对装卸时间作出规定。目前，属于这种情况的主要有以下两个条款：

1. 按港口习惯尽快装卸(Customary Quick Dispatch,CQD)

它是指租船人应根据装卸港口的实际情况，尽可能快地完成装卸货工作。该条款意味着船舶所有人承担装卸时间损失的风险，船舶所有人只有在因租船人违约(如货物或文件未备妥)造成延迟装卸货时才有权索赔延滞损失(Damages for Detention)，其他情况的延滞损失无法向租船人索赔。因此，只有船舶所有人对港口较熟悉，而且该港的装卸速度较快或自己能够予以控制时才能接受CQD条款。

2. 以船舶能够收货或交货的速度(As Fast As the Vessel Can Receive/Deliver)装卸

它是指租船人按船舶处于完全工作状态下所能达到的最高装卸率装卸货物。此条款对租船人较为不利，因而在运输市场货源紧张的情况下，租船人是不会接受这样的条款的。

四、装卸时间的计算

(一)装卸时间分开计算

这种方法是指分别为装货港和卸货港编制单独的装货时间表和卸货时间表，然后分别计算装货时间和卸货时间。在使用此方法时应注意如下两点：

(1)如果合同未做特别约定，装货所用时间与卸货所用时间应分开计算，且无论装货港或卸货港的数量多少，均只算一次。如果合同双方欲改变这种计算方法，则应在合同中订明。

(2)在存在多个装货港或卸货港的情况下，船舶抵达第一装货港或卸货港之外的其他装货港或卸货港后的装卸时间，是立即起算还是仍然如抵达第一装货港或卸货港那样，在NOR递交后一段时间才起算，大多数人认为应立即起算。为了避免引起争议，船舶所有人应在合同中订明船舶抵达第一装货港或卸货港之外的其他装货港或卸货港后的装卸时间应立即起算条款，以减少时间损失。

(二)装卸时间统算

装卸时间统算简称装卸统算，是指装港与卸港的装卸时间一并计算。目前，装卸统算主要有以下三种形式。

(1)装卸时间共用(All Purpose,以下简称"共用")。它是指装/卸港的时间加在一起连续使用，即将装货港的装货时间和卸货港的卸货时间合在一起编制装卸货时间表，进行一次包括装/卸货在内的计算。采用此方法计算时，即使因所规定的装货港和卸货港的效率不同，实际所用的装货时间(或卸货时间)已超过了按规定的效率计算的装货时间(或卸货时间)，即在装货港(或卸货港)已发生了滞期，但只要装货和卸货所用的总时间未超过规定的合计时间，仍不计算滞期时间；相反，如果装货港和卸货港所用的总时间超过了规定的合计时间，只要装货港未超过所规定的合计时间,即按共用时间计算的滞期时间不是发生在装货港,则总的滞期时间仍按通常的计算滞期时间的办法计算。但是,如果在装货港所用的装货时间已超过了原规定的可用于装货和卸货的合计时间,即按共用时间计算的滞期发生在装货港,则根据"一旦滞期,永远滞期"的原则,除在装货港的滞期连续计算外,当船舶到达卸货港后,应立即连续计算滞期,直至在卸货港卸完全部货物为止。也就是说,在这种情况下,承租人将丧失享有在卸货港的正常通知时间(即规定递交装/卸货准备就绪通知书的时间至起算装卸时间的正常间隔时间)的权利。

(2)装卸时间抵算或可调剂使用(Reversible Laydays,以下简称"互换")。它是指在装货港的装货工作结束后,把节省时间或滞期时间(也在装货港的可用时间相抵后得出)与卸货港的可用时间抵消后,得出卸货港的实际可用时间,即将装货港的速遣时间计入卸货港的可用时间,而使卸货港的可用时间延长;或者将装货港的滞期时间在卸货港的可用时间中扣除,而使卸货港的可用时间缩短。在使用此方法时,应分别为装货港和卸货港编制单独的装货时间表和卸货时间表,并且在卸货完毕后才能算出装货和卸货两港总的速遣时间或滞期时间,从而算出抵消后的速遣费或滞期费。

(3)装卸时间平均计算(To Average Laydays,以下简称"均分")。"均分"也是表明装货时间和卸货时间可以相互抵用的用语,而且也需要分别为装货港和卸货港单独编制装货时间表和卸货时间表。但是,它与"互换"的含义不同。它不是用装货港的节省时间或滞期时间来调整原规定的卸货港的可用时间,而是全航次中所产生的滞期时间与速遣时间总的冲抵。

【做中学3-5】 合同规定:

(1)装货时间为1WWD SHEX,星期六下午至星期一08:00即使使用了也不算。

(2)卸货时间为3WWD SHEX,星期六下午至星期一08:00即使使用了也不算。

(3)装卸备妥通知书上午递交时,装卸时间从当日12:00起算;下午递交时,装卸时间从次日08:00起算。

船舶装卸货事实如下:

(1)船舶于某星期四10:00抵达装货港并递交了装卸备妥通知书,然后从星期五开始装货,直至下周一08:00结束并起航驶往卸货港。

(2)船舶于某星期四10:00抵达卸货港并递交了装卸备妥通知书,然后从星期五开始卸货,直至下周一08:00结束。

假设装卸过程中未发生过任何装卸间断,请分别采用以上介绍的方法计算滞期/速遣时间。

采用上述几种方法计算的结果如表3—1所示。

表3—1   不同方法下滞期/速遣时间的计算结果

装卸时间分开	装卸时间共用	装卸时间互换	装卸时间均分
装货港:从星期四12:00起算,星期五12:00进入滞期,共计滞期2D20H 卸货港:从星期四12:00起算,星期六12:00至星期一08:00不计时间,实际使用2D,则速遣时间为1D	装货港使用时间3D20H,星期六12:00至星期一08:00不计时间,实际使用2D,则卸货港允许使用时间仅剩2D,因此,从星期六12:00进入滞期,合计滞期1D20H	装货港滞期2D20H冲抵卸货港后,卸货港可用时间为1D4H,因此,卸货港从星期五16:00进入滞期,共计滞期2D16H	装货港滞期2D20H与卸货港速遣1D均分后,滞期时间为1D20H

五、滞期费与速遣费的计算和结算

(一)取得计算滞期费与速遣费的必备资料

(1)租船合同。它是滞期费与速遣费计算与结算的依据。

(2)备妥通知书。它是装卸时间起算的依据。

(3)装卸时间事实记录(Laytime Statement of Facts)。它是船舶在港装卸时间的记录文件,记录船舶从到达等待被引领入港的地点时起,到船舶装货或卸货完毕时止这段时间内进行各项作业的起止日、时和各项待时的起止日、时的记录。它通常由船舶所有人和租船人各自委托的代理按照船舶在港期间的作业过程随时地、不间断地予以记录,是计算滞期费与速遣费的依据。

(4)其他与滞期费、速遣费的计算和结算有关的文件、资料。比如,用于证明装货或卸货数量的提单、舱单或理货报告等。

(二)计算装卸时间,确定滞期费与速遣费的金额

根据以上资料,我们可以计算装卸时间,最终确定滞期费与速遣费的金额。目前,有关的国际船东组织已专门制定了用于计算装卸时间、滞期费与速遣费的装卸时间计算表,当然,我们也可以自行设计相应的表格,以便于计算。目前,对滞期和速遣时间的计算,主要有如下两种形式:①时间连续计算,包括所有不计算装卸时间在内的除外排除,如星期天、节假日等;②时间非连续计算,采取与计算装卸时间同样的办法将除外时间排除,即按"同样日"(Per Like Day)计算。

对于滞期和速遣时间的计算采取何种形式应在合同中约定。如果未约定,航运惯例认为:对滞期时间的计算,通常采取时间连续计算的办法,即"一旦滞期,永远滞期"(Once on Demurrage,Always on Demurrage);对速遣时间的计算,则采取时间非连续计算的办法,即装卸时间中有关除外时间的规定也同样适用于计算速遣时间。

(三)结算滞期费或速遣费

船舶所有人或租船人应根据合同的约定,及时将计算结果告知对方,请其确认并付款。

在实务中,作为船舶所有人,根据实际情况的不同,也可以采取预先留置货物等手段,迫使租船人支付滞期费,以避免日后无法有效地追索滞期费。

【做中学3-6】 某轮船于某年3月18日星期一10:00抵达装货港锚地,并递交NOR,合同约定装卸时间应在递交NOR的24小时后起算,但如果提前装货,则计入装卸时间,装卸率为2 000MT/WWD SHEXUU,每天的滞期费和速遣费分别为3 000美元和1 500美元。该轮船于3月18日14:00开始装货,并于当日24:00停止装货,3月19日10:00恢复装货直至3月24日10:00结束,其间除了22日00:00~10:00因下雨停止作业之外,其他时间一直在装货作业,该轮船最终装货6 000吨。试按时间连续计算与非连续计算装货港发生的滞期费。

分析:根据以上资料按滞期时间连续计算所得出的该轮船的装卸时间如表3—2所示。

表 3-2　　　　　　　　　　　某轮船的装卸时间

星期	日期	工作时间 Fr	工作时间 To	说明	可用时间 D	可用时间 H	可用时间 M	实用时间 D	实用时间 H	实用时间 M	速遣/滞期时间 D	速遣/滞期时间 H	速遣/滞期时间 M
星期一	3月18日	14:00	24:00			10			10				
星期二	3月19日	00:00 10:00	10:00 24:00	Ex		14			14				
星期三	3月20日	00:00	24:00		1			1					
星期四	3月21日	00:00	24:00		1			1					
星期五	3月22日	00:00 10:00	10:00 24:00	Raining		10 14						10 14	
星期六	3月23日	00:00	24:00					1			1		
星期日	3月24日	00:00	10:00			10						10	
合计					3			5	10		2		10

根据实际装货数量和约定的装卸率，可知该轮船装货港可用时间为3天。表3-2显示了根据以上资料按滞期时间连续计算所得出的该轮船的装卸时间，可看出该轮船的滞期时间为2天10小时，即2.42天，因而滞期费＝3 000×2.42＝7 260美元。同理可知，按时间非连续计算，则该轮船的滞期时间为2天，滞期费＝3 000×2＝6 000美元。

任务五　国际海上货运单据

一、海运托运单

海运出口托运单是出口人向外运公司提供出运货物的必要资料，是外运公司向船公司订舱配载及外运公司与出口仓库或生产厂家之间往来提货的依据。它虽不是出口结汇的正式单据，但却是日后制作提单、出口结汇的主要材料。

海洋运输有两种运输方式：一种是传统的散货运输，另一种是现代化的集装箱运输。两种不同的运输方式分别使用不同的托运单。

（一）散货运输海运出口托运单各联用途

具体如表3-3和表3-4所示。

表 3-3　　　　　　　　　散货运输海运出口托运单各联用途

顺序	名　称	颜色	主要用途
1	集装箱货物托运单——货主留底	白色	托运人留存备查
2	集装箱货物托运单——船代留底	白色	据此编制装船清单、积载图、预制提单等
3	运费通知(1)	白色	计算运费
4	运费通知(2)	白色	运费收取通知
5	装货单——场站收据副本(1)	白色	报关并作为装货指示

顺序	名　称	颜色	主要用途
	缴纳出口货物港杂费申请书	白色	港方计算港杂费
6	场站收据副本(2)大副联	粉红色	报关,船上留存备查
7	场站收据	淡黄色	报关,船代凭此签发提单
8	货代留底	白色	缮制货物流向单
9	配舱回单(1)	白色	货代缮制提单等
10	配舱回单(2)	白色	根据回单批注修改提单
11	备用联		
12	备用联		

表 3—4　　　　　　　　　　　海运出口托运单

托运人 Shipper_____						
编号 No. _____			船名 S/S_____			
目的港 For_____						
标记及号码 Marks & Nos.	件　数 Quantity	货　名 Description of Goods	重量(千克)Weight (Kilos)		尺码 Measurement	
			净重 Net Weight	毛重 Gross Weight		
运费付款方式 Method of Freight Payment						
共计件数(大写) Total Number of Packages in Writing						
运费计算 Freight						
备注 Remark						
抬头 Order of	可否转船 Whether Transshipment Allowed			可否分批 Whether Partial Shipment Allowed		
通知人 Notify Party	装期 Period of Shipment			有效期 Period of Validity		
	金额 Amount			提单张数 No. of B/L		
收货人 Consignee	银行编号 Bank No.			信用证号 L/C No.		

制单：　　　　　　　　　　　　　　　　　　　　　　　　年　　月　　日

各联用途如下：

第一联货主(一般为出口人)留底；

第二联船代留底；

第三联运费通知(1)；

第四联运费通知(2)；

第五联装货单,此联经船代盖章后即确认货已配定船只,船上工作人员凭以收受货物;

第六联收货单(即大副收据),货物装上船后,大副在此联上签收,凭此向船公司或船代换取全套正本提单;

第七联外运公司或承办货运的单位留底;

第八、第九联配船回单,由货代在船只配定后填好船名、关单号退回出口人;

第十联缴纳港务费申请书,又称硬卡联,由港务部门留存,凭以计算港务费用;

第十一、第十二联备用联,空白格式。

(二)集装箱货物托运单

集装箱货物托运单又称场站收据(Dock Receipt,D/R),是集装箱运输专用出口单证,一式十二联,性质与散货运输托运单相同。

海运出口货物委托书由进出口企业自行编制,填写方法与海运出口托运单的有关栏目相同,可参考托运单相关填制方法,如表3-5所示。

表3-5　　　　　　　　　　　海运出口货物委托书

合同号:　　　　　　　　　　年　月　日　　　　　　　　　信用证号:

委托单位			委托编号	
			提单号	
提单抬头			装船期	
			结汇期	
被通知人详细地址	正本:		可否转船	
			可否分批	
	副本:		离岸价格	US$
			货证情况	
船名		装货港	随附单证	
目的港		运费支付	提单份数	正　　副
唛头	件数	货名	净重	毛重	体积
特殊条款			外运记载事项	配单	
				初审	
其他要求				制单	
				审核	

委托单位盖章　　　　　制表:　　　　　复核:

【视野拓展3-6】　　　装运通知的重要性

货物装船后,外贸企业应及时向国外买方发出"装运通知"(Shipping Advice,S/A),以便对方准备付款、赎单以及办理进口报关和接货手续。特别是在CFR合同下,卖方负责安排在装运港将货物装上船,而买方需自行办理货物运输保险,以就货物装上船之后可能遭受灭失或损坏的风险取得保障。因此,在货物装上船前,即风险转移至买方前,买方及时向保险公司办理保险，是一个非常重要的问题。《2010年国际贸易术语解释通则》（以下简称《2010年通则》）中规定卖方必须给予买方关于货物已按规定交至船上的充分的通知。虽然《2010年通则》对卖方未能给予买方该项充分通知的后果没有作出具体的规定，但是根据有关货物买卖合同的适用法律，卖方因遗漏或不及时向买方发出装船通知，而使买方未能及时办妥货运保险所造成的后果，应承担违约责任。为此，卖方在货物装船后，应及时以电传的形式或双方商定的其他形式发出装船通知。

装船通知的内容一般包括订单号码或合同号、信用证号、提单号、货物名称、数量、总金额、唛头、装运口岸、装运日期、船名及预计开船日期等。

集装箱货物托运单如表3—6所示。

表3—6　　　　　　　　　　集装箱货物托运单

Shipper(发货人)			D/R No.(编号) 场站收据 DOCK RECEIPT Received by the Carrier the Total number of containers or other Packages or units stated below to be transported subject to the terms and conditions of the Carriers regular form of B/L (for Combined Transport or Port to Port Shipment) which shall be deemed to be incorporated herein.		
Consignee(收货人) Tel:					
Notify Party(通知人) Tel:					
Pre-carriage by (前程运输)		Place of Receipt (收货地点)			
Ocean Vessel(船名)	Voyage No.(航次)		Port of Loading(装货港)		Date（日期）场站章
Port of Discharge(卸货港)	Place of Delivery (交货地点)		Final Destination for the Merchants Reference(目的地)		
Container No. /Seal No. (集装箱号/封号)	Marks & Nos. (唛头和铅封号)	No. of Containers/of Packages (箱数/件数)	Kind of Packages/ Description of Goods (包装种类/货名)	Gross Weight(Kgs) (毛重)	Measurement(M^3) (尺码)
TOTAL NUMBER OF CONTAINERS OF PACKAGES(IN WORDS) 集装箱数或件数合计(大写)					
Container No. (集装箱号)　　Seal No. (封号)　　Packages(件数)					
Received (实收)			By Terminal Clerk/Tally Clerk (场站员/理货员签字)		
Freight & Charges (运费计算)	Prepaid at(预付地点)	Payable at(到付地点)	Place of Issue(签发地点) Booking Approved by(订舱确认)		
	Total Prepaid (预付总额)	No. of Original B(s)/L (正本提单份数)	Monetary Amount (货值金额)		
Service Type on Receiving (接收服务类型) □ CY　□ CFS　□ DOOR		Service Type on Delivery (交付服务类型) □ CY　□ CFS　□ DOOR	Reefer Temperature Required(冷藏温度)	℉	℃
Type of Goods (货物种类)	□ Ordinary(普通)　□ Reefer(冷藏) □ Dangerous(危险品)　□ Auto(裸装车辆) □ Liquid(液体)　□ Live Animal(活动物)　□ Bulk(散货)		Dangerous Goods (危险品)	Class: Property IMDG Code Page: UN No.	
发货人或代理地址：			联系人		电话：
可否转船	可否分批	装期	备注	装箱场站名称	
有效期		制单日期			
海运费由　　　　支付 如预付运费托收承付，请填准银行账号					

【视野拓展 3-7】　　　　　　　电子托运单

在我国经济飞速发展的今天,各承运人利用先进的计算机技术和网络技术,将船期表信息和其他有关信息、数据如港口、船期、航期、载货量、舱位、箱量、停泊码头等集中存放在公共数据中心或船公司网站上,为各托运人跨国家(地区)、跨公司、跨部门地查阅、选择、订舱提供了方便,并为各托运人实现网上订舱提供了操作平台。

按照协议,托运人可以在其办公场所,将标准格式的托运单电子报文数据,通过终端申报方式、EDI 申报方式或网上申报方式,在"订舱托运"系统中向船公司或其代理人的计算机系统发送电子托运单数据。船公司或其代理人收到电子托运单数据后,根据船舶载货量和具体托运内容来安排舱位。一旦船公司确认订舱后,便发送"接受订舱"的电子回执给托运人,并进一步将确定的船名、航次、关单号和船舶动态等信息数据发送给托运人,完成电子托运订舱的全部手续。电子托运单订舱是未来我国实现"无纸化贸易运输"的发展方向。

电子托运单具有形式简单、订舱速度快、差错率低、电子托运单可与纸质托运单共存、改变"凭场站收据换海运提单"的传统的低效率的做法等特点。

二、海运提单

(一)海运提单的概念

海运提单(Bill of Lading,B/L),是指用以证明海上货物运输合同和货物已经由承运人接收或者装船,以及承运人保证据以交付货物的单证。提单中载明的向记名人交付货物,或者按照指示人的指示交付货物,或者向提单持有人交付货物的条款,构成承运人据以交付货物的保证。提单的当事人有承运人与托运人,关系人有收货人、提单持有人和货物所有人等。

(二)海运提单的性质和作用

1. 海运提单是海上货物运输合同的证明

提单的印刷条款规定了承运人与货物关系人之间的权利和义务,提单也是法律承认的处理有关货物运输争议的依据,因此,有人会认为提单本身就是运输合同。但是,提单并不具备作为经济合同应有的基本条件,构成运输合同的主要项目如船名、开航日期、航线、靠港及其他有关货运条件都是事先公布,而且是众所周知的;至于运价和运输条件也是承运人预先规定的,提单条款仅是承运人单方面制定的,且在提单上只有承运人单方的签字。而且合同履行在前,签发提单在后,它只是在履行运输合同的过程中出现的一种证据,而合同实际上是在托运人向承运人或其代理人订舱、办理托运手续时就已成立。确切地说,承运人或其代理人在托运人填制的托运单上盖章时,承、托之间的合同就已成立。所以,将提单称为"海上货物运输合同已存在的证明"更为合理。

提单是运输合同成立的证明。如果在签发提单之前,承、托双方另有约定,且该约定又不同于提单条款规定的内容,则以该约定为准。如果在签发提单之前,承、托双方并无约定,且托运人在接受提单时又未提出任何异议,这时才可将提单条款推定为合同条款的内容,从而约束承、托双方,提单才能从运输合同成立的证明转化为运输合同本身。

当提单转让给善意的第三人(提单的受让人、收货人等)以后,承运人与第三人之间的权利和义务等就按提单条款的规定处理,即此时提单就是第三人与承运人之间的运输合同。

2. 海运提单是证明货物已由承运人接管或已装船的货物收据

首先,货物的原始收据不是提单,而是大副收据或者是场站收据。"收货待运提单"是证明承运人已接管货物、具有明显的货物收据功能的单证。"已装船提单"是在货物装船后,根据货物的原始收据——大副收据等签发的,提单上记载证明收到货物的种类、数量、标志、外表状况的内容。此外,由于国际贸易中经常使用 FOB、CFR 和 CIF 三个传统的价格术语,在这三个传统的"装运合同"(Shipping Contract)价格术语下,货物装船象征着卖方将货物交付给买方,货物装船时间也就意味着卖方的交货时间,因此,提单上还记载货物装船的时间。用提单来证明货物的装船时间是很有必要的,因为作为履行贸易合同的必要条件,如果卖方未将货物按时装船,银行就不会接受该提单。

其次,承运人签发提单就表明他已按提单上所列内容收到货物。但是,提单作为货物收据的法律效力在不同的当事人之间也是不同的。对托运人来说,提单只是承运人依据托运人所列提单内容收到货物的初步证据(Prima Facie Evidence)。换言之,如果承运人有确实证据证明他在事实上未收到货物,或者在收货时实际收到的货物与提单所列的情况有差异,承运人可以通过一定方式减轻或者免除自己的赔偿责任。但对善意接受提单的收货人,提单是承运人已按托运人所列内容收到货物的绝对证据(Conclusive Evidence)。承运人不能提出相反的证据否定提单内所记载的内容。我国《海商法》第 77 条对提单有关货物记载事项的证据效力的规定为:"承运人或者代其签发提单的人签发的提单,是承运人已经按照提单所载状况收到货物或者货物已经装船的初步证据;承运人向善意受让提单的包括收货人在内的第三人提出与提单所载状况不同的证据,不予承认"。

3. 海运提单是承运人保证凭以交付货物的物权凭证

承运人或其代理人在目的港交付货物时,必须向提单持有人交货。在这种情况下,即便是真正的收货人,如果不能递交正本提单,承运人也可以拒绝对其放行货物。也就是说,收货人是根据提单物权凭证的功能,在目的港以提单交换来提取货物。

提单作为物权凭证的功能是用法律的形式予以确定的,提单的转移就意味着提单上所记载货物的转移,提单的合法受让人或提单持有人就有权要求承运人交付提单上所记载的货物。除提单中有关规定外,提单的转让是不需要经承运人同意的。

提单具有物权凭证的功能使提单所代表的物权可以随提单的转移而转移,提单中所规定的权利和义务也随提单的转移而转移。即使货物在运输过程中遭受损坏或灭失,但货物的风险已随提单的转移而转移给了提单的受让人。提单的受让人能否得到赔偿将取决于有关海上货物运输的法律、国际公约和提单条款的规定。

提单的转让是受时间制约的。在办理提货手续前,提单是可以转让的。但是,一旦办理了手续后,该提单就不能再转让了。

【视野拓展 3-8】 关于海运提单的国际公约

1.《海牙规则》(Hague Rules)

《海牙规则》是 1924 年在布鲁塞尔由欧美 26 个航运国家签订的,全名为《统一提单的若干法律规则的国际公约》(International Convention for the Unification of Certain Rules of Law Relating to Bills of Lading),于 1931 年 6 月正式生效。目前,有 80 多个国家和地区接受了这个规则。这一规则对承运人的权利及负责范围的规定一直受到货主方面的批评和航运业不发达国家的反对,因为它有利于船主或承运人,如对由托运人自行装货等 17 种原因造成的货物损失或延迟交货,可以免除责任。

2.《海牙—维斯比规则》(Hague - Visby Rules)

该规则是对《海牙规则》的修改和补充，于1968年签署《布鲁塞尔议定书》，并于1977年6月23日生效。它扩大了《海牙规则》的适用范围，《海牙规则》只适用于缔约国所签发的提单，《海牙—维斯比规则》既适用于上述提单，也适用于"从一个缔约国港口起运"的提单，还增加了集装箱运输条款等。

3.《汉堡规则》(Hamburg Rules)

由于《海牙—维斯比规则》仅对《海牙规则》作了非本质的修改和补充，航运业不发达国家继续要求对《海牙规则》做全面的修改。联合国国际贸易法委员会经过数年工作后，于1976年5月拟定了海上货物运输公约草案，1978年3月在汉堡召开的有78个国家的代表参加的联合国海上货物运输会议上，正式通过了这个公约草案，定名为《1978年联合国海上货物运输公约》，简称《汉堡规则》。与《海牙规则》相比，这一规则增加了承运人的责任。

(三)海运提单的种类

在国际海上货物运输中所遇到的海运提单(Ocean B/L；Marine B/L)种类越来越多。通常使用的提单为全式提单(Long Form B/L)，又称为繁式提单，即提单上详细列有承运人与提单关系人之间权利和义务等条款的提单。此外，还有简式提单(Short Form B/L)，即提单上印有"Short Form"字样，而背面没有印刷有关承运人与提单关系人权利和义务的条款，或者背面简单列有注明以承运人全式提单所列条款为准的提单。有时信用证会明确规定不接受简式提单。下面介绍实践中经常会遇到的一些提单的基本种类和特殊情况。

1. 基本种类

基本种类提单是指在正常情况下，符合法律要求所使用的提单。由于提单分类的标准不同，因此就有以下多种情况。

(1)按货物是否已装船，可分为已装船提单和收货待运提单。

①已装船提单(On Board B/L；Shipped B/L)，是指整票货物全部装船后，由承运人或其代理人向托运人签发的货物已经装船的提单。该提单上除了载明其他通常事项外，还须注明装运船舶名称和货物实际装船完毕的日期。

②收货待运提单(Received for Shipment B/L)，简称待装提单或待运提单，是指承运人虽已收到货物但尚未装船，应托运人要求而向其签发的提单。由于待运提单上没有明确的装船日期，而且又不注明装运船的船名，因此在跟单信用证的支付方式下，银行一般不接受这种提单。

当货物装船后，承运人在待运提单上加注装运船舶的船名和装船日期，就可以使待运提单转变为已装船提单。

(2)按对货物外表状况有无不良批注，可分为清洁提单和不清洁提单。

①清洁提单(Clean B/L)，是指没有任何有关货物残损、包装不良或其他有碍于结汇的批注的提单。事实上，提单正面已印有"外表状况明显良好"(in Apparent Good Order and Condition)的词句，若承运人或其代理人在签发提单时未加任何相反的批注，则表明承运人确认货物装船时外表状况良好这一事实，承运人必须在目的港将接受装船时外表状况良好的同样货物交付给收货人。在正常情况下，向银行办理结汇时，都应提交清洁提单。

【同步案例3-1】　　正确理解已装船清洁提单

2020年2月，大连经济技术开发区有一批货物共100箱，自大连运至纽约，船公司已签发"已装船清洁提单"，等货到目的港，收货人发现下列情况：(1)5箱欠交；(2)10箱包装严重破损，内部货物已散失50%；(3)10箱包装外表完好，箱内货物有短少。

请问：上述三种情况是否属于船方或托运人的责任？为什么？

案例精析

②不清洁提单(Unclean B/L；Foul B/L)，是指承运人在提单上加注了有关货物及包装状况不良或存在缺陷的批语，如水湿、油渍、污损、锈蚀等批注的提单。承运人通过批注，声明货物是在外表状况不良的情况下装船的，在目的港交付货物时，若发现货物损坏可归因于这些批注的范围，从而减轻或免除自己的赔偿责任。在正常情况下，银行将拒绝以不清洁提单办理结汇。

实践中，当货物及包装状况不良或存在缺陷时，托运人会出具保函，并要求承运人签发清洁提单，以便能顺利结汇。由于这种做法掩盖了提单签发时的真实情况，因此承运人将要承担由此产生的风险责任。承运人凭保函签发清洁提单的风险主要有以下几点：

第一，承运人不能以保函对抗善意的第三方，因此承运人要赔偿收货人的损失；然后，承运人根据保函向托运人追偿赔款。

第二，如果保函具有欺骗性质，则保函在承运人与托运人之间也属无效，承运人将独自承担责任，不能向托运人追偿赔款。

第三，承运人接受了具有欺骗性质的保函后，不但要承担赔偿责任，而且会丧失责任限制的权利。

第四，虽然承运人通常会向"保赔协会"(Protection and Indemnity Club)投保货物运输责任险，但如果货损早在承运人接受货物以前就已发生，则"保赔协会"是不负责任的，责任只能由承运人自负。

第五，如果承运人是在善意的情况下接受了保函，该保函也仅对托运人有效。但是，托运人经常会抗辩：货物的损坏并不是包装表面缺陷所致，而是承运人在运输过程中没有履行其应当适当、谨慎地保管和照料货物的义务所致。因此，承运人要向托运人追偿也是很困难的。

当然，实践中承运人接受保函的情况还是时有发生的，这主要是因为当事人根据商业信誉，会履行自己的保证所致。

(3)按提单是否记载收货人，可分为记名提单、不记名提单和指示提单。

①记名提单(Straight B/L)，是指在提单"收货人"一栏内具体填上特定的收货人名称的提单，记名提单只能由提单上所指定的收货人提取货物。记名提单不得转让。

记名提单可以避免因转让而带来的风险，但也失去了其代表货物可转让流通的便利。银行一般不愿意接受记名提单作为议付的单证。

②不记名提单(Open B/L；Blank B/L；Bearer B/L)，是指在提单"收货人"一栏内记名应向提单持有人交付货物(to the Bearer；to the Holder)或在提单"收货人"一栏内不填写任何内容(空白)的提单。不记名提单无须背书，即可转让，也就是说，不记名提单由出让人将提单交付给受让人即可转让，谁持有提单，谁就有权提货。

③指示提单(Order B/L)，是指在提单"收货人"一栏内只填写"凭指示"(To Order)或"凭某人指示"(To the Order of…)字样的提单。指示提单，经过记名背书或空白背书转让。指示

提单除由出让人将提单交付给受让人外,还应背书,这样提单才得到了转让。

如果提单的收货人一栏只填写"To Order",则称为托运人指示提单。记载"To the Order of the Shipper"与记载"To Order"是一样的托运人指示提单。在托运人未指定收货人或受让人以前,货物仍属于托运人。如果提单的收货人一栏填写了"To the Order of ×××",则称为记名指示提单。这种情况下,由记名的指示人指定收货人或受让人。记名的指示人可以是银行,也可以是贸易商等。

(4)按不同的运输方式,可分为直达提单、转船提单和多式联运提单。

①直达提单(Direct B/L),是指由承运人签发的,货物从装货港装船后,中途不经过转船而直接运抵卸货港的提单。

②转船提单(Transshipment B/L;Through B/L),是指在装货港装货的船舶不直接驶往货物的目的港,而要在中途港换装其他船舶运抵目的港,由承运人为这种货物运输所签发的提单。

③多式联运提单(Combined Transport B/L; Intermodal Transport B/L; Multimodal Transport B/L),是指货物由海路、内河、铁路、公路和航空等两种以上不同运输工具共同完成全程运输时所签发的提单,这种提单主要用于集装箱运输。多式联运提单一般由承担海运区段运输的船公司签发。

(5)按提单签发人不同,可分为班轮公司所签提单和无船承运人所签提单。

①班轮公司所签提单(班轮提单)(Liner B/L),是指在班轮运输中,由班轮公司或其代理人所签发的提单。在集装箱班轮运输中,班轮公司通常为整箱货签发提单。

②无船承运人所签提单(NVOCC B/L),是指由无船承运人或其代理人所签发的提单。在集装箱班轮运输中,无船承运人通常为拼箱货签发提单,因为拼箱货是在集装箱货运站内装箱和拆箱,而货运站又大多有仓库,所以有人称其为仓/仓提单(House B/L)。当然,无船承运人也可以为整箱货签发提单。

2. 特殊情况

特殊情况提单是指在特殊情况下,可能是不符合法律规定或者对货运业务有一定影响时所使用的提单。这类提单也有多种情况。

(1)预借提单(Advanced B/L)。预借提单是指由于信用证规定的装运期或交单结汇期已到,而货物尚未装船或货物尚未装船完毕时,应托运人要求而由承运人或其代理人提前签发的已装船提单。即托运人为能及时结汇而从承运人处借用的已装船提单。

当托运人未能及时备妥货物,或者船期延误使船舶不能如期到港,托运人估计货物装船完毕的时间可能要超过信用证规定的装运期甚至结汇期时,就可能采取从承运人那里借出提单用以结汇的办法。但是,承运人签发预借提单要冒极大的风险,因为这种做法掩盖了提单签发时的真实情况。许多国家的法律规定和判例表明,一旦货物引起损坏,承运人不但要负责赔偿,而且要丧失享受责任限制和援用免责条款的权利。

(2)倒签提单(Anti-date B/L)。倒签提单是指在货物装船完毕后,应托运人的要求,由承运人或其代理人签发的提单,但是该提单上记载的签发日期早于货物实际装船完毕的日期。即托运人从承运人处得到的以早于货物实际装船完毕的日期作为提单签发日期的提单。由于倒填日期签发提单,所以称为倒签提单。

由于货物实际装船完毕的日期迟于信用证规定的装运日期,若仍按实际装船日期签发提单,会影响结汇。为了使签发提单的日期与信用证规定的装运日期相吻合,以便结汇,托运人就可能要求承运人仍按信用证规定的装运日期"倒填日期"签发提单。承运人倒签提单的做法同样掩盖了真实的情况,因此也要承担由此产生的风险责任。

【同步案例3-2】　　　　倒签提单的违法行为

我国某出口公司先后与伦敦B公司和瑞士S公司签订两个出售农产品合同,共计3 500长吨,价值8.275万英镑。装运期为当年12月至次年1月。但由于原定的装货船舶出故障,只能改装另一艘外轮,致使货物到2月11日才装船完毕。在我方公司的请求下,外轮代理公司将提单的日期改为1月31日,货物到达鹿特丹后,买方对装货日期提出异议,要求我公司提供1月份装船证明。我公司坚持提单是正常的,无须提供证明。结果买方聘请律师上货船查阅船长的船行日志,证明提单日期是伪造的,立即凭律师拍摄的证据向当地法院起诉我方公司并由法院发出通知扣留该船,经过4个月的协商,最后我方公司赔款2.09万英镑,买方方肯撤回上诉而结案。

(3) 顺签提单(Post-date B/L)。顺签提单是指在货物装船完毕后,承运人或其代理人应托运人的要求而签发的提单,但是该提单上记载的签发日期晚于货物实际装船完毕的日期。即托运人从承运人处得到的以晚于该票货物实际装船完毕的日期作为提单签发日期的提单。由于顺填日期签发提单,所以称为顺签提单。

由于货物实际装船完毕的日期早于有关合同中装运期限的规定,如果按货物实际装船日期签发提单将影响合同的履行,所以托运人就可能要求承运人按有关合同装运期限的规定"顺填日期"签发提单。承运人顺签提单的做法也掩盖了真实的情况,因此也要承担由此而产生的风险责任。

【视野拓展3-9】　　　　其他特殊种类提单

1. 舱面货提单(On Deck B/L)

舱面货提单也称甲板货提单,是指将货物积载于船舶露天甲板,并在提单上记载"On Deck"字样的提单。积载在船舱内的货物(舱内货,Under Deck Cargo)比积载于舱面的货物所可能遇到的风险要小,所以承运人不得随意将货物积载于舱面运输。但是,按商业习惯允许装于舱面的货物、法律规定应装于舱面的货物、承运人与托运人协商同意装于舱面的货物,可以装于舱面运输。另外,由于集装箱运输的特殊性,通常有1/3以上的货物要装于甲板,所以无论集装箱是否装于舱面,提单上一般不记载"On Deck"或"Under Deck",商业上的这种做法已为有关各方当事人所接受。

2. 并提单(Omnibus B/L)

并提单是指应托运人要求,承运人将同一船舶装运的相同港口、相同货主的两票或两票以上货物合并而签发的一套提单。托运人为节省运费,会要求承运人将属于最低运费提单的货物与其他提单的货物合在一起只签发一套提单,即将不同装货单号下的货物合起来签发相同提单号的一套提单。

3. 分提单(Separate B/L)

分提单是指应托运人要求,承运人将属于同一装货单号下的货物分开,并分别签发的提单(多套提单)。托运人为满足商业上的需要,会要求承运人为同一票多件货物分别签发提单,如有三件货物时,分别为每一件货物签发提单,这样就会签发三套提单,即将相同装货单号下的货物分开签发不同提单号的提单。

4. 交换提单(Switch B/L)

交换提单是指在直达运输的条件下,应托运人要求,承运人同意在约定的中途港凭起运港签发的提单换发以该中途港为起运港的提单,并记载"在中途港收回本提单,另换发以中途港为起运港的提单"或"Switch B/L"字样的提单。由于商业上的原因,为满足有关装货港的要求,托运人会要求承运人签发这种提单。签发交换提单的货物在中途港不换装其他船舶,而是由承运人收回原来签发的提单,再另签一套以该中途港为起运港的提单,承运人凭后者交付货物。

5. 交接提单(Memo B/L)

交接提单是指由于货物转船或联运或其他原因,在不同承运人之间签发的不可转让、不是"物权凭证"的单证。交接提单只具有货物收据和备忘录的作用。有时由于一票货物运输会由不同的承运人来运输或承运,为了便于管理,更是为了明确不同承运人之间的责任,就需要制作交接提单。

6. 过期提单(Stale B/L)

过期提单是指由于出口商在取得提单后未能及时到银行议付的提单。因不及时而过期,形成过期提单,也称滞期提单。信用证支付方式根据《跟单信用证统一惯例》第43条的规定,如信用证没有规定交单的特定期限,则要求出口商在货物装船日起21天内到银行交单议付,也不得晚于信用证的有效期限。超过这一期限,银行将不予接受。过期提单是商业习惯的一种提单,但它在运输合同下并不是无效提单,提单持有人仍可凭其要求承运人交付货物。

【同步思考3-3】 联运提单、多式联运提单之间的对比

	联运提单	多式联运提单
英文名称	Through B/L	CTB/L、MTB/L、ITB/L
运输方式	海—海、海—其他方式、其他方式—海	两种以上不同方式
责任期间	船到船	交货到交货
提单类型	已装船提单	收货待运提单
签发人	海上承运人	多式联运经营人
签发时间	装船后	收货后
签发地点	装港或承运人所在地	收货人或经营人所在地
银行对单证的处理	《UCP 600》23	《UCP 600》26
责任界限	承运人仅对自己完成的区段承担责任	经营人对全程运输承担责任

(四)海运提单正面和背面的印刷条款

1. 海运提单正面的印刷条款

在提单的正面通常会有以下印刷条款:

(1)确认条款。该条款是承运人表示在货物或集装箱外表状况良好的条件下接受货物或集装箱,并同意承担按照提单所列条款,将货物或集装箱从装货港或起运地运往卸货港或交货地,把货物交付给收货人的责任的条款。

(2)不知条款。该条款是承运人表示没有适当的方法对所接受的货物或集装箱进行检查,所有货物的重量、尺码、标志、品质等都由托运人提供,并不承担责任的条款。

(3)承诺条款。该条款是承运人表示承认提单是运输合同成立的证明,承诺按照提单条款的规定承担义务和享受权利,同时也要求货主承诺接受提单条款制约的条款。由于提单条款是承运人单方面拟定的,表明货主接受提单也就接受了提单条款的制约,所以该条款也称代拟条款。

(4)签署条款。该条款是承运人表明签发提单(正本)的份数,各份提单具有相同效力,其中一份完成提货后其余各份自行失效和提取货物必须交出经背书的一份提单以换取货物或提货单的条款。

2. 海运提单背面的印刷条款

海运提单的背面印有各种条款,一般可以分为两类:一类是强制性条款,另一类是任意性条款。

强制性条款的内容不能违反有关国际公约、国内法律或港口的规定,违反或不符合这些规定的条款无效。我国《海商法》第44条规定:"海上货物运输合同和作为合同凭证的提单或者其他运输单证中的条款,违反本章规定的,无效。"《海牙规则》第3条第8款规定:"运输合同中的任何条款、约定或协议,凡是解除承运人或船舶由于疏忽、过失或未履行本条规定的责任与义务,因而引起货物或与货物有关的灭失或损害,或以本规定以外的方式减轻这种责任的,都应作废并无效。"但是,《海牙规则》《海牙—维斯比规则》以及我国《海商法》等国际公约和各国有关提单的法规都没有对承运人扩大责任或放弃某些免责的条款加以限制。

任意性条款是国际公约、国内法律或港口规定中没有明确规定,允许承运人自行拟定的条款。这些条款也是表明承运人与托运人、收货人或提单持有人之间承运货物的权利、义务、责任与免责的条款,是解决争议的依据。但是,这些条款未必都有效。

此外,提单上还会有承运人以另条印刷、刻字印章或打字、手写的形式加列的适用于某些特定港口或特种货物运输的条款,或托运人要求加列的条款。具体如下:

(1)首要条款和提单适用法。首要条款是用以明确提单所适用法律的条款。

(2)定义条款。定义条款是对与提单有关术语的含义和范围作出明确规定的条款。

(3)承运人责任条款。承运人责任条款是用以明确承运人承运货物过程中应承担的责任的条款。由于提单的首要条款都规定提单所适用的法律,而有关提单的国际公约或各国的法律规定了承运人的责任,所以凡是列有首要条款或类似首要条款的提单都可不再以明示条款将承运人的责任列于提单条款之中。

(4)承运人责任期间条款。承运人责任期间条款是用以明确承运人对货物运输承担责任的开始和终止时间的条款。我国《海商法》第46条规定:"承运人对集装箱装运的货物的责任期间,是指从装货港接收货物时起至卸货港交付货物时止,货物处于承运人掌管之下的全部期间。承运人对非集装箱装运的货物的责任期间,是指从货物装上船时起至卸下船时止,货物处于承运人掌管之下的全部期间。"另外,该条还规定了承运人可以就非集装箱装运的货物在装船前和卸船后所承担的责任达成任何协议。

(5)承运人赔偿责任限制条款。承运人赔偿责任限制条款是用以明确承运人对货物的灭失和损坏负有赔偿责任应支付赔偿金时,承运人对每件或每单位货物支付的最高赔偿金额的条款。

(6)特定货物条款。特定货物条款是用以明确承运人对运输一些特定货物时应承担的责任和享有的权利,或为减轻或免除某些责任而作出规定的条款。在运输一些特殊性质或对运输和保管有特殊要求的货物时,就会在提单中找到相应的条款,如舱面货、活动物、危险货物、冷藏货、木材、钢铁、重大件等特定货物。

此外,提单背面还列有许多其他条款:分立合同、赔偿与抗辩、免责事项;承运人的运价本;索赔通知与时效;承运人的集装箱;托运人的集装箱;货方的责任;运费与费用;承运人检查货物;留置权;通知与交付;货主装箱的整箱货;共同海损与救助;互有过失碰撞责任;管辖权等。

(五)海运提单缮制

1. 托运人(Shipper/Consignor)

托运人是指委托运输的人,在贸易中是合同的卖方。一般在填写海运提单"Shipper"栏目时,如信用证无特殊的规定,都填写卖方的名称。在某些情况下,信用证特别要求特定的其他人作为"托运人",并且受益人认为对他的利益不构成威胁,则此栏必须按照信用证的要求填写。

2. 收货人(Consignee)

在信用证支付方式下,此栏必须严格按照信用证的相关规定填写;在汇付或托收方式下,如果买方没有特殊要求,一般填写"To Order"(凭指示)或"To the Order of Shipper"(凭托运人指示)。

提单的抬头人有三种填写方法,不同的填写方法对出口人的利益和风险有很大影响。

(1)记名提单(Straight B/L)。它是指在"收货人"一栏里直接填写收货人名称和地址的提单。这种提单不能转让,只能由提单中指定的收货人提货。

(2)不记名提单(Bearer B/L)。它是指在"收货人"一栏里不填写任何具体的名称和地址,只注明"持有人"或"来人"(Bearer)或什么都不填。这种提单不需要办理任何法定手续就可以任意转让。

(3)指示提单(Order B/L)。它是指在"收货人"一栏里只填写"To Order"或"To the Order of sb."的字样。这里的"sb."一般是指开证行或托运人。例如,信用证或合同对提单要求如下:

①"Full Set of B/L Consigned to ABC Co."——记名收货人。
②"Full Set of B/L Made Out to Order"——To Order 凭指示,即"空白抬头"。
③"B/L Issued to Order of Applicant"——记名指示。
④"Full Set of B/L Made Out to Our Order"——记名指示。
⑤"Full Set of B/L Made Out to Order of Shipper"——To Order of Shipper 与 To Order 没有区别。

3. 被通知人(Notify Party, Notify, Addressed to)

该栏目填写船公司在货物到达目的港(地)后需要通知的人,该栏目填写的内容必须严格按照信用证的相关规定填写。

4. 前段运输(Pre-carriage by)

如果货物需转运,在这一栏目中填写第一程船的名称;如果货物不需转运,这一栏目空白。但驳船用"Lighter"字样填入此栏目。

5. 收货地点(Place of Receipt)

如果货物需转运,填写收货的港口名称或地点;如果货物不需转运,这一栏目空白。

6. 海运船只、航次(Ocean Vessel Voy. No.)

如果货物需转运,填写第二程船的船名;如果货物不需转运,填写第一程船的船名。

7. 装运港(Port of Loading)

填写装运港名称。如果货物需转运,填写装运港/中转港名称。如货物在广州装运,需在香港转船,则在此栏目填写"GUANGZHOU/HONGKONG"。

8. 卸货港(Port of Discharge)

填写卸货港(指目的港)名称。如货物需转运,装运港后面没有注明中转港,则可在目的港之后加注"WITH TRANSHIPMENT AT HONGKONG",简写为"W/T HONGKONG",如"SINGAPORE W/T HONGKONG"(目的港新加坡,在香港转船)。如货运目的港转运内陆某地,或利用邻国港口过境,须在目的港后加注"IN TRANSIT TO 某地"或"IN TRANSIT 某地",如 KUWAIT IN TRANSIT SAUDI ARABIA(目的港科威特,转运沙特阿拉伯)。

9. 交货地点(Place of Delivery)

填写最终目的地名称。如果货物的目的地就是目的港的话,该栏空白。

10. 集装箱号码(Container No.)

填写集装箱箱号。海运集装箱号码由箱主代码(四个字母组成,第四位为海运集装箱代号U)+顺序号(六位数)+核对数(一位数)组成,如"KHLU620686-7"。

11. 唛头和铅封号(Seal No. Marks & Nos.)

填写唛头和铅封号。铅封号一般由五位数组成,如"SEAL 08134"。

12. 商品描述及数量

(1)商品描述使用文字的一般规定如下:

①在没有特别说明时全部使用英文。

②来证要求使用中文填写时,应遵守来证规定,用中文填写。

(2)数量是指本海运提单项下的商品总包装件数。

①对于包装货物,本栏应填写包装数量和单位,例如"1 000 BALES""250 DRUMS"等。提单下面应填写大写数量,大小写数量应一致。

②如是散装货,如煤炭、原油等,此栏可填写"IN BULK",数量无须大写。

③如是裸装货物,应填写件数,如一台机器或一辆汽车,填写"1 UNIT",两架飞机应填写"TWO PLANES",100 头牛应填写"100 HEADS"等,并填写大写数量。

④如是集装箱运输,由托运人装箱的整箱货可只填写集装箱数量,如"2 CONTAINERS"等。只要海关已对集装箱封箱,承运人对箱内的内容和数量不负责任,提单内应加注"SHIPPER'S LOAD AND COUNT"(托运人装货并计数)。如需注明集装箱箱内小件数量时,数量前应加"SAID TO CONTAIN …"。

⑤如是托盘装运,此栏应填写托盘数量,同时用括号加注货物的包装件数,如"5 PALLETS(60 CARTONS)"。提单内还应加注"SHIPPERS LOAD AND COUNT"。

⑥如是两种或多种包装,如"5 CARTONS""10 BALES""12 CASES"等,件数栏内要逐项列明,同时下面应注合计数量,如上述包装数量可合计为"27 PACKAGES",在大写栏内应填写大写合计数量。如件数栏注 20 CARTONS,但同时提单内又注有"SHUT OUT 2 CARTONS"或"SHORT LOADED(SHIPPED)2 CTNS"等,表示少装 2 箱,发票和其他单据应注"18 CARTONS"。

13. 毛重(Gross Weight)

填写承运货物的总毛重,该数据是船公司计算运费的根据之一。

14. 尺码(Measurement)

填写承运货物的总尺码,该数据是船公司计算运费的根据之一。

15. 特殊条款

提单特殊条款主要根据合同或信用证的要求,填写一些一般情况下不必填写的内容。提单中出现特殊条款的内容主要有:①指定船名;②强调运费的支付;③不显示发票金额、单价、价格等条款,或强调显示信用证号码、合同号码等条款;④指定承运人的条款。

16. 运费缴付方式

此项主要填写两方面的内容:

(1)运费由哪一方支付。

①运费预付——FREIGHT PREPAID 或 FREIGHT PAID,运费由卖方支付。

②运费到付——FREIGHT COLLECT 或 FREIGHT PAYABLE AT DESTINATION,运费由买方支付。

(2)承运人的运输范围。

①"CY/CY":场到场,即承运人的服务范围是"从装运港的集装箱堆场到目的港的集装箱堆场"。这种批注适用于整箱货物(FCL)运输的情况。

②"CFS/CFS":站到站,即承运人的服务范围是"从装运港的集装箱货运站到目的港的集装箱货运站"。这种批注适用于拼箱货物(LCL)运输的情况。

③"D/D":门到门,即承运人的服务范围是"从发货人的指定地点到收货人的指定地点"。

17. 签发地点和时间(Place and Date of Issue)

海运提单签发地点为货物实际装运的港口或接受监管的地点,签发时间为货物实际装运的时间或已经接受船方/船代理等有关方面监管的时间。

18. 正本的签发份数(No. of Original B(s)/L)

如信用证要求出口方提供"全套海运提单"(Full set B/L;Complete set B/L),实务中一般提供三份或两份海运提单正本。

19. 有效的签章(Stamp & Signature)

海运提单必须经装载船舶的船长签字才能生效,在没有规定非船长签字不可的情况下,船方代理可以代办。按照这一规定,提单签字应根据签字人的不同情况批注不同内容,例如:

(1)承运人签字。如果承运人为COSCO,则提单签字处显示:

COSCO

(承运人签字)As Carrier 或 The Carrier。

(2)代理人签字。

①代表承运人签署提单。如果承运人为COSCO,代理人为ABC SHIPPING CO.,则提单签字处显示:

ABC SHIPPING CO.

(代理人签字)As Agent for the Carrier COSCO。

②代表船长签署提单。如果船长姓名为XYZ,代理人为ABC SHIPPING CO.,则提单签字处显示:

ABC SHIPPING CO.

(代理人签字)As Agent for the Master XYZ。

(3)船长签字。如果承运人为COSCO,则提单签字处显示:

COSCO(不注或注船名)

(船长签字)As Master 或 The Master。

20. 已装船批注

信用证要求提交"清洁已装船"提单时,如果提单上没有事先印就的"已装船"字样,制单时,应加注"SHIPPED ON BOARD"和实际装船日期。实务中常采用盖"SHIPPED ON BOARD"印章并加注实际装船日期的方式处理。

海运提单的样式如表3—7所示。

表3—7　　　　　　　　　　　　　　　海运提单

Shipper Insert Name, Address and Phone						B/L No. 2651
Consignee Insert Name, Address and Phone						中远集装箱运输有限公司 COSCO CONTAINER LINES
TO ORDER						TLX: 33057 COSCO CN FAX: +86(021) 6545 8984
Notify Party Insert Name, Address and Phone (It is agreed that no responsibility shall attach to the Carrier or his agents for failure to notify)						ORIGINAL Port-to-Port or Combined Transport BILL OF LADING
FAX						RECEIVED in external apparent good order and condition except as other-wise noted. The total number of packages or unites stuffed in the container, The description of the goods and the weights shown in this Bill of Lading are furnished by the Merchants, and which the carrier has no reasonable means Of checking and is not a part of this Bill of Lading contract. The carrier has Issued the number of Bills of Lading stated below, all of this tenor and date, One of the original Bills of Lading must be surrendered and endorsed or sig Ned against the delivery of the shipment and whereupon any other original Bills of Lading be void. The Merchants agree to be bound by the terms And conditions of this Bill of Lading as if each had personally signed this Bill of Lading. SEE clause 4 on the back of this Bill of Lading (Terms continued on the back Hereof, please read carefully). * Applicable Only When Document Used as a Combined Transport Bill of Lading.
Combined Transport* Pre-carriage By	Combined Transport* Place of Receipt					
Ocean Vessel Voy. No.	Port of Loading					
Port of Discharge	Combined Transport* Place of Delivery					
Marks & Nos. Container/Seal No.	No. of Containers or Packages	Description of Goods		Gross Weight(Kgs)		Measurement(M³)
Description of Contents for Shipper's Use Only (Not Part of This B/L Contract)						
Total Number of Containers and/or Packages (in words) Subject to Clause 7 Limitation						FIVE HUNDRED AND TWO CARTONS ONLY
Freight & Charges Declared Value Charge	Revenue Tons		Rate	Per	Prepaid	Collect
Ex. Rate:	Prepaid At		Payable At	Place and Date of Issue		
	Total Prepaid		No. of Original B(s)/L	Signed for the Carrier		
Laden on Board the Vessel Date	By					

三、海运单

(一)海运单的概念

海运单(Sea Waybill,SWB)是承运人向托运人或其代理人表明货物已被接管或装船的单据,是证明海上运输合同的单据,以及承运人保证将货物交给指定收货人的一种不可转让的单据。

(二)海运单的作用

海运单是发货人与承运人之间订立海上货物运输合同的证明，又是承运人接管货物或者货物已经装船的收据。但是，海运单不是一张转让流通的单据，不是货物的"物权凭证"。所以，海运单具有以下两个重要作用：它是承运人收到货物，或者货物已经装船后，签发给托运人的一份收据；它是承运人与托运人之间订立海上货物运输合同的证明。

【同步思考3-4】 海运单与提单的区别

1. 海运单不具有提单"物权凭证"的作用

最重要的不同之处在于提单是"物权凭证"，而运单则不是。对提单持有人而言，拥有提单在法律上就表明拥有提单上所记载的货物，通过转让提单可以达到转让货物的目的。海运单在法律上不具有可转让性，即法律没有赋予海运单"物权凭证"的法律效力。

海运单和提单的区别

提单具有"物权凭证"的性质，通过提单的转让，能够实现货物的买卖；而海运单却不具有"物权凭证"的性质。所以，海运单还无法替代提单。

2. 在作为运输合同证明方面的区别

海运单通常采用简单形式，其正面(或者背面)如果没有适当的条款或者没有并入有关国际组织(如国际海事委员会，CMI)或者民间团体为海运单制定的规则，则它只能作为托运人与承运人之间订立货物运输合同的证明，收货人是不能依据海运单上记载的条款向承运人提出索赔的，承运人也不能依据海运单上记载的条款进行抗辩。而提单在这方面却与海运单不同，当提单经过转让到了收货人手里时，收货人就享有提单赋予的权利，同时也要承担相应的责任。

3. 在作为货物收据证据效力方面的区别

提单运输涉及的贸易是单证贸易，为了保护合法受让提单的第三人，即通过购买提单来购买货物的第三人，就有必要强调提单作为货物收据所记载内容是最终证据。但是，海运单运输涉及的贸易不是单证贸易，海运单不涉及转让问题，海运单中记载的收货人也并不仅仅是依赖海运单对货物的描写(说明)来决定是否购买这批货物，所以，没有必要强调海运单作为货物收据所记载内容是最终证据。

(三)海运单的特点

(1)对发货人而言：①海运单不一定寄给收货人；②节省邮费；③免除了业务员对提单的检查，也免除了对其他配套的物权单证的检查；④发货人可向客户(收货人)提供更简易、更迅速的服务；⑤整个单据程序得到了改进，从而提高了市场的竞争力；⑥当货物尚未放行时，可视需要将海运单交货改为提单交货，海运单可由发货人改签提单发给新的收货人(例如，原市场丧失，另找到了新买主)，因为此时货物仍在船公司的控制之下。

(2)对承运人而言：海运单的交货条件不取决于海运单的呈递，也无须遵守单据手续，承运人只要将货物交给海运单上所列明的收货人或其授权的代理人，就视为已经做到了谨慎处理，相信已将货物交给了合适的有关部门。

(3)对收货人而言：①可免除因等海运提单而招致的延迟提货；②可免除为防止交错货物而向承运人出具银行担保，因为如果使用提单，收货人必须凭正本提单提货，正本提单晚到或丢失时,则不得不求助于银行提供保证金或担保函,同时还必须承担保费或偿付保证金利息;③免除业务员对延误的提单及转运中丢失的提单的检查;④不再产生滞期费、仓租费。

(4)在单证本身的风险方面:由于海运单的不可转让性,使它成为一种安全的凭证,能够减少欺诈,即使第三者得到丢失的运单,也不能提取货物,因此对收货人不存在风险。

(5)在单证的流转程序方面:由于采用海运单不必递交给收货人,因此有关单据如保险单和商业发票,可以在装完货后立即发送给有关当事人。

【视野拓展3-10】 海运单使用时应注意的问题

1. 签发海运单的要求

在使用海运单而不使用提单时,海运单仍是根据双方一致同意的条件(如运费预付或到付、待运或已装船等)来签发的。

2. 签发海运单的份数

通常只签发一份正本海运单。但是,如经托运人请求,也可签发两份或两份以上的正本海运单。如托运人要求更改收货人,承运人应要求托运人交回原来已经签发的海运单,然后再按托运人的要求签发更改了收货人的海运单。

3. 海运单流转程序

(1)承运人签发海运单给托运人。

(2)承运人在船舶抵达卸货港前向海运单上记名的收货人发出到货通知书。到货通知书表明这批货物的运输是根据海运单进行的。

(3)收货人在目的地出示有效身份证件证明其确系海运单上记载的收货人,并将其签署的到货通知书交给承运人的办事机构或当地代理人,同时出示海运单副本。

(4)承运人或其代理人签发提货单给收货人。

(5)一旦这批货物的运费和其他费用结清,同时办好海关等所有按规定应办理的手续,收货人就可以提货。

海运单在实践中也存在着一些问题,为此,国际海事委员会制定并通过了《海运单统一规则》。

海运单的不足主要体现在以下两方面:

第一,进口方作为收货人,但其不是运输合同的订约人,与承运人无合同关系,如果出口方发货收款后,向承运人书面提出变更收货人,则原收货人无诉讼权。

《海运单统一规则》第三条规定:"托运人订立运输合同,不仅代表自己,而且代表收货人,并且向承运人保证他有此权限。"同时,第六条规定:"托运人具有将支配权转让收货人的选择权,但应在承运人收取货物之前行使,这一选择权的行使应在海运单或类似的文件上注明。"这项规定既明确了收货人与承运人之间也具有法律合同关系,也终止了托运人在原收货人提货前变更收货人的权利。

第二,对出口托运人来说,海运据项下的货物往往是货到而单未到,进口方已先行提货,如果进口收货人借故拒付、拖付货款,出口方就会有货款两失的风险。为避免此类情况,可以考虑以银行作为收货人,使货权掌握在银行手中,直到进口方付清货款。

海运单作为海运提单的替代单据,得到了更加广泛的应用。了解海运单方面的知识,才能更好地适应国际贸易的不断发展。

任务六　海上货物运输合同

一、海上货物运输合同的概念和特征

(一)海上货物运输合同的概念

水路货物运输,主要是利用船舶进行货物运输的一种运输方式。水路货物运输包括江河货物运输和海上货物运输。我国《海商法》第41条规定:"海上货物运输合同,是指承运人收取运费,负责将托运人托运的货物经海路由一港运至另一港的合同。"

对于海上货物运输合同(Contract of Carriage by Sea),我们从以下几个方面来理解:

第一,海上货物运输合同的主体是承运人和托运人。承运人常称为船方,通常是船舶所有人,但也可能是船舶经营人或船舶承租人。船舶经营人和船舶承租人作为承运人时又称为二船东。托运人或承租人是合同的另一方当事人,常称为货方。

第二,海上货物运输合同的履行方式是海上运输,海上运输是使用船舶通过海上航道运送货物和旅客的一种运输方式。这种运输方式区别于航空运输、陆上运输等其他货物运输方式。

第三,海上货物运输的合同期间是由一港运至另一港,即港口到港口的海路运输。

第四,海上货物运输合同的标的是货物,包括活动物和由托运人提供的装运器具。

(二)海上货物运输合同的特征

1. 海上货物运输合同是双务有偿合同

海上货物运输合同中的当事人船方与货方具有同等的法律地位,享有权利同时需要履行一定的义务作为对价。双方当事人签订海上货物运输合同后,作为船方享有收取运费的权利,负有将货物安全运送到目的港的义务;作为货方享有请求承运人签发提单以及请求交付货物的权利,同时负有缴纳运费的义务。[①]

2. 海上货物运输合同是涉他合同

涉他合同是指为第三人设定权利或义务的合同,与其相对应的是为订约人自己订立的束己合同。海上货物运输往往与国际贸易相关,在国际贸易中,由买方还是卖方订舱或租船要根据买卖合同中的贸易术语而定。例如在 CIF 贸易术语下,由卖方租船或订舱,但是在目的港收货人却是买方。这种情况为第三人订立的合同很明显属于涉他合同,由此可见,海上货物运输合同具有明显的涉他性质。

3. 海上货物运输合同一般是诺成合同

诺成合同是指仅以当事人意思表示一致为合同成立要件的合同,与诺成合同相对应的是实践合同。实践合同是指除当事人意思表示一致以外,尚需交付标的物才能成立的合同。海上货物运输合同一般为诺成合同,即一旦承运人与托运人就货物运输事宜达成意思一致,合同即告成立,双方自此即应享有合同权利并承担义务。特殊情况下,如具有预约性质的班轮运输协议,也符合实践合同的特点。

4. 海上货物运输合同的合同自由原则受限制

合同自由原则在海上货物运输合同中的适用受到了很大的限制。合同自由原则是合同法中的重要原则,即允许合同当事人就双方的权利、义务在合同中自由地作出约定。虽然海上货

[①] 在预付运费的情况下,由托运人支付运费;在到付运费的情况下,由收货人支付运费。

物运输合同也适用该原则,但是该原则在适用中受到一定的限制。例如在航次租船中,法律对出租人不得进行不合理绕航以及谨慎处理使船舶适航等强制性的规定,不允许在合同中以任何条款降低或减轻此种义务和责任。在国际货物多式联运合同中,合同自由原则受到的限制更大,我国《海商法》中关于多式联运合同的特别规定基本上都属于强制性规定。

二、海上货物运输合同的分类

(一)沿海货物运输合同与国际海上货物运输合同

沿海货物运输是指一国之内两个港口之间的货物运输,以及在江河、湖泊等内陆水域中从事的营业性水上货物运输。大多数国家不准外国籍船舶从事该国的沿海运输。我国《海商法》第4条规定:"中华人民共和国港口之间的海上运输和拖航,由悬挂中华人民共和国国旗的船舶经营。"该运输方式下达成的合同称为沿海货运输合同。

国际海上货物运输是指不同国家港口之间的货物运输。在现阶段,我国内地至香港、澳门、台湾地区的海上货物运输,虽然属于国内海上货物运输,但比照国际海上货物运输处理。该运输方式下达成的合同称为国际海上货物运输合同。

区别沿海货物运输和国际海上货物运输具有重要的法律意义(见表3—8)。

表3—8　　　　　　　区别沿海货物运输与国际海上货物运输的法律意义

名　称	沿海货物运输	国际海上货物运输
使用的单证	我国的国内沿海货物运输目前实行运单制,运单随船而行,不可转让,不能作为跟单信用证的单证	国际海上货物运输一般使用提单,可以转让和作为跟单信用证的重要单证
承运人的责任制度	承运人的完全过失责任制	承运人实行不完全过失责任制
适用的法律	沿海货物运输合同由《中华人民共和国合同法》以及交通部发布的《国内水路货物运输规则》调整	国际海上货物运输受我国《海商法》约束,除有特别说明者外

(二)班轮运输合同与航次租船合同

承运人接收众多中小托运人的委托,将属于不同托运人的货物装载在同一船舶上,由一港口运至另一港口的运输为件杂货运输。当前,件杂货运输普遍采用班轮运输的形式。班轮运输是指承运人在一固定的航线上,按照固定的挂靠港口顺序和固定的船期进行的一种货物运输方式。该运输方式下达成的合同称为班轮运输合同。

航次租船合同是指船舶出租人向承租人提供船舶或者船舶的部分舱位,装运约定的货物,从一港口运至另一港口,由承租人支付约定运费的合同。[①]

(三)海上货物运输总合同与多式联运合同

海上货物运输总合同又称包运合同,是指承运人和托运人约定,由承运人负责将一定数量的货物在一定期间内分批通过海路由一港口运至另一港口的合同。这种合同适用于有较大数量的大宗散货的运输,如矿石、粮食等。

多式联运合同是指多式联运经营人以两种以上的不同运输方式,其中一种是海上运输方式,负责将货物从接收地运至目的地交付收货人,并收取全程运费的合同。[②]

---

① 参见《海商法》第92条。
② 参见《海商法》第102条。

(四)集装箱运输合同与散货运输合同

集装箱运输合同是指装载在集装箱这种新型的包装运输工具中的货物的运输合同。

散货运输合同是指货物在装运以前没有进行包装,而是直接装载在船上的通舱或货舱隔成的小舱中的运输合同。

三、海上货物运输合同的订立与解除

(一)海上货物运输合同的订立

海上货物运输合同的订立是指合同当事人对合同标的、合同内容的意思表示一致。与其他合同一样,其订立过程一般要经过要约和承诺两个阶段。但是,具体方式与一般合同的订立有所不同。

在班轮运输的情况下,合同的订立采取的是订舱托运的方式。一般是由班轮公司发布航线、船期,货主或代理人订舱,填写订舱单或者电子数据,这种做法称为要约。承运人通过书面或口头的方式接受,此谓之承诺。在集装箱运输合同中,如果承运人同意承运,就在场站收据的装货单上签字盖章。在航次租船合同中,既可以由出租人和承租人通过谈判直接订立,也可以通过船舶经纪人签订。实践中,船舶出租人和承租人通常通过船舶经纪人达成,并且租船合同通常以一些标准合同为范本,对其加以修改、补充之后而订立。

海上货物运输合同依法成立的,成立时生效。需要注意的是,如果海上货物运输合同和作为合同凭证的提单或者其他运输单证中的条款,违反《海商法》关于海上货物运输合同的相关规定的,则该条款无效。但是,不影响该合同和提单或者其他运输单证中其他条款的效力。[①]

(二)海上货物运输合同的解除

海上货物运输合同的解除,是指在海上货物运输合同有效成立之后,因一方或双方当事人的意思表示,使合同关系归于消灭的行为。海上货物运输合同的解除分不同的情况,并且具有不同的法律后果。

1. 合同的任意解除

任意解除是指海上货运合同当事人一方,基于某种原因在合同仍可履行的情况下,主动提出解除合同。合同任意解除是一种违约行为,应承担违约责任。主要有船舶开航前的任意解除和船舶开航后的任意解除两种情形。船舶开航前,托运人要求解除合同的,应向承运人支付约定运费的一半及装货、卸货和与此有关的费用。合同另有约定的除外。船舶开航后解除合同,在实际中发生的情况比较少,因为一般情况下需要支付全部运费及其相关费用。

2. 合同因当事人一方违约而解除

如果合同一方当事人不履行合同规定的义务,另一方当事人可以解除合同。这分为依照合同约定而解除和依照法律规定而解除两种情形。约定解除是指当事人在合同中约定了行使合同解除条件的,当约定的条件成就之时,有权解除合同的人可以通过行使解约权的形式而解除。[②] 法定解除是指当事人基于法律的直接规定而解除合同的行为,如合同一方当事人"根本违约"。

3. 合同因非双方当事人所应负责的原因而解除

(1)船舶开航前的解除。在开航前由于不可抗力而解除,双方均可解除合同,并互相不负

---

① 参见《海商法》第44条。
② 参见《合同法》第93条。

赔偿责任。运费已支付的,承运人应将运费退还给托运人;货物已装船的,托运人应负担装卸费用;已签发提单的,托运人应将提单退回给承运人。[①]

(2)船舶开航后的解除。在开航后,由于不可抗力或其他不能归责于承运人和托运人的原因使船舶不能在约定卸货港卸货的,除合同另有约定外,船长可在邻近的安全港口卸货,视为合同已履行。船长决定将货物卸载的,应当及时通知托运人或者收货人,并要考虑托运人或者收货人的利益。[②]

合同因非双方当事人所应负责的原因而解除的,无论是在船舶开航前还是在船舶开航后,首先提出解除合同的一方应当为防止损失的进一步扩大而采取积极措施。

任务七 内贸货物跨境运输

一、内贸货物跨境运输的概念

内贸货物跨境运输是指国内贸易货物由我国关境内一口岸启运,通过境外运至我国关境内另一口岸的运输。东北地区是我国重要能源、原材料、商品粮的生产和储备基地,由于运力有限,物资难以及时运出,制约东北地区经济发展,我国其他地区难以有效利用这些重要资源。海关总署落实国家振兴东北战略部署,积极响应地方政府和企业诉求,给予内贸货物跨境运输政策支持,允许黑龙江和吉林的内贸货物分别借道俄罗斯和朝鲜特定港口运至我国东南沿海,解决"北货南运"问题。同时,增设代码为 9600 的"内贸货物跨境运输"监管方式。

二、批准的口岸、商品范围及承运要求

内贸货物跨境运输业务的进出境口岸、中转口岸、运输方式等需由海关总署批准。

(一)批准的口岸

批准的口岸如表 3—9 所示。

表 3—9　　　　　　　　　　　　　批准的口岸

出境口岸	中转口岸	进境口岸
黑龙江绥芬河口岸、东宁口岸、牡丹江口岸	俄罗斯的海参崴港、东方港、纳霍德卡港、斯拉夫扬卡港和中国香港港口	上海港、宁波港、黄埔港、泉州港、汕头港、洋浦港、天津港、大连港、南沙港、盐田港、蛇口港、福州港、湛江港、厦门港、太仓港、大铲湾港
吉林珲春圈河口岸、珲春口岸	朝鲜的元汀里—罗津港;俄罗斯的扎鲁比诺港	上海港、宁波港、黄埔港、泉州港、汕头港、洋浦港、舟山港

(二)商品范围

商品范围包括粮食、煤炭、木材、石化和铜,如图 3—19 所示。

(三)承运要求

优先使用中国籍国际航行船舶承运,在无中国籍国际航行船舶满足运输需求的情况下,经交通运输部备案后,允许使用外国籍国际航行船舶承运。

---

① 参见《海商法》第 90 条。
② 参见《海商法》第 91 条。

图 3—19

三、企业备案

黑龙江和吉林的经营企业需向所在地直属海关提交表 3—10 所示材料办理内贸货物跨境运输备案手续。

表 3—10

1	省级人民政府出具的认可文件
2	内贸货物跨境运输业务申请表
3	中华人民共和国海关进出口货物收发货人报关注册登记证书
4	符合海关规定的银行总担保等
5	海关需要的其他材料

四、进出境流程

(一)经营企业或其代理人

货物出境前,填制《海关内贸货物跨境运输出境备案清单》和《海关内贸货物跨境运输联系单》,并向出境地海关申报。

(二)出境地海关

流程包括:①审核《出境备案清单》《联系单》的电子数据和纸质单证;②验核集装箱号无误后,施加关锁;③在《联系单》电子数据中录入关锁号;④办理《出境备案清单》电子放行手续,在货物提(运)单上加盖海关放行章;⑤核注《联系单》电子数据,并发送至进境地海关。

(三)运输工具负责人或其代理人

运输工具抵达进境口岸时,向进境地海关申报跨境运输舱单,并发送舱单电子数据。

(四)经营企业或其代理人

货物进境后,填制《海关内贸货物跨境运输进境备案清单》,并向进境地海关申报。

(五)进境地海关

流程包括:①调阅并审核《联系单》和《出境备案清单》电子数据;②验核集装箱号、关锁号;③办理《进境备案清单》电子放行手续,核销进境舱单;④在提(运)单上加盖海关放行章;⑤核销《联系单》电子数据,并向出境地海关发送电子回执。

基础训练

一、单项选择题

1. 在定程租船方式下,在装卸费的收取办法中 FO 的含义是（　　）。
   A. 船方不负担装卸费
   B. 船方负担装卸费
   C. 船方只负担装货费,不负担卸货费
   D. 船方只负担卸货费,不负担装货费

2. 按提单收货人抬头分类,在国际贸易中被广泛使用的提单是（　　）。
   A. 记名提单　　　B. 不记名提单　　　C. 指示提单　　　D. 班轮提单

3. 在规定装卸时间的办法中,使用最普遍的是（　　）。
   A. 日或连续日
   B. 累计 24 小时晴天工作日
   C. 连续 24 小时晴天工作日
   D. 24 小时晴天工作日

4. 在国际买卖合同中,使用较普遍的装运期规定办法是（　　）。
   A. 明确规定具体的装运时间
   B. 规定收到信用证后若干天装运
   C. 收到信汇、电汇或票汇后若干天装运
   D. 笼统规定近期装运

5. 租船运输中的速遣费与滞期费的大小关系是（　　）。
   A. 速遣费＝1/2 滞期费
   B. 速遣费＝2 倍滞期费
   C. 速遣费＝滞期费
   D. 没有关系

二、多项选择题

1. 定期租船下,租船人应负担（　　）。
   A. 船员工资　　B. 港口费　　C. 装卸费　　D. 船员伙食

2. 联运提单适用于（　　）。
   A. 海运＋陆运　　B. 陆运＋空运　　C. 空运＋邮购　　D. 海运＋航空

3. 如果海运提单上的抬头制作成（　　）,则需要由发货人做背书转让。
   A. To Order
   B. To Order of Shipper
   C. To Order of Consignee
   D. To Bearer

4. 海运提单的性质和作用有（　　）。
   A. 承运货物的收据　B. 货物投保的凭证　C. 货物所有权的凭证　D. 运输合同的声明

5. 海运提单根据收货人抬头不同可以分为（　　）。
   A. 记名提单　　B. 直达提单　　C. 不记名提单　　D. 指示提单

三、简述题

1. 简述班轮运输的特点。
2. 简述租船运输的几种方式及其各自特点。
3. 简述海上班轮进出口代理业务流程。
4. 简述提单的概念和性质。
5. 简述海运单的优缺点。

四、计算题

1. 某公司出口洗衣粉到西非某港口城市,共 100 箱。该商品的内包装为塑料袋,每袋重 1 磅,外包装为纸箱,每箱 100 袋,纸箱的尺寸为长 47 厘米、宽 39 厘米、高 26 厘米。经查该商品为 5 级货,按"M"标准计算,去西非航线的 5 级货每运费吨的基本运费为 367 港元,另加转船费 15%、燃料费 33%、港口拥挤费 5%。问该货物的运费是多少?(计算结果保留两位小数)

2. 外轮在天津新港每一晴天工作日装卸袋装花生米的标准为 1 000M/T。现有一艘登记吨为 20 000 的轮船,按晴天工作(节假日除外)的标准装运袋装花生米 7 200M/T 出口,具体装运情况如下:

日　期	工作时间	实际工作时间
8 月 18 日	14:00~24:00	10 小时
8 月 19 日	00:00~24:00	24 小时
8 月 20 日	00:00~24:00(下雨 10 小时)	14 小时

试计算速遣费或滞期费(速遣费为一天 2 000 美元,滞期费为一天 4 000 美元)。

3. 我国出口到某国商品 100 箱,每箱毛重 40 千克,体积为 40 厘米×30 厘米×20 厘米,其运费计算标准为 W10 级,基本费率为 80 美元,另收燃油附加费 15%。计算该批运费。

4. 某商品每箱毛重 30 千克,体积 0.05 立方米,共出口 40 箱。原报价每箱 30 美元 FOB 上海。现客户要求改报 CFR××港。经查,该商品计费标准为 W/M,每运费吨费率为 200 美元,港口附加费 10%。我方现应如何报价?

5. 上海出口到巴西衬衣 100 立方米,需经香港转船后运往目的港。假定该货物运费等级为 10 级,M,第一程每运费吨费率为 25 美元,第二程每运费吨费率为 140 美元,中转费每运费吨费率为 75 港元(1 美元=7.8 港元),燃油附加费 10%。计算该批运费。

五、技能案例

【案例背景 1】

我国某出口企业同某国 A 商达成交易一笔,我方负责班轮运输。我方按期将货物装出,由 B 公司承运并出具转运提单。货物经日本改装其他轮船公司船舶运往目的港。货到目的港后,A 公司已宣告破产倒闭。当地 C 公司竟伪造提单向第二程船公司在当地的代理人提走了货物。我方因收货人 A 公司倒闭,货款无着落,在获悉货物被冒领后与 B 轮船公司交涉,凭其签发的正式提单要求交出承运货物。B 公司借口依照提单第 13 条规定:"承运人只对第一程运输负责,对第二程不负运输责任",拒不赔偿。

【技能思考】

根据班轮运输的相关规定,结合提单的内容做出分析。对此案,你认为 B 公司是否应当承担责任,并简述理由。

【案例背景 2】

假如一船舶某航次的租船合同及装卸事实如下:

(1)租船合同的有关内容。

装货率和卸货率分别为 500 吨/天和 1 500 吨/天,星期天和节假日均不予以计算;无论船舶在装货港或卸货港靠泊与否,只要报告船舶已做好装卸准备并已通过检疫,则装卸时间从此后的 08:00 起算;船方应在习惯的办公时间内提交报告;如果在星期天、节假日或装卸时间起算之前,承运人安排装货,或者收货人安排卸货,船长应允许装卸作业,作业时间的一半计入装卸时间,但是星期六中午至星期一 08:00,或节假日前一天的中午至该节假日的后一天 08:00 这段时间,无论使用与否,均不计入装卸时间;如有滞期,按每天 1 200 美元支付滞期费,不足一天按比例计算;对于在装卸港节省的时间,按滞期费的一半支付速遣费。

(2)装卸事实的有关内容。

装货情况:8 月 28 日,星期五,10:30,在装货港接受装货准备就绪通知书;13:30,开始装货,装货作业持续 6 小时;此后从 8 月 29 日开始无间断地持续装货,到 9 月 22 日 19:15 装货结束,共计装货 7 650 吨。

卸货情况:11 月 5 日,星期四,15:20,在卸货港接受卸货准备就绪通知书;16:00 开始卸货,无间断地持续到 11 月 7 日 14:00 卸货结束为止。

【技能思考】

在上述装卸货时间内,除了星期六中午至星期一 08:00 这段时间外,再没有任何节假日或非工作日。试分别按装卸时间分开、装卸时间共用、装卸时间互换、装卸时间均分计算滞期费/速遣费。

综合实训

【实训项目 1】

出口货物委托书、装货单。

【实训情境】

1. 信用证条款

L/C No.:CDR22/99 DATED SEPT. 4, 2020 ISSUED BY BANK OF INDIA.
　　　BENEFICIARY:CHINA NATIONAL MINSHAN CORP.
　　　　　　No. 11 JIANGLIN ROAD, CHENGDU, CHINA

A FULL SET CLEAN SHIPPED ON BOARD OCEAN BILL OF LADING DATED NOT LATER THAN OCT. 15TH 2020. MADE OUT TO ORDER OF BANK OF INDIA, LOUBORUCH, STERSHIRE DENIL ZBK, UK, NOTIFYING W/N SHIPPING SERVICES, 94 BEAUNOUND ROAD. BILLS OF LADING IN THE SHORT FORM ARE NOT ACCEPTABLE.

　　EVIDENCING FROM CHINA MAIN PORTS TO LONDON FOR THE UNDERMENTIONED GOODS.

　10 CARTONS OF SLICED WATER CHESTNUTS AT USD12.00 PER CARTON UNDER CONTRACT NO. SF5976 CIF LONDON

SHIPMENT DATE:10TH, OCT 2020　　EXPIRY DATE:30TH OCT 2020

2. 其他有关资料

INVOICE No.: G—68　　　　　　　B/L No.: 4531
GROSS WEIGHT:1,800.00KGS　　MEASUREMENT:24.522M^3

OCEAN VESSEL: KANGKE V.36　　INSURANCE POLICY No.: 862836
PORT OF LOADING: SHANGHAI　　MARKS: LONDON/No.1—10
代运编号: TBB230　　　　　　　托运单编号: PBT3211
代理人/承运人: CHINA NATIONAL FOREIGN TRADE TRANSPORTATION CORP.
　　　　　　　SICHUAN BRANCH
地址: No.56 SHUANGLAN ROAD, CHENGDU, CHINA　　电话: 028—86732761

【实训任务】
根据实训情境中的信用证条款,缮制海运出口货物委托书和装箱单。

海运出口货物委托书

委托编号(Entrusting Serial)	提单号(B/L No.)	合同号(Contract No.)	委托日期(Entrusting Date)

发货人名称地址(Shipper's Full Name and Address)

收货人名称地址(Consignee's Full Name and Address)

通知方名称地址(Notify Party's Full Name and Address)

装货港(Port of Loading)	目的港(Port of Destination)	船名(Vessel)	航次(Voy.)

唛头标记 (Marks & No.)	包装件数及种类 (No. & Kind of Packages)	货物说明 (Description of Goods)	重量 (Weight in Kgs)	体积 (Measurement in CBM)

装船日期(Loading Date)	可否转船(Transhipment)	可否分批(Partial Shipment)

结汇 L/C Expiry Date	提单份数	正本 Original	副本 Copy

运费及支付地点(Freight Payable at)

备注(Remarks):

委托人签字(Entrusting Party Signature): 地址(Address): 电话(Telephone):	代理人签字(Agent Signature): 地址(Address): 电话(Telephone):

装 箱 单

Shipper(发货人)	委托号： Forwarding agents： Bill of Lading No.
Consignee(收货人)	**装 货 单** **Shipping Order** Received by the Carrier the Total number of containers or other Packages or units stated below to be transported subject to the terms and conditions of the Carrier's regular form of Bill of Lading (for Combined Transport or Port to Port Shipment) which shall be deemed to be incorporated herein
Notify Party(通知人)	
Pre-carriage by(前程运输)　Place of Receipt(收货地点)	

Ocean Vessel(船名)　Voy. No. (航次)　Port of Loading(装货港)　Date(日期)	(场站章)

Port of Discharge(卸货港)　Place of Delivery(交货地点)　Final Destination for the Merchant's Reference(目的地)

Container No. /Seal No. (集装箱号/封号)	Marks & No. (标记与号码)	No. of Containers/Packages (箱数与件数)
Kind of Packages Description of Goods (包装种类与货名)	Gross Weight(Kgs) (毛重)	Measurement(M^3) (尺码)

Total Number of Containers or Packages (in words)
集装箱或件数合计(大写)

Container No. (集装箱号)	Seal No. (封号)	Packages (件数)	Container No. (集装箱号)	Seal No. (封号)	Packages (件数)

Received(实收)　　By Terminal Clerk/Tally Clerk(场站员/理货员签字)

Freight & Charges	Prepaid at (预付地点)	Freight Payable at (到付地点)	Place of Issue (签发地点)	Booking Approved by (订舱确认)
	Total Prepaid (预付总额)	No. of Original B/L (正本提单份数)	货值金额	

Service Type on Receiving □CY　□CFS　□DOOR	Service Type on Delivery □CY　□CFS　□DOOR	Reefer Temperature Required (冷藏温度)	°F　　°C

| Type of Goods
(货物种类) | □ Ordinary　□ Reefer　□ Dangerous　□ Auto | 危险品 | Class: Property |
| | □ Liquid　□ Live Animal　□ Bulk | | IMDG Code Page UN No. |

发货人或代理地址：	联系人：	电话：
可否转船　　可否分批　　装期	备注	装箱场站名称
有效期　　　　　　　　制单日期		

海运费由　　　支付
如预付运费托收承付,请填准银行账号

【实训项目2】
海运提单。
【实训情境】

LETTER OF CREDIT
KRUNG THAI BANK PUBLIC COMPANY LIMITED
BANGKOK

USER HEADER	SERVICE CODE 103;
	BANK. PRIORITY 113;
	MSG USER REF. 108;
	INFO. FROM CI 15;
SEQUENCE OF TOTAL	*27:1/1
FORM OF DOC. CREDIT	*40A:IRREVOCABLE
DOC. CREDIT NUMBER	*20:BL200197
DATE OF ISSUE	31C:200123
EXPIRY	*31D:DATE200422 PLACE CHINA
APPLICANT BANK	51D:KRUNG THAI BANK PCL.,SUANMALI IBC.
APPLICANT	*50:METCH THAI CHEMICAL COMPANY LIMITED 45—7 MAITRICHITR RD., BANGKOK,THAILAND.
BENEFICIARY	*59:SINOCHEM GUANGDONG IMPORT AND EXPORT CORPORATION 58,ZHAN QIAN ROAD,GUANGZHOU,CHINA.
AMOUNT	*32B:CURRENCY USD AMOUNT 16,264
AVAILABLE WITH/BY	*41D:ANY BANK BY NEGOTIATION
DRAFTS AT ...	42C:30 DAYS AFTER SIGHT
DRAWEE	42D:KRUNG THAI BANK PCL.,SUANMALI IBC,
PARTIAL SHIPMENTS	43P:PROHIBITED
TRANSHIPMENT	43T:ALLOWED
LOADING IN CHARGE	44A:GUANGZHOU, CHINA
FOR TRANSPORT TO...	44B:BANGKOK, THAILAND
LATEST DATE OF SHIP.	44C:200412
DESCRIPT. OF GOODS	45A:

    42.80 M/T LITHOPONE 30PCT ARROW BRAND USD380 PER MT
    DETAILS AS PER PRO FORMA INVOICE NO. 01TH44GD176A3—032
    DATED JAN. 22,2020
    CIFBANGKOK, THAILAND

DOCUMENTS REQUIRED   46 A:

    +SIGNED COMMERCIAL INVOICE IN 3 COPIES SHOWING SEPARATELY FOB VALUE, FREIGHT CHARGE, INSURANCE PREMIUM,
    CIF VALUE AND COUNTRY OF ORIGIN
    +FULL SET OF CLEAN ON BOARD OCEAN BILLS OF LADING TO ORDER OF KRUNG THAI BANK PUBLIC COMPANY LIMITED MARKED FREIGHT PREPAID NOTIFY APPLICANT

+MARINE INSURANCE POLICY OR CERTIFICATE IN DUPLICATE, ENDORSED IN BLANK, FOR FULL INVOICE VALUE PLUS 10 PERCENT STATING CLAIM PAYABLE IN THAILAND COVERING INSTITUTE CARGO CLAUSES (A) AND WAR RISKS.

+PACKING LIST IN 5 COPIES.

+ONE FULL SET OF NON-NEGOTIABLE SHIPPING DOCUMENTS MUST BE SENT TO THE APPLICANT BY AIR COURIER WIHTIN 3 DAYS AFTER SHIPMENT AND BENEFICIARY'S CERTIFICATE TO THAT EFFECT IS REQUIRED.

+BENEFICIARY'S CERTIFICATE CERTIFYING THAT ONE COPY EACH OF INVOICE, B/L HAVE BEEN FAXED TO BUYER TO FAX NO. 662—225 WITHIN 3 DAYS AFTER SHIPMENT.

+INSPECTION CERTIFICATE OF QUALITY ISSUED BY COMPETENT AUTHORITIES.

ADDITIONAL COND. 47A:

+ALL DOCUMENTS MENTIONING THIS L/C No.

+BOTH AMOUNT AND QUANTITY PLUS OR MINUS 5PCT ACCEPTABLE

+IF ANY DISCREPANCY, WE SHALL DEDUCT USD50 BEING OUR FEE FROM THE PROCEEDS.

+THE NAME, ADDRESS, TELEPHONE NUMBER OF SHIPPING AGENT IN BANGKOK MUST BE MENTIONED ON B/L.

DETAILS OF CHARGES 71 B: ALL BANK CHARGES OUTSIDE THAILAND INCLUDING COST OF WIRE AND REIMBURSEMENT CHARGES ARE FOR BENEFICIARY'S ACCOUNT.

CONFIRMATION　　　*49: WITHOUT

CONSTRUCTIONS　　78:

+UPON RECEIPT OF SHIPPING DOCUMENTS IN STRICT CONFORMITY WITH L/C TERMS, WE WILL COVER YOUR ACCOUNT AND LESS OUR COST OF WIRE IF ANY ACCORDING TO YOUR INSTRUCTION.

+DRAFT(S) AND DOCUMENTS TO BE SENT TO US BY COURIER SERVICE MAILING ADDRESS SUANMALI IBC, 20 YUKHON 2 RD, POMPRAB, BANGKOK 10100, THAILAND.

+THIS ADVICE IS OPERATIVE WITH NO CONFIRMATION TO FOLLOW AND SUBJECT TO ICC 1993 REVISION PUB 500.

有关资料:

发票号码: 01A30676—032A　　　发票日期: FEB. 06, 2020
提单号码: COSU298000081　　　提单日期: MAR. 01, 2020
船名: CHAO HE V. 036　　　运费: USD300.00/CONTAINER
保单号码: 01—78963　　　保险费: USD158.00
货物装箱情况: IN 25KGS PLASTIC WOVEN BAG, TOTAL 1 712BAGS
总净重: 42.80MT　　　总毛重: 42 971.2KGS　　　总尺码: 41.944M^3
唛头: P.T.C　　　商品名称: 箭牌立德粉30%

BANGKOK
集装箱：TTNU3112933（20'）　　　　　　封号：062472（20GP）FCL
TGHU2115222（20'）　　　　　　　　　　封号：062478（20GP）FCL
出口口岸：广州海关（5100）　　　　　　核销单号码：44MO58868
生产厂家：湖南湘潭华荣厂（66893214412）　计量单位：千克
报检单位登记号：8876544721

【实训任务】
根据实训情境中的信用证条款，缮制海运提单。

Shipper Insert Name, Address and Phone	B/L No.	
Consignee Insert Name, Address and Phone	中远集装箱运输有限公司 COSCO CONTAINER LINES	
Notify Party Insert Name, Address and Phone (It is agreed that no responsibility shall attach to the Carrier or his agents for failure to notify)	TLX: 33057 COSCO CN FAX: +86(021) 6545 8984 ORIGINAL Port-to-Port or Combined Transport **BILL OF LADING**	
Combined Transport* Pre-carriage by	Combined Transport* Place of Receipt	RECEIVED in external apparent good order and condition except as other-wise noted. The total number of packages or unites stuffed in the container. The description of the goods and the weights shown in this Bill of Lading are furnished by the Merchants, and which the carrier has no reasonable means of checking and is not a part of this Bill of Lading contract. The carrier has Issued the number of Bills of Lading stated below, all of this tenor and date, one of the original Bills of Lading must be surrendered and endorsed or sig Ned against the delivery of the shipment and whereupon any other original Bills of Lading shall be void. The Merchants agree to be bound by the terms and conditions of this Bill of Lading as if each had personally signed this Bill of Lading. SEE clause 4 on the back of this Bill of Lading (Terms continued on the back Hereof, please read carefully). * Applicable Only When Document Used as a Combined Transport Bill of Lading.
Ocean Vessel Voy. No.	Port of Loading	
Port of Discharge	Combined Transport* Place of Delivery	

Container / Seal No.	Marks & Nos.	No. of Containers or Packages	Description of Goods	Gross Weight (Kgs)	Measurement(M³)

Total Number of containers and/or packages (in words)

Freight & Charges	Revenue Tons	Rate	Per	Prepaid	Collect
Ex. Rate	Prepaid at	Payable at	Place and date of issue		
	Total Prepaid	No. of Original B(s)/L	Signed for the Carrier, COSCO CONTAINER LINES		

LADEN ON BOARD THE VESSEL
DATE　　　　　　　　BY

项目四

国际铁路货物运输

○ **知识目标**

理解：国际铁路货物运输基础知识。

熟知：对港澳地区的铁路货物运输。

掌握：国际铁路货物联运。

○ **技能目标**

能够在掌握国际铁路联运货代进出口业务流程的基础上，具备对国际铁路联运运费进行计算的能力。

○ **素质目标**

运用所学的理论与实务知识研究相关案例，培养和提高在特定业务情境下解决问题与决策设计的能力；能结合教学内容，依照职业道德与企业伦理的"行业规范与标准"，分析行为的善恶，强化职业道德素质。

○ **项目引例**

铁路货物运输索赔及依据

哈尔滨A公司购买B公司价值20万元的货物，合同约定由B公司代办货物托运。B公司遂向当地铁路西站办理了托运货物到C火车站的运输手续，货物保价15万元。B公司填写收货人时将A公司误写为AM公司。货物抵达C火车站后，该站依据与D物流公司的代理合同，将货车调配到D物流公司的专线卸车，并办理了交接手续。当日D公司向A公司发出领货通知。两日后A公司持领货凭证到C火车站办理领货手续，因运单上收货人与实际不符，未办成。第二日，A公司持领货凭证按C火车站要求出具证明办结领货手续，向D公司支付了专线、暂存、卸车等费用，提货时得知货物已在昨天被冒领。经查，冒领人所持运单系伪造。A公司遂对D公司提起诉讼，索赔货损20万元及其他损失。

请问：

(1) D的身份是C火车站的代理人还是存在仓储保管关系下的保管人？

(2) A公司是否有权向C火车站索赔？依据是什么？

(3) A公司是否有权向D公司索赔？依据是什么？D公司有过失吗？

(4) 在铁路交货环节中，提货人除了提供运单外，为何还要提供买卖合同、营业执照副本、授权委托书等？

引例分析：

(1) 除非D公司有证据表明它与铁路车站之间存在委托代理关系，否则根据案例材料可推定D公司的身份应为仓储保管人。这是因为，一方面，D公司向收货人发出领货通知；另一方面,D 公司收取了专线、暂存、卸车等费用。

(2) A 公司有权向 C 火车站索赔。其依据是铁路西站签署的铁路运单及领货凭证。

(3) A 公司有权向 D 公司索赔。其依据是双方建立了事实上的储存合同关系,因而 D 公司应对其未认真核实提货人的身份而导致货物被冒领承担责任。

(4) 铁路运单为记名收货人,其交付规则是"认人不认单",因此,在铁路交货环节中,提货人除了提供运单之外,还应该提供买卖合同、营业执照副本、授权委托书等以证明自己是运单上的记名收货人或其代理人。

○ 知识精讲

任务一　国际铁路货物运输概述

一、世界铁路运输发展

希腊是第一个拥有路轨运输的国家,至少在 2 000 年前已有马拉的车沿着轨道运行。1804 年,理查德·特里维西克(Richard Trevithick)在英国威尔士发明了第一台能在铁轨上前进的蒸汽机车。第一台取得成功的蒸汽机车是史蒂芬森在 1829 年建造的"火箭号"。20 世纪 20 年代,英格兰的斯托克顿与达灵顿铁路成为第一条成功运行的蒸汽火车铁路。后来的利物浦与曼彻斯特铁路更显示了铁路的巨大发展潜力。

高架电缆在 1888 年发明后,首条使用高架电缆的电气化铁路在 1892 年被启用。第二次世界大战后,以柴油和电力驱动的火车逐渐取代蒸汽火车。20 世纪 60 年代起,多个国家建设了高速铁路。而货运铁路也连接至港口,并与船运合作,以货柜运送大量货物以大大降低成本。20 世纪 70 年代以来,随着人们对环保问题的逐渐关注,电气化的铁路运输以其能耗低、大气污染少等特点重新得到人们的重视。

二、中国铁路运输发展

1876 年,中国土地上出现了第一条铁路,即英国资本集团采取欺骗手段擅筑的吴淞铁路。这条铁路经营了一年多时间就被清朝政府赎回拆除了。5 年后,在清政府洋务派的主持下,于 1881 年开始修建唐山至胥各庄铁路,从而揭开了中国自主修建铁路的序幕。1909 年中国人自己勘测、设计、施工的第一条铁路——京张铁路,全长 200 千米。中华人民共和国成立后,1952 年建成的第一条干线铁路——成渝铁路,全长 502 千米,掀开了我国铁路建设史上的新篇章。2008 年我国第一条真正意义上的高速铁路——京津城际高铁诞生。截至 2019 年底,我国电气化铁路总里程已突破 10 万千米,成为世界上通车里程最长的电气化铁路国家。我国铁路电气化率已达到 71.9%。

铁路运输在国际贸易货物运输中,尤其是在与我国内陆接壤的国家间的贸易中,起着无可替代的作用。在我国现代化的运输方式中,铁路承担的客运周转量占 60%,货运周转量占 70%。2019 年,我国铁路密度达到 145.5 千米/万平方千米。2020 年底,我国铁路营业里程达到 14.6 万千米,高铁营业里程达到 3.9 万千米。我国已经成为世界上高速铁路发展最快、系统技术最全、集成能力最强、运营里程最长、运营速度最高、在建规模最大的国家。

三、铁路运输的概念和特点

铁路运输(Rail Transport)有狭义和广义之分。狭义上通常是指一种以具有轮对的车辆沿铁路轨道运行,以达到运送旅客或货物为目的的陆上运输方式;广义的铁路运输包括磁悬浮列车、缆车、索道等并非使用车轮形式,但仍然沿特定轨道运行的运输方式,通称轨道运输或轨道交通。轨道交通在国际货物运输中的地位仅次于海洋运输。

铁路运输的特点主要有以下方面:

(1)运输速度快。现在各种运输工具都以提高速度作为竞争手段之一。世界上很多国家致力于发展高速铁路。目前,客运火车的最高速度可达 350 千米/小时以上,货运火车的速度也在不断提高。在几种运输方式中,火车是除飞机以外运行速度较快的一种。

(2)运载量大。铁路运输的工具是火车,一列火车的运载量要远远大于一架飞机或一辆汽车的运载量。一般情况下,一列火车可运载 1 000 吨左右的货物,目前的重载列车可装载 5 000～20 000 吨货物。

(3)安全可靠,受气候因素影响较小。铁路运输不像航空运输或公路运输那样易受气候因素影响,比海洋运输安全、准时。因此,铁路货运风险小。

(4)运费较低。铁路运输的运费要比航空运输和公路运输低。

(5)先期投资大,技术比较复杂。铁路运输需要先铺设轨道,建造桥梁和隧道,工程技术比较复杂。因此,铁路先期投资要大于其他运输方式。

(6)铁路运输必须在陆地相连并有铁路线相接的情况下才能进行。例如,我国与欧亚大陆国家之间的进出口货物就可以通过铁路运输来实现。

四、铁路货物运输基础知识

(一)铁路机车

铁路机车(Locomotive)本身没有动力装置,无论是客车还是货车,都必须把许多车辆连接在一起编成一列,由机车牵引才能运行。所以,机车是铁路运输的基本动力。铁路上使用的机车种类很多,按照机车原动力,可分为蒸汽机车、内燃机车和电力机车三种。从世界各国铁路牵引动力的发展来看,电力机车被公认为是最有发展前途的一种机车,它在运营上有良好的经济效果。相关内容见图 4—1。

蒸汽机车　　　　　内燃机车　　　　　电力机车

图 4—1　铁路机车

(二)车辆及其标记

1. 车辆(Freight Cars)

铁路车辆可分为客车和货车两大类。铁路货车的种类很多,可以从不同的角度对其进行分类。

(1)按照用途或车型,可分为通用货车和专用货车。

①通用货车又可分为棚车、敞车和平车三类。

a. 棚车。棚车车体由端墙、侧墙、棚顶、地板、门窗等部分组成,用于运送比较贵重和怕潮湿的货物。

b. 敞车。敞车仅有端、侧墙和地板,主要装运不怕湿损的散装或包装货物。必要时也可以加盖篷布装运怕潮湿的货物。所以,敞车是一种通用性和灵活性较大的货车。

c. 平车。大部分平车车体只有一平底板。部分平车装有很低的侧墙和端墙,并且能够翻倒,适合于装载重量、体积或长度较大的货物。也有将车体做成下弯的凹底平车或一部分不装地板的落下孔车,供装运特殊长、大、重型货物。

②专用货车是专供装运某些指定种类货物的车辆,它主要包括保温车、罐车和家畜车等。

a. 保温车。车体与棚车相似,但其墙板由两层壁板构成,壁板间用绝缘材料填充,以减少外界气温的影响。

目前,我国以成列或成组使用的机械保温车为多,车内装有制冷设备,可自动控制车内温度。保温车主要用于运送新鲜蔬菜、鱼、肉等易腐烂货物。

b. 罐车。车体为圆筒形,罐体上设有装卸口。为保证液体货物运送时的安全,还设有空气包和安全阀等设备。罐车主要用来运送液化石油气、汽油、盐酸、酒精等液态货物及散装水泥等。

c. 家畜车。主要是运送活家禽、家畜等的专用车。车内有给水、饲料的储存装置,还有押运人乘坐的设施。

除了以上三类,专用车还有煤车、矿石车、矿砂车等。

(2)按载重量分,我国的货车可分为 20 吨以下、25~40 吨、50 吨、60 吨、65 吨、75 吨、90 吨等不同的车辆。为适应我国货物运量大的客观需要,有利于多装快运和降低货运成本,我国目前以制造 60 吨车为主。

(3)按轴数分,车辆可分为四轴车、六轴车和多轴车等。我国铁路以四轴车为主。

(4)按制作材料分,可分为钢骨车和全钢车。

①钢骨车,车底架及梁柱等主要受力部分用钢材,其他部分用木材制成,因而自重轻、成本低。

②全钢车,坚固耐用、检修费用低,适合于高速运行。此外,还有用铝合金、玻璃钢等材料制作的货车。

2. 车辆标记(Mark of Car)

为了表示车辆的类型及其特征,便于使用和运行管理,在每一铁路车辆车体外侧都应具备规定的标记。

一般常见的标记主要有以下方面:

(1)路徽。凡中国铁道部所属车辆均有人民铁道的路徽。

(2)车号。这是识别车辆最基本的标记。车号包括型号及号码。型号又有基本型号和辅助型号两种。基本型号代表车辆种类,用汉语拼音字母表示。辅助型号表示车辆的构造型式,它以阿拉伯数字和汉语拼音组合而成。号码编在车辆的基本型号和辅助型号之后。车辆号码按车种和载重分别依次编号。

(3) 配属标记。对固定配属的车辆，应标上所属铁路局和车辆段的简称，如"京局京段"表示北京铁路局北京车辆段的配属车。

(4) 载重。即车辆允许的最大装载重量，以吨为单位。

(5) 自重。即车辆本身的重量，以吨为单位。

(6) 容积。为货车(平车除外)可供装载货物的容量，以立方米为单位。

(7) 车辆全长及换长。车辆全长是指车辆两端钩舌内侧的距离，以米为单位。在实际业务中，习惯上将车辆的长度换算成车辆的辆数，即用全长除以 11 米所得的商表示车辆的换算长度。

(8) 特殊标记。根据货车的构造及设备情况，在车辆上还涂打各种特殊标记。

【视野拓展 4-1】　　　　我国的国际铁路通道

1. 通往朝鲜的铁路

沈丹线(原为奉安铁路)：从京哈线上的沈阳出发，经本溪、凤城，到达中朝界河鸭绿江边的丹东，跨过鸭绿江大桥与朝鲜新义州接轨，全长 277 千米，是中国辽宁省及关内地区、蒙古国、俄罗斯通往朝鲜的主要铁路干线。

长图线：自京哈线上的长春出发，经吉林、敦化到达中朝界河图们江边的图们市，过江后与朝鲜罗津铁路相连，全长 529 千米，是吉林省通往朝鲜的主要铁路干线。

2. 通往俄罗斯的铁路

滨洲线：从京哈线上的哈尔滨出发，经大庆、富拉尔基、海拉尔，到达边境城市满洲里，与俄罗斯外贝加尔西伯利亚铁路连接，全长 935 千米，是东北地区通往俄罗斯西伯利亚的一条交通干线。

滨绥线：从京哈线上的哈尔滨出发，经尚志、牡丹江到达中俄边境的绥芬河，与俄罗斯远东铁路接轨，可达俄罗斯远东最大城市符拉迪沃斯托克(海参崴)，全长 548 千米，是中国连接俄罗斯西伯利亚铁路的另一条铁路交通干线。

3. 通往蒙古国的铁路

集二铁路：1955 年建成，自京包铁路的集宁北行，经察哈尔、苏尼特到达中蒙边境城市二连浩特，与蒙古国的扎门乌德铁路接轨，全长 331 千米，是通往蒙古国的主要铁路交通干线和连接莫斯科的国际联运干线。

4. 通往越南的铁路

昆河铁路(原为滇越铁路北段)：自昆明东南行，经宜良、开远到达边境城市河口，全长 464 千米，与越南老街铁路接轨后直达河内，是我国内联西南、外联越南及其他东南亚国家的第二条重要的交通要道。

湘桂线：从京广线上的衡阳西南行，经东安、桂林、柳州、南宁到达中越边境城市凭祥，通过友谊关与越南谅山地区铁路接轨，全长 1 013 千米，是我国通往越南及其他东南亚国家最大、最便捷的陆路通道。

5. 通往哈萨克斯坦的铁路

北疆铁路：自兰新铁路的西端乌鲁木齐出发，经石河子、奎屯、乌苏到边境城市博乐，通过阿拉山口与哈萨克斯坦铁路接轨，西行可达阿拉木图，全长 467 千米，1990 年竣工，是我国通往哈萨克斯坦、其他中亚国家及俄罗斯的主要铁路交通干线,是连接"亚欧大陆桥"的重要组成部分。

五、铁路货物运输在国际贸易中的作用

(一)有利于发展同欧亚各国的贸易

通过铁路把欧亚大陆连成一片,为发展中、近东和欧洲各国的贸易提供了有利的条件。在新中国成立初期,我国的国际贸易主要局限于东欧国家,铁路运输占我国进出口货物运输总量的50%左右,是当时我国进出口贸易的主要运输方式。进入20世纪60年代以后,我国海上货物运输开始发展,铁路运输进出口货物所占的比例虽然有所下降,但其作用仍然十分重要。

(二)有利于开展香港、澳门特别行政区的贸易

通过香港地区进行转口贸易,铁路运输是内地与港、澳开展贸易的一种运输方式。港、澳两地日用品长期以来由内地供应,随着内地对该地区供应量的不断扩大,运输量也逐渐增加,保证对港、澳运输的优质、适量、均衡、应时,在政治上和经济上都非常重要。

中国香港是著名的自由港,与世界各地有着非常密切的联系,海、空定期航班比较多,作为转口贸易基地,开展陆空、陆海联运为我国发展与东南亚、美洲、欧洲、非洲、大洋洲等地区的贸易,对保证我国出口创汇起着重要作用。

(三)对进出口货物在港口的集散和各省市之间的商品流通起着重要作用

我国幅员辽阔,海运进口货物大部分利用铁路从港口运往内地的收货人,海运出口货物大部分也是由内地通过铁路向港口集中,因此铁路运输是我国国际货物运输的重要集散方式。至于国内各省市之间调运外贸商品、原材料、半成品和包装物料,主要也是通过铁路运输来完成的。我国国际贸易进出口货物运输大多要通过铁路运输这一环节,铁路运输在我国国际货物运输中发挥着重要作用。

(四)利用欧亚大陆桥运输是必经之道

大陆桥运输是指以大陆上铁路或公路运输系统作为中间桥梁,把大陆两端的海洋连接起来的集装箱连贯运输方式。大陆桥运输一般是以集装箱为媒介,采用国际铁路系统来运送。

我国目前开办的西伯利亚大陆桥和新欧亚大陆桥的铁路集装箱运输具有安全、迅速的优点。这种运输方式对发展我国与中、近东及欧盟各国的贸易提供了便利的运输条件。为了适应我国经济贸易发展的需要,利用这两条大陆桥开展铁路集装箱运输,也将会促进我国与这些国家和地区的国际贸易发展。

任务二 国际铁路货物联运

一、国际铁路货物联运

国际铁路货物联运(International Railway Through Goods Traffic)是指使用一份统一的国际铁路联运票据(Through Rail Waybill),在跨及两个及两个以上国家铁路的货物运送中,由参加国铁路部门负责办理两个或两个以上国家铁路全程运送货物过程,由托运人支付全程运输费用,而无须收、发货人参加的铁路运输组织形式。

国际铁路联运牵涉面广,从发货站发运货物起,需经过出口国的国境站,中途国的进口和出口国境站,直到进口国的国境站,环节多,交接复杂。因此,要求货物的包装要适合长途运输

的需要,票据规范、清晰,随附单证齐全,运送车辆为国际列车,设备必须完好无损。

国际铁路货物联运的特点有以下几个方面:

(1)涉及不同国家(或地区)之间的货物运输。国际铁路运送的货物都要涉及两个或两个以上国家,因此涉及多个国境站。

(2)对运输条件有统一要求。国际铁路联运要求每批货物的运输条件要符合有关国际联运的公约、规则的统一规定,如货物包装、转载、票据的编制、添附文件及车辆使用等。

(3)国际铁路联运的组织工作复杂。因为联运货物必须有两个或两个以上国家铁路部门参加运送,在办理国际铁路联运时,其运输票据、货物、车辆及有关单证都必须符合相关国家的有关规定,并且要做好衔接工作。

(4)使用一份铁路联运票据完成货物的跨国运输。

(5)国境换装作业不需要货方参加。

二、国际铁路货物联运的两个协定

(一)国际货约

1890年,欧洲各国在瑞士首都伯尔尼举行的各国铁路代表大会上,制定了《国际铁路货物运送规则》,即《伯尔尼公约》,并自1893年1月起实行,后经多次修订。1934年在伯尔尼会议上对该公约进行重新修订,改称为《国际铁路货物运送公约》(即《国际货约》),并于1938年10月10日起生效,至今仍在使用。参加《国际货约》的国家目前有32个。

(二)国际货协

1951年11月1日,苏联、阿尔及利亚和已参加《国际货约》的民主德国、保加利亚、匈牙利、罗马尼亚、波兰、捷克等8国签订了《国际铁路货物联运协定》(即《国际货协》)。1954年1月中国加入《国际货协》,随后朝鲜、蒙古国、越南也加入进来。1991年苏联、东欧政局发生巨大变化以后,《国际货协》宣告解散,但铁路联运业务尚未有重大的改变。参加《国际货协》的国家目前有12个。

三、国际铁路货物运输有关规章

《国际铁路货物联运协定》是一个参加国际铁路联运协定的各国铁路,以及发、收货人办理货物国际联运时,必须遵守的基本文件。《国际铁路货物联运协定》规定了货物运送条件、运送组织、运送费用计算,以及铁路与发、收货人之间的权利与义务等。

《国际铁路货物联运协定统一过境运价规程》(简称《统一货价》)规定了过境参加国际货协的铁路时办理货运送手续、过境运送费和杂费计算、过境铁路里程表、货物品名分类表,以及货物运费计算表等。

《国境铁路协定》由两个相邻国家铁路签订,规定办理联运货物交接的国境站、车站以及货物交接的条件和办法、交接列车和机车运行办法等具体问题。根据《国境铁路协定》的规定,两相邻国家铁路部门需定期召开国境铁路会议,对执行协定中的有关问题进行协商,签订国境铁路会议协定书。我国与俄罗斯、蒙古国、朝鲜、越南分别签订了国境铁路协定和议定书。

为了便于执行上述国际货物联运规章,铁道部(现并入交通运输部)结合我国铁路办理货物联运的实际,编印了《国际铁路货物联运办法》(简称《联运办法》),将上述联运规章简化并作了补充规定,以供我国铁路各发、收站和有关单位办理国际铁路货物联运之用。

此外,在办理国际铁路货物联运时,凡上述国际铁路联运规章和补充办法未规定的事项,均适用国内规章;都有规定时,适用国际联运规章。

四、国际铁路货物联运的基本规定

(一)国际铁路货物联运的范围

国际铁路联运既适用于原《国际货协》国家之间的货物运输,也适用于原《国际货协》至《国际货约》国家之间的顺向或反向的货物运输。在我国国内凡可办理铁路货运的车站都可接受国际铁路货物联运。根据组织联运运输方法的不同,国际铁路联运的范围可以分为如下三类:

1. 我国与参加《国际货协》国家之间的铁路货物联运

我国与其他《国际货协》国,包括已退出《国际货协》但仍采用《国际货协》规定的波兰、捷克、匈牙利、德国(仅指原民主德国)4 个国家之间的铁路货物运送,始发站以一份《国际货协》运送票据,由铁路负责直接或通过第三国铁路送往最终到站交付收货人。

2. 我国与未参加《国际货协》国家铁路间的铁路货物联运

我国向未参加《国际货协》国家出口货物时,一般是采用《国际货协》运单办理至参加《国际货协》国家的最后一个过境出口国境站,由该国境站站长或收货人委托的代理人办理转发至未参加《国际货协》的国家。由未参加《国际货协》国家的铁路部门向我国进口货物时,与上述办理程序相反。

3. 通过参加《国际货协》国家的港口向其他国家运送货物

我国通过波兰或德国等国港口向芬兰等国发货。此种运输方式为铁/海运输,称为欧洲流向。方法是发货人采用《国际货协》运单运送至过境铁路港口,由港口收转人办理海运至目的地手续。

邻国利用我国港口向日本、东南亚国家发货。此种运输方式为海/铁运输,称为东南亚流向。由于俄罗斯有一支船队往返于远东与东南亚之间,因此,利用我国港口而采取海/铁运输的货物较少,利用率低下。

(二)国际铁路联运的托运类别

1. 根据货量、体积不同划分

(1)整车货。指用一张运单托运并需要单独车辆运送的货物。

(2)零担货。指用一张运单托运但货量未超过 5 000 千克,不用单独车辆运送的货物。

(3)集装箱、托盘和货捆。凡货容超过 3 立方米、总重量达 2.5~5 公吨和货容为 1~3 立方米、总重量未超过 2.5 公吨的货物应采用集装箱托运。

由于我国铁路集装箱数量有限,加之进出口箱量不平衡,我国铁路目前只办理货主自备大吨位集装箱,以及整车运送的 5 吨箱、零担运送的 1 吨箱的进口货物。1993 年中蒙铁路间开始办理中铁 10 吨集装箱的运输业务。对于托盘、货捆的托运,我国尚未办理联运。

2. 根据运送速度不同划分

(1)快运。整车货每昼夜 320/运价千米,零担货每昼夜 200/运价千米。

(2)慢运。整车货每昼夜 200/运价千米,零担货每昼夜 150/运价千米。

(3)随旅客列车挂运。整车货每昼夜 420/运价千米。

根据《国际货协》的规定,如果有关各国铁路部门之间另有商定条件,则应适用该双边协定而不适用《国际货协》的上述规定。目前,我国分别与朝鲜、越南、蒙古国、俄罗斯等签署了双边协定,对两国间的运送条件作出了具体的规定。因此,我国运送到这些国家的铁路联运货物,应按照双边协定办理。

旅客列车

此外，《国际货协》对以下联运货物的范围与条件作出了明确的规定：
(1)不准运送的货物；
(2)不准在一辆车内运送的货物；
(3)不准按一份或数份运单在一辆车内混装运送的货物；
(4)需要各国铁路间预先商定后才能承运的货物；
(5)需要押运人押运的货物；
(6)需要声明价值的货物。

(三)国际铁路联运费用的构成

国际铁路联运费用由发送路运送费用、到达路运送费用和过境路运送费用三部分构成。

1. 发送路运送费用与到达路运送费用的核收

根据《国际货协》及其附件《统一货价》和《清算规则》的规定，发送路、到达路的运送费用按本国铁路规章规定，以本国货币分别在发站、到站向发货人或收货人核收。因此，国际铁路联运货物国内段运输费用应按照我国铁道部于1998年3月公布的新《铁路货物运价规则》的有关规定计算。

2. 过境路运送费用的核收

1991年9月以后，《统一货价》不再从属于《国际货协》，而成为独立的法律文件，《国际货协》参加国可以选择是否参加《统一货价》和《清算规则》，这就导致了过境运送费用计收形式的多样化。目前，过境路运送费用主要采用如下两大类核收形式。

(1)铁路结算制。它是指过境费用的计收仍按《国际货协》的规定，通过铁路予以结算的制度。即过境路的运送费用，在发站向发货人核收或在到站向收货人核收。通过几个过境铁路运送时，准许由发货人支付一个或几个过境铁路的运送费用，其余铁路的运送费用由收货人支付。如果所适用运价规程规定必须在发站向发货人核收，则不允许在到站向收货人核收。

(2)代理结算制。它是指过境费用的计收不再通过铁路结算，而是通过代理予以结算的制度。即发站铁路或到站铁路不再收取过境费用，而由发货人或收货人委托的代理人直接支付给过境铁路。换言之，发货人或收货人应自行或通过代理机构将过境费用支付给过境铁路指定的收费代理机构。在实际业务中，这种结算方式又分成两种情况：①过境费用只能由发货人通过代理支付；②过境费用由收货人通过代理支付。

目前，许多国家，如俄罗斯、哈萨克斯坦等独联体国家，以及蒙古国等国家的铁路均采取第一种形式。即发货人在办理托运时必须事先委托铁路当局指定的货运代理机构，由该货运代理机构转托过境铁路指定的货运代理机构代为向过境铁路支付过境费用。

由此可见，在这种情况下，如果发货人在办理托运时未能办理委托代理手续，并且未在运单第4栏和第20栏内做相应的记载，则发站将拒绝承运，接收路国境站将拒绝接运。

过境运费按《统一货价》规定计算，其计算程序如下：①根据运单上载明的运输路线，在过境里程表中查出各通过国的过境里程；②根据货物品名，在《通用货物品名表》中查出所运货物适用的运价等级；③根据货物运价等级和各过境站的运送里程，在《统一货价》中找出符合该批货物的运价率；④《统一货价》对过境货物运费的计算是以慢车整车货物的运费额为基本运费额，其他种类的货物运费则在基本运费额的基础上分别乘以不同的加成率。

其计算公式为：

$$基本运费额＝货物运费率×计费重量$$

$$运费＝基本运费额×(1＋加成率)$$

加成率是指运费总额应按托运类别在基本运费额基础上所增加的百分比。快运货物运费按慢运运费加100%,零担货物加50%后再加100%。随旅客列车挂运整车费另加200%。

3. 国际铁路货物联运国内段运费的计算

根据《国际货协》的规定,我国通过国际铁路联运的进出口货物,其国内段运送费用的核收应按照我国《铁路货物运价规则》进行计算。运费计算的程序及公式如下:

(1)根据货物运价里程表确定从发站至到站的运价里程。
(2)根据运单上填写的货物品名查找货物品名检查表,确定适用的运价号。
(3)根据运价里程和运价号在货物运价率表中查出相应的运价率。
(4)按《铁路货物运价规则》确定的计费重量与该批货物适用的运价率相乘,算出该批货物的运费。

$$整车货物每吨运价(运价率)=发到基价+运行基价×运价千米$$
$$运费=运价率×计费重量$$

【做中学4-1】 某公司从国外进口一整车矿石,该货物的品名分类代码为"04",经查该商品的运价号为"4",按照《铁路货物运价规则》的规定,使用矿石车、平车、沙石车。经铁路局批准的装运"铁路货物运输品名分类与代码表"规定,"01""0310""04""06""081"和"14"类货物按40吨计费,国内段从发站至到站的运价里程为200千米。试根据下表所示的运价表核算该票货物的国内段运费为多少?

办理类别	运价号	发到基价		运行基价	
		单位	标准	单位	标准
整车	1	元/吨	5.6	元/吨千米	0.028 8
	2	元/吨	6.3	元/吨千米	0.032 9
	3	元/吨	7.4	元/吨千米	0.038 5
	4	元/吨	9.3	元/吨千米	0.043 4
	5	元/吨	10.1	元/吨千米	0.049 1
	6	元/吨	14.6	元/吨千米	0.070 4

解:根据商品的运价号为"4"可以确定该批货物的发到基价为9.3元/吨,货物的运行基价为0.043 4元/吨千米。

该批货物整车货物每吨运价=发到基价+运行基价×运价千米
$$=9.3+0.043\ 4×200=17.98(元/吨)$$

总运费=运价率×计费重量=17.98×40=719.2(元)

故该票货物的国内段运费为719.2元。

4. 铁路运输运到逾期罚款的计算

(1)运到期限。铁路承运货物后,应在最短期限内将货物运送至最终到站。货物从发站至到站所允许最长的运送时间,即为货物运到期限。

(2)运到逾期。货物实际运到天数超过规定的运到期限天数,即为该批货物运到逾期。如果货物运到逾期,造成逾期的铁路则应按该路收取的运费的一定比例向收货人支付逾期罚款。

逾期罚款的规定及计算方法如下:

$$逾期罚款=运费×罚款率$$

$$逾期百分率=(实际运送天数-按规定计算运到期限天数)/按规定计算运到期限天数×100\%$$

按《国际货协》规定,罚款率为:逾期不超过总运到期限 1/10 时,为运费的 6%;逾期超过总运到期限 1/10,但不超过 2/10 时,为运费的 12%;逾期超过总运到期限 2/10,但不超过 3/10 时,为运费的 18%;逾期超过总运到期限 3/10,但不超过 4/10 时,为运费的 24%;逾期超过总运到期限 4/10 时,为运费的 30%。

自铁路通知货物到达和可以将货物移交给收货人处理时起,一昼夜内如果收货人未将货物领出,即失去领取运到逾期罚款的权利。

【做中学 4-2】 某公司从保加利亚进口一批机器,该批货物按规定计算的运到期限天数为 60 天。保加利亚瓦尔纳港口站于某年 3 月 10 日以慢车整车承运。该批货物经由鲁塞东/瓮格尔、后贝加尔/满洲里,5 月 16 日到达北京东站。铁路部门所收运费为 8 000 欧元。你认为该批货物是否运到逾期?假如逾期,铁路部门应向收货人支付多少逾期罚款?

解:(1)该批货物的实际运送天数:3 月 11 日至 5 月 16 日(从承运货物的次日零时起开始算,不足 1 天按 1 天计算)。实际运送天数为 67 天,而规定运到的期限天数为 60 天,因此,该批货物逾期。

(2)计算逾期百分率:

逾期百分率=[(67-60)/60]×100%=11.67%

(3)逾期超过总运到期限的 1/10,但不到 2/10,逾期罚款率按 12%计算支付。

(4)按逾期罚款公式计算,

逾期罚款=8 000×12%=960(欧元)

因此,铁路部门应对逾期运到的该批货物支付逾期罚款 960 欧元。

(四)国际铁路货物联运运单

1. 国际铁路联运运单的种类与适用范围

(1)国际货协运单。国际货协运单是指参加《国际货协》的成员之间办理铁路联运时所使用的单据。它由 5 联组成,第 1 联和第 5 联,以及第 2 联和第 4 联应在左边相互连接,允许第 1~5 联在上边相连。另外,根据发货人的报销需要以及铁路内部交接、清算和统计等需要,还需要在发站和国境站(或港口站)填制"补充运行报单"(分为带号码和不带号码两种)。表 4-1 显示了国际货协运单的相关内容。

表 4-1　　　　　　　　　　国际货协运单的相关内容

联别与名称	主要用途	流转程序
1. 运单正本	运输合同凭证	发货人→发站→到站→收货人
2. 运行报单	各承运人之间交接、划分责任等证明	发货人→发站→到站→到达铁路
3. 运单副本	承运人接收货物的证明,发货人凭此结汇等	发货人→发站→发货人

续表

联别与名称	主要用途	流转程序
4.货物交付单	承运人合同履行的证明	发货人→发站→到站→到达铁路
5.货物到达通知单	收货人存查	发货人→发站→到站→收货人

(2)国际货约运单。国际货约运单是指参加《国际货约》的成员之间办理铁路联运时所使用的单据。例如,"蓉欧快线"的终点站是波兰的罗兹站,由于波兰也是《国际货协》成员,因此可以全程使用国际货协运单;如果"蓉欧快线"需要延伸至西欧国家,则需要在波兰进行换单操作,将其换成国际货约运单,即全程需要使用两个单证:国际货协运单+国际货约运单。

(3)统一运单。亚欧大陆的政府间铁路合作组织——铁路合作组织(简称铁组)和国际铁路货物运输政府间组织,在各自范围内分别适用不同的运输规则,即《国际货协》和《国际货约》。为解决单据的衔接问题,两个组织成立联合工作组,制定了国际货约/国际货协运单(简称统一运单),并于2006年7月首先在乌克兰进行了试行。此后自2007年7月1日起在乌克兰、白罗斯等东欧国家正式实施。除东欧各国外,目前哈萨克斯坦、蒙古国、摩尔多瓦铁路部门已确认适用统一运单。2011年12月,我国将《国际货约/国际货协运单指导手册》作为《国际货协》附件第22号正式颁布,并正式通知铁组委员会,自2012年1月1日起,对由中国经满洲里、二连浩特、阿拉山口三个口岸到欧洲国家的集装箱运输,试验采用国际货约/国际货协运单。

中欧班列采用的国际铁路联运运单种类通常根据货物的去向和运行线路来确定,由于途经及到达国家适用的国际联运规则不同,因而采用的联运运单也不同。以2015年中欧班列去程为例,目前主要有以下三种类型的运单:①国际货协运单(途经国家和到达国家均适用国际货协规则);②国际货协运单+国际货约运单(途经国家和到达国家适用两种联运规则,需要在途中更换运单);③国际货约/国际货协运单(途经国家和到达国家适用两种联运规则,但各国铁路事先已经书面商定使用统一运单)。表4-2显示了三类运单的相关内容。

表4-2 三类运单的相关内容

运单类型	优点	缺点
国际货协运单	无须商定;国际货协成员方一票到底	仅限于国际货协成员
国际货协运单+国际货约运单	无须商定;覆盖国际货协和国际货约成员方	需要途中重新制票,降低运输效率,增加了录入出错概率
国际货约/国际货协运单	国际货协和国际货约成员方间一票到底	需要在每批货物发送前对外商定;运单填写要求高、难度大

2.国际铁路联运运单的功能与内容

国际铁路联运运单属于《UCP600》规定的公路、铁路或内河运单的范畴,它仅具有运输合同证明和货物收据的功能,不具有物权凭证的功能,也不具有流通性。因此,《国际货协》和《国际货约》均明确规定铁路联运运单中的"收货人"一栏必须是记名的。

以国际货协运单为例,铁路联运运单的第1~5联正面的印刷格式相同,由1~50栏构成,主要用于记载收货人、始发站、终到站、货物详情等方面的内容。至于铁路联运运单的背面项目,第1~3联背面印刷格式相同,由53~92栏构成,主要用于运输费用的计算。第4~5联背面在上述栏目基础上增加了93"铁路记载"、94"商

国际货协运单样本

务记录"、95"运到期限中止"、96"通过的国境站戳记"四栏。此外,第 4 联背面还增加了 97"关于向收货人通知货物到达的事项"、98"货物交付收货人和货物领取(签字、日期)"两栏。

　　3. 国际铁路联运运单缮制要求

　　以国际货协运单为例,国际铁路联运运单根据填写内容不同,分别由发货人、海关、国内铁路部门、国外铁路部门、收货人等有关方填制,在缮制时应遵循以下基本要求:(1)运单各张和补充运行报单,以及慢运和快运的票据,都不得相互代用。运单(包括不带号码的补充运行报单)正面未划粗线的为运送本批货物所需的各栏,由发货人填写。但第 15、27、30～45 及 48 各栏视由何人确定货物重量、办理货物装车和车辆施封来确定应由发货人或铁路填写,第 26 栏由海关填写。(2)运单中记载的事项,应严格按照为其规定的各栏和各行范围填写,但第 9～11 栏的"一般说明"中规定的情况除外。(3)中朝、中越铁路间运送的货物,可仅用本国文字填写,与其他《国际货协》成员方铁路间运送的货物,则须附俄文译文。但我国经满洲里、绥芬河发到俄罗斯、哈萨克斯坦等独联体国家的货物,可只用中文填写,不附俄文译文。

五、国际铁路联运通关业务

　　由于《国际货协》在规章、单据、交货条款、贸易术语等重要方面与现行国际惯例尚未统一,因而在国际铁路联运中的海关、商检办理手续中出现了很多特殊的要求。

　　(一)国际铁路联运中对海关监管的特殊规定

　　(1)可以在发运车站报关,报关后,以铁路车辆作为监管运输工具,加封后发往边境铁路口岸,边境铁路口岸海关及联检办在核对关封及电子数据无误后,即予交接出境;还可以在发运站按铁路国际联运货物发运,发运站使用国际货协运单施封运输,车辆到达国境站后,在边境口岸海关查验、报关后交接出境。国际铁路联运货物的进口申报手续有边境口岸报关和到达站报关两种形式。一般国际铁路联运货物在边境口岸报关和缴纳海关应收、代收的税款。如果在到达站设有海关或有海关监管条件,在向海关提出申请后,可办理监管转关运输,运抵到达站报关,办理进口通关手续缴纳税费。

　　(2)国际铁路联运中的货物报关,以一铁路车辆为单位(即一车一票),每一铁路车辆使用一套报关单据(包括外汇核销单、出口合同、箱单、发票和其他单证)。这是因为铁路运输的特殊性,在我国铁路车辆的载重量一般为每车装载 60 吨左右,在发运超过 2 车以上货量的货物时,整批货物如一票报关,其报关的关封只能订在其中一车的国际联运单封套中。而在路途较长的铁路运输中,每 250 千米有一次技术作业,经过主要干线交叉点的编组站时,还要有不同运输去向的重新编组作业,很容易把原来一批发运的多车货物编组成两列或多列货物列车发出,造成一批发运的货物到达国境站时分成几批。这时,如果加附关封的车辆晚到国境站,会造成先到的货物无法交接出境、积压车辆和海关监管不便,所以,国际铁路联运货物报关实行一车一票。

　　(3)在内地发运站报关时,铁路车辆可以作为监管运输工具使用,由海关加封后准予监管运输到国境站出境。由于用铁路国境联运出口的一部分货物是无法装载在具备密封条件的棚车或集装箱中的,如大型机具、金属构架、散装货物等,因此有些内地海关往往以无密闭加封条件为由而不准予在发运车站报关。

　　(4)在发运站报关后海关准予放行。但此时货物还在铁路车辆运至国境站途中,并未出境,所以发运站海关在未得到国境站海关货物已出境的回执前,是不会退还外汇核销单、出口退税提运单和用于收汇核销的报关单据的,因此在发运站报关并未节省海关单据核销时间。

(二)国际铁路联运报关单填报的特殊规定

为统一进出口货物报关单填报要求,海关制定了报关单填制规范,现根据关税税则,将国际铁路联运与其他运输方式报关单填报的不一致和特殊要求简述如下:

第3栏进口口岸/出口口岸:填写货物实际进出国(关)境口岸海关名称及海关"关区代码表"代码。

第6栏进口日期/出口日期:填写运载进口货物的铁路车辆申报进境的日期和运载出口货物的铁路车辆办结出境手续的日期。

第11栏运输方式:铁路国际货物联运,按海关"运输方式代码表"填报海关运输方式代码"3"。

第12栏运输工具名称:填写载运该批货物进、出境的铁路车辆车号,一份报关单只允许填报一个车号。直接在进出境地办理报关;在H883/EDI通关系统中,填报车次+"/"+进、出境日期。在H2000通关系统中填报车号或交接单号。

进口转关运输报关单填报要求:在H883/EDI通关系统中,直转填报"@"+16位转关预录入号;中转填报铁路车辆车号+"/"+"@"+8位进境日期。在H2000通关系统中直转、提前报关填报"@"+16位转关预录入号;中转填报铁路车辆车号。

出口转关运输报关单填报要求:在H883/EDI通关系统和H2000通关系统中,均填报"@"+16位转关预录入号。

第13栏航次号:直接在进出境地办理报关,填写载运该批货物的铁路车辆进、出境日期。转关运输进口货物报关,填报"@"+8位进境日期。转关运输进口货物报关,填报6位起运日期。

第14栏提运单号:填写国际货协运单单号,一份报关单只允许填报一个运单号。直接在进出境地办理报关,填报运单号。

进口转关运输报关单填报:在H883/EDI通关系统中,直转填报11位铁路运单号;中转填报"@"+铁路运单号;提前报关免予填报。在H2000通关系统中直转、中转填报铁路运单号;提前报关免予填报。

第20栏装货港/指运港:装货港填写进口货物的境外起始发车站,指运港填写出口货物运往境外的最终运到车站。

第21栏境内目的地/境内货源地:境内目的地填写货物在境内的最终运到车站,境内货源地填写出口货物的始发车站。

其余各栏同其他运输方式报关单。

(三)国境站海关作业

1. 国境站出境货物列车的海关作业

国际联运列车是指载运进出口货物、过境货物、物品,或者乘载进出境或过境旅客的中国籍或外国籍旅客的列车(包括机车、客车、货车、邮政车、行李车、发电车和轨道车)等。货物、物品包括列车载运的货物、行李、包裹、邮递物品和其他物品。

国际铁路联运的最大特点是在相邻的两国或相连的数国的铁路上,使用一份单据,办理全程运输,相邻两国边境车站由双方铁路交接货物,进出口货物的所有人只需在本国办理发货或提货手续,无须负责中途运输、过境报关等作业。

国际联运列车必须在我国境内设有海关的进出口国境站停留,接受海关监管和检查。进境列车自到达站起至海关检查完毕止,出境列车自海关开始检查起至海关放行止,未经海关许可不得移动、解体(客车换轮除外),或擅自驶离进出境站。进出境车站应向海关递交反映进出境列车载运的货物、物品,以及上、下进出境旅客等实际情况的交接单据及商务记录,同时将列车驶入或驶离进出境列车站的时间、车次、停发地点等事先通知海关。货运列车载运的货物、物品进出境时,进出境列车站应向海关递交下列单据进行申报:①货物运单或行车、包裹运行报单及添附文件;②货物交接单或行李、包裹交接单;③海关需要的其他有关文件。

对海关监管货物,如需变更国内到站或出境站的,办理变更的车站应负责通知海关。变更后的指运站或出境站必须是设有海关机构的车站。有关车站应将海关的关封转交列车长,连同运单一起带交变更后的指运站或出境海关。如指运站没有设驻海关机构,入境地车站必须取得指运站附近海关同意后方能受理变更。

2. 海关对国际联运列车所载进出口货物、物品的监管规定

对于国际联运货物列车到达和驶离边境车站的时间、车次、停发车地点,边境车站必须事先通知海关。国际联运货物列车装卸进出口货物、物品,应接受海关监管。货物、物品装卸交接完毕,车站应向海关递交反映实际情况的交接单据及商务记录。海关查验出境货物、物品,发现有走私情形或走私嫌疑的,可以书面通知车站将货物、物品卸到海关指定地点或将有关车辆调到指定地点进行处理。

海关查验货物时,进出境车站应当派人按照海关的要求负责开拆车辆封印、开启车门或揭开篷布;货物的收、发货人或其代理人应当搬移或起卸货物,拆开或重封货物的包装。海关认为必要时,可以自行开验、复验或提取货样,并对提取货样的名称、数量出具证明。因不符合我国进口管理规定,海关决定退运境外的货物,车站凭海关书面退运通知办理有关手续;对因违反国际铁路联运规定而拒收的货物,海关凭铁路部门的拒收记录准予退运。海关准予放行的进出口货物、物品,在货物运单或行李包裹运行报单上加盖放行章,铁路凭海关签章的货运单据给予交付或运往境外。

转关运输货物在起运之前,海关对有关单证、货物、物品查核无误后,在国际货协运单上加盖"海关监管货物"戳记,连同关封一起退还车站,凭此起运。海关关封由车站交列车长,连同运单一起带交指运站或出境地海关。

为了修理进出境车辆而运进的材料、零部件、工具、轮对、转向架,在海关监管之下确实用于进出境车辆维修的,海关准予免征关税和增值税。为车辆施封用的材料和铁路运送用具(包括篷布),车站应当向海关如实申报,由海关查验免税放行。进出境站工作人员和列车乘务人员携带执行公务所需的公用物品、生活必需品和合理数量的自用物品(包括粮食、蔬菜等食品),以及进出境旅客列车所带供应途中食用的饮料、食品等,由海关查验免税放行。对需要返还的篷布、空容器等,收、发货人或其代理人应当填写"免税返还证明书",送交进出境海关签印发还车站,凭此免税返还。

六、国际铁路联运代理业务流程

国际铁路联运业务流程包括发送站发送作业、发送路国境站作业、过境路作业(如有的话)、到达路国境站作业、到达路到发作业等环节。图4—2显示了国际铁路联运出口业务流程,至于国际铁路联运进口业务流程则是在流转方向上正好相反。

在实际业务中,客户(发货人、收货人)往往委托国际货运代理办理国际铁路联运的进出口手续。以出口为例,国际货运代理需要经过接受委托—提报计划—制单(铁路联运运单)—配车—报检、报关—口岸交接(审核、换装、签署交接证件)—国外交货等业务环节。图4—3和图4—4分别显示了国际铁路联运进出口代理业务流程。

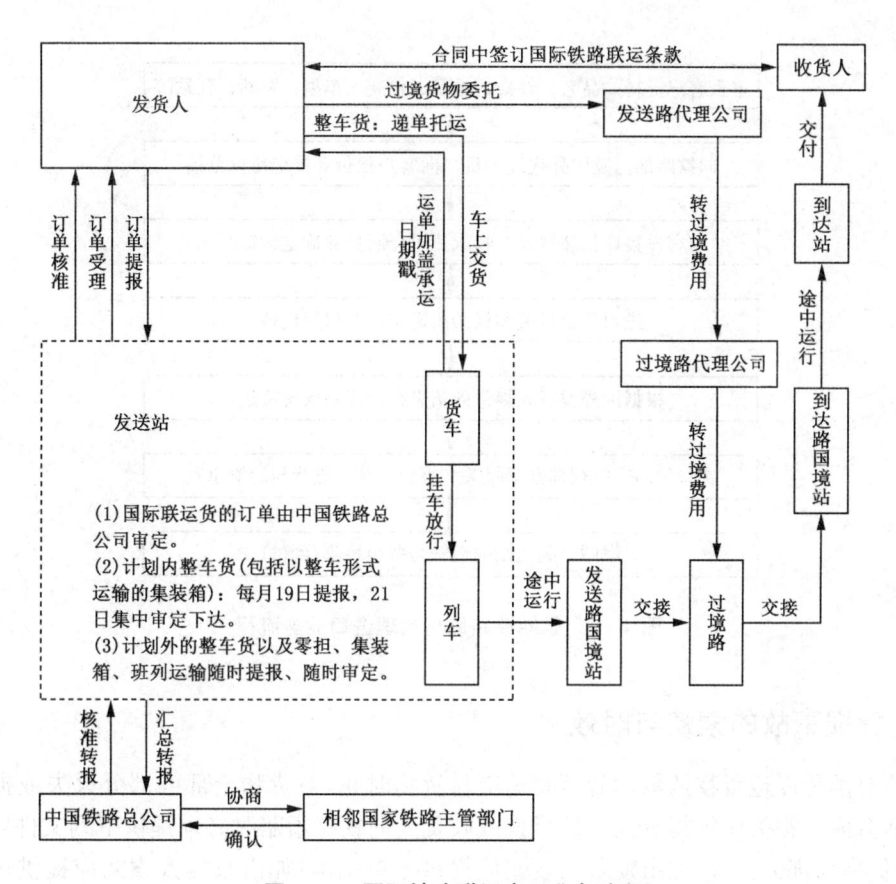

图 4—2　国际铁路联运出口业务流程

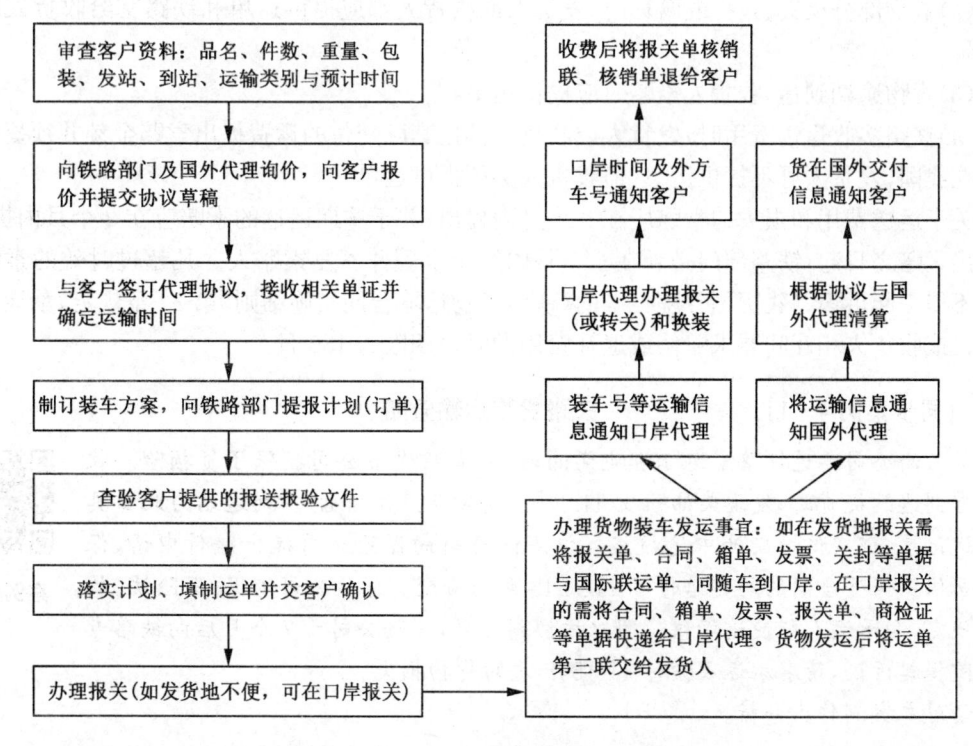

图 4—3　国际铁路联运代理出口业务流程

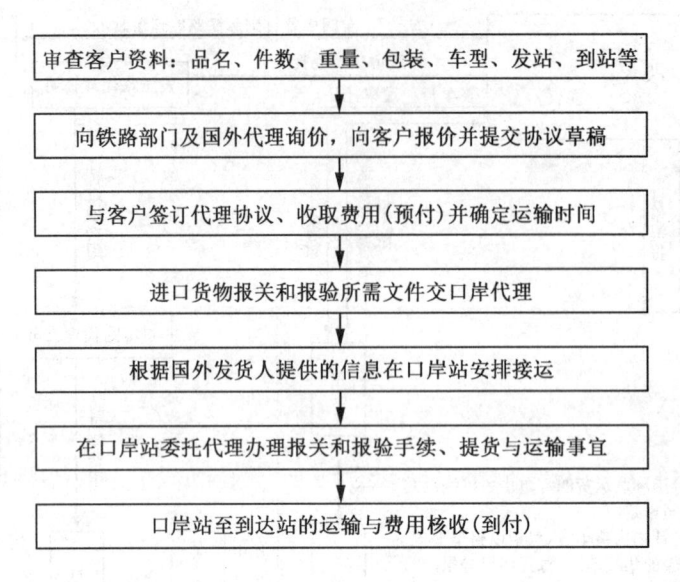

```
┌─────────────────────────────────────────────────────┐
│ 审查客户资料：品名、件数、重量、包装、车型、发站、到站等 │
└─────────────────────────────────────────────────────┘
                          ↓
┌─────────────────────────────────────────────────────┐
│     向铁路部门及国外代理询价，向客户报价并提交协议草稿      │
└─────────────────────────────────────────────────────┘
                          ↓
┌─────────────────────────────────────────────────────┐
│      与客户签订代理协议、收取费用（预付）并确定运输时间      │
└─────────────────────────────────────────────────────┘
                          ↓
┌─────────────────────────────────────────────────────┐
│            进口货物报关和报验所需文件交口岸代理            │
└─────────────────────────────────────────────────────┘
                          ↓
┌─────────────────────────────────────────────────────┐
│         根据国外发货人提供的信息在口岸站安排接运          │
└─────────────────────────────────────────────────────┘
                          ↓
┌─────────────────────────────────────────────────────┐
│     在口岸站委托代理办理报关和报验手续、提货与运输事宜     │
└─────────────────────────────────────────────────────┘
                          ↓
┌─────────────────────────────────────────────────────┐
│          口岸站至到达站的运输与费用核收（到付）           │
└─────────────────────────────────────────────────────┘
```

图 4-4　国际铁路联运代理进口业务流程

七、货损事故的索赔与时效

铁路对国际联运货物从承运起至到站交付货物时止，对货物全部或部分灭失或损坏或逾期运达所造成的损失应承担责任。发货人或收货人向铁路索赔时必须提供下列文件：

(1)货物全部灭失时，如由发货人索赔应提供运单副本；如由收货人索赔应提供运单或运单副本。

(2)货物部分灭失、毁损或腐坏时，发货人或收货人都应提供运单和铁路交给收货人的商务记录。

(3)货物逾期到达，收货人索赔时应提供运单。

(4)铁路多收运送费用时，发货人或收货人都按其已交付的运费提出索赔金额并须提供运单。在我国，发货人可不提供运单，但收货人必须提供运单。

关于运送费用和损失的索赔应在 9 个月内提出；关于逾期运达的索赔应在 2 个月内提出。自提出索赔之日起，铁路部门必须在 6 个月内给予审理并答复索赔人。凡超过时效的索赔无效并不得提起诉讼。我国国务院批准的《铁路货物运输合同实施细则》第 22 条规定，承运人同托运人或收货人相互间要求赔偿或退补费用的时效期限为 180 日。

【同步案例 4-1】　　　　　铁路货物运输索赔

某石油公司通过铁路发运 400 吨柴油，同时向某保险公司投保了货损险。收货人在到达站提货时，发现柴油短少 41.2 吨（价款 116 548 元）。到达站为此出具了货运记录，证实该批柴油中途被盗。该石油公司向保险公司提出赔付申请，保险公司依据保险合同的约定赔付了 116 548 元保险金。保险公司依据《保险法》的有关规定，向承运人行使追偿权。因双方协商无果，保险公司于 7 个月后向铁路专门法院提起诉讼，请求承运人偿付 116 548 元的货物损失。

请对本案例作出分析。

案例精析

【同步思考 4-1】　　　铁路集装箱办理作业流程

符合集装箱运输条件的,可以按集装箱运输。使用集装箱运输的货物,每箱不得超过集装箱最大载重量。承运后发现超载,对超载部分按规定核收违约金。每批必须是同一箱型,至少一箱,最多不得超过铁路一辆货车能装运的箱数,且集装箱总重之和不得超过货车的允许载重量,单件货物重量超过 100 千克时,应在货物运单上注明。铁路集装箱办理作业流程如图 4-5 所示。

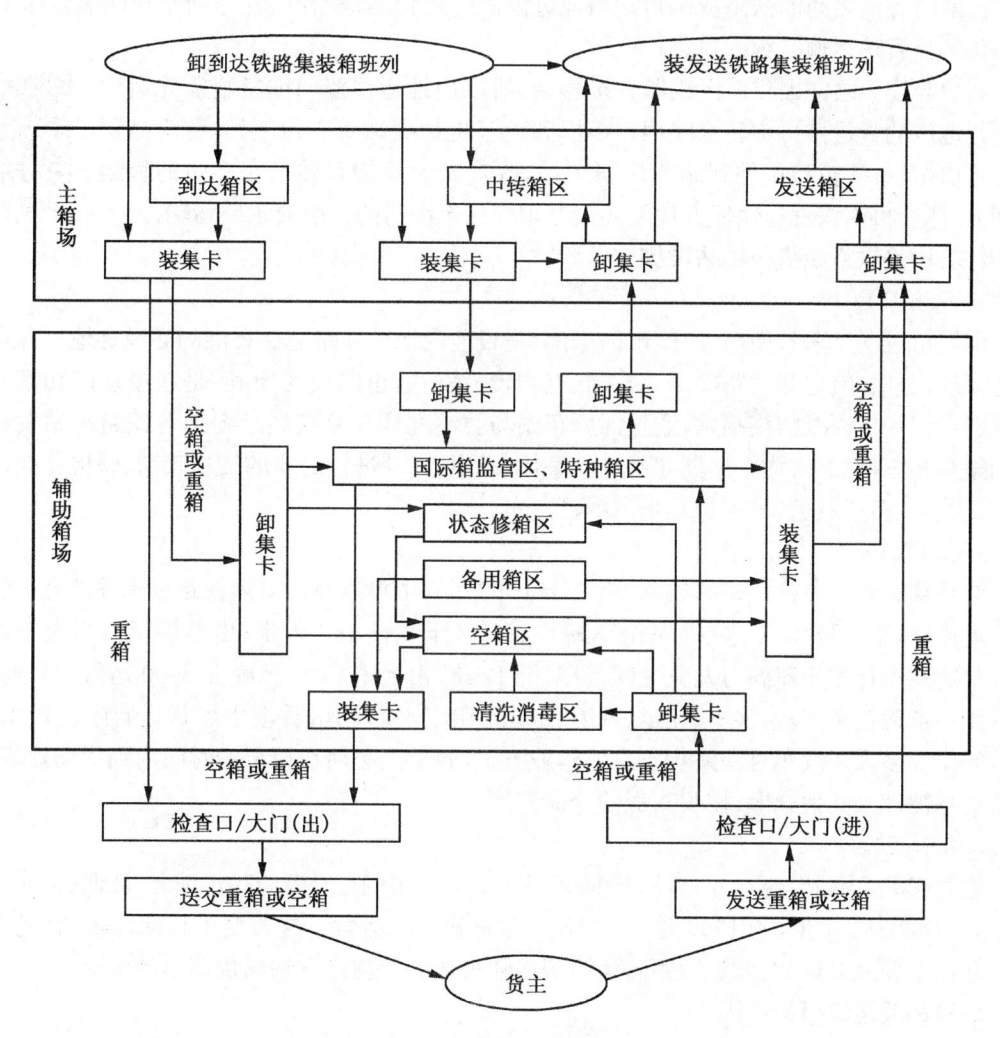

图 4-5　铁路集装箱办理作业流程

任务三　对港、澳地区的铁路货物运输

一、内地对港、澳地区铁路货运业务基础

(一)内地对港、澳地区铁路货运的方式

内地与香港之间的铁路货运包括内地进港铁路货物运输、利用九龙回空车辆装运进口货物和集装箱直达运输三种方式。

内地与澳门之间因目前无铁路直接相通,所以内地运往澳门的货物需先运输至广州地区的货运站再中转至澳门。零担和整车货物到站为广州南站,危险品到站为吉山站,集装箱和快件到站为广州车站,收货人为发货人委托在广州的货运代理人,然后再由该货运代理人代委托人办理广州至澳门的公路或水路运输。

(二)相关铁路线路与场站设施

1. 深圳口岸

深圳市位于广东省南部,广州市的东南,是目前内地经陆路通往香港的必经之地。深圳市设有海运、公路、航空和铁路口岸,海、陆、空均较为发达,市内交通便利,是连接京广和京九两大铁路干线的广深线的终端站,通过深圳车站与香港九广铁路接轨。内地各铁路车站发往香港的整车和零担货车,均在深圳北站进行解体、编组,以及进行必要的货物装卸、联检作业。深圳北站共 40 多条股道,可容纳车辆 700 辆左右。

2. 九广铁路

它是从香港九龙到广州的铁路,全长 181 千米,其中香港地区境内铁路也称香港九广铁路或香港铁路,干线长 34 千米(九龙至罗湖),广东区干线长 147 千米(由罗湖至广州火车站)。现有货物列车行驶于罗湖与九龙之间,日对开 12 班,由上午 8:00 至晚上 8:00 运行。目前,港段铁路的货运业务,包括接货、托运、调度、组织装卸、交货,均由香港中旅货运有限公司承包。其装卸作业多采用汽车对铁路货车直取作业方式,收货人必须在规定的时间内到货场提货,否则货物将被卸入其他仓库,核收高额的仓储费用。

3. 京九铁路

它北起北京西站,连接九龙,跨越北京、天津、河北、山东、河南、安徽、湖北、江西、广东省九省市,全长 2 381 千米,于 1997 年 5 月 18 日起正式开行运营。这改变了长期以来,香港与内地的联系主要靠海运和公路,远距离运输到内陆腹地的货物得不到畅快调运的状况。

(三)相关运输组织机构

相关运输组织机构主要有以下几个:
(1)香港中旅货运有限公司。
(2)广深铁路股份有限公司深圳北站。
(3)国际货运代理公司。
(4)中国粮油食品进出口总公司广州鲜活商品出口部深圳工作组。
(5)深圳铁路口岸联合办公室。

(四)对香港地区铁路运输费用

目前,对香港地区运输费用采用两段运输分别计算,即内地段铁路运输以人民币计算,港段铁路运输以港元计算。

1. 内地段铁路运杂费

根据中国铁路总公司的规定,广九线广深段各站与其他营业线各站互相间办理的货物运输,实行一票直通分段计费,且广九线广深段的货物运价,按正式营业线统一运价率增加50%计算。托运人由其他营业线各站托运发往广九线广深段各站的货物,在货物运单到站栏和铁路填发的货票到站栏,都应填记货物实际到站。发站只计算、核收至广州北站的运费,并在货物运单铁路记载事项栏记明"运费仅收至广州北站"字样。广州北站至到站运费以运费杂费收据向收货人核收。由广九线广深段各站发往其他营业线各站的货物,运费分段计算,由发站一次核收。

向香港地区发货时,发站只向发货人核收发站至广州北站的运费和杂费,而广州北站至深圳北站间的运费及杂费,在深圳向收货人核收。由香港向内地发货时,内地段运费分段计算,在深圳北站一次向发货人核收。

除以上铁路运费之外,还包括深圳口岸所发生的货车租用费、货物装卸费、调车费、中转费、劳务费等。

2. 港段铁路运费杂费

港段铁路的费率按香港九广铁路公司货运通告1991年第1号"货主自负毁损责任之货物运费率"计算。该规定将货物分成一般杂货(细分为5个等级,每一大类再按零担、整车定出不同运费率)、集装箱、牲口、邮政运输、行李及其他特殊货物5类,并制定了不同的运费率,同时又规定了每种货类下的最低运费额。

港段铁路杂费与劳务费包括终点站费、装卸费、国际集装箱加固费和吊箱费、港段调车费、港段劳务费等。

二、内地运往港、澳的铁路货运实务

(一)对香港地区的铁路运输

对香港地区的铁路运输是由大陆段和港九段两部分铁路运输组成。也就是出口单位在发送地车站将货物托运至深圳北站,收货人为深圳外运公司。货车到达深圳北站后,由深外运作为各地出口单位的代理向铁路租车过轨,交付租车费(租金从车到深圳之日起至车从香港返回深圳之日止,按车上标定的吨位,每天每吨若干元人民币)并办理出口报关等手续。

经海关放行过轨后,由香港的"中国旅行社有限公司"(以下简称"中旅")作为深外运在港代理,由其在港段罗湖车站向港九铁路另行起票托运至九龙,货到九龙站后由中旅负责卸货并交给收货人。

对香港地区铁路运输不同于国际联运,也不同于一般的国内运输,而是一种特定的运输方式,其有如下特点:

第一,区别于国际联运,也区别于国内运输,是一种独特的运输方式。

第二,国际铁路货物联运是以联运运单为运输合同,以联运运单副本作为结汇凭证,铁路作为承运人负责全程运输。

第三,对香港地区的铁路运输是按国内运输办理的,但又不是一般的国内运输,它的全过程分为两段,即内地段铁路运输和港段铁路运输,货车到达深圳后,要过轨至香港,继续运至九龙车站。内地铁路和香港铁路不办理直通联运,因此就形成了现行的这种运输方式:发送地以国内运输向铁路办理托运至深圳北站,收货人为深圳外运分公司,深圳外运分公司作为各外贸单位的代理与铁路办理租车手续,并付给租车费,然后租车去香港,货车过轨后,香港中旅则作为深圳外运分公司的代理在香港段重新起票托运至九龙。

由此可见,对香港地区的铁路运输的特点是"租车方式,两票运输"。国内运单不能作为对外结汇的凭证,目前,由各地外运公司以运输承运人的身份向外贸单位提供经深圳中转香港货物的"承运货物收据",作为向银行结汇的凭证。

(二)对澳门地区的铁路运输

出口单位或货代在发送地车站将货物托运至广州,整车到广州南站新风码头42道专用线,零担到广州南站,危险品零担到广州吉山站,集装箱和快件到广州车站,收货人均为广东省外运公司。货到广州后由省外运公司办理水路中转将货物运往澳门,货到澳门后由南光集团的运输部负责接货并交付收货人。

(三)内地运往香港地区的铁路货运业务流程

目前,发货单位委托货运代理的方式主要有两种:一种是各发货单位自行办理制单、发运,仅委托深圳外运公司负责接货、报关查验、过轨等中转运输手续及在发货地签署"承运货物收据"(深圳外运公司委托内地外运公司代为签发"承运货物收据");另一种是各发货单位向当地外运公司委托,将货物及单证资料全部交由外运公司负责,再由当地外运公司统一向深圳外运公司办理委托手续。以下仅探讨发货人全权委托当地外运公司办理运输的方式。

1. 始发站外运公司应办理的发送作业及其流程

始发站发送作业包括运输计划提报与审批、货物装车与发运、预寄单证、取得国内段铁路货运单、签发承运货物收据、发送起运信息、更正信息(如果需要更正的话)等业务环节。

2. 深圳口岸外运应办理的中转作业及其流程

深圳口岸中转作业包括深圳外运公司向中旅货运公司送达发货预告及委托书、做好接车准备、向中旅货运公司预报过轨车辆、与车站办理票据交接和租车、货物预报关及报关、联检放行、对未通过联检货物的处理、车站验收交接等业务环节。

3. 香港段中旅货运应办理的接卸作业及其流程

香港段接卸作业包括中旅货运公司转委托并做好接货准备、向香港海关报关及向港段铁路部门办理托运手续、跟车押运、货交收货人等业务环节。

4. 供应港、澳地区鲜活、冷冻商品三趟快运货物列车及其特点

供应港、澳地区鲜活、冷冻商品三趟快运货物列车(以下简称"三趟快车"),始于1962年3月,三趟快车是指运行在经济发达的中南、华东地区,其运行线路集中在京广、沪杭、浙赣三条主要干线上的8751、8753和8755次货物列车。

8751次快运货物列车,每逢单日由武汉江岸始发,逢双日由长沙东始发,承担湖北、湖南两省供应港、澳地区商品的运输。

8753次快运货物列车,每日由上海新龙华始发,承担江苏、上海、浙江和江西等省市供应港、澳地区商品的运输。

8755次快运货物列车,每日由郑州北始发,承担河南省及东北、华北、西北地区经郑州中转的供应港、澳地区商品的运输。

【视野拓展4-2】 对香港地区铁路货物运输的主要单证

1. 供港货物委托书。这是发货人转运、报关、接货的依据和委托承运的依据,也是发货人核算运输费用的凭证。该委托书一式五份,要求在发运前预寄。

2. 出口货物报关单。这是向海关申报的依据,一式两份。来料加工、进料加工及补偿贸

易货物的单据,一式三份,还要随报关单附上合同副本。同时,根据信用证、寄发商检证、文物出口证明书、许可证等。

3. 起运信息。这是货物发往深圳的提醒,促使深圳口岸和驻港机构做好接运准备;同时,它还可以作为补做单证的依据。起运信息不是可有可无的资料,没有起运信息,就无法抽单配证、申请报验,香港中旅货运有限公司也不能提前通知收货人办理赎单手续。

4. 承运货物收据。这是由各地外运公司以货物代理的身份向外贸公司签发,负责发站至香港的全程运输,是向银行结汇的凭证。它相当于国际联运单副本,代表货物所有权,是香港收货人的提货凭证。

5. 铁路运单。这是发货人与铁路部门办理由发货点至深圳北站间的国内段运输合同,因仅限国内段,所以不起提单的作用。

三、香港运往内地的铁路货运实务

(一)货物类别

从香港进口的货物大多可从深圳铁路进口。对于整车货物可利用回空车辆从深圳口岸陆运进口;对于同一到站的零担货物,在到站没有海关的情况下,可在深圳办理报关后以直达零担车运送。其他零担货物、危险品和阔大货物,须预先商定后方可办理。活畜禽和猪的产品(包括生猪肉、皮骨、鬃毛、原肠等),因港段条件限制暂不能承运。

(二)运输方式

从香港进口货物所采用的运输方式主要有以下两种:

(1)在九龙车站装整车或拼装到站,经深圳原车过轨,由深圳外运公司代运直达内地目的站;

(2)在九龙车站以铁路包裹(快件)托运,在罗湖桥办理交接,由深圳外运公司分拨或以包裹、零担、邮件等方式运往内地目的地。

四、内地与香港特区间铁路集装箱运输实务

(一)内地与香港特区间铁路集装箱运输的业务特点

内地与香港九龙间的铁路集装箱货物运输既不同于国内铁路集装箱货物运输,也不同于国际铁路集装箱联运,应根据《内地—九龙集装箱直达快运列车运输办法》中的规定予以处理。与前述非铁路集装箱货物运输相比,内地与香港九龙间的铁路集装箱货物运输具有以下两个显著特点:

(1)在运输单据上,使用中铁集装箱运输中心(以下简称"中铁")印制的"中铁集装箱运输中心联运提单"取代货物运单;

(2)在运输组织上,改变了普通货物的"租车方式,两票运输"方式,采取在指定办理站之间"一票直达"的方式。

(二)缮制中铁联运提单时应注意的问题

1994年,随着中铁和香港九广铁路公司联合经营的郑州—武汉—香港集装箱直达快运列车的开通,为加强对内地—九龙集装箱直达快运列车的运输经营管理,中铁印制了"中铁集装箱运输中心联运提单",以取代货物运单。根据铁道部《内地—九龙集装箱直达快运列车运输办法》《中铁集装箱运输中心联运提单填制办法》的规定,"中铁集装箱运输中心联运提单"(以下简称"中铁提单")是承运人与托运人之间办理集装箱货物联运,货物被接收后签订的运输合同。

"中铁提单"如图4—6所示。它分为正本提单和副本提单。正本提单根据托运人要求的

份数，签署完毕后全部交还托运人。副本提单在单程运输时有两联：一联是带海关联的副本，填记发站所在地海关记载事项，随车同行，在深圳转关时，巡岗海关将海关部分留存后，副本提单随车继续运输至到站，交付后到站存档；另一联由发站承运人留存。往返运输另加一份副本提单，到站承运人存档，保证原箱按期返回；原箱返回时，另重新填制提单，不再收取费用。在口岸办理报关和报验手续的集装箱运输，使用带海关联的副本提单。

缮制提单时应注意以下几点：

（1）提单不允许做大的修改，小的修改不得超过 3 处，其修改内容需要承运人加盖修改章证明。如修改提单是由于托运人错误地填写集装箱订单造成的，承运人应要求托运人在集装箱订单修改内容上盖章证明。

（2）"收货人或指示"栏，目的地是香港的填写收货人的名称、地址、电话或指示；在香港转口的填写负责在香港转口业务代理人的名称、地址和电话。

托运人： Shipper			B/L No. 中铁集装箱运输中心 CHINA RAILWAY CONTAINER TRANSPORT CENTER 北　京 BEIJING 联运提单 COMBINED TRANSPORT BILL OF LADING
收货人或指示： Consignee or Order			
被通知人： Notify Party			
发货地点 Place of Receipt	发货日期 Date of Departure		
发站 Station of Loading	车号 Wagon No.		已收到本提单载明的运输货物，状态良好，否则需特别声明。 承运者根据本联运提单的条款： (1)负责本提单中指明的发货地至交付地之间的全程运输； (2)承担本联运提单中所注的运输责任，并必须收到有背书的正本联运提单一份以换取提货单。 RECEIVED the goods in apparent good order and condition as specified below unless otherwise stated herein. The Carrier in accordance with the provisions contained in this document. 1)undertakes to perform or to procure the performance of the entire transport from the place at which the goods are taken in charge to the place designated for delivery in this document. 2)assumes liability as prescribed in this document for such transport. One of the Bills of lading must be surrendered duly indorsed in exchange for the goods or delivery order.
到站 Station of Discharge	交货地点 Place of Delivery	运费支付地 Freight Payable at	正本提单份数 Number of Original B(s)/L
门到门 d/d☐　站到站 s/s☐　门到站 d/s☐　站到门 s/d☐　单程重/空 single L/E☐ 往返重/空 return L/E☐　空/重 E/L☐　重/重 L/L☐			添附文件 Documents Attached
标志/ 集装箱号码 Marks/ Container No.	箱型/ 包装种类 Type/Kind of Packages	箱型/件数 Number of Containers/ Packages	货物品名 Description of Goods　　封印号码 Seal No.　　毛重(千克) Gross Weight (Kgs)　　尺码(立方米) Measurement (Cbn)

正　本
ORIGINAL
以上细目由托运人提供 Above Particulars Finished by Shipper

续表

托运人： Shipper		B/L No. 中铁集装箱运输中心 CHINA RAILWAY CONTAINER TRANSPORT CENTER 北　京 BEIJING 联运提单 COMBINED TRANSPORT BILL OF LADING
收货人或指示： Consignee or Order		
被通知人： Notify Party		
发货地点 Place of Receipt	发货日期 Date of Departure	
发站 Station of Loading	车号 Wagon No.	已收到本提单载明的运输货物，状态良好，否则需特别声明。承运者根据本联运提单的条款： (1)负责本提单中指明的发货地至交付地之间的全程运输； (2)承担本联运提单中所注的运输责任，并必须收到有背书的正本联运提单一份以换取提货单。 RECEIVED the goods in apparent good order and condition as specified below unless otherwise stated herein. The Carrier in accordance with the provisions contained in this document. 1)undertakes to perform or to procure the performance of the entire transport from the place at which the goods are taken in charge to the place designated for delivery in this document. 2)assumes liability as prescribed in this document for such transport. One of the Bills of lading must be surrendered duly indorsed in exchange for the goods or delivery order.
运费和费用 Freight and Charges		证明：关于上述说明的正本提单份数已经签字，若其中一份已执行，其余无效。 IN WITNESS where of the number of Original Bills of Lading stated above have been signed, one of which being accomplished, the other(s)to be void.
		签发地点和日期 Place and Date of Issue
备注 Remarks		代表承运人签字 Signed for or on Behalf of the Carrier 　　　　　　　　　　　　代理 　　　　　　　　　　　　As Agents

图 4—6　中铁提单

(3)"交货地点"栏，运费支付至葵涌的，填写葵涌；运费支付至九龙的，不必填写。

(4)"发站"必须是内地—九龙集装箱直达快运列车的办理站，且名称填写要完整。

(5)"到站"栏填写"九龙"。

(6)内地发往九龙的集装箱，运费可以预付，也可以到付，但九龙发往内地的集装箱不允许到付。

基础训练

一、单项选择题

1. 国际铁路联运中对于零担货物的重量以不超过( )千克为限。
   A. 2 000　　　　B. 3 000　　　　C. 4 000　　　　D. 5 000

2. 俄罗斯、哈萨克斯坦等独联体国家,以及蒙古国等国家的铁路采用( )形式支付过境费用。
   A. 只能由发货人通过代理支付　　　B. 可以由收货人通过代理支付
   C. 只能由收货人通过代理支付　　　D. 托运人代收

3. 下列属于运输合同凭证的是( )。
   A. 运行报单　　　B. 运单正本　　　C. 运单副本　　　D. 货物交付单

4. 内地对港、澳地区的铁路货运方式中,其中对澳门的货物从发站运输至( )的货运站再中转至澳门。
   A. 上海　　　　B. 深圳　　　　C. 珠海　　　　D. 广州

5. 过境费用的计收仍按《国际货协》的规定,通过铁路予以结算的制度是( )。
   A. 铁路结算制　　B. 代理结算制　　C. 佣金结算制　　D. 委托结算制

二、多项选择题

1. 根据发货人托运货物的数量、性质、体积、状态等条件,国际铁路联运办理的种别分别为( )。
   A. 整车　　　　B. 零担　　　　C. 大吨位集装箱　　D. 散货车

2. 国际铁路联运运单包括( )。
   A. 货物到达通知单　B. 运单正本　　C. 运行报单　　D. 货物交付单

3. 国际铁路联运费用由( )构成。
   A. 过境路运送费用　B. 发送路运送运费　C. 到达路运送费用　D. 中转路运送运费

4. 内地对香港地区铁路货运的方式有( )。
   A. 目前无铁路直接相通　　　　B. 内地进港铁路货物运输
   C. 利用九龙回空车辆装运进口货物　D. 集装箱直达运输

5. 港段铁路杂费与劳务费包括( )。
   A. 终点站费　　　　　　　　B. 装卸费
   C. 国际集装箱加固费和吊箱费　　D. 港段调车费、港段劳务费

三、简述题

1. 简述国际铁路货物联运运单的特点。
2. 简述国际铁路联运运单的构成与流转过程。
3. 简述国际铁路联运货物进出口实务流程。
4. 简述缮制中铁联运提单时应注意的问题。
5. 简述内地运往香港的铁路货运业务流程。

四、技能案例

【案例背景】

我国某外贸公司进口一批零部件,经俄罗斯办理零担铁路货运入境。货物在我国国内到站后,外贸公司提货时发现运单中记载的货物发生部分短少,于是该公司拒绝收货并拒绝支付到达路段的运费。

【技能思考】

结合本项目内容,分析该收货人的做法是否正确?为什么?

五、计算题

甲国有5个车辆的整车货物随旅客列车挂运途经我国运往乙国,已知车辆标重为16吨,按过境里程和运价等级,该货物在"统一货价"中的基本运价率为6美元/吨,而根据运价里程和运价等级查得该货物在我国国内的运价率折合美元为7美元/吨。若两个运价的计费重量均为货车标重,我国应向甲国发货人收取多少运费?

综合实训

【实训项目】

铁路运输运到逾期罚款的计算。

【实训情境】

保加利亚瓦尔纳港口站于2020年9月10日以慢运整车承运一批机器30吨,经由鲁塞东/翁格内、后贝加尔/满洲里国境站,于2020年11月18日到达北京东站。已知逾期铁路的运费为10 000瑞士法郎。

【实训任务】

根据本项目的内容,分析这批货物是否会逾期?如果逾期,应向收货人支付逾期罚款是多少?

项目五

国际航空货物运输

○ **知识目标**

　　理解：国际航空货物运输基础知识。
　　熟知：航空货物运价与运费、航空货运单。
　　掌握：国际航空货运代理业务流程。

○ **技能目标**

　　掌握国际航运货物运输的基础知识,具备缮制航空运单的能力;能够计算航空运费。

○ **素质目标**

　　运用所学的理论与实务知识研究相关案例,培养和提高在特定业务情境下分析问题与决策设计的能力;能结合教学内容,依照职业道德与企业伦理的"行业规范与标准",分析行为的善恶,强化职业道德素质。

○ **项目引例**

　　2021年3月,苏州A货运代理公司空运部接受货主的委托,将一台重12千克的红外线测距仪从苏州空运至香港。该批货物价值6万余元人民币,但货物"声明价值"栏未填写。A货运代理公司按照正常的业务程序向货主签发了航空分运单,并按普通货物的空运费率收取了运费。由于苏州无直达香港的航班,空运货物一般是在上海办理中转。为此,A货运代理公司委托香港B货运代理公司驻上海办事处办理中转业务。由于航空公司的工作疏忽,致使该货物在上海至香港的运输途中遗失。

　　根据以上案情,请回答如下问题:

　　(1) A货运代理公司和B货运代理公司的法律地位是怎样的?它们是否应对货物遗失承担责任?

　　(2) 本案是否适用《国际航空货运公约》?为什么?

　　(3) 货主认为应按货物的实际价值进行赔偿的主张是否有法律依据,为什么?

　　引例分析:

　　(1) A货运代理公司是集运商,B货运代理公司是A货运代理公司的代理人,对承运人航空公司而言,他们是托运人,他们对货物遗失不承担责任。

　　(2) 适用《国际航空货运公约》。因为货物从苏州运至香港属于国际运输。

　　(3) 没有法律依据。因为货物"声明价值"栏未填写,即未办理声明价值并支付声明价值附加费,所以航空公司按普通货物赔偿,最高限额为每千克20美元。

○ 知识精讲

任务一　国际航空货物运输概述

一、国际航空货物运输的发展

1903年,美国莱特兄弟成功制造出世界上第一架飞机,这是一架装有16马力4气缸发动机的双翼飞机,人类从此开始进入航空时代。第二次世界大战前,最初的飞机仅用于运送邮件,后来逐渐发展为载运货物和旅客。法国于1909年率先创办商业航空运输,随后英国、美国、德国等也相继开办。航空运输作为一种国际贸易货物运输方式是在第二次世界大战以后才出现的。由于航空运输具有速度快、航线不受地形条件限制、安全准确和手续简便等优点,使其在开辟新市场、适应市场需要与变化、及时调整运力等方面具有其他运输方式难以比拟的优越性。因此,自问世以来,其发展十分迅速,在整个国际贸易货物运输方式中所占的地位日益显著,航空货物的周转量也在稳步增长,尤其是近些年来,航空货物运输的发展非常迅速。

二、我国民航业的发展

我国民航业发展至今,历经了四个阶段。

(一)民航业开始筹建,实行军事化管理时期(1949~1978年)

1949年11月2日,中共中央政治局会议决定,在人民革命军事委员会下设中国民用航空局,受空军指导。1958年2月27日,中国民用航空局划归交通部领导。1960年11月17日,中国民用航空局改称"交通部民用航空总局"。1962年4月13日,第二届全国人民代表大会常务委员会第五十三次会议决定将"交通部民用航空总局"改称"中国民用航空总局"。1962年4月15日,中央决定将中国民用航空总局由交通部属改为国务院直属局,其业务工作、党政工作、干部人事工作等均直归空军负责管理。在这一时期,民航业由于领导体制几经改变,航空运输发展受政治、经济影响较大。1955年1月开辟了中苏航线,1956年开辟了缅甸航线,接着又开辟了朝鲜、越南、蒙古国、老挝、柬埔寨等国航线。1974年后,先后开辟了东京、大阪、卡拉奇、巴黎、长崎、曼谷等地航线。

(二)民航业走企业化道路,逐步放松市场进入时期(1978~1987年)

1978年10月9日,邓小平同志指示民航要用经济观点管理。1980年2月14日,邓小平同志指出:"民航一定要企业化。"当年3月5日,中国政府决定民航脱离军队建制,把中国民航局从隶属于空军改为国务院直属机构,实行企业化管理。这段时期中国民航局是政企合一,既是主管民航事务的政府部门,又是以"中国民航"名义直接经营航空运输、通用航空业务的全国性企业,下设北京、上海、广州、成都、兰州(后迁至西安)、沈阳6个地区管理局。1980年后又建立了通航纽约、旧金山、伦敦、悉尼、墨尔本等地的航线。从1982年开始,国家对民航业实行全行业财务承包,对地方管理局实行利润包干。紧接着,国家放松了对民航业的市场准入。1984年,第一家股份制地方航空公司——厦门航空成立,拉开了地方兴办航空企业的序幕。随后,全国先后兴办数十家地方航空公司和机场。

(三)民航业全面进行体制改革,开始实行市场化经营机制时期(1987~2002年)

1987年,中国政府决定对民航业进行以航空公司与机场分设为特征的体制改革。首先,组建了6个国家骨干航空公司——中国国际航空公司、中国东方航空公司、中国南方航空公司、中国西南航空公司、中国西北航空公司、中国北方航空公司。其次,组建了民航华北、华东、中南、西南、西北和东北6个地区管理局。地区管理局既是管理地区民航事务的政府部门,又是企业,它们负责领导管理各民航省(区、市)局和机场。最后,航空运输服务保障系统也按专业化分工的要求相应进行了改革,组建了中国航空油料总公司、中国航空器材公司和航空结算中心等。

(四)我国民航业体制改革取得重大突破(2002年至今)

主要内容包括:重组运输航空公司,机场实行属地管理,改革空中交通管理体制,改组民航服务保障企业,改革民航行政管理体制,改革民航公安体制。按照《民航体制改革方案》,民航体制改革之后,民航局作为国务院主管全国民航事务的直属机构,不再代行对六大集团公司和下属机场的国有资产所有者职能,主要承担民用航空的安全管理、市场管理、空中交通管理、宏观调控及对外关系等方面的职能。2020年1月6日,中国民用航空局对外公布了2019年的运行数据,民航全行业营业收入1.06万亿元,比2018年增长5.4%,其中,旅客运输量6.6亿人次,货物运输量超过750万吨。

三、航空运输的特点

(一)运送速度快

飞机的巡航速度已接近音速,而且可以飞两点之间的直线距离,故航空运输具有较高的运送速度,适合鲜活易腐和季节性商品、精密贵重物品与小件急需物资的运输。另外,航空运输还是国际多式联运的重要组成部分,在国际物流中发挥着越来越重要的作用。

(二)不受地面条件影响,空间跨度大

航空运输利用天空作为自然通道,不受地理条件的限制,能跨越高山和大洋,并能深入内陆城市,使具有机场的城市与世界相连,对外的辐射面扩大。

(三)安全、准确

与其他运输方式相比,航空运输的安全性高,风险率约为三百万分之一。因为航空运输管理制度完善、操作规范严格,所以货运事故和货损都比较少。

(四)节约包装、保险和利息等费用

由于采用航空运输方式,货物在途时间短、周转速度快,企业存货可以相应减少。这一方面有利于企业资金回收,减少利息支出;另一方面企业仓储费用也可以降低。同时,由于航空货物运输安全准确、货损货差少,保险费用较低,与其他运输方式相比,航空运输的包装简单,包装成本降低,使得企业经营成本下降、收益增加。此外,由于航空运输速度快、货物周转期短、货损货差少,因此可以减少货物的包装、保险和利息等方面的费用。

由于航空货运的运输费用较其他运输方式高,不适合低价值货物;航空运载工具——飞机——舱容有限,对大件货物或大批量货物的运输有一定的限制;飞机飞行安全容易受恶劣气候影响等。但总的来讲,随着新兴技术得到更广泛的应用,产品更趋向薄、轻、短、小、高价值,相关人士更重视运输的及时性、可靠性,航空货运将会有更大的发展空间。

四、国际航空货物运输组织

(一)国际民用航空组织(International Civil Aviation Organization, ICAO)

国际民用航空组织是政府间的国际航空机构。它是根据1944年芝加哥《国际民用航空公约》设立的,是联合国所属专门机构之一,成立于1947年4月4

日,总部设在加拿大的蒙特利尔。该组织的宗旨为发展国际航行的原则和技术,促进国际航空运输的规划和发展,发展安全而有效的国际航空运输事业,使之用于和平目的;制定国际空中航行原则;促进各国民航事业的安全化、正规化和高效化;鼓励民航业的发展,满足世界人民对空中运输的需求;保证缔约国的权利受到充分尊重,使各缔约国享有经营国际航线的均等机会。我国是该组织成员,也是理事国。

(二)国际航空运输协会(International Air Transport Association,IATA)

国际航空运输协会简称国际航协,是各国航空运输企业之间的组织,其会员包括全世界100多个国家和地区中经营国际、国内定期航班的航空公司。国际航协于1945年4月16日在古巴哈瓦那成立,目前下设公共关系、法律、技术、运输、财务、政府和行业事务6个部门。其主要宗旨为促进安全、正常和经济的航空运输以造福于世界各族人民,培植航空商业并研究与其有关的问题,为直接或间接从事国际航空运输服务的各航空运输企业提供协作途径等。中国内地共有13家航空公司已经成为国际航协会员公司。

国际航协的活动主要包括以下内容:
(1)协商制定国际航空客货运价;
(2)统一国际航空运输规章制度;
(3)通过清算所,统一结算各会员间以及会员与非会员间联运业务账目;
(4)开展业务代理;
(5)进行技术合作;
(6)协助各会员公司改善机场布局和程序、标准,以提高机场运营效率等。

(三)国际货运代理协会联合会(International Federation of Freight Forwarders Associations,FIATA)

国际货运代理协会联合会(FIATA)于1926年成立,总部设在瑞士苏黎世,是一个非营利性的国际货运代理行业组织,目的是保障全球货运代理的利益并促进行业发展。FIATA下设若干委员会,如海运、铁路运输、公路运输、航空运输、职业培训等委员会,其中航空运输委员会是唯一的永久性机构。

我国对外贸易运输总公司作为国家级会员的身份,于1985年加入该组织。2000年9月,中国国际货运代理协会成立,次年作为国家级会员加入FIATA。我国台湾地区和香港特别行政区都是区域性会员,台湾地区以"中国台北"的名称在FIATA登记注册。目前,我国内地有20多个个体会员,香港特别行政区有105个,台湾地区有48个。

五、关于国际航空货物运输的三个国际公约

目前,调整国际航空货物运输关系的国际公约主要有以下三个:
(1)《统一国际航空运输某些规则的公约》(简称《华沙公约》),1929年在华沙签订,自1933年2月13日起生效。我国于1958年加入该公约。
(2)《修改1929年统一国际航空运输某些规则的公约的议定书》(简称《海牙议定书》),签订于1955年9月,自1963年8月1日起生效。我国于1975年加入该议定书。
(3)《统一非缔约承运人所办国际航空运输某些规则以补充华沙公约的公约》(简称《瓜达拉哈拉公约》),签订于1961年,自1964年5月1日起生效。我国未加入该公约。

六、航空运输的基础知识

(一)航空港

航空港是航空运输的经停点,也称航空站或者机场,是飞机起飞、降落、停放及组织、保障飞机活动的场所。

航空港按照所处的位置分为干线航空港和支线航空港。航空港按照业务范围分为国际航空港和国内航空港,其中国际航空港需经政府核准,可以用来供国际航线的航空器起降营运,空港内配有海关、移民、检疫和卫生机构;而国内航空港仅供国内航线的航空器使用,除特殊情况外,不对外国航空器开放。

通常来讲,航空港内一般配有以下设施:跑道、停机坪、指挥塔(或管制塔)、助航系统、输油系统、维护修理基地、货运站、其他各种公共设施。

【视野拓展5-1】　　　　　　　机场等级

机场跑道长度和宽度是衡量飞行区能满足多重多宽的飞机起降的关键参数。国际民用航空组织规定,采用机场跑道长度和能起降的飞机的类型相结合的方法来划分机场飞行区的等级,即根据民用机场跑道的长度,从小到大分为1、2、3、4四个等级;根据飞机能起降的最大飞机的翼展和主起落架外轮外侧间的距离,从小到大分为A、B、C、D、E、F六个等级。

等级	跑道长度	翼展	轮距
4F级	>1 800米	≥60米	9～14米
4E级	>1 800米	52～60米	9～14米
		(不含60米,下同)	
4D级	>1 800米	36～52米	9～14米
4C级	>1 800米	24～36米	6～9米
3C级	1 200～1 800米	24～36米	6～9米
2B级	800～1 200米	5～24米	4.5～6米

我国大部分对外开放机场的飞行区等级在4D以上,北京首都、上海虹桥、上海浦东、深圳宝安、成都双流、西安咸阳、乌鲁木齐地窝堡等机场都拥有4E或4F级飞行区。

【视野拓展5-2】　　　　　　　世界和我国主要机场

一、世界主要机场

1. 法国戴高乐机场:是世界最大的机场之一,设计高峰容量为每小时起降班机150架次。
2. 德国法兰克福国际机场:是德国最大的机场,也是欧洲空中交通枢纽之一和国际航班的重要集散地,连接世界110多个国际航线。
3. 美国肯尼迪国际机场:是美国的主要国际机场,也是全世界最大的机场之一。
4. 美国芝加哥机场:是国际上最繁忙的机场之一,平均不到3分钟就有一架航班起降。它也是美国联合航空公司的总部。
5. 伦敦希思罗机场:是英国最大的航空港,也是世界大型航空港之一,建有3条跑道,可供大型飞机起降。
6. 新加坡樟宜机场:是新加坡航空公司的基地。

7. 东京羽田机场：又称东京国际航空港，是亚洲主要航运枢纽。

二、我国主要机场

1. 北京首都国际机场：不仅是中国首都北京的空中门户和对外交往的窗口，而且是中国民用航空网络的辐射中心。它是拥有三座航站楼、两条4E级跑道、一条4F级跑道的大型机场。

2. 上海浦东国际机场：共有两条长4 000米、宽60米的4F级跑道，一条4E级跑道，两座航站楼，机场货运区规划目标为年货运吞吐量420万吨，是上海空港的重要组成部分。

3. 上海虹桥国际机场：拥有一条4E级和一条长3 300米、宽60米的4F级跑道，两座航站楼，已开通了到达91个国内外城市的航班。

4. 香港国际机场：世界重要国际机场之一，是国泰航空、港龙航空、香港航空、香港快运航空、华民航空及甘泉航空的基地机场，2018年旅客吞吐量突破7 000万人次。

5. 天津滨海国际机场：是北京首都国际机场的固定备降机场和分流机场，也是中国主要的航空货运中心之一。

6. 广州新白云机场：是国内三大航空枢纽机场之一，已开通航线110多条，通达国内外100多个城市。

7. 大连周水子机场：已成为国家一级民用国际机场，是国内主要干线机场和国际定期航班机场之一。

8. 沈阳桃仙国际机场：国家一级干线机场，是东北地区航空运输枢纽。

9. 昆明巫家坝国际机场：位于昆明东南部，是中国最重要的国际口岸机场之一，中国西南地区门户枢纽机场。

10. 乌鲁木齐地窝堡国际机场：是中国五大门户机场之一，也是我国西部重要的枢纽机场，有国外航线14条，与北京、上海、广州、香港、伊斯兰堡、莫斯科等60个大中城市通航。

11. 台湾桃园国际机场：又称中正国际航空站，位于台湾地区桃园市大园区。它是台湾地区最大、最繁忙的机场，也是台湾地区主要的货运吞吐以及旅客出入的国际机场。

(二)航空器

航空器是指任何可以借助空气的反作用而在大气层中进行可控飞行的机器。这里主要是指飞机。现代飞机载量大，超音速，飞行高度可达万米以上。其结构包括机身、机翼、操纵装置、起落装置和推进装置。

按照用途的不同，飞机可分为客机、全货机和客货混合机。客机主要运送旅客，一般行李装在飞机的底舱。到目前为止，航空运输仍以客运为主，客运航班密度高、收益大，所以大多数航空公司采用客机运送货物。不足的是，由于舱位少，每次运送的货物数量十分有限。全货机运量大，可以弥补客机的不足，但经营成本高，只限在某些货源充足的航线使用。客货混合机可以同时在主甲板运送旅客和货物，并根据需要调整运输安排，是最具灵活性的一种机型。

航空运输货物主要是装载在机舱部位。日常操作中，除全货机外，一般均为上舱载客、底舱装货。货舱内一般不适宜运输需低温保存的动植物、古董等。

(三)集装设备

航空运输中的集装设备(Unit Load Devices, ULD)主要是指为提高运输效率而采用的托盘、集装箱等成组装载设备。为使用这些设施，飞机的甲板和货舱都设置了与之配套的固定系统。

由于航空运输的特殊性，这些集装设备无论是外形构造还是技术性能指标都具有自身的特点。主要的航空集装箱有 AMA 箱、AAU 箱、AMF 箱和 AKE 箱。不同的航空集装箱有不同的规格,适用于不同的机型。

(四)航线

飞机的空中航行路线称为航空交通线,简称航线。航线不仅确定了飞机飞行的具体方向、起讫与经停点,而且根据空中交通管制的需要,规定了宽度(一般为 15 米)和飞行高度,以维护空中交通秩序,保证飞行安全。所以,航线是以空中走廊形式划定的飞行管制区。航线按飞越区域分为国际航线和国内航线。

(五)航班

飞机由始发站起飞按照规定的航线经过经停站至终点站做运输飞行称为航班。航班分为去程航班和回程航班。班次是指在单位时间内(通常用一个星期计算)飞行的班数,包括去程和回程。在机型不变的情况下,班次增多表明提供的运输能力增强。班次是根据客观需要和主观能力来确定的。按照一定的方法给各个航班编排不同的号码,前面再加上航空公司的英文两字母代码(例如,CA 表示国航、JL 表示日航)组成航班号以示区别和处理业务。

七、国际航空货物运输当事人

在国际航空货物运输运作的各环节中,所涉及的相关当事人主要有发货人、航空公司、航空货运代理公司、地面运输公司和收货人等。下面主要介绍航空公司和航空货运代理公司。

(一)航空公司

航空公司又称承运人,它必须拥有飞机,从事航空运输(包括客运、货运)以及接受办理与其能力相适应的航空运输业务。其主要任务是把所接受委托的客、货,按指定要求从一机场运往另一机场。

(二)航空货运代理公司

航空货运代理公司又称空运代理人,其工作是整个航空货物运输链中不可或缺的一个重要环节。由于空运货物一般价值高、时间紧,如处理不当,会造成损失,因此货主往往委托空运代理人办理相关的手续事宜。

空运代理人主要从事航空货物在始发站交航空公司之前的揽货、接货、报关、订舱,以及在目的地从航空公司处接货、报关或送货等一系列业务。这就需要空运代理人拥有相当广泛的产品知识,了解相关的规定和所需的单证,熟悉货物运载的要求及航运中转点的手续,以及有关货运管理费、理赔、报验、许可证、税收等方面的知识,还必须及时掌握相关法规的变动要求。

根据 IATA 规定,空运代理人可从航空公司收取订舱佣金(5%)和运价回扣。按航空公司发布的运价费率代发货人交付运费,并向发货人收取所提供的相关服务的手续费。

(三)当事人责任划分

在航空货物运输中,各有关当事人的责任划分如图 5-1 所示。

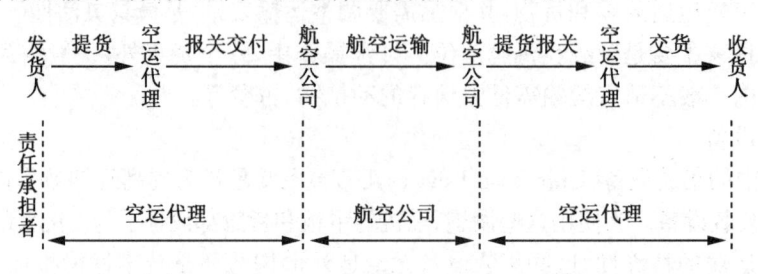

图 5-1 当事人责任划分

航空公司与空运代理之间职责分明,并存共茂。航空公司通过空运代理接揽货物,增加运量,延伸服务功能;空运代理则通过航空公司将货物按委托人指令运送至收(发)货人,是航空公司与收(发)货人之间联系的纽带。

八、国际航空运输主要航线

(1)西欧—北美间的北大西洋航空线:主要连接巴黎、伦敦、法兰克福、纽约、芝加哥、蒙特利尔等航空枢纽。

(2)西欧—中东—远东航空线:连接西欧各主要机场至香港、上海、北京、东京、首尔等机场,并途经雅典、开罗、德黑兰、卡拉奇、新德里、曼谷、新加坡等航空站。

(3)远东—北美间的北太平洋航线:这是北京、上海、香港、广州、东京等机场经北太平洋上空至北美西海岸的温哥华、西雅图、旧金山、洛杉矶等机场的航空线,并可延伸至北美东海岸的机场。

九、国际航空货物运输经营方式

(一)班机运输

班机运输是指在固定的开航时间,固定的航线,固定的始发站、目的港和途经站的飞机运输方式。一般航空公司使用客货混合型飞机,一方面搭载旅客,另一方面又运送少量货物。但一些较大的航空公司在一些航线上开辟定期的货运航班,使用全货机运输。

航空班机运输的特点有以下两个:

(1)班机由于固定航线、固定停靠港和定期时间,所以采用班机运输货物可以比较容易掌握货物的起运和到达时间,并能安全迅速地到达世界上各通航地点,使贸易合同的履行较有保障。因此多数贸易商首选班机货运形式,特别是对市场上急需的商品、鲜活易腐货物以及精密、贵重商品(包括高档奢侈品)的运送一般采用班机运输方式。

(2)班机运输一般是客货混载,因此货舱舱位有限,不能使大批量的货物及时出运,往往需要分期分批运输。这是班机运输的不足之处。

(二)包机运输

包机运输的优点有很多,在空运旺季可以缓解航班紧张状况,解决班机舱位不足的问题,特别是可解决批量海鲜、活动物的运输问题。同时,能弥补没有直达航班的不足,且不用中转,减少货损、货差或丢失的现象。货物全部由包机一次运出,能节省时间和简化多次发货的手续。包机运输方式可分为整机包机和部分包机两种。

1. 整机包机

整机包机即包租整架飞机,是指航空公司按照与租机人事先约定的条件及费用,将整架飞机租给包机人,从一个或几个航空港装运货物至目的地,适合大批量货物的运输。

整机包机的要求:包机人一般要在货物装运前一个月与航空公司联系,以便航空公司安排运载和向起降机场及有关政府部门申请、办理过境或入境的有关手续。

整机包机的费用:一次一议,随国际市场供求情况变化。原则上,包机运费是按每一飞行千米固定费率核收费用,并按每一飞行千米费用的80%收取空放费。因此,大批量货物使用包机时,要争取来回程都有货载,这样比较划算。如果只使用单程,运费就比较高。

2. 部分包机

部分包机即由几家航空货运公司或发货人联合包租一架飞机或者由航空公司将一架飞机的舱位分别提供给几家航空货运公司装载货物。部分包机运用于托运不足一整架飞机舱位,但货量又较重的货物运输(通常为 1 吨以上)。

部分包机与班机的比较如下:

(1)由于航线的起止点和中途停靠点以及起飞时间都可以由承租飞机的双方议定,所以部分包机在形式上更具灵活性。

(2)由于部分包机可使飞机的实载率比较高,飞行时间也可见缝插针,因此运输费用比班机运输低。

(3)运输时间比班机长,尽管部分包机事先也议定好开航时间,但往往也需要等待其他货主备齐货物;也可能由于货源不足,而等待新的运输货物,不能按时起飞。

各国政府为了保护本国航空公司利益常对从事包机业务的外国航空公司实行各种限制,如包机的活动范围有限、降落地点受到限制等。

(三)集中托运

集中托运是指航空货运代理公司将若干批单独发运的货物组成一整批,向航空公司办理托运,采用一份航空总运单集中发运到同一目的站,由集中托运人在目的地指定的代理人负责收货、报关,再根据集中托运人签发的航空分运单分拨给各实际收货人的运输方式。航空代理公司对货物的全程运输责任,这是航空货运代理的主要业务之一。航空运费的费率随托运货物数量增加而降低,故集中托运可争取到比较低廉的运价,是航空货物运输中最为普遍的一种运输方式。

集中托运适用于普通货物,对于等级运价的货物,如贵重物品、危险品、活动物以及文物和外交信袋等不能办理集中托运。由于在集中托运的情况下,货物的出运时间不能确定,所以不适合易腐烂变质的货物、紧急货物或其他对时间要求高的货物的运输。

(四)航空快递

航空快递是指由专门经营航空快递业务的企业与航空公司合作,向货主提供快速投递服务的运输方式。

航空快递的收件范围主要有文件和包裹两大类。其中,文件主要是指商业文件和各种印刷品,对于包裹一般要求毛重不超过 32 千克(含 32 千克)或外包装单边不超过 102 厘米、三边相加不超过 175 厘米。近年来,随着航空运输行业竞争更加激烈,快递公司为了吸引更多的客户,对包裹大小的要求趋于放松。

航空快递的特点有以下四个:

(1)速度快。航空快递自诞生之日起就强调快速的服务,速度被视为整个行业的生存之本。一般洲际快件运送在 1~5 天内完成,区域内部只要 1~3 天。这样的运送速度无论是传统的航空货运还是邮政运输,都是不易达到的。

(2)安全、可靠。因为在航空快递形式下,快件运送自始至终是在同一公司内部完成,各分公司操作规程相同,服务标准也基本相同,而且同一公司内部信息交流更加方便,对客户的高价值、易破损货物的保护也更加妥帖,所以运输的安全性、可靠性也更高。

(3)方便。确切地说,航空快递不只涉及航空运输一种运输形式,更像陆空联运。通过将服务由机场延伸至客户的仓库、办公桌,航空快递真正实现了"门(桌)到门(桌)"服务,方便了客户。此外,航空快递公司对一般包裹代为清关,针对不断发展的电子网络技术又率先采用了EDI(电子数据交换)报关系统,为客户提供了更为便捷的网上服务,计算机跟踪查询系统也为有特殊需求的客户带来了极大的便利。

(4)航空快递的局限性。航空快递服务所覆盖的范围不如邮政服务广泛,所以各航空快递公司的运送网络基本是那些商业发达、对外交流多的地区。

航空快递的主要业务形式有以下几种:
(1)"门(桌)到门(桌)"。这是航空快递公司最常见的一种服务形式。首先由发件人在需要时电话通知航空快递公司,航空快递公司接到通知后派人上门取件;其次将所有收到的快件集中到一起,根据其目的地分拣、整理、制单、报关,发往世界各地;最后到达目的地后,由当地的分公司办理清关、提货手续,并送至收件人手中。在这期间,客户还可依靠航空快递公司的计算机网络随时对快件(主要是指包裹)的位置进行查询。快件送达之后,航空快递公司也可以及时通过计算机网络将消息回馈给发件人。
(2)"门(桌)到机场"。与前一种服务方式相比,"门(桌)到机场"的服务是指快件到达目的地机场后不是由航空快递公司去办理清关、提货手续并送达收件人的手中,而是由航空快递公司通知收件人自己去办理相关手续。采用这种方式的多是海关当局有特殊规定的货物或物品。
(3)专人派送。这是指由航空快递公司指派专人携带快件在最短时间内将快件直接送到收件人手中。这种方式一般很少采用。
以上三种服务形式相比,"门(桌)到机场"形式对客户来讲比较麻烦,专人派送最可靠、最安全,费用也最高。而"门(桌)到门(桌)"的服务介于上述两者之间,适合绝大多数快件的运送。

任务二　国际航空货运代理实务

空运代理除了提供订舱、租机、制单、代理包装、代刷标记、报关和报验、业务咨询等传统代理业务之外,还提供以下服务:集中托运业务、提供机场至机场之外的地面运输服务、多式联运服务。国际航空货运代理的业务流程有国际货物运输的出口业务流程和进口业务流程。

一、国际航空托运条件

货物托运人办理航空货物托运手续时应做到以下方面:
(1)填写"航空货物委托书"。托运货物时,必须详细如实填写"航空货物委托书"。不同性质的航空货物,其运输条件不同,则应分别填写"航空货物委托书"。
(2)提供有效证明文件。如托运政府限制托运的货物,需要在托运前办妥各项有效的证明文件,并在托运时明示。
(3)托运的货物中不准夹带禁止运输和限制运输的物品、危险品、贵重物品、现钞、证券等。
(4)活体动物等必须提前办理订妥舱位,选择直达航班且到达时间避开周末或节假日。
对货物的包装应做到以下方面:
(1)包装能保证在运输途中货物不致散失、渗漏、损坏或污染飞机设备和其他物件。凡国家主管机关规定有标准包装的货物,则应按国家标准包装。
(2)托运人应在每件货物上标明发站、到站及收货人、发货人的姓名和地址。
(3)每件货物均应粘贴或拴挂货物标签,如发货人利用旧包装,则必须除去原包装上的所有残旧标志。
(4)货物不能使用有屑的包装材料,如麻布、草包等,也不能用麻绳、草绳作为捆扎材料。

二、国际航空货物出口运输代理业务程序

(一)市场销售

国际航空货物运输销售代理销售的产品是航空公司的舱位,承揽货物处于整个航空货

出口运输代理业务程序的核心地位。在具体操作时,需及时向出口单位介绍业务范围、服务项目、各项收费标准,特别是向出口单位介绍优惠运价和服务优势等。发货人发货时,首先需要填写委托书,并加盖公章,作为货主委托代理承办航空货运出口货物的依据。国际货物托运书是一份重要的法律文件,航空货运代理公司根据委托书要求办理出口手续,并据以结算费用。

(二)委托运输

托运单(Shipper's Letter of Instruction,SLI)是托运人用于委托承运人或其代理人填写航空货运单的一种表单。该表单上列有填制货运单所需各项内容,并应印有授权承运人或其代理人代其在货运单上签字的文字说明。货运单应该由托运人填写,也可以由承运人或其代理人代为填写,目前我国货运单均由承运人或其代理人代为填制。在接受托运人委托后、单证操作前,货运代理公司的指定人员对托运书进行审核。主要审核其价格是否能接受、预定航班是否可行等信息,审核人员必须在托运书上签名并对日期进行确认。

(三)审核单证

单证的种类和内容应该包括以下方面:

(1)发票、装箱单:发票上应有公司公章、应标明价格术语和货价。

(2)托运书:一定要注明目的港名称或目的港所在城市、货物毛重、收发货人及其联系方式,明确运费是预付还是到付,还要有托运人签名。

(3)报关单:注明经营单位注册号、贸易性质、收汇方式,并要求在申报单位处加盖公章。

(4)许可证:注明合同号、出口口岸、贸易国别、有效期,一定要符合要求并与其他单据相符。

(5)商检证书:商检证、商检放行单、盖有商检放行章的报关单均可。商检证上应有海关放行联字样。

(6)进料/来料加工核销本。

(7)索赔/返修协议:要求提供正本,要求合同双方盖章或者签字。

(8)到付保函:凡到付运费的货物,发货人都应提供到付保函。

(9)关封。

【同步思考5-1】

某托运人想从北京往马来西亚吉隆坡运一批水银温度计。

请问:

(1)收运这批水银温度计应参照哪本手册进行操作?

(2)托运人应提交哪些资料?

(3)运输时应遵照哪些原则?

理解要点:

(1)收运这批水银温度计应参照"危险物品手册"进行操作。

(2)危险品申报单、货运单。

(3)运输时应遵照预检查、方向性、轻拿轻放、固定货物防止滑动原则。

(四)预配舱和预订舱

代理人汇总所接受的委托和客户的预报信息,制订预配舱方案,并对每票货配上运单号。代理人根据预配舱方案,按航班、日期打印出总运单号、件数、重量、体积,向航空公司预订舱。

(五)接受单证和填制货运单

接受托运人或其代理人送交的已经审核确认的托运书及报关单证和收货凭证,制作操作交接单。接到移交来的交接单、托运书、总运单、分运单、报关单证,进行分运单、总运单直单、拼总运单的填制。总运单上的运费填制按所适用的公布运价,并注意是否可以用较高重量点的运价;分运单上的运费和其他费用按托运书和交接单的要求进行。总运单下有几份分运单时,需制作航空货物清单,最后制作空运出口业务日报表供制作标签用。

(六)接收货物

接收货物是指航空货运代理公司把即将发运的货物从发货人手中接过来并运送到自己的仓库。接收货物时应对货物进行过磅和丈量,并根据发票、装箱单或送货单清点货物,核对货物的数量、品名、合同号和唛头等是否与货运单上的内容一致。

(七)标记和标签

标记是在货物外包装上由托运人书写的有关事项和记号,包括托运人、收货人的姓名、地址、联系电话、传真、合同号以及操作注意事项。标签是说明货物储运注意事项的各类标志。标签按作用来分,可分为以下几种:①识别标签:说明货物的货运单号码、件数、重量、始发站、目的站、中转站的一种运输标志。②特种货物标签:说明特种货物性质的各类识别标志,又可以分为活动物标签、危险品标签和鲜活易腐品标签。③操作标签:说明货物储运注意事项的标签,如易碎、不可倒置等。标签按类别来分,可分为航空公司标签和分标签两种。一件货物贴一张航空公司标签,有分运单的货物,每件再贴一张分标签。

(八)配舱和订舱

配舱时需要对已经入库的货物核对件数、重量、体积与托运书上预报信息是否相符。对晚到、未到货物以及未顺利通关放行的货物按实际情况进行调整处理,为制作仓单作准备。订舱就是将所收运货物向航空公司申请并预订舱位,预定的舱位有时会由于货物、单证、海关通关等原因导致最终舱位不够或者空舱,如发生此类情况应该及时进行调整和补救。

(九)出口报关

出口报关是指发货人或其代理人在货物发运前,向出境地海关办理货物出口手续的过程。

(十)出仓单和提板箱

制订配舱方案后可以编制出仓单。出仓单交给出口仓库,用于出库计划,出库时点数并向装板箱环节交接。出仓单交给装板箱环节是向出口仓库提取货物的重要程序。货物的交接环节是从装板箱环节收货和制作"国际货物交接清单"的重要程序,该清单用于向航空公司交接货物、外拼箱和报关环节。根据订舱计划向航空公司申领板、箱并办理相应的手续,提板、箱时,应领取相应的塑料薄膜和网。同时,对所使用的板、箱要登记和销号。

(十一)签单和交接发运

货运单在海关盖放行章后还需要到航空公司签单,主要审核运价适用和货物性质是否符合航空公司的规定。航空公司的地面代理公司规定,只有签单确认后才允许将单、货交给航空公司。交接是向航空公司交单和交货,由航空公司安排航空运输。

(十二)航班跟踪和信息服务

货运代理要对客户提供航班跟踪服务,将航班取消、延误、溢载、故障、改机型、错运、中转等信息及时反馈给客户,便于及时对不正常情况作出计划调整。所谓信息服务,就是指货运代理要为客户提供多方面信息,如订舱信息、审单及报关信息、仓库收货信息、交运称重信息、一程及二程航班信息、集中托运信息、单证信息等。

(十三)费用结算

费用结算主要涉及货运代理人与发货人、货运代理人与承运人、货运代理人与国外代理人进行结算。发货人结算费用,如果运费预付,则加收航空运费、地面运输费、各种服务费和手续费;承运人结算费用包括向承运人支付运费和利润分成,同时收取代理佣金;国外代理结算主要涉及运费和利润分成。

三、国际航空货物进口运输代理业务程序

航空货物进口运输代理业务程序包括:代理预报、交接运单与货物、货物仓储、整理运单、发出到货通知、进口报关、收费与发货、送货上门及货物转运等业务内容。其中,对于交接运单与货物、收费与发货等业务,航空公司有关业务人员应重点做好下列工作。

(一)交接运单与货物

航空公司的地面代理公司向货物代理公司交接的有:国际货物交接清单、主货运单与随机文件、货物。

(二)发放货物

发放货物包括:①对于分批到达货物,待货物全部到齐后,方可通知货主提货。如果部分货物到达,货主要求提货,有关货运部门则收回原提货单,出具分批到达提货单,待后续货物到达后,再通知货主再次提取。②属于航空公司责任的破损、短缺,应由航空公司签发商务记录。③属于货物运输代理公司责任的破损、短缺,应由代理公司签发商务记录。④对属于货物运输代理公司责任的货物破损事项,应尽可能协同货主、商检单位立即在仓库做商品检验,确定货损程度,避免后续运输中加剧货物损坏。

(三)收取费用

货物运输代理公司在发放货物前,应先将有关费用收齐。收费内容包括:到付运费及垫付款、垫付费;单证、报关费;海关、动植检疫、卫生检验等代收代付费用;仓储费;等等。

【同步案例5-1】　　　　航空运输进口案例操作

杭州ABC进口公司从德国汉堡订购了一批机器设备,委托某货代公司将该批设备通过航空运输运到上海,再经由上海运至杭州,并指定要在杭州口岸办理清关手续。

问题:货物运输代理在操作本业务时应如何处理以下两个问题:
(1)货物空运到达上海后,应采取何种方式运抵杭州?
(2)要办理这种运输,必须具备哪些条件?

任务三　国际航空货物运价与运费

一、航空运输区划

由于航空运输具有一定程度上的垄断色彩,因此与运费有关的各项规章制度、运费水平都是由国际航协统一协调制定的。在充分考虑了世界上不同国家和地区的社会经济、贸易发展水平以后,国际航协将全球分为三个区域,简称为航协区(Traffic Conference Areas IATA),每个航协区又分成几个亚区。由于航协区的划分主要是从航空运输业务的角度考虑,依据的是不同地区的经济、社会和商业条件,因此同我们熟悉的世界行政区划分有所不同。其中:

一区(TC1):包括北美、中美、南美、格陵兰、百慕大和夏威夷群岛。

二区(TC2)：由整个欧洲大陆(包括俄罗斯的欧洲部分)及毗邻岛屿,冰岛,亚速尔群岛,非洲大陆及毗邻岛屿,亚洲的伊朗以及伊朗以西的地区组成。该区也是同我们所熟知的政治地理区划差异最大的一个区。它主要有以下3个亚区：

(1)非洲区：含非洲大多数国家和地区,但非洲北部的摩洛哥、阿尔及利亚、突尼斯、埃及和苏丹不包括在内。

(2)欧洲区：包括欧洲国家和摩洛哥、阿尔及利亚、突尼斯3个非洲国家,以及土耳其(既包括欧洲部分,也包括亚洲部分)和俄罗斯(仅包括欧洲部分)。

(3)中东区：包括巴林、塞浦路斯、埃及、伊朗、伊拉克、以色列、约旦、科威特、黎巴嫩、阿曼、卡塔尔、沙特阿拉伯、苏丹、叙利亚、阿联酋、也门等。

三区(TC3)：由整个亚洲大陆及毗邻岛屿(已包括在二区的部分除外)、澳大利亚、新西兰及毗邻岛屿,太平洋岛屿(已包括在一区的部分除外)组成。它主要有以下4个亚区。

(1)南亚次大陆区：包括阿富汗、印度、巴基斯坦、斯里兰卡等南亚国家。

(2)东南亚区：包括中国、东南亚诸国、蒙古国、俄罗斯亚洲部分及土库曼斯坦等独联体国家,以及密克罗尼西亚等群岛地区。

(3)西南太平洋洲区：包括澳大利亚、新西兰、所罗门群岛等。

(4)日本、朝鲜区：包括日本、韩国和朝鲜。

二、航空运费的相关概念

(一)计费重量

计费重量(Chargeable Weight)是指用以计算货物航空运费的重量。货物的计费重量可以是货物的实际毛重,可以是货物的体积重量,也可以是较高重量分界点的重量。国际航协规定,国际货物的计费重量以0.5千克为最小单位,重量尾数不足0.5千克的,按照0.5千克计算;0.5千克以上、不足1千克的,按照1千克计算。

(1)实际毛重(Actual Gross Weight)。包括货物包装在内的货物重量,称为货物的实际毛重。

(2)体积重量(Volume Weight)。按照国际航协的规则,将货物的体积按一定比例折合成的重量,称为体积重量。

不论货物的形状是否为规则的长方体或正方体,计算货物体积时,均应以最长、最宽、最高的三边的厘米长度计算。长、宽、高的小数部分按四舍五入取整,体积重量的折算,换算标准为每6 000立方厘米折合1千克。凡重量1千克、体积超过6 000立方厘米或366立方英寸的均为轻泡货物。轻泡货物以体积重量(Measurement Weight)作为计费重量。

体积重量

(3)计费重量。一般来说,采用货物的实际毛重与货物的体积重量两者比较取高者。

(二)有关的运价和费用

(1)航空运价(Rate)又称费率,是指承运人对所运输的每一重量单位货物(千克或磅)所收取的自始发地机场至目的地机场的航空费用,不包括承运人、代理人或机场收取的其他费用。

(2)航空运费(Weight Charge),是指航空公司将一票货物自始发地机场运至目的地机场所应收取的航空运输费用。该费用根据每票货物(使用同一份航空货运单的货物)所适用的运价和货物的计费重量计算而得。

(3)最低运费(Minimum Charge)又称起码运费,是指一票货物自始发地机场至目的地机场航空运费的最低限额,是航空公司办理一票货物所能接受的最低限额。

(4) 其他费用(Other Charges)，是指由承运人、代理人或其他部门收取的与航空货物运输有关的费用。在组织一票货物自始发地至目的地运输的全过程中，除了航空运输费外的地面运输、仓储、制单、国际货物的清关等环节的服务部门所收取的费用。

(三) 货物的声明价值

在《华沙公约》中，规定了最高赔偿责任限额，该限额一般理解为每千克 20 美元或每磅 9.07 英镑或其他等值货币。

$$声明价值费 = (货物价值 - 货物毛重 \times 20 \text{ 美元/千克}) \times 声明价值费的费率$$

声明价值费的费率通常为 0.5%。

【同步思考 5-2】 一批设备从曼谷空运至上海，无锡中转，3 件货物重 105 千克，计费重量共 132 千克。从曼谷运往上海采用的是飞机运输，转运无锡时，使用卡车运输，但在高速公路上，不幸发生车祸，设备全部损坏。航空公司是否应赔偿？为什么？赔偿额是多少？

分析提示：(1) 航空公司应该赔偿。(2) 此批货物属于国际运输，根据《华沙公约》第十八条第一款"对于交付运输的行李或货物因毁灭、遗失或损坏而产生的损失，如果造成这种损失的事故发生在航空运输期间，承运人应负责任"。航空运输期间是指行李或货物在承运人保管的期间，不论是在航空站内、在航空器上还是在航空站外降停的任何地点。此票货物的损害虽然是在高速公路上发生的，但是在承运人的保管期间。(3) 航空公司应赔偿 20 美元 × 105 千克 = 3 560 美元。

三、航空运价及其计算

(一) 一般货物运价(General Cargo Rates, GCR)

一般货物运价即普通货物运价，是使用最为广泛的一种运价。当一批货物不能适用特种货物运价，也不属于等级货物时，就应该适用一般货物运价。

运价的分类有以下几种：

(1) 45 千克(100 磅)以下，运价类别代号为 N(Normal Rates)；

(2) 45 千克以上(含 45 千克)，运价类别代号为 Q(Quantity Rate)；

(3) 45 千克以上的可分为 100、200、250、300、500、1 000、2 000 千克等多个收费重量分界点，但运价类代号仍以 Q 表示。

普通货物运价的计算步骤如下：

(1) 计算计费重量。

(2) 找出适用运价。

(3) 计算航空运费：航空运费 = 计费重量 × 适用运价。

(4) 当计费重量接近下一个较高重量分界点时，按照较高重量分界点的较低价计算航空运费，然后与适用运价计算的运费进行比较，取低者(注意最低运费)。

(5) 填制货运单的运费计算栏。

【做中学 5-1】

根据以下资料计算运费：

Routing: BEIJING, CHINA (BJS) TO TOKYO, JAPAN (TYO)

Commodity: MACHINEERY

Gross Weight：2 PIECES EACH 18.9KGS

Dimensions：2 PIECES 70CM×47CM×35CM×2

公布运价如下：

BEIJING	CN		BJS
Y. RENMINBI	CNY		KGS
TOKYO	JP	M	230.00
		N	37.51
		45	28.13

解：(1)按实际重量计算运费：

体积重量：70CM×47CM×35CM×2÷6 000＝38.38KGS≈38.5KGS

实际毛重：37.8KGS≈38KGS

计费重量：38.5KGS

按 N 运价计算：38.5×37.51＝1 444.135CNY

(2)采用较高重量分界点的较低运价计算运费：

计费重量：45KGS

运费计算：45×28.13＝1 265.85CNY

(1)与(2)比较，取运费较低者，因此航空运费为 1 265.85CNY。

值得注意的是，当一批货物采用上述方法计算的航空运费低于货物运费的起码运费 M 时，货物的起码运费 M 即为该批货的航空运费。

(二)等级货物运价(Class Rates；Commodity Classification Rates，CCR)

等级货物运价是指适用于指定地区内部或地区之间的少数货物运输。(代号 S)

适用等级货物运价的货物通常有：①活动物、活动物的集装箱和笼子；②贵重物品；③尸体或骨灰；④报纸、杂志、书籍、商品目录、盲人和聋哑人专用设备和书籍等出版物；⑤作为货物托运的行李。

其中，①～③项通常在普通货物运价基础上增加一定百分比；④～⑤项在普通货物运价的基础上减少一定百分比。

【做中学5－2】

根据以下资料计算运费。

Routing：Beijing, CHINA(BJS) TO VANCOUVER, CANADA(YVR)

Commodity：PANDA

Gross Weight：400KGS

Dimensions：150CM×130CM×120CM

公布运价如下：

BEIJING	CN		BJS
Y. RENMINBI	CNY		KGS
VANCOUVER	CA	M	420.00
		N	59.61

续表

	45	45.68
	100	41.81
	300	38.79
	500	35.77

解：查找活动物运价表，从北京到温哥华，属于自三区运往一区，运价的构成形式是"150% of Application GCR"。

(1)按查找的运价构成形式来计算。

体积重量：150CM×130CM×120CM÷6 000＝390KGS

实际毛重：400KGS

计费重量：400KGS

适合运价：S 150% of Application GCR，即 38.79×150%＝58.19(CNY/KG)

航空运费：400×58.19＝23 276CNY

(2)计费重量已经接近下一个较高重量点500KGS，用较高重量点的较低运价计算。

计费重量：500KGS

适合运价：S 150% of Application GCR，即 35.77×150%＝53.66CNY/KG

航空运费：500×53.66＝26 830CNY

对比以上两种运费，取运费较低者，因此航空运费为 23 276CNY。

(三)指定商品运价(Specific Commodity Rates，SCR)

指定商品运价通常是承运人根据在某一航线上经常运输某一种类货物的托运人的请求，或为促进某地区间某一种类货物的运输，经国际航空运输协会同意所提供的优惠运价。

对于一些批量大、季节性强、单位价值小的货物，航空公司可建立指定商品运价，运价优惠幅度不限，报民航局批准执行。(代号 C)

指定商品运价的计算步骤如下：

(1)查运价表，如果始发地至目的地之间有公布的指定商品运价，则考虑使用 SCR。

(2)查 TACT Books，找出指定商品的编号。

(3)计算计费重量。

(4)计算运费。

如果计算重量大于 SCR 最低重量，则优先使用 SCR，运费＝计费重量×SCR。

如果计费重量小于 SCR 最低重量，则需要比较：按 GCR 计算运费，运费＝计算重量×GCR；按 SCR 计算运费，运费＝SCR 最低重量×SCR。取二者中低者为最后运费。

【做中学 5-3】

根据以下资料计算运费：

Routing：SHANGHAI, CHINA (SHA) TO OSAKA, JAPAN (OSA)

Commodity：FRESH APPLES

Gross Weight：5 PIECES EACH 65.2KGS

Dimensions：5 PIECES 102CM×44CM×25CM×5

公布运价如下：

SHANGHAI	CN		SHA
Y. RENMINBI	CNY		KGS
OSAKA	JP	M	230.00
		N	37.51
		45	28.13
	0008	300	18.80
	0300	500	20.61

解：体积重量：102CM×44CM×25CM×5÷6 000＝93.5KGS
实际毛重：65.2×5≈326KGS
计费重量：326KGS
按指定商品运价得知：SCR 0008/Q300，即 18.80CNY/KG
航空运费：326×18.80＝6 128.80CNY

（四）集中托运货物运价

集中托运货物也称混运货物，是指使用同一份货运单运输的货物中，包含有不同运价、不同运输条件的货物。

1. 申报方式与计算规则

（1）申报整批货物的总重量或总体积。

计算规则：将混运的货物视为一种货物，对其总重量确定为一个计费重量。运价采用适用的普通货物运价。

（2）分别申报每一类货物的件数、重量、体积及货物品名。

计算规则：按不同种类货物适用的运价与其相应的计费重量分别计算运费。

注明：如果混运货物使用一个外包装将所有货物合并运输，则该包装物的运费按混运货物中运价最高的货物运价计收。

2. 声明价值

混运货物只能按整票（整批）货物办理声明价值，不得办理部分货物的声明价值，或办理两种以上的声明价值。所以，混运货物声明价值费的计算应按整票货物总的毛重来进行。

3. 最低运费

混运货物的最低运费，按整票货物计收。即无论是分别申报还是不分别申报的混运货物，都按其运费计算方法得到的运费与起止地点间的最低收费标准比较，取高者。

【做中学 5－4】
Routing：BEIJING, CHINA（BJS）TO OSAKA, JAPAN（OSA）
Commodity：BOOKS AND HANDICRAFT AND FRESH APPLE
Gross Weight：100KGS AND 42KGS AND 80KGS
Dimensions：4 PIECES 70CM×47CM×35CM AND
　　　　　　 1 PIECES 100CM×60CM×42CM AND

2 PIECES 90CM×70CM×32CM

公布运价如下：

BEIJING	CN		BJS
Y. RENMINBI	CNY		KGS
OSAKA	JP	M	230.00
		N	37.51
		45	28.13
	0008	300	18.80
	0300	500	20.61
	1093	100	18.43
	2195	500	18.80

解：先把这票货物作为一个整体计算运费，再按分别申报计算运费，两者比较取低者。

1. 总体申报

总毛重：100.0KGS+42.0KGS+80.0KGS=222.0KGS

体积重量：70CM×47CM×35CM×4+100CM×60CM×42CM×1+90CM×70CM×32CM×2=1 115 800CM^3/6 000KGS=185.96KGS≈186.0KGS

计费重量：222.0KGS

适用税率：GCR Q 28.13 CNY/KG

航空运费：222.0×28.13=6 244.86CNY

2. 分别申报

(1) BOOKS：

体积重量：70CM×47CM×35CM×4=460 600CM^3÷6 000KGS=76.77KGS≈77.0KGS

计费重量：100.0KGS

适用税率：R 50% of Normal GCR；50%×37.51CNY/KG=18.76CNY/KG

航空运费：100.0×18.76=1 876.00CNY

(2) HANDICRAFT：

体积重量：100CM×60CM×42CM×1=252 000CM^3÷6 000KGS=42.0KGS

计费重量：42.0KGS

适用税率：GCR N 37.51CNY/KG

航空运费：42.0×37.51=1 575.42CNY

(3) APPLE(FRESH)：

体积重量：90CM×70CM×32CM×2=403 200CM^3÷6 000KGS=67.5KGS

计费重量：80.0KGS

适用税率：GCR N 28.13CNY/KG

航空运费：80.0×28.13=2 250.40CNY

三种运费相加：1 876.00CNY+1 575.42CNY+2 250.40CNY=5 701.82CNY

对比总体申报运费和分别申报运费，取低者，即运费为5 701.82CNY。

任务四　航空货运单

一、航空货运单的概念和作用

(一)航空货运单的概念

航空货运单(Airway Bill),简称航空运单,是指承运人与托运人之间签订的运输合同,也是承运人或其代理人签发的货物收据。航空运单不仅有承运人或其代理人签字,而且有托运人签字。航空运单与铁路运单一样,不是物权凭证,不能凭此单提取货物,必须是记名抬头,不能背书转让。收货人凭航空公司的到货通知单和有关证明提货。航空运单与海运提单类似,也有正面、背面条款之分。

(二)航空运单的作用

1. 航空运单是发货人与航空承运人之间的运输合同

与海运提单不同,航空运单不仅证明航空运输合同的存在,而且航空运单本身就是发货人与航空运输承运人之间缔结的货物运输合同,在双方共同签署后产生效力,并在货物到达目的地交付给运单上所记载的收货人后失效。

2. 航空运单是承运人签发的已接收货物的证明

航空运单也是货物收据,在发货人将货物发运后,承运人或其代理人就会将其中一份(即发货人联)交给发货人,作为已经接收货物的证明。除非另外注明,它是承运人收到货物并在良好条件下装运的证明。

3. 航空运单是承运人据以核收运费的账单

航空运单分别记载着属于收货人承担的费用,属于应支付给承运人的费用和应支付给代理人的费用,并详细列明费用的种类和金额,因此可作为运费账单和发票。承运人往往也将其中的承运人联作为记账凭证。

4. 航空运单是报关单证之一

出口时航空运单是报关单证之一。在货物到达目的地机场进行进口报关时,航空运单也通常是海关查验放行的基本单证。

5. 航空运单可作为保险证书

如果承运人承办保险或发货人要求承运人代办保险,则航空运单也可作为保险证书。

6. 航空运单是承运人内部业务的依据

航空运单随货同行,可以证明货物的身份。运单上载有有关该票货物发送、转运、交付的事项,承运人会据此对货物的运输作出相应安排。

【视野拓展5-3】　　　　　航空运单的一般规定

(1)航空运单一式十二联。填好后分别交托运人、代理人、承运人、目的地机场和航空公司使用或保管。

(2)航空运单由托运人填写,连同货物一起交承运人。一张运单只能用于一个托运人在同一时间、同一地点托运的货物。

(3)托运人应对航空货物运单上所填的关于货物的说明和声明的正确性负责。因航空运单上所填说明和声明不符合规定、不正确或不安全,给承运人或与承运人相关的其他人造成损失的，托运人应当承担赔偿责任。

(4)航空运单上航空公司代码规定。航空公司所使用的航空运单大多借鉴IATA(国际航空运输协会)所推荐的标准格式(中性运单)。每份航空运单都要有运单号，其中包含IATA统一编制的航空公司代码。货运单上的代码可方便托运人或其代理人查询货物的运输情况，也方便承运人组织运输。例如，中国国际航空公司的代码是999、中国东方航空的代码是781、中国南方航空的代码是784、中国西北航空的代码是783、香港航空的代码是288、全日空航空的代码是205、大韩航空的代码是180、美国航空的代码是001。

(5)航空运单的有效期规定。托运人和承运人在货单上签字后即开始生效；收货人在"交付单"上签字后，其运输使用有效期即告结束。作为运输合同的法律有效期可延期至目的地运输停止之日起两年内有效。

二、航空运单的种类

航空运单可分成航空主运单和航空运单两大类。

(一)航空主运单(Master Air Waybill, MAWB)

凡由航空运输公司签发的航空运单就称为主运单。它是航空运输公司据以办理货物运输和交付的依据，是航空公司和托运人订立的运输合同。每一批航空运输的货物都有自己相对应的航空主运单。

我国国际航空货运单由一式十二联组成，包括三联正本、六联副本和三联额外副本。航空货运单第一份(正本1，绿色)注明"交承运人"，由托运人签字、盖章，由承运人留存，作为记账凭证。第二份(正本2，粉红色)注明"交收货人"，随货同行，在目的地交收货人，作为核收货物的依据，由托运人和承运人签字、盖章。第三份(正本3，蓝色)由承运人在接收货物后签字、盖章，交给托运人，是承运人或其代理人接收货物的依据。副本4，浅黄色，提取货物收据。收货人提取货物时在此联签字，由承运人留存，作为货物已经交付收货人的凭证。副本5，白色，目的地机场留存。副本6，白色，给第三承运人。副本7，白色，给第二承运人。副本8，白色，给第一承运人。副本9，白色，给代理人，为代理人联(存根联)，由运单填置人留存备查。三联额外副本均为白色，供承运人使用。

(二)航空分运单(House Air Waybill, HAWB)

集中托运人在办理集中托运业务时签发的航空运单被称为航空分运单。在集中托运的情况下，除了航空运输公司签发主运单外，集中托运人还要签发航空分运单。

航空分运单是集中托运人与托运人之间的货物运输合同，而航空主运单是航空运输公司与集中托运人之间的货物运输合同，当事人则为集中托运人和航空运输公司。货主与航空运输公司没有直接的合同关系。

不仅如此，由于在起运地货物由集中托运人将货物交给航空运输公司，在目的地由集中托运人或其代理从航空运输公司处提取货物，再转交给收货人，因此货主与航空运输公司也没有直接的货物交接关系。

三、航空运单的缮制

航空运单的内容与海运提单类似，也有正面、背面条款之分，不同的航空公司也会有自己独特的航空运单格式。航运公司的运单可能千差万别，但各航空公司所使用的航空运单大多借鉴IATA所推荐的标准格式，差别并不大。所以本书仅介绍这种标准格式，也称中性运单。

有关需要填写的栏目说明如下：

(1) Shipper's Name and Address(托运人名称和地址)：填写托运人名称、地址、国家(或国家的二字代号)和联系电话等。IATA将其成员国国家名称用两个英文字母表示，城市名称用三个英文字母表示，即所谓的二字代号和三字代号。详细内容请见 TACT Rules 1.2(IATA Areas and City/Airport Codes)。

(2) Shipper's Account Number(托运人账号)：一般不填，除非第一承运人需要。

(3) Consignee's Name and Address(收货人名称和地址)：填写收货人名称、地址、国家(或国家的二字代号)和联系电话等。

(4) Consignee's Account Number(收货人账号)：一般不填，除非最后承运人需要。

(5) Issuing Carrier's Agent Name and City(签发空运单的承运人的代理人名称与城市)：填写向承运人收取佣金的IATA空运代理人的全名及其所在城市。

(6) Agent's Iata Code(代理人的IATA代号)：填写代理的IATA代号。

(7) Account Number(代理人的账号)：本栏一般不填，除非签发空运单的承运人需要。

(8) Airport of Departure(Address of First Carrier) and Requested Routing(始发站机场及要求的路线)：填写IATA始发站机场的三字代号；如果不知道机场名称，可填写所在城市IATA的三字代号。托运人要求的路线必要时应填写。IATA使用的机场代码是由三个英文字母组成的三字代号。详细内容请参见 TACT Rules 1.2(IATA Areas and City/Airport Codes)。

(9) Account Information(会计事项)：由参加运输的有关承运人填写有关的会计事项。①填写付款方式：现金、支票或旅费证(MCO)。当承运无人押运的行李时应在此栏内注明：机票号码、航班号/日期、路线、MCO编号。②当货物无法交付而回运时，承运人应将原始空运单号填入为退运货物所填开的新空运单的本栏内。

(10) Flight/Date(for Carrier Use Only)[航班/日期(仅供承运人用)]：实务中本栏通常不填，但当承运活体动物、鲜活易腐物品、贵重物品、灵柩等特种货物时则应注明已订妥的各航段航班号/日期。

(11) Routing and Destination to/by First Carrier/to/by/to/by(路线与目的站至/由第一承运人/至/由至/由)：第一承运人一般要填写，对于运费到付货物、特种货物或根据所采用的运价必须由指定的承运人运输的货物，应将运输路线和应指定的承运人全部列明。①至/由第一承运人(to/by First Carrier)：填入目的地机场或第一个转运点的三字代号。②由第一承运人(by First Carrier)：填入第一承运人二字代号 IATA 使用的航空公司代码有三种：二字代号(由两个英文字母或一个英文字母与一个阿拉伯数字组成的二字代号)、三字代号(由三个英文字母组成)和三字数字代号(由三个阿拉伯数字组成)。详细内容请参见 TACT Rules 1.4(Coding and Decoding of Airlines)。③至(由第二承运人)(to)：填目的地机场或第二转运点的三字代号。④由(第二承运人)(by)：填入第二承运人的二字代号。⑤至(由第三承运人)(to)：填写目的地机场或第三转运点的三字代号。⑥由(第三承运人)(by)：填写第三承运人的二字代号。

(12) Airport of Destination(目的站)：填写最后承运人的目的地机场，如果该城市不止一个机场或不知道机场名称，可填写城市名称。

(13) Currency(货币)：填写运单所用货币的代号。①一般为始发国货币的三字代号；②除目的地国家收费栏外，空运单上所列明的金额均用此货币表示。

(14) Charges Code(货币代号)：仅用于承运人，一般不填写。

(15) WT/VAL(PPD COLL)—Weight Charge & Val Charge(Prepaid Collect)[运费与声明价

值附加费(预付或到付)]：①PPD 栏如果运费为预付者,在此栏记"X"。②COLL 栏如果运费为到付者,在此栏记"X"。此种费用必须全部预付或全部到付。如果某一段免费,免费段不填。

(16)Other(PPD COLL)—All Other Charges at Origin—Other(Prepaid Collect)[始发站所有其他费用(预付或到付)]：在 PPD、COLL 栏填写有关费用,该费用必须全部预付或到付。

(17)Declared Value for Carriage(供运输的声明价值)：填写托运人供运输而声明的货物价值总数,如托运人不办理声明价值,则此栏内填入 NVD(No Value Declared)。

我国于 1957 年 7 月加入《华沙公约》。该公约规定,如果所交运的货物毛重每千克不超过 20 美元(或等值货币),则无须填写声明价值金额,只填写 NVD;如果货物超过了每千克 20 美元,应该填写实际价值,但要缴纳声明价值费;如果本栏目不填,承运人或其代理人可以视为货物无声明价值。

$$声明价值附加费 = [声明价值 - 实际毛重 \times 最高赔偿金额(一般为 20 美元)] \\ \times 声明价值费率(一般为 0.5\%)$$

(18)Declared Value for Customs(向海关声明价值)：填托运人向海关申报的货物价值总数。如符合始发站、目的站海关的规定,也可在本栏填入 NCV。有关各国海关的规定可参阅 TACT 中"各国规定"部分。

(19)Account of Insurance(保险金额)：如果空运公司不代办保险或托运人不要求保险,此栏可不填。

(20)Handling Information(处理事项说明)：①货物上的标志、号码和包装方式。②危险品货物的记载事项。对于需要附托运人申报单的危险品货物,填写"DANGEROUS GOODS AS PER ATTACHED SHIPPER'S DECLARATION";对于不要求附申报单的危险品货物,则填写"SHIPPER'S DECLARATION NOT REQUIRED";对于要求装运在货机上的危险品货物,应填写"CARGO AIRCRAFT ONLY"。③另请通知人。除收货人外,当托运人要求将货物的到达通知其指定的另一通知人时,应在此栏填写通知人的名称、地址、国家和电话等,并注明"ALSO NOTIFY"(另请通知)字样。④货物交付地址的补充说明。如果货物寄交某一空运企业转交收货人或代理人的地址为诸如宾馆等临时地址,则应在此栏写明收货人或代理人的永久地址,并注明"IN CASE OF INABILITY TO DELIVER TO CONSIGNEE CONTACT"(如不能交付,请与收货人联系)。⑤随附文件的名称和对特种货物的操作要求。⑥其他需要说明的事项。比如,在承运无人押运行李时,如果有钥匙带往目的地,则必须将钥匙装在信封内,将其钉在货运单后,并在此栏内注明"KEY OF UBAG ATTD TO AWB"。

(21)No. of Pieces/RCP(Rates and Charges Point)(件数/运价组成点)：填写货物的件数,如果货物运价不同,则应分列填写。如果货物运价是分段相加的组成运价,则应另起一行填写运价组成点的 IATA 城市的三字代号。

(22)Gross Weight(毛重)：在与货物件数相对应的同一行处填写货物的毛重。

(23)KG/LB(千克/磅)：以千克为单位填写"K",以磅为单位填写"L"。

(24)Rate Class(运价类别)：填写所适用的运价类别代号(M、N、Q、C、R、S 等)。

(25)Commodity Item Number(指定商品品名编号)：①如果适用指定商品运价,则在与运价类别"C"代号同一行的本栏内填写商品品名编号。②如果适用等级运价,则在与运价类别相对应的"R"或"S"的行上填写相应的百分数,如 50%、100%、200% 等。

(26)Chargeable Weight(计费重量)：①按最低运费计收运费时,本栏可不填。②如果体积重量大于实际毛重,应填写体积计费重量。③如果采用较高的计费重量分界点的运价,则应将较高的计费分界点重量填入本栏。

(27) Rate/Charge(运价/运费):在对应的运价类别代号同一行上填写所适用的每千克运价,如为最低运费,则在标有"M"代号同一行上填写最低运费的数额。

(28) Total(总计):每项货物计费重量与所适用运价相乘所得运费数额应填写在对应行的本栏内,最后将这些运费数额相加得出总数。

(29) Nature and Quantity of Goods(Include Dimensions or Volume)[货物品名及数量(包括尺寸和体积)]:①货名应具体明确,当承运鲜活易腐物品、贵重物品时应在货名和数量后分别注明"PERISHABLE"字样和"VALUABLE CARGO"字样。②应按长、宽、高顺序列明货物每件或整批的最大长度、最大宽度、最大高度。③当一批货物中含有危险品货物时,必须分列,危险品货物应列在第一项,且除了写明品名外,还须有危险品级别、相应的标签及有关说明(如仅限货机载运)。④如果本栏所填的实际件数与件数栏中的件数不一致,则应在后面批注"SLAC(SHIPPER'S LOAD AND COUNT)"(由托运人装载与计数)。⑤此栏也可填入货物的产地国。

(30) Prepaid(预付):①在 Weight Charge 栏内填写预付运费的总额。②在 Valuation Charge 栏内填写预付声明价值附加费的总额。③在 Tax 栏内填写应付税金。④在 Total Other Charges Due Agent 栏内,填写供代理人代垫付款的总数。⑤在 Total Other Charges Due Carrier 栏内,填写供承运人代垫付款的总数。⑥在 Total Prepaid 栏内填写本项目所有预付费用的总数。

(31) Collect(到付):项目内容与前项相同。

(32) Other Charges(其他费用):填写运费、声明价值费、税金以外的其他费用及金额代号。

(33) for Carrier's Use Only at Destination(仅供承运人在目的地使用):本栏不填。

(34) Signature of Shipper or His Agent(托运人或其代理人签字):托运人或其代理人应予以签字,如果托运人已在托运书中委托承运人或其代理人签署,则承运人或其代理人可代表托运人签字。

(35) Executed on(Date)of(Place)(填开空运单的日期、地点):①按日、月、年的顺序填入空运单的填开日期,月份可用缩写或全称,但不能用数字表示。②在地点处填入空运单签署的地点(一般为始发地或承运人地址所在城市)。

(36) Signature of Carrier or His Agent(承运人或其代理人签字):承运人或其代理人应按 UCP 600 的要求予以签字。

以下各项由最后承运人在正本空运单第二联(收货人联)上填写:

(37) Currency Conversion Rates(货币兑换比价):填写目的地货币代号及其兑换比价。

(38) Collect Charges in Destination(用目的地货币付费的到付费用额):将前述到付费用总额按所列的货币兑换比价折成目的地货币金额填入本栏。

(39) Charges at Destination(在目的地的费用):最后承运人将目的地发生的费用金额包括自然增长的利息填入本栏。

(40) Total Collect Charges(总的到付费用):将用目的地货币付费的到付费用额与在目的地的费用之和填入本栏。

当空运单有关内容较多无法在指定栏内填写时,可在相应栏底部批注"SEE EXTENSION LIST"(见续页)字样,然后在续页上继续开列,并附在空运单每页之后。续页的份数应与空运单的份数相同,每份续页上均应填明空运单号码。

航空运单的样式如表 5-1 所示。

表 5-1　　　　　　　　　　　　　　　　航空运单

Shipper's Name and Address	Shipper's Account Number	Not Negotiable Air Waybill	BRITISH AIRWAYS	WORLD CARGO
		Issued by British Airways London Member of IATA		
		Copies 1,2 and 3 of this Air Waybill are originals and have the same validity		
Consignee's Name and Address	Consignee's Account Number	It is agreed that the goods described herein are accepted in apparent good order and condition (Except as noted) for carriage. SUBJECT TO THE CONDITIONS OF CONTRACT ON THE REVERSE HEREOF. ALL GOODS MAY BE CARRIED BY ANY OTHER MEANS INCLUDING ROAD OR ANY OTHER CARRIER UNLESS SPECIFIC CONTRARY INSTRUCTIONS ARE GIVEN HEREON BY THE SHIPPER, AND SHIPPER AGREES THAT THE SHIPMENT MAY BE CARRIED VIA INTERMEDIATE STOPPING PLACES WHICH THE CARRIER DEEMS APPROPRIATE. THE SHIPPER'S LIMITATION OF LIABILITY. Shipper may increase such limitation of liability by declaring a higher value for carriage and paying a supplemental charge if required.		
Telephone Number		ISSUING CARRIER MAITAINS CARGO ACCIDENT LIABILITY INSURANCE		
Issuing Carrier's Agent Name and City		Accounting Information		
Agent IATA Code	Account No.			
Airport of Departure (Addr. Of First Carrier) and Requested Routing				
To　By First Carrier　Routing and Destination　to　by　to　by		Currency　CHGS Code　WTNAL PPD COLL　Other PPD COLL　Declared Value for Carriage　Declared Value for Carriage		
Airport Destination　Flight/Date　For Carrier Use Only　Flight/Date				
Handing Information				SCI
No. of Pieces RCP　Gross Weight　Kg lb　Rate Class Commodity Item No.　Chargeable Weight　Rate／Charge　Total　Name and Quantity of Goods (Incl. Dimensions of Volume)				
Prepaid　Weight Charge　Collect		Other Charge		
Valuation Charge				
Tax				
Total Other Charges Due Agent		Shipper certifies that the particulars on the fact hereof are correct and that insofar as any part of the consignment contains dangerous goods, such part is properly described by name and is in proper condition for carriage by air according to the applicable Dangerous Goods Regulations		
Total Other Charges Due Carrier				
		Signature of Shipper or his Agent		
Total Prepaid	Total Collect			
Currency Conversion Rates	CC Charges in Dest. Currency	Executed on (date)　　at (Place)　　Signature of Issuing Carrier or its Agent		
For Carriers Use Only At Destination	Charges at Destination	Total Collect Charges		

基础训练

一、单项选择题

1. 航空公司签发的运单为( )。
   A. 航空主运单　　B. 航空分运单　　C. 提单　　D. 承运合同
2. 航空分运单的合同当事人包括( )。
   A. 航空货运代理公司和航空公司
   B. 航空货运代理公司和发货人
   C. 航空公司和发货人
   D. 航空公司和提货人
3. 国际民用航空组织总部设在( )。
   A. 纽约　　B. 华盛顿　　C. 蒙特利尔　　D. 巴黎
4. 一批货物重60千克,体积为300 000立方厘米,其航空运输的计费重量应为( )。
   A. 30千克　　B. 50千克　　C. 60千克　　D. 80千克
5. 鲜活易腐商品和贵重物品最适宜采取( )。
   A. 火车运输　　B. 轮船运输　　C. 航空运输　　D. 邮政运输

二、多项选择题

1. 现行的国际航空运输公约主要有( )。
   A.《华沙公约》　　B.《海牙议定书》　　C.《国际货约》　　D.《国际货协》
2. 以下选项中属于航空附加费的有( )。
   A. 起码运费　　B. 声明价值附加费　　C. 货到付款劳务费　　D. 中转手续费
3. 下列物品中,不能办理航空集中托运的有( )。
   A. 贵重物品　　B. 活动物　　C. 危险物品　　D. 文物
4. 各种不同的航空运价和费用具有的共同点有( )。
   A. 所报的运价是指从一个机场到另一个机场,而且适用于双向
   B. 从机场到机场的运价,包括其他额外费用
   C. 运价一律适用当地公布的货币
   D. 航空运单中的运价是按出具运单之日所适用的运价
5. 航空运单的性质和作用主要有( )。
   A. 承运合同　　B. 报关凭证　　C. 货物收据　　D. 物权凭证

三、简述题

1. 简述航空运输的特点。
2. 简述国际航空货物运输的经营方式。
3. 简述航空快递的特点。
4. 简述国际航空货物运输的进出口业务流程。
5. 简述航空运单的主要作用、缮制方法和步骤。

四、计算题

1. 根据以下资料计算运费
Routing: SHANGHAI, CHINA (SHA) TO TOKYO, JAPAN(TYO)

Commodity：SAMPLE

Gross Weight：25.2KGS

Dimensions：82CM×48CM×32CM

公布运价如下：

SHANGHAI	CN		SHA
Y. RENMINBI	CNY		KGS
TOKYO	JP	M	230.00
		N	37.51
		45	28.13

2. 根据以下资料计算运费

Routing：SHANGHAI, CHINA (SHA) TO PARIS, FRANCE (PAR)

Commodity：TOY

Gross Weight：5.6KGS

Dimensions：40CM×28CM×22CM

公布运价如下：

SHANGHAI	CN		SHA
Y. RENMINBI	CNY		KGS
PARIS	FR	M	320.00
		N	50.37
		45	41.43

3. 根据以下资料计算运费

Routing：BEIJING, CHINA (BJS) TO NAGOYA, JAPAN (NGO)

Commodity：FRESH ORANGE

Gross Weight：EACH 47.8KGS, TOTAL 6 PIECES

Dimensions：128CM×42CM×36CM×6

公布运价如下：

BEIJING	CN		BJS
Y. RENMINBI	CNY		KGS
NAGOYA	JP	M	230.00
		N	37.51
		45	28.13
	0008	300	18.80
	0300	500	20.61
	1093	100	18.43
	2195	500	18.80

4. 根据以下资料计算运费

Routing：BEIJING,CHINA(BJS)TO TOKYO,JAPAN(TYO)

Commodity：SAMPLES

Gross Weight：25KGS

Dimensions：80CM×50CM×30CM

公布运价如下：

BEIJING	CN		BJS
Y. RENMINBI	CNY		KGS
TOKYO	JP	M	230.00
		N	37.51
		45	28.13

五、技能案例

【案例背景】

一票航空运输的货物，从新加坡经北京中转到天津，运输的是机器设备，货运单号555-89783442(Airport of Destination：新加坡。Airport of Destination：北京)，3件货物重178千克，计费重量共206千克，从新加坡运往北京采用的是飞机运输，从北京转运天津时，使用卡车运输，但在高速公路上，不幸发生车祸，设备全部损坏。

【技能思考】

(1)航空公司是否应赔偿？请说明理由。

(2)如果赔偿，应赔偿多少？

综合实训

【实训项目1】

国际航空运输。

【实训情境1】

托运人赵昂准备从北京运往新加坡一只名贵犬，代理人欲向航空公司交运。

【实训任务】

(1)收运这只名贵犬各项注意事项应参照IATA出版的哪本手册？

(2)托运人应提交哪些文件？

(3)容器应贴有哪些标贴？

(4)能否办理运费到付？

(5)应如何注意运达目的站的时间？

【实训情境2】

托运人乔皓准备从上海运往巴黎10枚金币，托运人欲请货运代理人代为向航空公司交运。

【实训任务】

假如你是代理人，请回答：

(1)如何包装这票货物？

(2)容器应贴有哪些标贴？

(3)在货运单栏"Nature and Quantity of Goods"应该注明什么字样？

(4)能否办理运费到付？

(5)这票货物的声明价值不得超过多少美元？

【实训项目2】

缮制航空运单。

【实训情境】

托运人将以下所附航空货运单传真给国际货运代理人，并咨询关于货物运输的下列事宜，请你作为国际货运代理人的操作人员，给予答复(请用中文答复)。

航空运单

Shipper's Name and Address	Shipper's Account Number	Not Negotiable Air Waybill
CHINA INDUSTRY.,BEIJIN P. R. CHINA TEL:86(10)64596666 FAX:86(10)64598888		Issued by Copies 1,2 and 3 of this Air Waybill are originals and have the same validity
Consignee's Name and Address	Consignee's Account Number	It is agreed that the goods described herein are accepted in apparent good order and condition (Except as noted) for carriage. SUBJECT TO THE CONDITIONS OF CONTRACT ON THE REVERSE HEREOF. ALL GOODS MAY BE CARRIED BY ANY OTHER MEANS INCLUDING ROAD OR ANY OTHER CARRIER UNLESS SPECIFIC CONTRARY INSTRUCTIONS ARE GIVEN HEREON BY THE SHIPPER, AND SHIPPER AGREES THAT THE SHIPMENT MAY BE CARRIED VIA INTERMEDIATE STOPPING PLACES WHICH THE CARRIER DEEMS APPROPRIATE. THE SHIPPER'S LIMITATION OF LIABILITY. Shipper may increase such limitation of liability by declaring a higher value for carriage and paying a supplemental charge if required. ISSUING CARRIER MAITANS CARGO ACCIDENT LIABILITY INSURANCE
NEWYORKSPORT IMPORTERS,NEWYORK, U.S.A. TEL:78789999		
Issuing Carrier's Agent Name and City KUNDA AIR FRIGHT CO. LTD		
Agent IATA Code	Account No.	Accounting Information
Airport of Departure (Addr. Of First Carrier) and Requested Routing BEIJING		

To	By First Carrier	Routing and Destination	to	by	to	by	Currency CNY	CHGS Code	WT NAL PPD COLL	Other PPD COLL	Declared Value for Carriage NVD	Declared Value for Carriage NCV
NYC	CA											

Airport Destination NEW YORK	Flight/Date CA921/30 JUL,2002	For Carrier Use Only	Flight/Date	
Handing Information :1 COMMERCIAL INVOICE KEEP UPSIDE				SCI

No. of Pieces RCP	Gross Weight	Kg lb	Rate Class / Commodity Item No.	Chargeable Weight	Rate / Charge	Total	Name and Quantity of Goods (Incl. Dimensions of Volume)
	53.8	K	Q	77.00	48.34	3722.18	MECHINERY DIMS:70×47×35CM×4

Prepaid 3722.18	Weight Charge	Collect	Other Charge AWC:50
	Valuation Charge		
	Tax		
	Total Other Charges Due Agent		Shipper certifies that the particulars on the fact hereof are correct and that insofar as any part of the consignment contains dangerous goods, such part is properly described by name and is in proper condition for carriage by air according to the applicable Dangerous Goods Regulations
	Total Other Charges Due Carrier 50		
Total Prepaid 3772.18	Total Collect		Signature of Shipper or his Agent
Currency Conversion Rates	CC Charges in Dest. Currency		Executed on (date)　　at (Place)　　Signature of Issuing Carrier or its Agent
For Carriers Use Only At Destination	Charges at Destination	Total Collect Charges	

ORIGINAL 3 (FOR SHIPPER)

【实训任务】
(1)该票货物的始发站机场是哪个?
(2)该票货物的目的站机场是哪个?
(3)该票货物的航空承运人是谁?
(4)该票货物的货币币种是什么?
(5)该票货物的运费支付方式是什么?
(6)该票货物的声明价值是多少?
(7)该票货物的保险金额是多少?
(8)该票货物的总运费是多少?
(9)该票货物的"Rate Class"栏的"Q"的含义是什么?
(10)该票货物的"Other Charges"栏的"AWC:50"的含义是什么?

项目六

国际公路、内河、管道、邮政运输

○ **知识目标**

理解:公路、内河、管道和邮政运输的概念、特点。

熟知:公路、内河、管道和邮政运输的分类、公路运输的责任范围。

掌握:国际公路运输业务及其单证。

○ **技能目标**

能够在掌握国际公路、内河、管道和邮政运输基本内容后,具备办理相关业务的能力。

○ **素质目标**

运用所学的理论与实务知识研究相关案例,培养和提高在特定业务情境下分析解决问题与决策设计的能力;能结合教学内容,依照职业道德与行业规范与标准,分析行为的善恶,强化职业道德素质。

○ **项目引例**

公路运输的索赔与追偿

2021年2月,大连鸿瑞分公司委托原告环球公司,承担外销打火机的公路运输业务,原告转委托被告汽运公司运输,被告又委托永发公司运输,用于托运打火机的集装箱为G箱。永发公司所派的驾驶员赵昂将集装箱拖至大连鸿瑞分公司装货时,错把同一个拖卡上面的C箱(该箱本应装一批鞋子运到东京)交给厂方装了打火机,而在G箱中装入了鞋子。C箱出口通关后仍运到东京,G箱则运到了巴塞罗那。此后经有关方协商处理,打火机从东京重新运到巴塞罗那,产生了在东京的滞留费用及转运到巴塞罗那的运费,合计46 936美元。大连鸿瑞分公司则在应付给原告的运费中扣除了该笔款项。

请问:

(1)本案中两票货物的法律关系应如何确定?

(2)被告是否应赔偿原告的损失?如果赔偿,之后应向谁追偿?

引例分析:

(1)本案两票货物涉及如下法律关系:鸿瑞分公司与环球公司是公路运输合同关系,环球公司与汽运公司是转委托运输代理关系,汽运公司与永发公司是公路运输合同关系。

(2)应该赔偿原告损失,理由是未经委托人允许,擅自转委托,因此应对实际承运人的过失承担责任。赔偿后,应向实际承运人——永发公司追偿。

○ 知识精讲

任务一　国际公路货物运输

一、公路运输的概念

公路运输（Road Transportation）是现代运输主要方式之一，也是构成陆上运输的两个基本运输方式之一。国际公路货物运输是指始发地点、目的地点或约定的经停地点位于不同的国家或地区的公路货物运输。在我国，只要公路货物运输的始发地点、目的地点或约定的经停地点不在我国境内，均构成国际公路货物运输。目前，世界各国的国际公路货物运输一般以汽车作为运输工具，因此，国际公路货物运输与国际汽车货物运输这两个概念往往是可以相互替代的。截至2019年，我国公路总里程已达484.65万千米、高速公路达14.26万千米，居世界第一。

二、公路运输的特点

公路运输是一种机动灵活、简捷方便的运输方式。在短途货物集散运转上，公路运输比铁路、航空运输具有更大的优越性，尤其是在实现"门到门"的运输中，其优越性更为显著。尽管其他运输方式各有特点和优势，但或多或少都要依赖公路运输来完成终端的运输任务。但公路运输也具有一定的局限性：载重量小，不适宜装载重件、大件货物，不适宜走长途运输；车辆运行中震动较大，易造成货损和货差事故；运输成本费用较水运和铁路高。国际公路货物运输可以广泛参与国际多式联运，是邻国间边境贸易货物运输的主要方式，按有关国家之间的双边或多边公路货物运输协定或公约运作。

目前，我国主要利用公路运输在中短程货物运输方式的优势，承担以下三个方面的进出口货物运输业务：

1. 公路过境运输

公路过境运输是指根据相关国家间有关协定，通过相关国家开放的边境口岸和公路进行出入国境的汽车运输。根据途经国家多少和公路过境运输，可分为双边汽车运输和多边汽车运输。

2. 我国内地与香港、澳门特区之间的公路运输

由于香港、澳门的特殊性，对于香港、澳门与内地之间的公路运输，并不完全按照国内货物运输进行运作和管理，而是依照国际公路运输进行管理，但管理模式又不完全一样。

3. 内陆口岸间的公路集疏运

公路承担我国出口货物由内地向港口、铁路、机场集中，进口货物从港口、铁路、机场向内地疏运，以及区域之间、区域内各地之间的外贸物资的调拨。

三、公路货物运输的分类

（一）按运输组织方法，可分为零担货物运输、整车货物运输和集装箱运输

(1)托运人一次托运货物计费重量3吨及以下的，为零担货物运输。

(2)托运人一次托运货物计费重量3吨以上或虽不足3吨，但其性质、体积、形状需要一辆汽车运输的，为整车货物运输。

(3)采用集装箱为容器，使用汽车运输的，为集装箱运输。它又可以分为以下几种：

①国际集装箱运输和国内集装箱运输,标准集装箱运输和非标准集装箱运输。
②普通集装箱运输和特种集装箱运输(危险、冷藏保温和罐式集装箱运输等)。
③整箱运输和拼箱运输。
④利用托运人的集装箱进行的运输和利用承运人的集装箱进行的运输。
⑤利用单车型式车辆进行的集装箱运输和利用牵引车加挂半挂车的列车组合形式进行的集装箱运输。

(二)按运输速度,可分为快件货物运输和特快件货物运输

要求在规定的时间内将货物运达目的地的,为快件货物运输;应托运人要求,采取即托即运的,为特快件货物运输。

(三)按运输条件,可分为一般货物运输和特种货物运输

特种货物运输又可以分为以下几种:

(1)大型、特型笨重物件运输。因货物体积、重量的要求,需要大型或专用汽车运输的,为大型、特型笨重物件运输。

(2)危险货物运输。具有爆炸、易燃、毒害、腐蚀、放射性等特性,在运输、装卸和贮存保管过程中,容易造成人身伤亡和财产毁损而需要特别防护的货物,均属危险货物。

(3)鲜活货物运输。包括易腐货物和鲜活动植物等的运输。

(四)按运输车辆,可分为普通车辆运输和特种车辆运输

(1)普通车辆运输是指对运输、装卸、保管无特殊要求的普通货物进行的车辆运输。

(2)凡由于货物性质、体积或重量的要求,需要大型汽车或挂车核定载重吨位为 40 吨及以上的,以及容罐车、冷藏车等车辆运输的,为特种车辆运输。

(五)按经营方式,可分为公共运输业、合同运输业、自用运输业和汽车货运代理

(1)公共运输业(Common Carrier)。这种企业专业经营汽车货物运输业务并以整个社会为服务对象。其经营方式有以下几种:

①定期定线。不论货载多少,在固定路线上按时间表行驶。
②定线不定期。在固定路线上视货载情况,派车行驶。
③定区不定期。在固定的区域内根据货载需要,派车行驶。

(2)合同运输业(Contract Carrier)。按照承托双方签订的运输合同运送货物。与之签订合同的一般是一些大的工矿企业,常年运量较大而又较稳定。合同期限一般比较长,短的有半年、一年,长的可达数年。按合同规定,托运人保证提供一定的货运量,承运人保证提供所需的运力。

(3)自用运输业(Private Operator)。工厂、企业、机关自置汽车,专为运送自己的物资和产品,一般不对外营业。

(4)汽车货运代理(Freight Forwarder)。本身既不掌握货源也不掌握运输工具,他们以中间人身份一边向货主揽货,另一边向运输公司托运,借此收取手续费用和佣金。有的汽车货运代理专门从事向货主揽取零星货载,加以归纳集中成为整车货物,然后自己以托运人名义向运输公司托运,赚取零担和整车货物运费之间的差额。

四、公路运输基本知识

(一)公路

公路是指经交通主管部门验收认定的城间、城乡间、乡间能行驶汽车的公共道路。公路的构成包括公路的路基、路面、桥梁、涵洞、隧道。

1. 公路分类

公路可从不同角度进行分类。按技术等级,可分为等级公路和等外公路。等级公路又可分为高速公路、一级公路、二级公路、三级公路和四级公路。按行政等级,可分为国道公路、省道公路、县道公路、乡道公路和专用公路。

2. 公路口岸

公路口岸是指在国际货物公路运输中,供人员、货物和运输工具出入境的国境车站。我国疆域辽阔,有 17 个国家与我国毗邻。除同俄罗斯、蒙古国、哈萨克斯坦、朝鲜、越南有铁路相通外,我国尤其是西南广大地区与周边其他国家和地区之间货物运输,因暂无铁路相通,往往通过公路运输来实现。由于铁路线路不能涵盖所有地区,即使有铁路相连的一些国家,我们的进出口货物运输仍然难以离开公路和公路国境车站。

(二)出入境汽车运输

出入境汽车运输主要是指我国同周边陆地毗邻的国家和香港、澳门特区之间进行的公路国际货物运输。我国与周边国家和地区的公路货物运输,多以政府间的双边、多边汽车运输协定为依据。

中国内地同香港特区之间的货运,昔日以铁路为主。但随着内地对外贸易不断扩展,加之香港特区很多工厂不断向深圳和珠江三角洲一带转移,因此中国内地同香港特区的汽车货运量持续上升。内地同澳门特区的汽车货运量也在不断增加。内地同港、澳的公路运输已日渐成为重要的交通运输方式。

深圳与香港的出入境运输的车辆,必须在深圳和香港两地注册,同时挂深圳车牌和香港地区车牌。按车辆的不同注册地,可分为入境车辆(指车籍注册地在香港地区,在首次经过口岸进入内地,国内车牌颜色为黑色的车辆)和出境车辆(指车籍注册地在内地,在首次经过口岸出境,国内车牌颜色为红色的车辆)。这两类车辆的运营路线和区域也不相同。出入境车辆经由的口岸需经指定。

五、公路运费

公路运费均以"吨/里"为计算单位,一般有两种计算标准:一是按货物等级规定基本运费费率,二是以路面等级规定基本运价。凡是一条运输路线包含两种或两种以上的等级公路时,以实际行驶里程分别计算运价。特殊道路,如山岭、河床、原野地段,则由承托双方另议商定。

公路运费费率分为整车(Full Container Load,FCL)和零担(Less than Container Load,LCL)两种,后者一般比前者运费高 30%～50%。按我国公路运输部门规定,一次托运货物在 2.5 吨以上的为整车运输,适用整车费率;不满 2.5 吨的为零担运输,适用零担费率。凡 1 千克重的货物,体积超过 4 立方分米的为轻泡货物(或尺码货物)。整车轻泡货物的运费按装载车辆核定吨位计算;零担轻泡货物,按其长、宽、高计算体积,每 4 立方分米折合 1 千克,以千克为计费单位。此外,尚有包车费率(Lump Sum Rate),即按车辆使用时间(小时或天)计算。

六、公路货运运输责任范围

(一)承运人责任

公路运输承运人的责任期限是从接收货物时起至交付货物时止。在此期限内,承运人对货物的灭失和损坏负赔偿责任。但不是由于承运人的责任所造成的货物灭失和损坏,承运人

不予负责。根据我国公路运输规定,由于下列原因而造成的货物灭失和损坏,承运人不负责赔偿:

(1)由于人力不可抗拒的自然灾害或货物本身性质变化以及货物在运送途中的自然消耗。
(2)包装完好无损,而内部短损变质者。
(3)违反国家法令或规定,被有关部门查扣、弃置或作其他处理者。
(4)收货人逾期提取或拒不提取货物而造成霉烂变质者。
(5)有随车押运人员负责途中保管照料者。

对货物赔偿价格,按实际损失价值赔偿。如货物部分损坏,按损坏货物所减低的金额或按修理费用赔偿。要求赔偿有效期限,从货物开票之日起,不得超过 6 个月。从提出赔偿要求之日起,责任方应在两个月内作出处理。

(二)托运人责任

公路运输托运人应负的责任基本与铁路、海上运输相同,主要包括:按时提供规定数量的货载;提供准确的货物详细说明;货物唛头标志清楚;包装完整,适于运输;按规定支付运费。一般均规定:如因托运人的责任所造成的车辆滞留、空载,托运人需负延滞费和空载费等损失。

七、国际公路货物运输合同

汽车货物运输合同是承运人与托运人之间就货物的运输、货物交付给其他收货人、到达地等内容达成的协议,可以书面形式、口头形式或其他形式达成。该合同由承运人和托运人本着平等、自愿、公平、诚实和信用的原则签订。

【同步案例6-1】 公路运输货损

某年 5 月,小王购买了一辆货车用于物流运输,并在某保险公司投保了公路货物运输保险。该年 7 月,小王运输 24 吨大蒜。运输过程中,货车起火,一车大蒜化为灰烬,损失 3.8 万元。小王立即向保险公司报案,向保险公司索赔 2 万元,却遭到了保险公司的拒赔,理由是在公路货物运输保险条款中规定,蔬菜、水果、活牲畜、禽鱼类和其他动物不在保险货物范围内。保险公司认定大蒜属于蔬菜,不能赔偿。

案例精析

问题:
(1)大蒜是蔬菜还是调味品?
(2)根据公路货物运输保险条款,双方当事人的保险合同是否成立?
(3)保险公司是否应该赔偿?

八、国际公路货物运单

国际公路货物运输合同以签发运单来确认,但无运单、运单不正规或运单丢失并不影响运输合同的成立或有效性。国际公路货物运单一般为一式三份,在由发货人和承运人共同签字以后(也可以盖章代替签字),将第一份交发货人,作为货交承运人的收据;第二份跟随货物至目的地,随同货物一起交给收货人;第三份运单由承运人留存。

国际公路货物运单内容主要包括:发货人、收货人、承运人的名称及地址;货物接管的地点、日期及指定的交货地点;货物的名称、件数、重量、尺码、包装、标志及号码;运输费用;是否允许转运的说明;货物价值及保险;运输期限;运单签发的日期及地点等。

九、国际公路货物运输公约和协定

为了统一公路运输所使用的单证和承运人的责任,联合国下属的欧洲经济委员会负责草拟了《国际公路货物运输合同公约》(Convention de Merchandises Par Routes,CMR),并于1956年5月19日在日内瓦由欧洲17个国家参加的会议上一致通过。该公约共有12章51条,就适用范围、承运人责任、合同的签订与履行、索赔和诉讼以及连续承运人履行合同等都作了较为详细的规定。

另外,为了有利于开展集装箱联合运输,使集装箱能原封不动地通过经由国,欧洲经济委员会成员国之间于1956年缔结了关于集装箱的关税协定。参加该协定的签字国有欧洲21个国家和欧洲以外的7个国家。该协定的宗旨是相互间允许集装箱免税过境。在这个协定的基础上,根据欧洲经济委员会倡议,还缔结了《国际公路车辆运输规定》(Transport International Router,TIR)。根据该规定,对集装箱的公路运输承运人,如持有TIR手册,允许由发运地到达目的地,在海关签封下,中途可不受检查、不支付关税,也可不提供押金。这种TIR手册是由有关国家批准的运输团体发行的,这些团体大多是参加国际公路联合会的成员,它们必须保证监督其所属运输企业遵守海关法规和其他规则。协定的正式名称是《根据TIR手册进行国际货物运输的有关关税协定》(Customs Convention on the International Transport of Goods under Cover of TIR Carnets)。

该协定有欧洲23个国家参加,并已从1960年开始实施。尽管上述公约和协定有地区性限制,但它们仍不失为当前国家公路运输的重要国际公约和协定,并对今后国际公路运输的发展具有一定影响。

十、国际公路货运业务

(一)国际公路货运代理的概念

国际公路货运代理是指接受发货人、收货人的委托,为其办理公路货物运输及其相关服务的人。其服务内容包括揽货、托运、仓储、中转、集装箱拼装拆箱、结算运杂费、报关、报验、保险、相关的短途运输服务及咨询业务。

(二)国际公路货运代理的特点

国际公路货运代理具有规模小、数量多、市场准入门槛低、机制灵活等特点。同时,它还具有以下特点:

1. 身份多重性

在实践中,不论是公路货运代理还是货运配载服务经营者、货运信息中心,他们突破了原有的代理人、居间人、咨询人的身份,以自己的名义,开展全程运输组织,并从中赚取运费差价,从而成为承运人,有些企业成为第三方物流经营人,从事现代物流服务。

2. 经营范围独特性

公路货运代理以从事其他运输方式的集疏运输服务、海关监管运输、保税运输、仓储与配送等服务为主。

3. 服务多元化

在公路货运代理行业中,既有从事纯粹的公路货运代理、中介服务企业,也有以自己拥有的少量车辆从事实际运输工作的企业。另外,还有一些物流企业。按照服务内容和特点划分,这些物流企业包括纯运输企业、零担和快件类物流企业、流通配送型物流企业、综合类物流企业等。

(三)国际公路运输货运单证

国际公路货运中主要的货运单证是公路运单,通常称为托运单。为了加强公路出入境运输汽车的管理,我国交通部 2005 年颁布了《中华人民共和国出入境汽车运输管理规定》,对"国际道路货物运单"式样作出了明确的规定,并要求出入境汽车应随车携带国际汽车运输行车许可证和货运单,配有统一标志。如表 6-1 所示。

表 6-1　　　　　　　　　　　国际道路货物运单　　　　　　　　　　No.

1. 发货人 名称_____ 国籍_____	2. 收货人 名称_____ 国籍_____				
3. 装货地点 国家_____ 市_____ 街道_____	4. 卸货地点 国家_____ 市_____ 街道_____				
5. 货物标记和号码	6. 件数	7. 包装种类	8. 货物名称	9. 体积(m^3)	10. 毛重(kg)
11. 发货人指示					
a. 进/出口许可证号码	从_____ 在_____ 海关				
b. 货物声明价值					
c. 发货人随附单证					
d. 订单或合同号	包括运费交货点				
e. 其他指示	不包括运费交货点				
12. 运送特殊条件	13. 应付运费				
^	发货人	运费		币别	收货人
14. 承运人意见					
15. 承运人	共计				
16. 编制日期 到达装货_____时_____分 离去_____时_____分 发货人签字盖章_____ 承运人签字盖章_____	17. 收到本运单货物日期_____ _____ 18. 到达卸货_____时_____分 离去_____时_____分 收货人签字盖章_____				
19. 汽车牌号_____ 车辆吨位_____ 司机姓名_____ 拖挂车号_____ 行车许可证号_____ 路单号_____	20. 运输里程_____ 过境里程_____ 收货人境内里程_____ 共计_____				
21. 海关机构记载:	22. 收货人可能提出的意见:				

说明:(1)本运单使用中文和相应国家文字印制。
(2)本运单一般使用一式四联单。第一联:存根。第二联:始发地海关。第三联:口岸地海关。第四联:随车携带。(如果是过境运输可印制 6~8 联的运单,供过境海关留存。)

(四)公路运输实务流程

1. 公路运输基本实务流程

第一步,接单。

①公路运输主管从客户处接受(传真)运输发送计划;②公路运输调度从客户处接出库提货单证;③核对单证。

第二步,登记。

①运输调度在登记表上记录送货目的地,为收货客户标定提货号码;②司机(指定人员及车辆)到运输调度中心取提货单,并在运输登记本上确认签收。

第三步,调用安排。

①填写运输计划;②填写运输在途、送到情况,追踪反馈表;③计算机输单。

第四步,车队交接。

①根据送货方向、重量、体积统筹安排车辆;②报运输计划给客户处,并确认到仓库提货时间。

第五步,提货发运。

①按时到达客户提货仓库;②检查车辆情况;③办理提货手续;④提货,盖好车棚,锁好箱门;⑤办好出厂手续;⑥电话通知收货客户预计到达时间。

第六步,在途追踪。

①建立收货客户档案;②司机及时反馈途中信息;③与收货客户电话联系送货情况;④填写跟踪记录;⑤有异常情况及时与客户联系。

第七步,到达签收。

①电话或传真确认到达时间;②司机将回单用 EMS 寄回公司或 FAX 传真回公司;③签收运输单;④定期将回单送至客户处;⑤将当地市场的住处变动及时反馈给客户。

第八步,回单。

①按时准确到达指定卸货地点;②货物交接;③百分之百签收,保证运输产品的数量和质量与客户出库单一致;④了解送货人对客户产品在当地市场的销售情况。

第九步,运输结算。

①整理好收费票据;②将收费汇总表交至客户,确认后交回结算中心;③结算中心开具发票,向客户收取运费。

2. 公路零担运输运作流程

零担车是指装运零担货物的车辆。按照零担车发送时间的不同,可将零担货物运输的组织形式划分为固定式和非固定式两大类。

(1)固定式零担货物运输。固定式零担货物运输一般靠固定式零担车完成。因此,固定式零担货物运输的组织,实际上就是固定式零担车的组织,通常称为汽车零担货运班车。这种零担货运班车一般是以营运范围内零担货物流量、流向,以及货主的实际要求为基础组织运行的。运输车辆主要以厢式专用车为主,实行定车、定期、定线、定时运行。

固定式零担货运班车,根据货物流量、流向以及货主的实际要求,主要有直达、中转、沿途等组织形式。

直达式零担班车是指在起运站将各个发货人托运的同一到站且性质适宜配载的零担货物,同车装运后直接送达目的地的一种货运班车。

中转式零担班车是指在起运站将各个发货人托运的同一线路、不同到达站且性质允许配载的各种零担货物,同车装运至规定中转到达站,卸后复装,重新组成新的零担班车运往目的地的一种货运班车。

沿途式零担班车是指在起运站将各个发货人托运同一线路不同到达站,且性质允许配装的各种零担货物同车装运后,在沿途各计划停靠站卸下或装上零担货物再继续物流运输组织与管理,直至最后终点站的一种货运班车。

上述三种零担班车运行模式中,以直达式零担班车最为经济,是零担货运的基本形式。这一形式具有以下特点:①避免了不必要的换装作业,节省了中转费用,减轻了中转站的作业负担;②减少了货物在中转站作业,有利于运输安全和货物完好,减少事故,确保质量;③减少了在途时间,提高了零担货物的运送速度,有利于加速车辆周转和物资调拨;④仓库内集结待运时间少,充分发挥仓库货位的利用程度。

(2)非固定式零担货运。非固定式是指按照零担货流的具体情况,根据实际需要,随时开行零担货车的一种组织形式。这种组织形式由于缺少计划性,给运输部门和客户带来一定不便,因此只适宜于在季节性或在新辟零担货运线路上作为一项临时性的措施使用。它的工作程序是受理托运、过磅起票、验收入库、开票收费、配运装车、卸车保管、提货交付。

【视野拓展6-1】　　公路零担货运业务流程与操作要求

程　序	操作人员	业务操作	操作要求
业务联络	业务员	1. 预约 2. 订立合同 3. 接单(派车联系单、发货单) 4. 电话客户可直接传递派单 5. 将运输单分配给各调度员	1. 以多种接单方式方便客户及时下达指令 2. 确保客户满意 3. 派单及时、准确
配载派车	调度员 司机	1. 接单 2. 按货物数量、品种及去向、时间要求分配配载 3. 签订货物运输清单,落实车辆安全防护工作 4. 发车至仓库或客户处提货	1. 及时优质高效配载 2. 确保车辆安全性 3. 各项运输注意事项交代完整、清楚 4. 确保车辆准时到位
装货发运	调度员 司机 仓管员 现场员 卸载工	1. 凭单提货 2. 仓库核对发货并登记 3. 装车前后做好各项核对工作 4. 规范文明、准确卸载 5. 现场监督,记录作业情况	1. 单、货车相符 2. 做好运输安全措施 3. 文明卸载、按时发运 4. 出库手续齐备、统计准确
在途跟踪	客服专员	1. 主动向客户汇报货物在途状态 2. 主动向客户提供查询服务	及时妥善处理货运途中的问题
单货验收	调度员 司机	1. 在指定仓位按时卸货 2. 单据签章及时、完整、有效 3. 签收后通知调度,回单返回及时	1. 签收单据如有破损,司机负责 2. 回单于卸货后5~7天内返回
单证处理	调度员 回单管理员 结算员	1. 调度将回单核对后交回单管理员 2. 回单管理员将回单交结算员 3. 结算员审核结算收支费用	1. 回单返回及时、准确 2. 统计、计价准确 3. 结算费用及时

3. 公路整车运输实务流程

(1)运输准备过程。运输准备过程又称运输生产技术准备过程,是货物进行运输之前所做的各项技术性准备工作,包括车型选择、线路选择、装卸设备配置、运输过程的装卸、包装设计等。

(2)基本运输过程。基本运输过程是运输生产过程的主体,是指直接组织货物,从起运地至到达地完成其空间位移的生产活动,包括起运站装货、车辆运行、终点站卸货等作业过程。

(3)辅助运输过程。辅助运输过程是指为保证基本运输过程正常进行所必需的各种辅助性生产活动。辅助生产过程本身不直接构成货物位移的运输活动,它主要包括车辆、装卸设备、承载器具、专用设施的维护与修理作业,以及各种商务事故、行车事故的预防和处理工作、营业收入结算工作等。

(4)运输服务过程。运输服务过程是指服务于基本运输过程和辅助运输过程中的各种服务工作和活动。例如,各种行车材料、配件的供应,代办货物储存、包装、保险业务,均属于运输服务过程。

【视野拓展6-2】 公路整车运输与零担运输业务运作对比

对比项目	整车运输	零担运输
承运人责任期间	装车/卸车	货运站/货运站
是否进站存储	否	是
货源与组织特点	货物品种单一、数量大、货价低,装卸地点一般比较固定,运输组织相对简单	货源不确定,货物批量小、品种繁多,站点分散,质高价贵,运输组织相对复杂
营运方式	直达的不定期运输形式	一般定线、定班期发运
运输时间长短	相对较短	相对较长
运输合同形式	通常预先签订书面运输合同	通常托运单或运单作为合同的证明
运输费用的构成与高低	单位运费率一般较低,仓储、装卸等费用分担,需在合同中约定	单位运费率一般较高,运费中往往包括仓储、装卸等费用

【同步思考6-1】 公路运输业如何牵手现代物流业?

现代物流理论认为,现代物流服务的核心目标是在物流全过程中以最小的综合成本来满足顾客的需求。因此,现代物流具有以下三个典型的特征:一是信息化,二是网络化,三是自动化。

我国传统公路运输业要在发展现代物流业中扮演重要角色,成为物流业中的主力,就必须使公路运输业满足现代物流的要求:首先,传统公路运输业要打破运输环节独立于生产环节之外的分业界限,通过供应链的概念建立起对公路运输业供、产、销全过程的计划和控制;其次,传统公路运输业要突破运输服务的中心是运力的观点,强调运输服务的宗旨是客户第一;最后,公路运输业应着眼于运输流程的管理、高科技与信息化。

目前,国外的公路运输业与电子商务日益紧密地结合,共同发展,并通过企业之间的兼并与联盟,加速向全球的扩张、发展。而国内公路运输业在现代物流方面的现状是:物流服务意识待完善,公路运输支持系统特别是公路运输所需的软件及硬件的开发和普及薄弱,缺乏统一规划和标准。

运输是物流的重要环节,公路运输更是以其机动灵活,可以实现"门到门"运输,在现代物流中起着重要作用。而要使我国公路运输业更好地发展,公路运输业必须融入现代物流,成为真正意义上的"第三方物流"。公路运输业经济效益取得的最佳渠道是现代物流服务,发展现代物流就是要改变公路运输业传统揽货方式,获取增值效益。

任务二　国际内河货物运输

一、内河运输的概念

内河运输(Inland Water Transportation)是水上运输的一个重要组成部分,同时,也是连接内陆腹地和沿海地区的纽带。它具有运量大、投资少、成本低、耗能小的特点,从而可以河海直达,对一个国家的国民经济和工业布局起着重要作用。

内河运输适宜于装运大宗货物,如矿砂、粮食、化肥、煤炭等,而且由于航运平稳,在运送石油等危险货物时也较安全。

二、内河运输的船舶

(一)内河货船

内河货船是指本身带动力,并有货舱可供装货的船舶。这是内河运输的主要工具之一。内河货船的载重吨位、长度和吃水深浅,视河道条件而异,但一般比海船为小。内河货船具有使用方便、调度灵活的特点,但载重量小、成本大,一般作为内河定期经营船舶使用。

(二)拖船和推船

拖船(Tug Boat)和推船(Tow Boat)都是动力船,本身一般不装载货物,而起拖带和推动驳船的作用,前者在驳船前面,拖带驳船前进,后者在驳船后面,顶推驳船往前行进。以前内河运输的驳船主要使用拖船带动,称为拖带法。目前,推船已逐渐取代拖船而成为内河运输主要发展方向。这是因为顶推法比拖带法具有阻力小、推力大、操纵性能强的优越性。

(三)内河驳船

内河驳船(Barge or Lighter)按有无动力可分为机动驳船和非机动驳船,按拖带和顶推方法可分为拖驳船和推驳船。推驳船是一种一定尺度的标准型驳船,便于编队分节,所以又称为分节驳。分节驳上没有舵、锚以及生活设施和救生设备,整个驳船是一个长方形的货舱,以供装货。近年来,驳船的发展具有标准化、系列化和专业化的特点。

(四)河/海型船

这类船既可在内河航行,又可在沿海航行,现已发展成为一种独立的船型。在结构上除了吃水较浅外,基本上与沿海船相似,它的优点是可以河海直达。

三、我国的内河运输

据交通运输部的信息,2018年年末全国内河航道通航里程12.71万千米,比2017年增加108千米。等级航道里程6.64万千米,占总里程的52.3%,提高0.2个百分点。三级及以上航道里程1.35万千米,占总里程的10.6%,提高0.8个百分点。

各等级内河航道通航里程分别为：一级航道 1 828 千米、二级航道 3 947 千米、三级航道 7 686 千米、四级航道 10 732 千米、五级航道 7 613 千米、六级航道 17 522 千米、七级航道 17 114 千米。等外航道里程 6.07 万千米。

各水系内河航道通航里程分别为：长江水系 64 848 千米、珠江水系 16 477 千米、黄河水系 3 533 千米、黑龙江水系 8 211 千米、京杭运河 1 438 千米、闽江水系 1 973 千米、淮河水系 17 504 千米。

近年来，中国水运业已形成了布局合理、层次分明、功能齐全、优势互补的港口体系，同时，全国高等级航道网也基本形成。中国港口吞吐量和装箱吞吐量连续 5 年保持世界第一。

任务三　国际管道运输

一、管道运输的概念与分类

(一)管道运输的概念

管道运输(Pipeline Transportation)是利用管道输送气体、液体和粉状固体的一种特殊的运输方式。管道运输随着石油原油的生产而产生。管道运输是运输通道和运输工具合二为一的专门运输方式。

(二)管道运输的分类

1. 按照运输对象，可分为液体管道运输、气体管道运输和液浆管道运输

(1)液体管道运输：主要进行原油、成品油运输的运输方式。

(2)气体管道运输：主要进行天然气运输的运输方式。

(3)液浆管道运输：是将待运输的煤、铁矿石、磷矿石、铜矿石、铝矾石和石灰石等固体物料破碎成粉粒状，与适量的液体，例如水、燃料油、甲醇等配置成可泵送的液浆，经过管道运输至目的地后再将液浆脱水供用户使用的运输方式。

2. 按照铺设工程，可分为架空管道、地面管道和地下管道

(1)架空管道：架设在地面或水面上空的用于输送气体、液体或松散固体的管道。

(2)地面管道：铺设在地面或水面上的用于输送气体、液体或松散固体的管道。

(3)地下管道：埋设在地面或水面下的用于输送气体、液体或松散固体的管道。

3. 按照地理范围，可分为原油管道，成品油管道和系泊管道

(1)原油管道：油井至聚油塔或炼油厂。

(2)成品油管道：从炼油厂至海港或集散中心。

(3)系泊管道：从海港至海上浮筒。

二、管道运输的发展

自 1865 年美国建成世界上第一条输油管道至今，管道运输业已有近 160 年的历史。美国人 S. V. 锡克尔用管径 50 毫米、长 4.6 米搭焊的熟铁管，修建了一条全长 9 000 米的管道，由美国宾夕法尼亚州皮特霍尔铺至米勒油区铁路车站。1880 年和 1893 年相继出现管径 100 毫米的成品油管道和天然气管道。1886 年，在俄国巴库修建了一条管径 100 毫米的原油管道。20 世纪 50 年代石油开发迅速发展，各产油国开始大量兴建油、气管道。20 世纪 70 年代以后，管道运输技术又有了较大提高，大型管道相继建成。1972 年建成的苏联至东欧五国的友谊输

油管道,管径为 1 220 毫米和 820 毫米,全系统总长 9 739 千米,年输送原油 1 亿吨。1977 年建成的纵贯美国阿拉斯加州南北、穿过北极圈的原油管道,管径 1 200 毫米,全长 1 289 千米,设计年输送原油 1.2 亿吨。中东国家的管道运输也在迅速发展。随着北海油田、气田的开发,英国海洋管道逐渐由浅海走向深海,如从北海油田至英国的原油管道和北海油田至德国的天然气管道都已建成投产。截至 2018 年上半年,全球在运营油气管道数量已超过 3 800 条,总长度接近 240 万千米。其中,天然气管道总长度超过 150 万千米,占 60% 以上,石油管道中 2/3 左右为原油管道。北美地区的油气管道总长度为全球第一,约 110 万千米,占全球油气管道总长度的 45%,其中天然气管道占比接近 70%;其次是欧洲(含俄罗斯),油气管道总长度为 75 万千米,约占全球的 1/3,其中 3/4 为天然气管道;再次是亚太地区以约 30 万千米的油气管道总长度居第三位;最后是拉美地区的油气管道总长度只有 10 万千米。世界管道运输网分布很不均匀,主要集中在北美、欧洲、俄罗斯和中东,除中东外的亚洲其他地区、非洲和拉丁美洲的管道运输业相对较为落后。

三、我国管道运输发展

我国最早的一条石油管道于 20 世纪 40 年代初期铺设,是从印度边境通到我国云南昆明的石油管道,其目的是军事需要。由于该管道质量差、效率低,使用时间不长便弃之不用了。1974 年 12 月 27 日,中国第一条"地下大动脉"——大庆油田至秦皇岛输油管道建成输油,这条管道全长 1 152 千米,对中国运输技术的发展、国民经济的建设起了重要作用。

中哈石油管道全程近 3 000 千米,阿特劳—阿拉山口管道段全长 988 千米。西起哈萨克斯坦中部的阿塔苏,抵达中国境内的新疆阿拉山口口岸,再延伸到新疆独山子,从阿拉山口口岸到独山子的中国境内距离为 260 多千米。

西气东输一线工程是将中国塔里木和长庆气田的天然气通过管道输往上海。管道全长约 4 000 千米,设计年输气量 120 亿立方米。起点自塔里木轮南,由西向东经新疆、甘肃、宁夏、陕西、山西、河南、安徽、江苏,终点为上海。西气东输二线工程西起新疆霍尔果斯口岸,南至广州,东达上海,途经新疆、甘肃、宁夏、陕西、河南、湖北、江西、湖南、广东、广西、浙江、上海、江苏、安徽 14 个省(直辖市、自治区),管道主干线和八条支干线全长 9 102 千米。

管道运输作为中国五大运输系统之一,在国民经济和社会发展中起着重要的作用。国内油气长输管道资产主要为中石油、中石化、中海油等大型国有企业所有,从历年数据来看,其中中石油占比约为 70%。

对比"十二五"期间的实际建设规模,"十三五"期间油气长输管道具备广阔的成长空间。按照《石油发展"十三五"规划》,至 2020 年年底,我国油气长输管道里程数将达到 16.9 万千米。

(1)天然气管道。我国天然气管道经过几十年的发展,特别是西气东输一线投产后管道建设的加速发展,全国性输气管网已基本形成。截至 2010 年年底,我国已形成了由西气东输系统、陕京系统、秦沈线、忠武线、涩宁兰线及复线、长宁线、兰银线、淮武线、冀宁线、榆济线等管道为骨架的横跨东西、纵贯南北、连通海外的全国性供气网络,已建成管道总里程 4 万千米,干线管网总输气能力超过 1 000 亿立方米/年,并已在西南、环渤海、长三角、中南及西北地区形成了比较完善的区域性天然气管网。

(2)原油管道。自 1958 年我国第一条长距离输油管道——新疆克拉玛依到独山子炼油厂输油管道建成后,随着东北、华北、华东和西北地区油田的相继开发和大中型炼油厂的建成投产,输油管道得到迅速发展。目前,原油管道已经在东北、西北、华北、华东和中部地区形成了区域性的输油管网。主干输油管道主要包括庆铁线及复线、铁大线、铁抚线、铁秦线、秦京线、阿独线、西部原油管道、东黄线及复线、东临线及复线、鲁宁线、甬沪宁线及仪长线等。

(3)成品油管道。近年来,我国成品油管道得到较大的发展,并已在西北、西南和珠三角地区建成骨干输油管道,形成了"西油东运、北油南下"的格局。主干成品油管道包括西部成品油管道、兰成渝成品油管道、兰郑长成品油管道、茂昆成品油管道等。

2015年我国原油管道、成品油管道、天然气管道里程分别为 2.7 万千米、2.1 万千米、6.4 万千米。按照规划,到 2020 年三种管道里程将分别达到 3.2 万千米、3.3 万千米、10.4 万千米。到 2025 年,全国油气管网规模将达到 24 万千米,网络覆盖进一步扩大,结构更加优化,储运能力大幅提升。随着中缅油气管道项目开工,我国西北、东北和西南陆上三大战略性油气进口通道格局基本形成。

四、管道运输的优缺点

(一)管道运输的优点

管道运输的优点包括以下方面:
(1)不受地面气候影响并可以连续作业;
(2)运输的货物无须包装,节省包装费用;
(3)货物在管道内移动,货损货差小;
(4)费用省、成本低,单向运输,无回空运输问题;
(5)经营管理比较简单。

(二)管道运输的缺点

管道运输的缺点包括以下方面:
(1)运输货物过于专门化,仅限于液体和气体货物;
(2)永远单向运输,机动灵活性差;
(3)固定投资大。

由于管道路线和运输是固定的,所以运输费用计算比较简单。按油类不同品种规格规定不同费率,其计算标准多数以桶为单位,有的以吨为单位。此外,一般均规定每批最低托运量。

任务四 国际邮政运输

一、国际邮政运输的概念

邮政运输(Parcel Post Transport)是指通过邮局寄交进出口货物的一种运输方式。邮政运输比较简便,只要卖方根据买卖合同中双方约定的条件和邮局的有关规定,向邮局办理寄送包裹手续,付清邮费,取得收据,就完成了交货任务。2019 年,全国快递服务企业业务量累计完成 635.2 亿件,同比增长 25.3%;业务收入累计完成 7 497.8 亿元,同比增长 24.2%。其中,同城业务量累计完成 110.4 亿件,同比下降 3.3%;异地业务量累计完成 510.5 亿件,同比增长 33.7%;国际/港澳台业务量累计完成 14.4 亿件,同比增长 29.9%。

国际邮政运输(International Parcel Post Transport)是一种具有国际多式联运性质的运输方式。一件国际邮件一般要经过两个或两个以上国家的邮政局和两种或两种以上不同运输方式的联合作业方可完成。

【视野拓展6-3】　　　　　　中国邮政发展史

秦始皇时期,"车同轨,书同文",建立了以国都咸阳为中心的驿站网,制定了邮驿律令,如竹简怎样捆扎,加封印泥盖印以保密;如何为邮驿人马供应粮草;邮驿怎样接待过往官员、役夫等,形成了我国最早的邮驿法。

汉代邮驿继承秦朝制度,并统一名称叫"驿"。规定五里一邮,十里一亭,三十里置驿。邮驿还随着"丝绸之路"的形成而通达印度、缅甸、波斯等国。

到了唐代,邮驿大大发展,全国共有陆驿、水驿及水陆兼办邮驿1 600多处,行程也有具体规定,并订有考绩和视察制度,驿使执行任务时,随身携带"驿卷"或"信牌"等身份证件。宋代由于战争频繁,军事紧急文件很多,要求既快又安全,因而将由民夫充任的驿卒改由士兵担任,增设"急递铺",设金牌、银牌、铜牌三种,金牌一昼夜行500里,银牌400里,铜牌300里,实行每到一站换人换马接力传递。到了元代,由于军事范围和疆域扩大,仅在国内就有驿站1 496处,并将邮驿改称为驿站。

明代在沿袭旧制的基础上,由于海上交通日渐发达,随着郑和七下西洋,还开辟了海上邮驿。清代初期有官办驿站1 600余处,驿卒7万余名,驿马4万多匹,归兵部主管。19世纪中叶以后,驿站经费多被官吏贪污。到了清代末期,近代邮政逐步兴起,驿站的作用日渐消失。

1896年3月20日,光绪皇帝正式批准开办大清邮政官局。从这次发行邮票的年份看,国家邮政总局是以1896年皇帝下诏作为中国邮政历史的开端。1878年春,赫德指派天津海关税务司德璀琳以天津为中心,在北京、天津、烟台、牛庄(营口)、上海五处海关试办邮政。3月23日,德璀琳率先在天津发布公告,开始收寄华洋公众信件,又先后组织了以天津为枢纽的海运和陆运邮路。1878年7月,天津发行了我国历史上第一套邮票——大龙邮票。

1911年辛亥革命虽然推翻了清朝,将大清邮政的招牌换成了中华邮政,但邮政大权依旧操纵在帝国主义者手中。例如,当时的邮政总办法国人帛黎,对辛亥革命竟宣布"临时中立",还在大清邮票上加印"临时中立"字样,经中华民国临时政府外交部、交通部联合提出抗议后,又加印了"中华民国"四个字,成为"中华民国临时中立"的奇特邮票。

自中华人民共和国成立以来,我国邮电通信事业得到了迅速发展。随着我国国民经济的发展和广大人民群众物质文化生活水平的不断提高,各类邮政业务量都有大幅度增长。

二、国际邮政运输的特点

(一)广泛的国际性

国际邮政是在国与国之间进行的,各国相互经转对方的国际邮件,是在平等互利、相互协作配合的基础上,遵照国际邮政公约和协定的规定进行的。所以说,它具有广泛的国际性。为确保邮政运输的安全、迅速、准确地传达,在办理邮政运输时,必须熟悉并严格遵守本国和国际邮政的各项规定和制度。

(二)国际多式联运性质

国际邮政运输过程一般需要经过两个或两个以上国家的邮政局和两种或两种以上不同的运输方式的联合作业才能完成。但从邮政托运人的角度来说,它只要向邮政局照章办理一次托运,一次付清足额邮资,并取得一张邮政包裹收据,全部手续即告完备。至于邮件运送、交接、保管、传递等一切事宜均由各国邮政局负责办理。国际邮政运输就其性质而论,是一种国际多式联运性质的运输。

(三)实现了"门到门"运输

各国邮政局遍布于世界各地,邮件一般可在当地就近向邮政局办理,邮件到达目的地后,收件人也可以在当地就近邮政局提取邮件。所以,邮政运输基本上可以说是"门到门"运输。它为邮件托运人和收件人提供了极大的方便。

国际邮政运输与其他运输方式有所不同,国际邮政运输主要任务是通过国际邮件的传递,沟通和加强各国人民之间的通信联系,促进相互间的政治、经济、文化交流。这与国际贸易大量货物运输在业务性质上是存在差别的。国际邮政运输,对邮件重量和体积均有限制,如每件包裹重量不得超过 20 千克,长度不得超过 1 米。所以邮政运输只适宜于重量轻、体积小的商品,如精密仪器、机器零件、金银首饰、药品以及各种样品和零星物品等。

【视野拓展6-4】　　　　　　万国邮政联盟组织

万国邮政联盟(Universal Postal Union,CPU),简称邮联。由德国于 1874 年 9 月发起,邀请了法国、英国、罗马尼亚、瑞士、美国等 22 个国家在瑞士伯尔尼开会,经过讨论共同签署了第一个国际邮政公约,即《伯尔尼公约》,并据以成立了"邮政总联盟"。1878 年 5 月,该联盟在巴黎召开了第二次代表大会,修订了《伯尔尼公约》,定名为《万国邮政公约》。其宗旨是根据邮联组织法的规定,组成一个国际邮政领域组织机构,以便相互交换邮件;组织和改善国际邮政业务,以便有利于国际合作的发展;推广先进经验,给予会员国邮政技术的援助等。

邮联的组织机构有大会和执行理事会、邮政研究咨询理事会等机构。其中的国际局为邮联的中央办事机构,设在伯尔尼。国际局的主要任务,是对各国邮政进行联络,提供情报和咨询,负责大会筹备工作和准备各项年度工作报告等。我国于 1972 年加入万国邮政联盟组织,并成为邮政研究咨询理事会理事国。

三、邮包的种类、邮资和单证

(一)种类

国际邮件按运输方法,可分为水陆路邮件和航空邮件;按内容性质和经营方式,可分为函件和包裹两大类。按我国邮政规定,邮包分为以下几类:

1. 普通包裹

凡适合邮递的物品,除违反规定禁寄和限寄的以外,都可以作为包裹寄送。

2. 脆弱包裹

容易破损和需要小心处理的包裹,如玻璃器皿、古玩等。

3. 保价包裹

邮局按寄件人声明价值承担补偿责任的包裹。一般适用于邮递贵重物品,如金银首饰、珠宝、工艺品等。此外,国际上还有快递包裹、代收货价包裹、收件人免付费用包裹等,目前我国邮政暂不办理这些项目。以上包裹如以航空方式邮递,即分别称为航空普通包裹、航空脆弱包裹和航空保价包裹。

邮政局在收寄包裹时,给寄件人以回执收据,故包裹邮件属于给据邮件。给据邮件均可以办理附寄邮件回执。回执是在邮件投交收件人作为收到凭证的邮件。回执尚可按普通、挂号或航空寄送。

(二)邮资和单证

邮资是邮政局为提供邮递服务而收取的费用。各国对邮资采取的政策各有不同。有些国家把邮政收入作为国家外汇收入来源之一;有些国家要求邮政自给自足,收支大致相抵;有些国家则对邮政实行国家财政补贴,从而形成世界各国不同的邮资水平。我国的邮资水平属于偏低类。

根据《万国邮政公约》的规定,国际邮资应按照与金法郎接近的等价折成其本国货币制定。万国邮政联盟以金法郎为单位,规定了基本邮资,以此为基础,允许各国可按基本国情增减。增减幅度最高可增加70%,最低可减少50%。国际邮资均按重量分级作为其计算标准,邮资由基本邮资和特别邮资两部分组成。基本邮资是指邮件经水陆路运往寄达国应付的邮资,也是特别邮资计算的基础;基本邮资费率是根据不同邮件种类和国家地区制定的,邮政局对每一邮件都要照章收取基本邮资。特别邮资是为某项附加手续或责任而收取的邮资,如挂号费、回执费、保价费等,是在基本邮资的基础上,按每件加收的,但是保价邮资须另按所保价值计收。

邮政运输的主要单证是邮政收据(Post Receipt)。它是邮政局收到寄件人的邮件后所出具的凭证,也是邮件灭失或损坏时凭以向邮政局索赔的凭证,还是收件人提取邮件的凭证。

四、邮政运输的有关规定

(一)禁寄、限寄范围

国际邮件内容,除必须遵照国际一般禁止或限制寄递的规定外,还必须遵照本国禁止和限制出口的规定,以及寄达国禁止和限制进口与经转国禁止和限制过境的规定。

通常情况下,武器、弹药、爆炸品、受管制的无线电器材、货币、票据和证券、黄金、白银、白金、珍贵文化古玩、内容涉及国家机密和不准出口的印刷品、手稿等,属于禁止出口的物品。

限制出口物品是指有规定数量或经批准方可向外寄递的物品,如粮食、油料等,每次每件以1千克为限。对商业性行为的邮件,则按进出口贸易管理条例规定的办法,如规定需要附许可证邮递的物品,寄件人必须向有关当地对外贸易管理机构申请领取许可证,以便海关凭此放行。有些物品,如肉类、种子、昆虫标本等按规定须附卫生检疫证书。

(二)有关重量、尺寸、封装和封面书写要求规定

按照《万国邮政公约》和我国邮政规定,每件邮包重量不得超过20千克,长度不得超过1米。邮件封装视邮件内所装物品性质的不同,要求也有所不同。

对封装总的要求以符合邮递方便、安全并保护邮件不受损坏丢失为原则。

对封面书写则要求清楚、正确、完整,以利准确、迅速和安全地邮递。

五、邮政运输的责任范围

根据邮政法规,寄件人应遵守邮政有关规定,办理邮件委托手续并照章交付邮资;邮政部门负有安全、准确、迅速完成接受委托的邮递责任,并对邮件的灭失、短少、损坏负有补偿责任。但非因邮政部门的过失所造成的邮件灭失、短少、损坏,邮政部门可免于负责。

根据国家邮政局的规定,凡由于下列原因所造成的损失,我国邮政部门可免于负责:①不可抗力;②寄达邮局按法令予以扣留或没收的;③违反了禁、限寄规定而被主管当局没收或销毁的;④寄达国声明对普通包裹不负补偿责任的;⑤属于寄件人的过失,所寄物品性质不符,以及邮件封装不妥;⑥虚报保价金额;⑦属于海关监督查验所作的决定;⑧寄件人未在规定期限内办理查询的。

关于补偿范围和补偿金额：凡保价包裹和普通包裹，如由于邮政部门责任，邮政部门都负责予以补偿，对保价包裹的补偿金额，最多不超过货价金额。普通包裹的补偿金额，每件不超过一定标准，如实际损失低于该标准，则按实际损失补偿。

基础训练

一、单项选择题

1. 下列运输方式中，随着石油的生产而产生和发展的是（　　）。
   A. 公路运输　　　　B. 航空运输　　　　C. 管道运输　　　　D. 内河运输
2. 具有"门到门"运输性质的运输方式是（　　）。
   A. 国际邮政运输　　B. 管道运输　　　　C. 铁路运输　　　　D. 大陆桥运输
3. 永远是单方向运输的是（　　）。
   A. 铁路运输　　　　B. 邮政运输　　　　C. 管道运输　　　　D. 公路运输
4. 下列方式中，具有多式联运性质的是（　　）。
   A. 铁路运输　　　　B. 航空运输　　　　C. 公路运输　　　　D. 邮政运输
5. 邮政运输的主要单据是（　　）。
   A. 运单　　　　　　B. 邮政收据　　　　C. 邮件回执　　　　D. 货物交付单

二、多项选择题

1. 管道运输的特点有（　　）。
   A. 单方向运输
   B. 多方向运输
   C. 货物与运输工具同时移动
   D. 运输通道与运输工具合二为一
2. 管道运输就其铺设工程而言可分为（　　）。
   A. 水中管道　　　　B. 地下管道　　　　C. 地面管道　　　　D. 系泊管道
3. 国际邮政运输的特点有（　　）。
   A. 具有广泛的国际性
   B. 对邮件重量和体积没有限制
   C. 具有国际多式联运性质
   D. 具有"门到门"运输的性质
4. 管道运输就其运输对象而言可分为（　　）。
   A. 原油管道　　　　B. 系泊管道　　　　C. 液体管道　　　　D. 气体管道
5. 按照我国邮政机构的相关规定，邮包可分为（　　）。
   A. 普通包裹　　　　B. 特殊包裹　　　　C. 脆弱包裹　　　　D. 保价包裹

三、简述题

1. 简述公路运输的特点和作用。
2. 简述公路运输的实务流程。
3. 简述管道运输的优缺点。
4. 简述国际邮政运输的特点。
5. 简述国际邮政运输的免责范围。

四、技能案例

【案例背景】

2019年9月25日,某科技公司销售部经理花105元邮费,通过快递公司向某园艺设备公司邮寄一批价值1.5万余元的货物,未选择保价服务。数天后,某园艺设备公司未收到货。该科技公司起诉至北京市通州区人民法院,请求判令快递公司赔偿丢失货物的损失1.5万余元。

快递公司辩称未对邮件内容进行查验,不清楚其中是否为上述货物,该科技公司邮寄的快件确实在运输过程中发生灭失,该公司愿意赔偿。由于该科技公司未选择保价服务,根据现有法规及快递业务服务标准中对赔偿标准的规定,对非信函件的快递按照不超过运费5倍的原则赔偿,故该公司同意按邮费的5倍进行赔偿。2020年2月19日,通州区法院以快递须知中有关保价的规定属无效的格式条款为由,一审判决快递公司按照遗失物品的实际价值即1.5万余元向某科技公司承担赔偿责任。快递公司不服,提起上诉。2020年8月,北京市二中院作出维持原判的终审判决。

【技能思考】

结合国际邮政运输的相关规定,对此案例作出分析。

综合实训

【实训项目】

国际公路运输。

【实训情境】

某货运代理公司作为货主的代理人安排货物出口工作。在货物从内地往港口运输的过程中,由于定期货运汽车季节性短缺,一小部分货物是由从汽车运输市场雇用的一辆货运车运输的,结果承运该货物的汽车连同货物一起下落不明。

【实训任务】

(1)货运代理人在什么情况下可以不承担责任?

(2)货运代理人在什么情况下应承担责任?

项目七

集装箱运输、国际多式联运、大陆桥运输

○ **知识目标**

理解：大陆桥运输及其线路，OCP 运输、MLB 运输、IPI 运输。

熟知：集装箱运输的特点、种类、关系方、主要货运单证。

掌握：集装箱货物进出口运输操作，国际多式联运经营人、单证及计费业务。

○ **技能目标**

能够以货运代理的身份完成集装箱货物进出口运输操作，并熟知集装箱运输的费用；能够对国际多式联运中涉及的各种实例进行分析、具备对国际多式联运进行计费的能力。

○ **素质目标**

运用所学的理论与实务知识研究相关案例，培养和提高在特定业务情境下分析解决问题与决策设计的能力；能结合教学内容，依照职业道德与行业规范与标准，分析行为的善恶，强化职业道德素质。

○ **项目引例**

国际多式联运的拒赔案

一批货物由印度的马得拉斯港装船经新加坡转船运往温哥华，承运人签发了全程运输提单。在新加坡转船期间，货物在码头等候装第二程时，在露天仓库受雨遭损。货主向承运人索赔，船方以货物不是在船上而是在陆地上受损，不属于海上运输为由拒赔。

请问：承运人拒赔理由是否充分？为什么？

引例分析：承运人拒赔的理由不充分。根据《联合国国际货物多式联运公约》对国际多式联运所下的定义，国际多式联运使用一份包括全程的多式联运单据，并由多式联运经营人对全程运输负总的责任。一旦在运输过程中发生货物灭失或损坏时，由多式联运经营人对全程运输负责。该批货物是在新加坡转船过程中等候第二程运输时遭损的，所以承运人不能以货物不是在船上而是在陆地上受损，不属于海上运输为由拒赔。

○ **知识精讲**

任务一 集装箱运输

集装箱运输（Container Transport）是以集装箱作为集合包装和运输单位，适合"门到门"交货的现代化成组运输方式，是成组运输中的一种高级运输形式，也是国际贸易货物运输高度发展的必然产物，目前已成为国际上普遍采用的一种重要的运输方式。

一、集装箱的概念及应具备的条件

集装箱(Container)在我国台湾和香港等地称为"货柜"或"货箱",是指具有一定强度、刚度和规格专供周转使用的大型装货容器,是一种运输设备。

国际标准化组织制定了集装箱统一规格,力求使集装箱达到标准化。标准化组织不仅对集装箱尺寸、术语、试验方法等作出规定,而且就集装箱的构造、性能等技术特征也作了某些规定。

集装箱的标准化促进了集装箱在国际上的流通,对国际货物流转的合理化起到了重大作用。根据国际标准化组织 104 技术委员会(International Standardization Organization-Technical Committee 104, ISO/TC104)的规定,集装箱应具备如下条件:

(1)具有耐久性,其坚固强度足以反复使用。
(2)便于商品运送而专门设计的,在一种或多种运输方式中运输无须中途换装。
(3)设有便于装卸和搬运特别是便于从一种运输方式转移到另一种运输方式的装置。
(4)设计时应注意要便于货物装满或卸空。
(5)内容积为 1 立方米或 1 立方米以上。

二、国际集装箱运输的发展阶段

追溯集装箱运输的起源和发展过程,可以发现它经历了萌芽期、开创期、成长期、扩张期、成熟期五个不同的阶段。

(一)1801~1956 年为集装箱运输的萌芽期

在这一时期,集装箱运输的思想开始出现,人们在多种运输工具上开始尝试使用具备一些现代集装箱特征的运输设备,并大多取得了较好的效果。这一时期为集装箱运输的诞生作了必要的思想准备和技术准备。

(二)1956~1966 年为集装箱运输的开创期

1956 年 4 月,美国泛大西洋船公司在一艘 T-2 型油船甲板上设置了一个可装载 58 只 35 英尺集装箱的平台,取名为"马科斯顿"号,航行于纽约—休斯敦航线上,成为公认的集装箱运输的正式开端。此后,该公司又于 1957 年 10 月将 6 艘 C-2 货船改装成吊装式全集装箱船,取名"盖脱威城(Gate Way City)"号,载重量 9 000 吨,可装载 226 只 35 英尺集装箱,仍航行于纽约—休斯敦航线上。这是世界上第一艘全集装箱船,从此,海上集装箱运输才成为现实。在随后的 10 年中,集装箱运输航线在美国逐步发展起来。

(三)1966~1971 年,集装箱运输进入了成长期

1966 年 4 月,美国海陆运输公司以经过改装的全集装箱船开辟了纽约—欧洲集装箱运输国际航线。它标志着国际集装箱运输开始出现,集装箱运输从美国本土逐步走向国际化,扩展到日本和欧洲,为集装箱运输向多式联运发展打下了良好的基础。

(四)1971~1989 年,集装箱运输进入了扩张期

由于高效率、高效益、高质量,并便于开展联运等优点,集装箱运输深受货主、船公司、港口及有关部门的欢迎,发展极其迅速,逐步扩展到东南亚、中东及世界各主要航线。1971 年底,世界 13 条主要航线基本上实现了件杂货集装箱化。1980 年 5 月在日内瓦通过了《联合国国际货物多式联运公约》,并在美国出现了集装箱多式联运。

(五)1989年至今,集装箱运输进入了成熟期

目前,集装箱运输已遍及全球,发达国家件杂货运输的集装箱化程度已达80%以上。在过去的近30年里,全球集装箱保有量年均递增幅度达5%左右,到2018年,达到2.01亿TEU。

三、我国国际集装箱运输的发展

我国国际集装箱运输起步较晚,但发展速度很快。我国集装箱运输最早是从铁路运输开始的。1973年,天津港接卸了第一个国际集装箱,开辟了海上国际集装箱运输,在历经20世纪70年代的起步、80年代的稳定发展后,90年代我国国际集装箱运输引起全世界航运界的热切关注。进入21世纪后,我国集装箱无论是在数量还是在质量方面都取得了跨越式的发展。

国民经济的发展,特别是对外贸易的迅猛发展是我国港口集装箱运输蓬勃发展的内在驱动力。通过行业主管部门的积极引导,我国竞争有序、协调统一的港口集装箱运输市场初步形成。随着港口集装箱运输进一步与国际接轨,运输服务进一步改善,外贸集装箱运输市场的一体化也正在形成。

据交通运输部的统计数据,2019年9月,全国港口完成货物吞吐量120 498万吨,比2018年同期增长5.6%;2019年1～9月,全国港口完成货物吞吐量1 030 106万吨,比2018年同期增长5.2%。

2019年9月,全国港口完成集装箱吞吐量2 279万TEU,比2018年同期增长3.6%。2019年1～9月,全国港口完成集装箱吞吐量19 518万TEU,比2018年同期增长4.8%。

2019年1～9月,我国港口中完成货物吞吐量超1亿吨的共有27个港口,其中,舟山港吞吐量傲视群雄,镇江港增速最快。2019年1～9月,我国港口中完成集装箱吞吐量超100万标箱的也为27个港口,其中,上海港集装箱吞吐量雄踞榜首,南通港呈现爆发式增长,增幅遥遥领先。2020年1～7月我国港口货物吞吐量和集装箱吞吐量排名如表7—1所示。

表7—1　　　　　　　2020年1～7月我国港口货物吞吐量和集装箱吞吐量排名

排名	港口	港口货物吞吐量(万吨) 2020年1～7月	同比增长(%)	港口	集装箱吞吐量(万TEU) 2020年1～9月	同比增长(%)
1	舟山	67 931	3.5	上海	2 396	−5.6
2	唐山	38 364	4.2	宁波	1 500	−3.8
3	上海	35 817	−8.1	深圳	1 348	−8.2
4	广州	35 109	0.3	广州	1 287	0.0
5	青岛	34 895	5.5	青岛	1 222	0.9
6	宁波	34 187	−0.2	天津	1 029	4.0
7	天津	28 962	3.6	厦门	631	−3.2
8	日照	28 511	5.9	舟山	596	−2.8
9	烟台	22 892	2.0	大连	348	−31.8
10	镇江	20 317	13.1	苏州	331	−9.7

四、集装箱运输的特点及优缺点

(一)集装箱运输的特点

(1)在全程运输中,以集装箱为媒介,使用机械装卸、搬运,无须接触或移动箱内所装货物。

(2)货物从内陆发货人的工厂或仓库装箱后,经由海陆空不同的运输方式,实现"门到门"运输。

(3)装卸快,效率高,而且可以减少货损货差,保证货运质量。

(4)由一个承运人负责全程运输,简化货运手续,方便货主,提高工作效率。

(二)集装箱运输的优缺点

1. 优点

(1)便于操作,节约劳动力和装卸载费用,减少营运费用,降低运输成本。

(2)减少货损货差,提高货运质量。

(3)简化包装,大量节约包装费用。

(4)运输量大,运输速度快。

2. 缺点

(1)一般来说,船公司要求一个公司包一个箱。如果货物装不了一个箱,那么相对来说费用昂贵。

(2)受重量的限制,如果超重,须加收费用。

五、集装箱的种类

(一)通用(普通)干货集装箱

通用(普通)干货集装箱(Dry Cargo Container)也称杂货集装箱,用来运输无须控制温度的件杂货。其使用范围极广。这种集装箱通常为封闭式,在一端或侧面设有箱门。这种集装箱通常用来装运文化用品、化工用品、电子机械、工艺品、医药、日用品、纺织品及仪器零件等。这是最常用的集装箱,不受温度变化影响的各类固体散货、颗粒或粉末状的货物都可以由这种集装箱装运。如图7-1所示。

图7-1 通用(普通)干货集装箱

(二)保温集装箱

保温集装箱(Keep Constant Temperature Container)是为了运输需要冷藏或保温货物的集装箱。所有箱壁都采用导热率低的材料隔热而制成,保温集装箱可分为以下三种:

1. 冷藏集装箱(Reefer Container)

它是以运输冷冻食品为主,能保持所设定温度的保温集装箱。它专为运输如鱼、肉、新鲜水果、蔬菜等食品而特殊设计。目前,国际上采用的冷藏集装箱基本上分为两种:一种是集装箱内带有冷冻机的,称为机械式冷藏集装箱;另一种箱内没有冷冻机而只有隔热结构,即在集装箱端壁上设有进气孔和出气孔,箱子装在舱中,由船舶的冷冻装置供应冷气,这种称为离合式冷藏集装箱(又称外置式或夹箍式冷藏集装箱)。如图7—2所示。

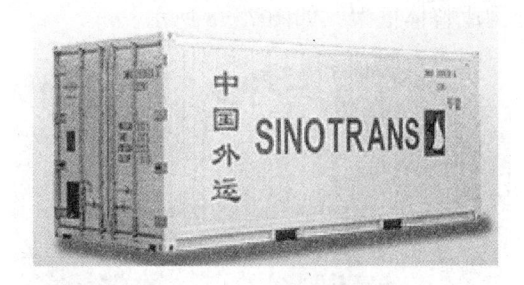

图7—2　冷藏集装箱

2. 隔热集装箱(Insulated Container)

它是为载运水果、蔬菜等货物,防止温度上升过大,以保持货物新鲜度而具有充分隔热结构的集装箱。通常用冰作制冷剂,保温时间为72小时左右。如图7—3所示。

图7—3　隔热集装箱

3. 通风集装箱(Ventilated Container)

它是为装运水果、蔬菜等不需要冷冻而具有呼吸作用的货物,在端壁和侧壁上设有通风孔的集装箱,如将通风口关闭,同样可以作为杂货集装箱使用。如图7—4所示。

图7—4　通风集装箱

(三)罐式集装箱

罐式集装箱(Tank Container)是专门用以装运酒类、油类(如动植物油)、液体食品以及化学品等液体货物的集装箱。它还可以装运其他液体的危险货物。这种集装箱有单罐和多罐数种,罐体四角由支柱、撑杆构成整体框架。如图7—5所示。

图7—5 罐式集装箱

(四)散货集装箱

散货集装箱(Bulk Container)是一种密闭式集装箱,有玻璃钢制和钢制两种。前者由于侧壁强度较大,故一般装载麦芽和化学品等相对密度较大的散货,后者则用于装载相对密度较小的谷物。散货集装箱顶部的装货口设有水密性良好的盖,以防雨水侵入箱内。如图7—6所示。

图7—6 散货集装箱

(五)框架集装箱

框架集装箱(Flat Rack Container)是没有箱顶和侧壁,甚至连端壁也去掉而只有底板和四个角柱的集装箱。这种集装箱可以从前后、左右及上方进行装卸作业,适合装载长大件和重货件,如重型机械、钢材、钢管、木材、钢锭等。框架集装箱没有水密性,怕水湿的货物不能装运,或用帆布遮盖装运。如图7—7所示。

(六)平台集装箱

平台集装箱(Platform Container)形状类似铁路平板车,仅有底板而无上部结构的一种集装箱。平台集装箱装卸作业方便,适宜装超重超长货物,长度可达6米以上,宽4米以上,高4.5米左右,重量可达40公吨。而且,两台平台集装箱可以连接起来,装80公吨的货,用这种

图 7—7　框架集装箱

集装箱装运汽车极为方便。它是在框架集装箱上再简化而只保留底板的一种特殊结构集装箱。这一集装箱的采用打破了过去一直认为集装箱必须具有一定容积的概念。如图 7—8 所示。

图 7—8　平台集装箱

(七)敞顶集装箱

敞顶集装箱(Open Top Container)是一种没有刚性箱顶的集装箱,但有可折叠式或可折式顶梁支撑的帆布、塑料布或涂塑布制成的顶篷,其他构件与通用集装箱类似。这种集装箱适于装载大型货物和重货,如钢铁、木材,特别是像玻璃板等易碎的重货,利用吊车从顶部吊入箱内不易损坏,而且便于在箱内固定。如图 7—9 所示。

图 7—9　敞顶集装箱

(八)汽车集装箱

汽车集装箱(Car Container)是一种运输小型轿车用的专用集装箱,其特点是在简易箱底上装一个钢制框架,通常没有箱壁(包括端壁和侧壁)。这种集装箱分为单层和双层两种。因为小轿车的高度为 1.35~1.45 米,如装在 8 英尺(2.438 米)的标准集装箱内,其容积要浪费 2/5 以上,因而出现了双层集装箱。这种双层集装箱的高度有两种:一种为 10.5 英尺(3.2 米),另一种为 8.5 英尺高的 2 倍。因此,汽车集装箱一般不是国际标准集装箱。如图 7－10 所示。

图 7－10　汽车集装箱

(九)牲畜集装箱

牲畜集装箱(Pen Container;Live Stock Container)是一种装运鸡、鸭、鹅等活家禽和牛、马、羊、猪等活家畜用的集装箱。为了遮蔽太阳,箱顶采用胶合板露盖,侧面和端面都有用铝丝网制成的窗,以求有良好的通风。侧壁下方设有清扫口和排水口,并配有上下移动的拉门,可把垃圾清扫出去;还装有喂食口。牲畜集装箱在船上一般应装在甲板上,因为甲板上空气流通,便于清扫和照顾。如图 7－11 所示。

图 7－11　牲畜集装箱

(十)服装集装箱

服装集装箱(Garment Container)是在箱内上侧梁上装有许多根横杆,每根横杆上垂下若干条皮带扣、尼龙带扣或绳索,成衣利用衣架上的钩,直接挂在带扣或绳索上,20′单层 11 根梁,40′单层 22 根梁,每根梁有 20 根绳,每根绳有 13 个绳结,单层挂衣每根梁最大承重 300 千克。这种服装装载法属于无包装运输,它不仅节约了包装材料和包装费用,而且减少了人工劳力,提高了服装的运输质量。如图 7-12 所示。

图 7-12 服装集装箱

(十一)集装箱房

集装箱房(Container House)也称集装箱房屋、集装箱活动房、集装箱住宅,是指主要以集装箱作为基础材料稍经改造而成为有窗有门的房子。此类集装箱房常见于建筑工地作为工人的宿舍使用,也有人当作出租房屋使用,坚固耐用,搭建方便。因此,集装箱房也被称为住人集装箱。如图 7-13 所示。

图 7-13 集装箱房

综上所述,主要集装箱箱型、特点和适用货物如表 7-2 所示。

表 7-2　　　　　　　　　　主要集装箱箱型、特点和适用货物

箱 型	特 点	适合货物
杂货箱	一端开门、两端开门或侧壁设有侧门,均有水密性,箱门可 270°开启	一般货物
冷藏箱	具有制冷(或保温)功能	冷藏货
通风箱	侧壁或端壁上设有 4~6 个通风口	易腐
罐式箱	由罐体和箱体框架两部分构成,顶部设有装货口(人孔),罐底有排出阀	液体、气体
散货箱	一端有箱门,顶部有 2~3 个装货口,箱门的下方设有卸货口	散装货
台架箱	没有箱顶和侧壁	超高、超重货物
平台集装箱	无上部结构,只有底部结构	超宽、超长货物

续表

箱 型	特 点	适合货物
开顶箱	箱顶("硬顶"和"软顶")可以拆下	超高、超重货物
汽车箱	一般设有端壁和侧壁,箱底应采用防滑钢板	汽车
动物箱	侧面和端面都有金属网制的窗,以便通风。侧壁的下方设有清扫口和排水口,便于清洁	动物
服装集装箱	内侧梁上装有许多横杆,每根横杆垂下若干绳扣	服装

六、集装箱运输的有关关系方

集装箱运输的有关关系方主要有:无船承运人、实际承运人、集装箱租赁公司、集装箱堆场、集装箱货运站、联运保赔协会等。

(一)无船承运人

无船承运人(Non-Vessel Operating Common Carrier,NVOCC)是专门经营集装箱货运的揽货、装拆箱、内陆运输及经营中转站或内陆站业务,可以具备实际运输工具,也可不具备。对真正货主来讲,他是承运人,而对实际承运人来说,他又是托运人。通常无船承运人应受所在国法律制约,在政府有关部门登记。

(二)实际承运人

实际承运人(Actual Carrier)是掌握运输工具并参与集装箱运输的承运人。实际承运人通常拥有大量集装箱,以利于集装箱的周转、调拨、管理以及集装箱与车船机的衔接。

(三)集装箱租赁公司

集装箱租赁公司(Container Leasing Company)是专门经营集装箱出租业务的公司。集装箱所有人为出租的一方,使用人(一般是船公司或货主)为承租的一方,双方签订租赁合同,由出租人提供合格的集装箱交由承租人在约定范围内使用。

(四)集装箱堆场

集装箱堆场(Container Yard,CY)是办理集装箱重箱或空箱装卸、转运、保管、交接的场所。它是集装箱运输关系方的重要组成部分,在集装箱运输中起到了重要作用。

(五)集装箱货运站

集装箱货运站(Container Freight Station,CFS)是指处理拼箱货的场所,其办理拼箱货的交接,配载积载后,将箱子送往集装箱堆场,并接受集装箱堆场交来的进口货箱,进行拆箱、理货、保管,最后分给各收货人。同时,它也可按承运人的委托进行铅封和签发场站收据等业务。

它主要代表承运人办理下列业务:拼箱货的理货和交接;对货物外表检验有异状时办理批注;拼箱货的配箱积载和装箱;进口拆箱货的拆箱和保管;代承运人加铅封并签发站收据;办理各项单证和编制等。

(六)联运保赔协会

联运保赔协会(Through Protection and Indemnity)是一种由船公司互保的保险组织,对集装箱运输中可能遭受的一切损害进行全面统一的保险。这是集装箱运输发展后所产生的新的保险组织。

七、集装箱尺寸、容积及计算单位

(一)集装箱尺寸

1. 集装箱内尺寸

集装箱内尺寸(Container's Internal Dimensions)是指集装箱内部的最大长、宽、高尺寸。长度为箱门内侧板量至端壁内衬板之间的距离,宽度为两内侧衬板之间的距离,高度为箱底板量至箱顶板最下面的距离。它们决定集装箱内容积和箱内货物的最大尺寸。

2. 集装箱外尺寸

集装箱外尺寸(Container's Overall External Dimensions)包括集装箱永久性附件在内的集装箱外部最大的长、宽、高尺寸。它是确定集装箱能否在船舶、底盘车、货车、铁路车辆之间进行换装的主要参数,是各运输部门必须掌握的一项重要的技术资料。

(二)集装箱内容积

集装箱内容积(Container's Unobstructed Capacity)是指按集装箱内尺寸计算的装货容积。同一规格的集装箱,由于结构和制造材料的不同,其内容积略有差异。集装箱内容积是物资部门或其他装箱人必须掌握的重要技术资料。

(三)集装箱计算单位

集装箱计算单位(Twenty-feet Equivalent Units,TEU)又称20英尺换算单位,是计算集装箱箱数的换算单位。目前,大部分国家集装箱运输采用20英尺和40英尺长的两种集装箱。为使集装箱箱数计算统一化,将20英尺集装箱作为一个计算单位,将40英尺集装箱作为两个计算单位,以便于统一计算集装箱的营运量。

八、集装箱运输的方式

集装箱运输是将一定数量的单件货物装入标准规格的金属箱内,以集装箱作为运送单位所进行的运输,可适用于海洋运输、铁路运输及国际多式联运。

(一)集装箱货物装箱方式

根据集装箱货物装箱数量和方式,可分为整箱和拼箱两种。

1. 整箱

整箱(Full Container Load,FCL)是指货方自行将货物装满整箱以后,以箱为单位托运的集装箱。这种情况通常在货主有足够货源装载一个或数个整箱时采用,除有些大的货主自己置备有集装箱外,一般是向承运人或集装箱租赁公司租用一定的集装箱。空箱运到工厂或仓库后,在海关人员的监管下,货主把货装入箱内、加锁、铝封后交承运人并取得站场收据,最后凭收据换取提单或运单。

2. 拼箱

拼箱(Less than Container Load,LCL)是指承运人(或代理人)接受货主托运的数量不足整箱的小票货运后,根据货类性质和目的地进行分类整理。将去同一目的地的货,集中到一定数量拼装入箱。由于一个箱内有不同货主的货拼装在一起,所以称为拼箱。这种情况在货主托运数量不足装满整箱时采用。拼箱货的分类、整理、集中、装箱(拆箱)、交货等工作均在承运人码头集装箱货运站或内陆集装箱转运站进行。

【视野拓展 7-1】　　中国远洋运输公司的集装箱外部标志

中国远洋运输公司的集装箱外部标志如图 7-14 所示。

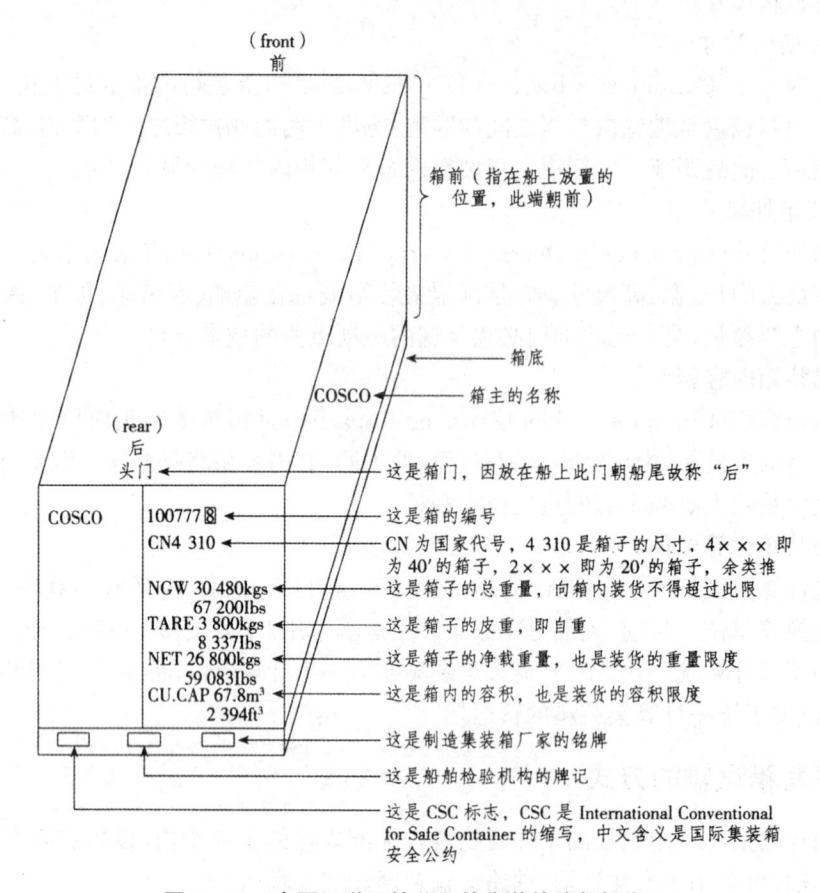

图 7-14　中国远洋运输公司的集装箱外部标志

(二)集装箱的交接地点

货物运输中的交接地点是指根据运输合同,承运人与货方交接货物、划分责任风险和费用的地点。目前,集装箱运输中货物的交接地点有门(双方约定的地点)、船边或吊钩、集装箱堆场和集装箱货运站。

1. 门

门是指收发货人的工厂、仓库或双方约定收、交集装箱的地点。在多式联运中经常使用。

2. 船边或吊钩

船边或吊钩简称"钩",是指装货港或卸货港装卸船边或码头集装箱装卸吊具并以此为界区分运输装卸费用的责任界限。

3. 集装箱堆场

集装箱堆场是指办理集装箱重箱或空箱装卸、转运、保管、交接的场所,也称场站。对海运集装箱出口来说,堆场的作用就是把所有出口客户的集装箱在某处先集合起来(不论通关与否),到了截港时间之后,再统一上船(此时必定已经通关)。堆场是集装箱通关上船前的统一集合地,在堆场的集装箱货物等待通关,这样便于船公司、海关等进行管理。

4. 集装箱货运站

集装箱货运站是指拼箱货装箱和拆箱的船、货双方办理交接的场所。承运人在一个港口或内陆城市只能委托一个集装箱货运站的经营者。由它代表承运人办理下列主要业务：拼箱货的理货和交接；对货物外表检验如有异状时,应办理批注；拼箱货的配箱积载和装箱；进口拆箱货的拆箱和保管；代承运人加铅封并签发站收据；办理各项单证和编制等。

(三)集装箱的交接方式

1. FCL/FCL,即整箱交/整箱收

在这种交接方式下,集装箱的具体交接地点有以下四种情况：

(1)Door to Door,即"门到门"。它是指在发货人的工厂或仓库整箱交货,承运人负责运至收货人的工厂或仓库整箱交收货人。

(2)CY to CR,即"场到场"。它是指发货人在起运地或装箱港的集装箱堆场整箱交货,承运人负责运至目的地或卸箱港的集装箱堆场整箱交收货人。

(3)Door to CR,即"门到场"。它是指在发货人的工厂或仓库整箱交货,承运人负责运至目的地或卸箱港的集装箱堆场整箱交收货人。

(4)CY to Door,即"场到门"。它是指发货人在起运地或装箱港的堆场整箱交货,承运人负责运至收货人的工厂或仓库整箱交收货人。

2. LCL/LCL,即"拼箱交/拆箱收"

在这种交接方式下,集装箱的具体交接地点只有一种情况,CFS to CFS,即"站到站"。这是指发货人将货物运往起运地或装箱港的集装箱货运站,货运站将货物拼装后交承运人,承运人负责运至目的地或卸箱港的集装箱货运站进行拆箱,当地货运站按件拨交各个有关收货人。

3. FCL/LCL,即"整箱交/拆箱收"

在这种交接方式下,集装箱的具体交接地点有以下两种情况：

(1)Door to CFS,即"门到站"。它是指在发货人的工厂或仓库整箱交货,承运人负责运至目的地或卸货港的货运站。货运站拆箱按件拨交各有关收货人。

(2)CY to CFS,即"场到站"。它是指发货人在起运地或装箱港的集装箱堆场整箱交运,承运人负责运至目的地或卸货港的集装箱货运站,货运站负责拆箱拨交各有关收货人。

4. LCL/FCL,即"拼箱交/整箱收"

在这种交接方式下,集装箱的具体交接地点也有以下两种情况。

(1)CFS to Door,即"站到门"。它是指发货人在起运地或装箱港的集装箱货运站按件交货,然后由承运人负责运至目的地收货人工厂或仓库整箱交货。

(2)CFS to CY,即"站到场"。它是指发货人在起运地或装箱港的集装箱货运站按件交货运站后,承运人负责运至目的地或卸箱港的集装箱堆场,整箱交收货人。

【视野拓展 7-2】　　　　集装箱堆场及场站

1. 集装箱前方堆场(Marshalling Yard)

它是指在集装箱码头前方,为加速船舶装卸作业,暂时堆放集装箱的场地。其作用是：当集装箱船到港前,有计划、有秩序地按积载要求将出口集装箱整齐地集中堆放,卸船时将进口集装箱暂时堆放在码头前方,以加速船舶装卸作业。

2. 集装箱后方堆场(Container Yard)

它是指集装箱重箱或空箱进行交接、保管和堆存的场所。有些国家对集装箱堆场并不分前方堆场或后方堆场,统称为堆场。集装箱后方堆场是集装箱装卸区的组成部分,是集装箱运输"场到场"交接方式的整箱货办理交接的场所(实际上是在集装箱卸区"大门口"进行交接的)。

3. 空箱堆场(Van Pool)

它是指专门办理空箱收集、保管、堆存或交接的场地,是专为集装箱装卸区或转运站堆场不足时才设立的。这种堆场不办理重箱或货物交接。它可以单独经营,也可以由集装箱装卸区在区外另设。在有些国家,经营这种空箱堆场需向航运公会声明。

4. 中转站或内路站(Container Depot or Inland Depot)

它是指海港以外的集装箱运输的中转站或集散地。它的作用除了没有集装箱专用船的装卸作业外,其余均与集装箱装卸区业务相同。中转站或内陆站包括集装箱装卸港的市区中转站、内陆城市和内河港口的内陆站。

九、集装箱货物进出口运输实务

(一)集装箱货物进口运输实务

1. 寄送资料

起运港的船公司或其代理应在货轮抵港前(近洋 24 小时前、远洋 7 天前)采用传真或邮寄的方式向卸货港提供提单副本、舱单、装箱单、积载图、危险货物清单、危险货物说明书、冷藏箱清单等有关的、必要的卸船资料。

2. 分发单证

船公司或其代理应及时将起运港寄来的有关货运单证分别送给有关的进口货代(或收货人)、堆场和货运站,以便各有关单位在货轮抵港前做好各项准备工作。

3. 发到货通知

船公司或其代理应预告进口货代(或收货人)货轮抵港日期,并应于船舶到港后发正式到货通知。

4. 换取提货单

进口货代(或收货人)接到通知后应持正本提单向船公司或其代理换取提货单。

5. 卸船提货

货箱自船上卸下后,整箱货先存放在堆场,拼箱货先运往货运站。进口货代(或收货人)应在规定的时间内向海关办理进口报关,海关放行后凭提货单至堆场提箱或在货运站开箱提货,如提箱还应提前交付押金和办理设备交接单的手续。

6. 提箱

收货人或其代理在提箱时如发现铅封损坏或丢失,箱上有孔洞,货物短少或损坏,应在提货单的"交货记录"联上详细列明并应要求堆场或货运站共同签认,以便事后凭以向船公司索赔;否则,船公司将不承担责任。

(二)集装箱货物出口运输实务

1. 订舱

发货人根据实务合同或信用证中的条款,或者货代根据委托人的委托书内容向船公司或其代理填入集装箱货物托运单,办理订舱手续。

2. 接受托运并制作场站收据

站场收据是承运人委托集装箱装卸区、中转站或内陆站收到整箱货或拼箱货后签发的收据。站场收据由发货人编制。

3. 发送空箱

整箱货所需的空箱由船公司或其代理送交,或由发货人领取;拼箱货所需的空箱由货运站领取。

4. 集装箱装箱与交货

(1)整箱货的装箱与交货。发货人或货代收到空箱后,应在装箱前(最晚不得晚于装箱前 24 小时)向海关办理报关,并应在海关监管下进行装箱,装毕由海关在箱门处施加铅封,铅封上的号码称为"封志"。然后,发货人(或货代)应及时将重箱和场站收据一并送往堆场,堆场装卸区的工作人员点收货箱无误后,代表船方在场站收据上签字并将该收据退还来人,证明已收到所托运的货物并开始承担责任。

(2)拼箱货的装箱与交货。对拼箱货,发货人应先行办理报关,然后将货物送交货运站,也可委托货运站办理报关,如属这种情况,则发货人应将报关委托书及报关所需要的单证连同货物一并送交货运站。货运站点收货物后,根据货物的性质、流向、目的港的不同进行拼装。这时发货人最好派人在现场监装,以防发生短装、漏装、错装等情况。货运站的工作人员在点收货物后或在拼装完毕后应代表船方在场站收据上签字并将该收据退交发货人,证明收到所托运的货物并开始承担责任。

5. 货物进港

发货人或货运站接到装船通知后于船舶开装前 5 天即可将重箱运进指定的港区备装,通常在船舶吊装前 24 小时停止货箱进港。

6. 换取提单

场站收据是承运人或货运站收货的凭证,也是发货人凭以换取提单的唯一凭证。如果信用证上规定需要已装船提单,则应在货箱装船后换取已装船提单。

7. 运费结算

运费结算通常包括基本海运费和附加费,运费的支付方式主要有预付、到付和第三方支付。

十、集装箱运输的主要货运单证

(一)托运单

托运单(Dock Receipt,D/R)包含场站收据。场站收据是承运人委托集装箱装卸区、中转站或内陆站收到整箱货或拼箱货后签发的收据。场站收据由发货人根据轮船公司印就的格式进行填制。场站收据的作用,相当于传统运输中的大副收据,它是发货人向船公司换取提单的凭证。

(二)装箱单

装箱单(Container Load Plan,CLP)是记载每箱货物信息的具体资料,是向海关申报的必要单证。装箱单是由装箱人根据已装入集装箱内的货物制作的,记载箱内所装货物的名称、数量、重量、交接方式及箱内积载顺序(自里到外)的单证。

(三)集装箱配载图

集装箱配载图(Pre Stowage Plan)由外轮代理公司根据订舱清单、装箱单及堆场积载计划编制,并在船舶抵港征得船方同意后,即行装船。配载图由集装箱船各排每列和分层的横断构成。

(四)场站收据

场站收据(Dock Receipt)由发货人编制。如同一批货物装有几个集装箱时,先凭装箱单验收,直到最后一个集装箱验收完毕,才由港站管理员在站场收据上签收。站场在收到整箱货后,发现所装的箱外表或拼箱货包装外表有异状时,应加批注。如表7-3所示。

表7-3　　　　　　　　　　　　　集装箱托运单

Shipper(发货人)			D/R No.(编号)		第一联
Consignee(收货人)			集装箱货物托运单 货主留底		
Notify Party(通知人)					
Pre Carriage by (前程运输)		Place of Receipt (收货地点)			
Ocean Vessel(船名)	Voy. No.(航次)	Port of Loading(装货港)	Final Destination for Merchant's Reference(目的地)		
Port of Discharge(卸货港)		Place of Delivery(交货地)			
Container No. (集装箱号)	Seal No. Marks & Nos. (标记与号码)	No. of Containers or Packages (箱数或件数)	Kind of Package; Description of Goods (包装种类与货名)	Gross Weight 毛重(千克)	Measurement 尺码(立方米)
Total Number of Containers or Packages(in words) 集装箱数或件数合计(大写)					
Freight & Charges (运费与附加费)	Revenue Tons (运费吨)	Rate(运费吨) Per(每)	Prepaid (运费预付)		Collect (到付)
Service Type on Receiving □CY　□CFS　□DOOR		Service Type on Delivery □CY　□CFS　□DOOR	Reefer Temperature Required (冷藏温度)	°F	°C
Type of Goods (种类)		□Ordinary　□Reefer □Dangerous　□Auto (普通)　(冷藏) (危险品)　(裸装车辆) □Liquid　□Live Animal □Bulk (液体)　(活动物) (散装)	危险品	IMCO Class: UN No.: IMDG Code Page: Property:	
可否转船:	可否分批:		装期:		
货价:	信用证号码:		No. of Original B(S)/L		
特约事项:	合同号码:		托运人盖章:		

(五)提货单

进口收货人或其代理在收到"到货通知"后需持正本提单向承运人或其代理换取提货单(Delivery Order),然后向海关办理报关,经海关在提货单上盖章放行后,才能凭该单向承运人委托的堆场或货运站办理提箱或提单。提货时收货人或其代理要在提货单上盖章以证明承运人的责任已结束。

提货单一般为一式五联。第一联称"提货单",此联由港区留存;第二联称"费用账单",此联由收货人留存;第三联也是"费用账单",此联由港区留存;第四、五联均称"交货记录",收货人提货时需在此两联上盖章,第四联由港区留存,第五联由港区转船代留存。

(六)设备交接单

设备交接单(Equipment Receipt)是集装箱所有人或租用人委托集装箱装卸区、中转站或内陆站与货方即用箱人或其代表之间交接集装箱及承运设备的凭证。交接单由承运人或其代理人签发给货方,据以向区、站领取或送还重箱或空箱。交接单第一张背面印有交接使用条款,主要内容是集装箱及设备在货方使用期中产生的费用,以及遇有设备及所装货物发生损坏、灭失的责任划分,及对第三者发生损害赔偿的承担。设备交接一般在区、站大门口办理。设备包括集装箱、底盘车、台车及电动机等。交接单分"出门"和"进门"两种。

十一、集装箱运输的费用

目前,集装箱货物海上运价体系基本上分为两大类:一类是用件杂货运费计算方法,即以每运费吨为单位,俗称散货价;另一类是以每个集装箱为计费单位,俗称包箱价。

(一)件杂货基本费率加附加费

(1)基本费率,参照传统件杂货运价,以运费吨为计算单位,多数航线上采用等级费率。

(2)附加费,除传统杂货所收常规附加费外,还要加收一些与集装箱货物运输有关的附加费。

(二)包箱费率(Box Rate)

包箱费率以每个集装箱为计费单位,常用于集装箱交货的情况,即 CFS-CY 或 CY-CY 条款。常见的包箱费率有以下三种表现形式:

1. 杂货包箱费率(Freight for All Kinds,FAK)

对每一集装箱不细分箱内货类,不计货量(在重要限额之内)统一收取的运价。

2. 集装箱包箱费率(Freight for Class,FCS)

按不同货物等级制定的包箱费率,集装箱普通货物的等级划分与杂货运输分法一样,仍是1~20级,但是集装箱货物的费率级差大大小于杂货的费率级差,一般低级的集装箱收费高于传统运输,高价货集装箱低于传统运输;同一等级的货物,重货集装箱运价高于体积货运价。可见,船公司鼓励人们把高价货和大体积货用集装箱运输。在这种费率下,拼箱货运费计算与传统运输一样,根据货物名称查得等级、计算标准,然后确定相应的费率,乘以运费吨,即得运费。

3. 基础包箱费率(Freight for Class and Basis,FCB)

即按不同货物等级或货类以及计算标准制定的费率。

【视野拓展 7-3】　　　　整箱货海运运费的计算

对于整箱托运的集装箱货物运费的计收:一种方法是同拼箱货一样,按实际运费吨计费;另一种方法也是目前较为普遍采用的方法,即根据集装箱的类型按箱计收运费。

在整箱托运集装箱货物且所使用的集装箱为船公司所有的情况下,承运人则有按集装箱最低利用率(Container Minimum Utilization)和集装箱最高利用率(Container Maximum Utilization)支付海运运费的规定。

1. 按集装箱最低利用率计费

一般来说,班轮公会在收取集装箱海运运费时通常只计算箱内所装货物的吨数,而不对集装箱自身的重量或体积进行收费,但是对集装箱的装载利用率有一个最低要求,即最低利用率。不过,对有些承运人或班轮公会来说,只有当采用专用集装箱船运输集装箱时,才不收取集装箱自身的运费,而当采用常规船运输集装箱时则按集装箱的总重(含箱内货物重量)或总体积收取海运费。

目前,按集装箱最低利用率计收运费的形式主要有三种:最低装载吨、最低运费额以及上述两种形式的混合形式。

最低装载吨可以是重量吨或体积吨,也可以是占集装箱装载能力(载重或容积)的一个百分比。以重量吨或体积吨表示的最低装载吨数通常依集装箱的类型和尺寸的不同而不同,但在有些情况下也可以是相同的。而当以集装箱装载能力的一定比例确定最低装载吨时,该比例对于集装箱的载重能力和容积能力通常是一样的,当然也有不同的。

最低运费额则是按每吨或每个集装箱规定一个最低运费数额,其中后者又被称为最低包箱运费。

至于上述两种形式的混合形式则是根据下列方法确定集装箱最低利用率:①集装箱载重能力或容积能力的一定百分比加上按集装箱单位容积或每集装箱规定的最低运费额;②最低重量吨或体积吨加上集装箱容积能力的一定百分比。

2. 按集装箱最高利用率计收运费

集装箱最高利用率是指当集装箱内所载货物的体积吨超过集装箱规定的容积装载能力(集装箱内容积)时,运费按规定的集装箱内容积计收,也就是说,超出部分免收运费。至于计收的费率标准,如果箱内货物的费率等级只有一种,则按该费率计收。如果箱内装有不同等级的货物,计收运费时通常采用下列两种做法:一种做法是箱内所有货物均按箱内最高费率等级货物所适用的费率计算运费;另一种做法是按费率高低,从高费率起往低费率计算,直至货物的总体积吨与规定的集装箱内容积相等为止。

如果货主没有按照承运人的要求详细申报箱内所装货物的情况,运费则按集装箱内容积计收,而且费率按箱内装货物所适用的最高费率计。如果箱内货物只有部分没有申报数量,那么,未申报部分运费按箱内容积与已申报货物运费吨之差计收。

【视野拓展 7-4】　　　　集装箱运输的有关法规

有关集装箱运输的法规目前已有很多:国际公约有《海牙规则》《海牙—维斯比规则》《汉堡规则》《联合国国际货物多式联运公约》《1972 年集装箱海关公约》《国际集装箱安全公约》;国内集装箱运输相关法规有国务院颁布的《中华人民共和国海上国际集装箱运输管理规定》(1990 年 12 月 5 日发布并实施)、原交通部颁布的《中华人民共和国海上国际集装箱运输管理规定》(实施细则)。

【同步案例 7-1】　　　　信用证条款与联合运输单据案

某进出口公司向泰国巴伐利亚有限公司出口一批电器电料,国外开来信用证有关条款规定:电器电料 100 箱,从中国港口至曼谷;禁止分批装运和转运。全套清洁已装船提单,注明"运费已付",发货人抬头背书 K.T. 银行,通知买方。该公司审证无误后,即装集装箱运输,随后备各种单据向银行交单,要求付款。但却遭到开证行拒付,理由是该公司提交的是"联合运输单据",不符合信用证不许转运的要求。

任务二　国际多式联运

一、国际多式联运的概念和特征

(一)国际多式联运的概念

国际多式联合运输(International Multimodal Transport)简称多式联运,是在集装箱运输的基础上产生并发展起来的新型运输方式,它是以实现货物整体运输最优化效益为目标的联运组织形式。它通常以集装箱为运输单元,将不同的运输方式有机地组合在一起,构成连续的、综合性的一体化货物运输。通过一次托运、一次计费、一份单证、一次保险,由各运输区段的承运人共同完成货物的全程运输,即将货物的全程运输作为一个完整的单一运输过程来安排。然而,它与传统的单一运输方式又有很大的不同。

根据1980年《联合国国际货物多式联运公约》(简称《多式联运公约》)以及1997年我国原交通部和铁道部共同颁布的《国际集装箱多式联运管理规则》的定义,国际多式联运是指"按照多式联运合同,以至少两种不同的运输方式,由多式联运经营人将货物从一国境内接管货物的地点运至另一国境内指定地点交付的货物运输"。

(二)国际多式联运的特征

1. 必须要有一个多式联运合同

该多式联运合同明确规定多式联运经营人(承运人)和托运人之间的权利、义务、责任、豁免的合同关系和多式联运的性质。

多式联运经营人根据合同规定,负责完成或组织完成货物的全程运输并一次收取全程运费。所以,多式联运合同是确定多式联运性质的根本依据,也是区别多式联运和一般传统联运的主要依据。

2. 必须使用一份全程多式联运单据

全程多式联运单据是指证明多式联运合同以及证明多式联运经营人已接受货物并负责按照合同条款交付货物所签发的单据。它与传统的提单具有相同的作用,也是一种物权证书和有价证券。国际商会为了促进多式联运的发展,于1975年公布了《联合运输单据统一规则》,对多式联运单据作了认可的规定,如信用证无特殊规定,银行可接受多式联运经营人所签发的多式联运单据,这就为多式联运的发展提供了有利条件。

3. 必须是至少两种不同运输方式的连贯运输

多式联运不仅需要通过两种运输方式,而且是两种不同运输方式的组合,如海—海、铁—铁或空—空。虽然经两种运输工具,由于是同一种运输方式,所以不属于多式联运范畴之内。但海—陆、海—空、陆—空或铁—公等,尽管也是简单的组合形态,却都符合多式联运的基本组合形态的要求。所以,确定一票货运是否属于多式联运方式至少有两种不同运输方式的组合是一个重要因素。为了履行单一方式运输合同而进行的该合同所规定的货物接送业务,则不应视为多式联运。如航空运输长期以来普遍盛行汽车接送货物运输业务,从形式上看已构成航空—汽车组合形态,但这种汽车接送习惯上视同航空业务的一个组成部分,作为航空运输的延伸,故《多式联运公约》规定,把这种接送业务排除在多式联运之外。这样进一步明确了两种不同运输方式组合的内容,以避免多式联运法规同单一方式法规在这个问题上的矛盾。

4. 必须是国际货物运输

这是区别于国内运输和是否适用国际法规的限制条件。也就是说，在国际多式联运方式下，货物运输必须是跨越国境的一种国际运输。

5. 必须由一个多式联运经营人对全程运输负总的责任

这是多式联运的一个重要特征。多式联运经营人就是与托运人签订多式联运合同的当事人，也是签发联运单据的人。多式联运经营人在联运业务中作为总承运人对货主负有履行合同的责任，并承担自接管货物起至交付货物时止的全程运输责任，以及对货物在运输途中因灭失损坏或延迟交付所造成的损失负赔偿责任。多式联运经营人为了履行多式联运合同规定的运输责任，可以自己办理全程中的一部分实际运输，把其他部分运输以自己的名义委托给有关区段的运输承运人（俗称"分承运人"）办理，也可以自己不办理任何部分的实际运输，而把全程各段运输分别委托有关区段分承运人办理，分承运人与原发货人不发生任何关系。分承运人只与多式联运经营人发生联系，他们之间的关系是承托关系。

6. 必须是全程单一运费费率

多式联运经营人在对货主负全程运输责任的基础上，制定一个货物发运地至目的地全程单一费率并以包干形式一次向货主收取。这种全程单一费率一般包括运输成本（全程各段运输费用的总和）、经营管理费用（如通信、制单和劳务手续费等）与合理利润。

二、国际多式联运的优越性

（一）责任统一，手续简便

在多式联运方式下，不论全程运输距离多么遥远，也不论需要使用多少种运输工具，更不论途中要经过多少次转换，一切运输事宜统一由多式联运经营人负责办理，而货主只要办理一次托运、签订一份合同、支付一笔全程单一运费、取得一份联运单据，就履行了全部责任。由于责任统一，一旦发生问题，只要找多式联运经营人便可解决问题。与单一运输方式的分段托运、多头负责相比，不仅手续简便，而且责任更加明确。

（二）减少中间环节，缩短货运时间，降低货损货差，提高货运质量

多式联运通常是以集装箱为媒介的直达连贯运输，货物从发货人仓库装箱、验关、铅封后直接运至收货人仓库交货，中途无须拆箱倒载，减少了很多中间环节，即使经过多次换装，也都是使用机械装卸，不触及箱内货物，货损货差和偷窃丢失事故就大为减少，从而较好地保证货物安全和货运质量。此外，由于是连贯运输，各个运输环节和各种运输工具之间，配合密切，衔接紧凑，货物所到之处，中转迅速及时，减少在途停留时间，故能较好地保证货物安全、迅速、准确、及时地运抵目的地。

（三）降低运输成本，节省运杂费用，有利于贸易开展

多式联运是实现"门到门"运输的有效方法。对货方来说，货物装箱或装上第一程运输工具后就可取得联运单据进行结汇，结汇时间提早，有利于加速货物资金周转，减少利息支出。采用集装箱运输，还可以节省货物包装费用和保险费用。此外，多式联运全程使用的是一份联运单据和单一运费，大大简化了制单和结算手续，节省大量人力和物力，尤其是便于货方事先核算运输成本，选择合理运输路线，为开展贸易提供了有利条件。

（四）实现"门到门"运输的有效途径

多式联运综合了各种运输方式，扬长避短，组成直达连贯运输，不仅缩短运输里程、降低运输成本，而且加速货运周转、提高货运质量，是组织合理运输、取得最佳经济效果的有效途径。

多式联运把货物从发货人内地仓库直运至收货人内地仓库,为实现"门到门"的直达连贯运输奠定了有利基础,工业上自动化大生产是通过自动化生产线,那么多式联运可以说是运输大生产的多式联运生产线。

【视野拓展7-5】 国际多式联运的基本形式和运输路线

一、国际多式联运的基本形式

1. 协作式联运

协作式联运是指两种或两种以上运输方式的不同运输企业按照统一的公约、规章或商定的协议,共同将货物从接管货物的地点运到指定交付货物的地点的联运。

2. 衔接式多式联运

衔接式多式联运是指由一个多式联运经营人综合组织两种或两种以上运输方式的不同运输企业,将货物从接管货物的地点运到指定交付货物的地点的联运。

二、国际多式联运的运输路线

1. 国外主要的国际多式联运路线

(1)西伯利亚大陆桥运输线;

(2)北美大陆桥运输线;

(3)北美小陆桥运输线;

(4)北美、东北亚、东南亚、澳新各港口/中国沿海主要港口/中国内地(或反向运输);

(5)远东各港口/欧洲各港口/欧洲内地(或反向运输);

(6)远东、东南亚各港口/澳大利亚港港口/澳大利亚内地(或反向运输)。

2. 我国国际多式联运

我国已开办的国际多式联运路线主要有:

(1)我国内地——我国港口——日本港口——日本内地(或反向运输);

(2)我国内地——我国港口(包括香港)——美国港口——美国内地(或反向运输);

(3)我国港口——肯尼亚的蒙巴萨港——乌干达内地(或反向运输);

(4)我国内地——我国港口(包括香港)——德国汉堡港或比利时安特卫普港——北欧、西欧内地(或反向运输);

(5)我国内地——我国港口(如上海港)——科威特——伊拉克(或反向运输);

(6)我国东北地区——图们——朝鲜清津港——日本港口(或反向运输);

(7)我国港口——日本港口——澳洲港口——澳洲内地;

(8)我国内地接转西伯利亚大陆桥运输(或反向运输);

(9)我国内地接转亚欧大陆桥运输(或反向运输)。

三、国际多式联运经营人

(一)国际多式联运经营人的概念和特征

1980年公布的《联合国国际多式联运公约》规定,多式联运经营人(Multi-modal Transport Operate,MTO)是指其本人或通过其代表订立多式联运合同的任何人。他是事主,而不是发货人的代理人或代表或参加多式联运的承运人的代理人或代表,并且负有履行合同的责任。由此可见,国际多式联运经营人是指本人或者委托他人以本人的名义与托运人订立一项多式联运合同并以承运人身份承担完成此项合同责任的人。

多式联运合同是指多式联运经营人凭以收取运费，负责完成或组织完成国际多式联运的合同。

国际多式联运经营人具有如下基本特征：

(1)无论是其本人还是通过其代理人，多式联运经营人必须是与托运人签订国际多式联运合同的合同主体，他本人即是合同的一方当事人。

(2)多式联运经营人从接管货物起到交付货物止，对无论是否实际处于其掌管支配下的货物的灭失、损害以及迟延交付承担赔偿责任。

(3)多式联运经营人还必须承担多式联运合同中所规定的与运输和其他服务有关的相关责任，并保证将货物最终妥善交付给多式联运单据持有人或者是单据中指定的收货人。

(4)多式联运经营人应当具备从事国际货物多式联合运输所要求的基本物质、技术条件和相应的资质能力。

(二)国际多式联运经营人应具备的基本条件

(1)取得从事国际多式联运的资格。

(2)具备国际多式联运路线以及相应的经营网站。

(3)与自己经营的国际多式联运路线有关的实际承运人、场站经营人之间存在长期的合作协议。

(4)具备必要的运输设备，尤其是场站设施和短途运输工具。

(5)拥有雄厚的资金，注册资金不能低于1 000万元人民币，并且资信良好。每增设一个分支机构，增加注册资本100万元人民币。

(6)拥有符合《国际集装箱多式联运管理规则》规定要求的国际多式联运提单。

(7)具备自己所经营国际多式联运路线的运价表。

(三)国际多式联运经营人的类型

根据是否拥有运输船舶，国际多式联运经营人可分为以船舶运输为主的国际多式联运经营人和无船国际多式联运经营人两类。

1. 以船舶运输为主的国际多式联运经营人

这类国际多式联运经营人在利用自己拥有的船舶提供港与港服务的同时，将他们的服务扩展到包括陆上运输甚至空运在内的门到门服务。一般情况下，他们可能不拥有也不从事公路、铁路、航空货物运输，而是通过与相关承运人订立分合同来安排相关的运输。此外，他们也可能不拥有也不从事场站设施，而是与相关场站经营人订立装卸与仓储合同来安排相关的装卸与仓储服务。

2. 无船国际多式联运经营人

根据是否拥有运输工具、场站设施，国际多式联运经营人可以分为以下三类：

(1)承运人型。这类国际多式联运经营人不拥有船舶，但却拥有汽车、火车、飞机等运输工具。他们与货主订立国际多式联运合同后，除了利用自己拥有的运输工具完成某些区段的运输外，对于自己不拥有或不经营的运输区段则需要通过与相关的承运人订立分包合同来实现该区段的运输。与船舶运输为主的国际多式联运经营人一样，这类国际多式联运经营人既是合同承运人又是某个或几个区段的实际承运人。

(2)场站经营人型。这类国际多式联运经营人拥有货运站、堆场、仓库等场站设施。他们与货主订立国际多式联运合同后，除了利用自己拥有的场站设施完成装卸、仓储服务外，还需要与相关的各种运输方式的承运人订立分合同，由这些承运人来完成货物运输。

(3)代理人型。这类国际多式联运经营人不拥有任何运输工具和场站设施,需要通过与相关的承运人场站经营人订立合同来履行他们与货主订立的国际多式联运合同。

(四)国际多式联运经营人的责任制

1. 国际多式联运经营人的责任期间

责任期间是货物运输合同的一个特殊概念,在一般合同中没有责任期间的规定。货物运输合同中引入这个特殊概念主要是为了适应各特定运输区段货物运输法规的强制性。它不是合同期间,而是合同双方必须受特定区段货物运输法规定约束的期间,因此称为"法律适用期间"也许更准确。

《联合国国际多式联运公约》根据集装箱运输下,货物在货主仓库、工厂以及集装箱货运站、码头堆场进行交接的特点,仿照《汉堡规则》,对多式联运经营人规定的责任期间是:多式联运经营人对于货物的责任期间,自其接管货物之时起至交付货物时止。

多式联运公约对交付货物规定的形式有三种:

(1)将货物交给收货人;

(2)如果收货人不向多式联运经营人提取货物,则按多式联运的合同或按照交货地点适用的法律或特定行业惯例,将货物置于收货人支配之下;

(3)将货物交给根据交货地点适用法律或规章必须向其交付的当局或其他第三方。

2. 责任基础

责任基础是指多式联运经营人对于货物运输所采取的赔偿责任原则。它分为以下两种:

(1)过失责任制是指按承运人对货损货差是否有过失而决定其是否负责的原则,过失责任制又可分为完全过失责任和不完全过失责任两种。前者是指只要承运人对货损货差有过失的就应承担责任;而后者却附有一部分除外规定,即基本前提是应承担责任,但对某些过失,法律仍允许承运人免责。

(2)严格责任制是指除了不可抗力等有限的免责事由外,不论有无过失,承运人对于货损和货差均应承担责任。

3. 责任形式

(1)责任分担制(Burden Sharing System)。责任分担制也称分段责任制,是多式联运经营人对货主并不承担全程运输责任,仅对自己完成的区段货物运输负责,各区段的责任原则按该区段适用的法律予以确定。由于这种责任形式与多式联运的基本特征相矛盾,因而只要多式联运经营人签发全程多式联运单据,即使在多式联运单据中声称采取这种形式,也可能会被法院判定此种约定无效而要求多式联运经营人承担全程运输责任。

(2)网状责任制(Network Liability System)。网状责任制是指多式联运经营人尽管对全程运输负责,但对货运事故的赔偿原则仍按不同运输区段经常使用的法律规定。当无法确定货运事故发生区段时,则按海运法规或双方约定原则加以赔偿。目前,几乎所有的多式联运单据均采取这种赔偿责任形式。因此,无论是货主还是多式联运经营人,都必须掌握现行国际公约或国内法律对每种运输方式下承托双方的权利、义务与责任所作的规定。

(3)统一责任制(Uniform Liability System)。统一责任制是指多式联运经营人对货主赔偿时不考虑各区段运输方式的种类及其所适用的法律,而是对全程运输按一个统一的原则并一律按一个约定的责任限额进行赔偿。由于现阶段各种运输方式采用不同的责任基础和责任限额,因而目前多式联运经营人签发的提单均未能采取此种责任形式。不过前述所称的适用于单一运输方式法律的"多式联运",比如,航空特快专递、机场—机场航空运输、港—港海上集装箱运输等,可以视为采用了统一责任制。因为在"多式联运"形式下,即使这种事故发生在陆运区段,多式联运经营人也应按空运或海运法规所规定的责任限额予以赔偿。

(4)经修订的统一责任制(Modified Uniform Liability System)。这是介于统一责任制与网状责任制之间的责任制,也称混合责任制。它是在责任基础方面与统一责任制相同,而在赔偿限额方面则与网状责任制相同。目前,《联合国国际货物多式联运公约》基本上采取这种责任形式。即使采用修正统一责任也将会对现有的运输法律体系产生一定的冲击,因此,这也是造成该公约至今尚未生效的主要原因。

(五)国际多式联运经营人的业务范围和经营方式

1. 业务范围

国际多式联运经营人既可以从事代理业务,也可以从事当事人业务,因而其业务范围非常广泛。具体有以下几类:①咨询业务;②货运代理业务;③运输经济业务;④承运人或场站经营人业务;⑤国际多式联运业务;⑥运输延伸业务——物流服务。

2. 经营方式

在业务经营过程中,国际多式联运企业需要根据自己的经济实力、业务量大小采取合适的经营方式。目前国际上通用的业务活动经营方式主要有以下三种:

(1)企业独立经营方式:所有业务完全由国际多式联运企业及其附属机构独立经营。

(2)两企业间联营方式:国际多式联运企业与其他独立经营企业联合经营国际多式联运业务。

(3)代理方式:委托国内外同行作为联运代理,安排承运工作和交接货物,签发或收回联运单证,制作有关单证,处理信息,代收、支付费用和处理货运纠纷等。代理关系可以是相互的,也可以是单方的。

在实际业务中,几乎所有的国际多式联运企业都是三种经营方式组合运用,其中以第一种和第三种的结合最为常见。

四、国际多式联运法规

《联合国国际货物多式联运公约》(以下简称《公约》)是当今世界上第一个多式联运公约。它于1980年5月在日内瓦召开的联合国国际多式联运公约会议第二期会议上,经参加会议的84个联合国贸易与发展会议成员国一致通过。《公约》包括总则、单据、多式联运经营人的赔偿责任、发货人的赔偿责任、索赔和诉讼、补充规定、海关事项和最后条款8个部分,计40条,并有一个前言和一个"有关国际货物多式联运的海关事项条款"的附件。其主要内容如下:①公约的适用范围;②有关国家的管理权限;③多式联运单据;④联运经营人的赔偿责任;⑤诉讼时效。《公约》规定在30个国家批准或加入一年之后即开始生效。每一缔约国对于在《公约》对该国生效之日或其后所订立的多式联运合同,应使用《公约》的规定。

【视野拓展7-6】　　国际多式联运经营人的索赔与诉讼

1. 索赔通知时限、索赔时效与诉讼时效的概念

(1)索赔通知时限也称货物灭失或损害通知时限,是指有关运输的国际公约或国内法律中所规定的收货人或其代理人在从承运人或其代理人处收受货物后应用书面形式向承运人或其代理人提出的表明货物的损坏、灭失、延迟交付情况,并提出保留索赔权利的书面声明的期限。

(2)索赔时效是指有关运输的国际公约或国内法规中所规定的索赔人向另一方或其代理人提出赔偿要求的有效期间。

(3)诉讼时效是指有关国际公约或国内法律所规定的当事人向法院请求保护其权利的有效期间。

2. 诉讼时效

(1)《海牙规则》：诉讼时效为 1 年，对延长时效未作规定。

(2)《海牙—维斯比规则》：诉讼时效为 1 年，且允许协议延长时效。

(3)《汉堡规则》与《国际货物多式联运公约》：诉讼时效均为 2 年，且允许声明延长时效。

(4)中国《海商法》：诉讼时效期间为 1 年，且有 90 天的追偿期。

五、国际多式联运的主要业务程序

国际多式联运的主要业务程序包括以下方面：①受托申请、订立多式联运合同；②空箱发放、提取及运送；③出口报关；④货物装箱及接收货物；⑤向实际承运人订舱及接收货物；⑥向实际承运人订舱及安排货物运送；⑦办理货物保险；⑧签发多式联运提单、组织完成货物的全程运输；⑨办理运输过程中的海关业务；⑩货物交付；⑪货物事故处理等。

六、国际多式联运的单证与计费业务

(一)国际多式联运的单证业务

国际多式联运单证是指证明多式联运合同以及证明多式联运经营人接管货物并负责按合同条款交付货物的单证。该单证包括双方确认的取代纸张单证的电子数据交换信息。国际多式联运单证不是多式联运合同，只是多式联运合同的证明，同时也是多式联运经营人收到货物的收据和凭其交货的凭证。在实践中一般称为国际多式联运提单。

国际多式联运提单(Combined Transport B/L；Multimodal Transport B/L；Intermodal Transport B/L)，是指多式联运经营人对经由两种以上的不同运输方式运输的货物所出具的全程提单，是可以流通转让的。

国际多式联运提单的作用有：①是多式联运合同的证明，是双方在合同确定的货物运输关系中权利、义务和责任的准则；②是多式联运经营人接管货物的证明和收据；③是收货人提取货物和多式联运经营人交付货物的凭证；④是货物所有权的证明。

【同步思考7-1】 多式联运提单与联运提单的区别

1. 签发地点

从签发地点看，联运提单在装运港或承运人所在地签发，多式联运提单在收货地或经营人所在地签发。

2. 责任方面

在运输方式的组成上，联运提单只适用于由海运与其他运输方式所组成的各种联合运输。多式联运提单既适用于由海运与其他方式所组成的运输，也适用于除海运以外的其他多种方式的联合运输。

3. 责任方面

在责任方面，联运提单的承运人仅对自己完成的区间承担责任，而签发多式联运提单的承运人则对联运中的各种运输都承担直接责任。

【视野拓展7-7】　　　　　多式联运提单的签发

1. 签发多式联运提单应注意的问题

(1)签发可转让的提单,应在收货人栏列明按指示交付或向持票人交付;签发不可转让的提单,应列明收货人的名称。

(2)提单上的通知人一般是在目的港或最终交货地点由收货人指定的代理。

(3)对签发正本提单的数量一般没有规定,如果应发货人要求签发一份以上的正本提单,应在每份正本提单上注明正本份数,其中一份交货后,其余各份自动失效。

(4)副本上应注明"不可转让副本"字样,副本提单不具有提单的法律效力。

2. 多式联运提单签发的时间和地点

(1)在发货人工厂或仓库收到货物后签发的提单:应在场站收据中注明。

(2)在集装箱货运站收货后签发的提单:多式联运经营人是在他自己的或由其委托的货运站接收货物,一般是拼箱货。

(3)集装箱堆场收货后签发的提单:一般由发货人将装好的整箱货运至多式联运经营人指定的集装箱堆场,由堆场业务员代表其接收货物,签发正本场站收据给发货人,用正本场站收据换取提单。

注:以上地点签发的提单,都属于待装船提单。

(二)国际多式联运的计费业务

1. 费用构成

国际集装箱多式联运费用构成包括运输总成本、经营管理费用和经营利润三项。

(1)运输总成本。主要由集疏运费、港区服务费、海运运费、集装箱租赁费和保险费组成。

(2)经营管理费用。主要包括多式联运经营人与货主、各派出机构、代理人、实际承运人之间的信息和单证传递费用、通信费用、单证成本和制单手续费,以及各派出机构的管理费用。这部分费用也可以分别加到不同区段的运输成本中一并计算。

(3)经营利润。多式联运经营人预期从该线路货物联运中获得的毛利润。

2. 计收方式

目前,国际集装箱多式联运的计收方式主要有单一运费制、分段运费制和混合计费制。

(1)按单一运费制计算运费。单一运费制是指集装箱从托运到交付,所有运输区段均按照一个相同的运费率计算全程运费。在西伯利亚大陆桥运输中采用的就是这种计费方式。

(2)按分段运费制计算运费。分段运费制是按照组成多式联运的各运输区段,分别计算海运、陆运、空运及港站等各项费用,然后合计为多式联运的全程运费。由多式联运经营人向货主一次计收。各运输区段的费用,再由多式联运经营人与各区段的实际承运人分别结算。目前,大部分多式联运的全程运费采用这种计费方式。

(3)按混合计费制计算运费。理论上讲,国际多式联运企业应制定全程运价表,且采用单一运费率制。然而,由于制定单一运费率是一件较为复杂的事,因此,作为过渡方法,目前有的多式联运经营人采取混合计收方法:从国内接收货物地点至到达国口岸采取单一费率,向发货人收取(预付运费),从到达国口岸到内陆目的地的费用按实际成本确定,另向收货人收取(到付运费)。

【同步案例7-2】　　　　　国际多式联运纠纷案

2020年1月5日，A货主与B货代公司签订一份关于货物全程运输的协议，约定由B货代公司承运A货主的货物，包括从A货主所在地至香港的汽车运输、香港至新加坡的海上船舶运输，A货主一次性支付全程运费。该协议并无关于运输烟花等危险品的约定，且B货代公司的经营范围仅为普通货物运输服务。在A货主处装车时，B货代公司发现所运货物为16 000箱烟花并表示拒绝运输，但A货主坚持要B货代公司承运，B货代公司遂接受了运输任务。在汽车运输过程中，由于司机违章抢道行驶与火车相撞，导致货物发生爆炸全损。A、B双方当事人就有关责任和索赔发生纠纷并诉至法院。

案例精析

请分析回答：
(1)本案是否属于国际多式联运合同纠纷？为什么？
(2)A货主对此是否有责任？为什么？
(3)B货代公司是否有责任？为什么？

七、国际多式联运合同

我国《海商法》第102条将多式联运合同定义为："多式联运经营人以两种以上的不同运输方式，其中一种是海上运输方式，负责将货物从接收地运至目的地交付收货人，并收取全程运费的合同。"海商法调整的货物多式联运法律关系中必须有一种运输方式为海上运输关系。

国际货物多式联运一般具备使用两种或两种以上运输工具、签发多式联运单证和由多式联运经营人[①]对全程运输负责的特征。与传统的运输方式相比，具有一次托运、一次签单、一次投保的优势，因而具有广阔的市场。

国际货物多式联运单证，是多式联运经营人接管货物后，由其或经其授权的人签发给发货人，表明其收到货物并与之成立国际货物多式联运合同关系，保证向单证持有人交付货物的运输单据。

当国际货物多式联运的运输方式之一是海运，尤其是第一种运输是海运时，国际货物多式联运单证多表现为多式联运提单。对于国际货物多式联运单证的效力因货物交接方式的不同而有所不同，在拼箱货交接的情况下，达到目的后，多式联运经营人根据货物的外表状况对收货人负责；在整箱货交接的情况下，达到目的后，多式联运经营人仅凭集装箱的外表状况交付货物。无论是拼箱货还是整箱货，单证均属于多式联运经营人按照单证记载收到货物的初步证据，但是一旦被转让给善意的第三人后，便成为绝对证据。

[①] 多式联运经营人(Multi-modal Transport Operator，MTO)包括两类：一类是指"本人或者委托他人以本人名义与托运人订立多式联运合同的人"；另一类多指多式联运的组织者和全程运输的负责人。

任务三　大陆桥运输

一、大陆桥运输概述

(一)大陆桥运输的概念

大陆桥运输(Land Bridge Transport),是指以横贯大陆上的铁路、公路运输系统作为中间桥梁,把大陆和海洋连接起来形成的海陆联运的连贯运输。

大陆桥运输主要是指国际集装箱过境运输,是国际集装箱多式联运的一种特殊形式。广义的大陆桥运输还包括小路桥运输和微型路桥运输。大陆桥运输是一种主要采用集装箱技术,由海、铁、公、航组成的现代化多式联合运输方式,是一个大的系统工程。

(二)大陆桥运输的起源

20世纪50年代初,日本运输公司将集装箱经太平洋运至美国西海岸,然后利用横贯美国东西部的铁路运至美国东海岸,然后装船继续运往欧洲。由此产生了世界上大陆桥的雏形——美国大陆桥。

大陆桥的正式办理是在1967年,由于阿以战争,苏伊士运河被迫关闭,又赶上巴拿马运河拥挤堵塞,远东与欧洲之间的海上货船不得不改道绕航非洲好望角或南美洲德雷克海峡,导致航程和运输时间大大延长。当时又逢油价猛涨,海运成本增加,加之正值集装箱运输兴起,所以大陆桥运输应运而生。

(三)大陆桥运输的特征

大陆桥运输的特征包括以下方面:①采用海陆联运方式,全程由海运段和陆运段组成。②比全程海运运程短,但需增加装卸次数。在某一区域大陆桥运输能否存在及发展,主要取决于它与全程海运相比在运输费用和运输时间等方面的综合竞争力。

(四)大陆桥运输的优点

大陆桥运输的优点包括以下方面:①缩短了运输里程;②降低了运输费用;③加快了运输速度;④简化了作业手续;⑤保证了运输安全,简化了货物的包装。

二、大陆桥运输的线路

(一)西伯利亚大陆桥

西伯利亚大陆桥(Siberian Land Bridge,SLB)是利用俄罗斯的西伯利亚铁路作为陆地桥梁,把太平洋远东地区与波罗的海和黑海沿岸以及西欧大西洋口岸连接起来。此条大陆桥运输线东自日本和东南亚海运至海参崴的纳霍特卡港口起,横贯欧亚大陆,至莫斯科,然后分三路:一路自莫斯科波罗的海沿岸的圣彼得堡港,转船往西欧北欧港口;一路从莫斯科至俄罗斯西部国境站,转欧洲其他国家铁路(公路)直运欧洲各国;另一路从莫斯科至黑海沿岸转船往中东、地中海沿岸。所以,从远东地区至欧洲,通过西伯利亚大陆桥有海—铁—海、海—铁—公路和海—铁—铁三种运送方式。

(二)北美大陆桥

北美大陆桥(North American Land Bridge)是指北美的加拿大和美国各自拥有的横贯东西的铁路(公路)大陆桥。它们的路线基本相似,其中美国的大陆桥的作用更为突出。

美国有两条大陆桥运输线:一条是从西部太平洋口岸至东部大西洋口岸的铁路(公路)运

输系统,全长约 3 200 千米;另一条是西部太平洋口岸至南部墨西哥港口岸的铁路(公路)运输系统,全长 500~1 000 千米。

(三)新亚欧大陆桥

1990 年 9 月 11 日,我国陇海—兰新铁路的最西段乌鲁木齐至阿拉山口的北疆铁路与哈萨克斯坦的德鲁贝巴站接轨,第二座亚欧大陆桥运输线全线贯通,于 1992 年 9 月正式通车。此条运输线东起我国连云港(其他港口也可以,如大连、天津、上海、广州等),西至荷兰鹿特丹,跨亚欧两大洲,连接太平洋和大西洋,穿越中国、哈萨克斯坦、俄罗斯,与第一条运输线重合,经自俄罗斯、波兰、德国到荷兰,辐射 20 多个国家和地区,全长 1.08 万千米,在我国境内全长 4 134 千米。

三、OCP 运输

OCP 是 Overland Common Point 的缩写,是我国对美国签订贸易合同,在运输条款中经常见到的一个词语,是用来说明海上运输目的地的术语,译作"陆路共通点"。

所谓陆路共通点,是指美国西海岸有陆路交通工具与内陆区域相联通的港口。美国内陆区域,是以落基山脉为界,即除紧临太平洋的美国西部九个州以外,其以东地区均为适用 OCP 的地区范围。OCP 的运输过程就是我国出口到美国的货物海运到美国西部港口(旧金山、西雅图)卸货,再通过陆路交通(主要是铁路)向东运至指定的内陆地点。

(一)OCP 运输的特点

(1)OCP 运输是一种特殊的国际运输方式。它虽然由海运、陆运两种运输方式来完成,但并不是也不属于国际多式联运。

(2)OCP 是一种成熟的国际航运惯例。

(3)OCP 运输只适用于美国或加拿大内陆区域,所以,货物的最终目的地必须属于 OCP 地区范围。

(二)OCP 运输的要求

(1)卖方承担的责任、费用终止在美国西海岸港口,货物卸船后,由收货人委托中转商持正本提单向船公司提货,并负责运抵收货人指定地点。

(2)收货人在收到货物单证 10 天内,必须申请进口保税运输,以保证将货物最终运抵交货地。

(3)货物买卖合同和信用证中目的港一栏内应加注"OCP"字样,在签发提单时,其签发要求应与货物买卖合同、信用证要求相符。

(4)如使用某一船公司美国航线专用提单时,因该提单栏内只有"卸货港""最终交货地"两栏内容,在国内港口装船运往美国使用 OCP 运输方式而签发某一船公司专用提单时,目的港一栏内应注明"LOS ANGELES OCP"。

(5)凡运往内陆公共点的集装箱货物,应在卸船 45 天内由收货人向铁路提供证明,如陆上运输单证、转运单、海关转运申请单等。

(6)OCP 运输不是真正的多式联运,因此不具备多式联运一张单证、统一责任的要求。

四、其他运输

(一)MLB 运输

1. MLB 运输的概念

MLB(Mini Land Bridge)称为小陆桥运输,是指比大陆桥的海/陆/海运输缩短了一段海上运输,形成了海/陆、陆/海的运输形式。

2. MLB运输的特点

(1)避免了绕道巴拿马运河,节省了船舶过河费用,缩短了货运时间。从远东至墨西哥湾的货物,缩短的时间更为显著。

(2)享受铁路集装箱专用列车的优惠价,降低了运输成本。

(3)可以实现门到门运输。

(4)运费偏高,且不稳定,加上货源不平衡,以致美国东海岸空箱积压。

3. 小陆桥运输的主要路线

(1)远东到美国西海岸转内地或反方向运输。

(2)澳大利亚到美国西海岸转内地或反方向运输。

(3)欧洲至美国东海岸转内地或反方向运输。

(4)欧洲到美国湾(墨西哥湾)地区转内地或反方向运输。

4. MLB运输的要求

(1)它是完整的多式联运,由运输经营人签发全程联运提单,并收取全程运费,对全程运输承担责任。

(2)提单中的卸港栏和交货地应分别填写"LONG BEACH"和"MIB HOUSTON"。

(3)货物采用到岸价交易,发货人承担的责任、费用终止于最终交货地。

(4)其运费计收按照承运人或多式联运经营人在FMC注册的运价本收取运费,除非货方与承运人签署了服务合约,否则禁止任何形式的运费回扣。

(5)在按服务合同收运费,而货物托运人是无船承运人时,小陆桥运输的集装箱货物应出具两套提单:一套是无船承运人发给货主的HOUSE B/L,另一套是船公司签发给无船承运人的MEMO B/L。前者给货主用于结汇,后者供无船承运人在美国的代理凭其向船公司提货。

(二)IPI运输

1. IPI运输的概念

IPI(Interior Point of Intermodal)称为内陆点多式联运,是指使用联运提单,经美国西海岸和美国湾沿海港口,利用集装箱拖车或铁路运输将货物运至美国内陆城市。由于IPI运输向货方征收包括装运港至美国西海岸或东海岸的基本港口的运费加上由基本港口至内陆城市的运费在内的全程运费,并由一个或多个承运人提供或执行在起始点至目的地之间的连续运输,因此有的船公司将其称为直达服务(Through Service),也有为了区别于大陆桥运输、小陆桥运输,将其称为微桥(Micro Bridge)运输或半陆桥(Semi Land Bridge)运输。

2. IPI运输的要求

(1)MLB抵达区域是美国东海岸和加勒比海区域,而IPI运抵内陆主要城市。两者运输方式、运输途径、运输经营人的责任和风险完全相同。OCP不是完整的多式联运,而IPI是完整的多式联运。

(2)提单卸货港栏和交货地栏应分别填入"LONG BEACH"和"MIL HOUSTON"。

(3)运输经营人对货物承担的责任从接收货物时起至交付货物时止,即对全程运输负责。

(4)集装箱货物,在到岸价的情况下,卖方承担的责任、费用终止最终交货地。

(5)IPI运输使用两种不同的运输方式,但使用同一张货运提单,并收取全程运费。

SLB、OCP、MLB、IPI四种运输组织方式的区别如表7—4所示。

表 7—4　　　　　　　　SLB、OCP、MLB、IPI 四种运输组织方式的区别

比较项目	SLB	OCP	MLB	IPI
货物成交价	采用 FCA 或 CIP 应视合同中约定	卖方承担的责任、费用终止于美国西海岸港口	卖方承担的责任、费用终止于最终交货地	与 MLB 相同
提单的适用	全程运输	海上区段	全程运输	全程运输
运费计收	全程	海、陆分段计收	全程	全程
保险区段	全程投保	海、陆段分别投保	全程投保	全程投保
货物运抵区域	不受限制	OCP 内陆公共点	美国东海岸和美国湾港口	IPI 内陆点
多式联运	是	不是	是	是

基础训练

一、单项选择题

1. 将太平洋远东地区与波罗的海和黑海沿岸以及西欧大西洋口岸连接起来的大陆桥是（　　）。
   A. 美国大陆桥　　　B. 加拿大大陆桥　　　C. 新亚欧大陆桥　　　D. 西伯利亚大陆桥
2. 1973 年，我国开辟了第一条国际海上集装箱运输线。它的路线是（　　）。
   A. 上海至澳大利亚　B. 上海至日本　　　　C. 天津至美国　　　　D. 厦门至加拿大
3. 被称为大副收据的是（　　）。
   A. 装货单　　　　　B. 收货单　　　　　　C. 装货清单　　　　　D. 托运单
4. 如果集装箱的箱主代码为"COSU"，其中 U 表示的是（　　）。
   A. 运输方式的种类　　　　　　　　　　　B. 集装箱的类型
   C. 集装箱的装箱方式　　　　　　　　　　D. 箱主所在国代码
5. 集装箱运输中对拼箱货集中装、拆箱的场所是（　　）。
   A. 发、收货人仓库　B. 码头　　　　　　　C. 集装箱货运站　　　D. 集装箱堆场

二、多项选择题

1. 集装箱运输特有的主要单证包括（　　）。
   A. 集装箱清单　　　B. 运费清单　　　　　C. 设备交接单　　　　D. 场站收据
2. 集装箱运输所涉及的关系方包括（　　）。
   A. 集装箱堆场经营人　　　　　　　　　　B. 集装箱实际承运人
   C. 集装箱租赁公司　　　　　　　　　　　D. 无船承运人
3. 国际多式联运对责任范围和赔偿限额方面，根据目前国际上的做法，可以分为（　　）。
   A. 统一责任制　　　B. 网状责任制　　　　C. 层次责任制　　　　D. 混合责任制
4. 国际多式联运的组织形式主要有（　　）。
   A. 海陆联运　　　　B. 海河联运　　　　　C. 陆桥联运　　　　　D. 海空联运
5. 按全程收取运费的运输组织方式有（　　）。
   A. OCP 运输　　　　B. MLB 运输　　　　　C. IPI 运输　　　　　D. SLB 运输

三、简述题

1. 简述集装箱运输的特点及优缺点。
2. 简述集装箱货物进出口的运输操作。
3. 简述集装箱运输的主要货运单证。
4. 简述开展国际多式联运必须具备的特征和基本条件。
5. 简述 SLB、OCP、MLB、IPI 四种运输组织方式的区别。

四、技能案例

【案例背景】

2021年2月,我国重庆某出口企业同某国 A 公司达成一笔交易。买卖合同中规定:支付方式为即期付款交单;装运自重庆至汉堡,多式运输单据可以接受;禁止转运。我方按期将货物委托 B 外运公司承运,货物如期在重庆被装上火车经上海改装轮船运至香港,在香港转船至汉堡,并由 B 外运公司于装车日签发多式运输单据。但货到目的港后,A 公司已宣布破产倒闭。当地 C 公司竟伪造假提单向第二程船公司在当地的代理人处提走了货物。我方企业装运货物后,曾委托银行按跟单托收(付款交单)方式收款。但因收货人已破产,货款无着落,后又获悉货物已被冒领,随后我出口企业与 B 外运公司交涉,凭其签发的多式联运单据要求该外运公司交出承运货物。B 外运公司却借以承运人只对第一程负责、对第二程不负责为由,拒绝赔偿,于是我方企业诉至法院。

【技能思考】

对此案件,你认为法院应如何判决?理由何在?

综合实训

【实训项目】

国际货物运输方案的设计。

【实训情境】

2021年2月,青岛海尔集团计划每月从青岛将1 000台冰箱运往荷兰鹿特丹的某商品经销中心,现寻找合适的运输承运商。假设你是一家国际货运代理企业的业务员,欲承包此项业务。

【实训任务】

(1)简要说明运输方案设计的影响因素。
(2)列出可能的运输方案并给出最佳方案。
(3)简要说明整个运输的实施程序。

下 篇
国际货物保险

项目八

风险、保险及保险的基本原则

○ 知识目标

理解:风险概念、风险因素、风险事故、损失、风险的特点;保险原则的意义和作用。

熟知:风险的分类、保险概述内容;补偿原则、重复保险的分摊原则的计算。

掌握:风险管理、保险合同;各个保险原则的内容、特点以及在不同险种中的应用。

○ 技能目标

能够充分利用保险的基本原则解决实际应用问题,具备订立保险合同的能力。

○ 素质目标

运用所学的理论与实务知识研究相关案例,培养和提高在特定业务情境下分析解决问题与决策设计的能力;能结合教学内容,依照职业道德与行业规范与标准,分析行为的善恶,强化职业道德素质。

○ 项目引例

皮手套合同是否应该赔偿

我国某外贸公司与荷兰进口商签订一份皮手套合同,价格条件为 CIF 鹿特丹,向中国人民保险公司投保了一切险,并注明皮手套怕变色、玷污等注意事项,之后用牛皮纸包好装入双层瓦楞纸箱,再装入 20 尺的集装箱。货物到达鹿特丹后检验结果表明:全部货物湿、霉、变色、玷污,损失价值达 80 000 美元。据分析,该批货物的出口地不异常热,进口地鹿特丹不异常冷,运输途中无异常,完全属于正常运输。请问:保险公司对该项损失是否赔偿,为什么?

引例分析:保险公司对该批货物的损失不予赔偿。原因是:①根据中国人民保险公司《海洋货物运输保险条款》基本险的除外责任:在保险责任开始之前,被保险货物已存在品质不良或数量短少所造成的损失;被保险货物的自然损耗、本质缺陷、特性及市价跌落、运输延迟所引起的损失或费用保险公司不负责赔偿损失。在本案中,运输途中一切正常,货物发生质变不属于保险公司的责任范围,故保险公司对该批货物的损失不予赔偿。②根据保险的基本原则,保险双方当事人已经在合同中明确地遵守了最大诚信原则的告知义务。

○ 知识精讲

任务一 风险概述

一、风险的概念

"风险"(Risk)的一般概念是指某种事件发生的不确定性。风险的特定概念是指某种损失发生的不确定性。损失的不确定性是就实际结果与预期结果的变动程度而言的,变动程度越大,风险就越大;反之,风险就越小。风险具有发生的客观性和损失的不确定性。这种不确定性表现在:发生与否不确定、发生的时间不确定、发生的状况不确定、发生的后果不确定。

当谈论某种风险时,必须弄清楚风险发生的频率和每次事故所导致保险标的的损失程度。风险频率是指一定数量的标的,在确定的时间内发生事故的次数。而损失程度是指每发生一次事故导致标的的毁损状况,即毁损价值占被毁损标的的全部价值的百分比。两者的关系是:或者事故发生的损失程度不大,而频率却很高;或者事故发生的频率虽然不高,但是一旦发生,损失程度却很大。

就全社会来说,损失的发生具有客观性,即某种损失是必然要发生的;但就社会个体来说,损失发生与否是不确定的,具有偶然性。因此,风险就是必然性与偶然性的统一体。

(一)风险因素

风险因素是指引起风险事故发生的因素、增加风险事故发生可能性的因素,以及在事故发生后造成损失扩大和加重的因素。风险因素可分为实质风险因素、道德风险因素和心理风险因素三类。

1. 实质风险因素

实质风险因素是指有形的并能直接影响事物物理功能的因素,即某一标的本身所具有的足以引起或增加损失机会和加重损失程度的客观原因与条件,如人体生理器官功能,建筑物所在地等,汽车的生产厂家、规格、刹车系统,地壳的异常变化,恶劣的气候,疾病传染等。

2. 道德风险因素

道德风险因素是与人的品德修养有关的无形的因素,即由于个人不诚实、不正直或不轨企图,故意促使风险事故发生,以致引起社会财富损毁和人身伤亡的原因或条件,如欺诈、纵火、保险诈骗行为等。在保险业务中,保险人不承保此类风险因素造成的损失责任,不承担因道德风险因素所引起的损失、赔偿或给付责任。

3. 心理风险因素

心理风险因素又称风纪风险因素,是与人的心理状态有关的无形的因素,是指由于人们不注意、不关心、侥幸,或存在依赖保险心理,以致增加风险事故发生的概率和加大损失的严重性的因素。如企业或个人投保财产保险后放松对财物的保护,或者在火灾发生时不积极施救,任其损失扩大,都属于心理风险因素。

(二)风险事故

风险事故又称风险事件,是指使风险的可能成为现实以致造成人身伤亡或财产损害的偶发事件。就某一事件来说,如果它是造成损失的直接原因,那么它就是风险事故,而在其他条件下如果它是造成损失的间接原因,它便成为风险因素。例如,下冰雹使得路滑而发生车祸造成人员伤亡,这时冰雹是风险因素,车祸是风险事故。如果冰雹直接击伤行人或农作物,那么它便成为风险事故。

(三)损失

损失是指非故意的、非计划的和非预期的经济价值的减少。广义的损失概念除包括物质上的损失外,还包括精神上的损失。"折旧""馈赠"虽然属于经济价值的减少,但因不是非故意的、非计划的,所以不能称为损失。

损失在保险行业又分为直接损失和间接损失,后者又称利润损失或后果损失。直接损失是指承保风险造成的财产本身的损失,如出租汽车损坏所需的修理费、财产的损毁与灭失、人身伤害。间接损失是指由于直接损失而引起的损失,如出租汽车损坏后在修理期间因司机不能营业所导致的损失、责任损失、收益损失、额外费用损失等。

风险因素、风险事故和损失三者之间密切相关,共同构成风险的统一体。它们之间存在着因果关系,简单表述为:风险因素引起风险事故,风险事故导致损失。

二、风险的特点

(一)风险存在的客观性

地震、台风、洪水、冰雹、火山喷发等自然灾害和意外事故都不以人的主观意志为转移,它们是独立于人的意志之外的客观存在。这是因为无论是自然界的物质运动还是社会发展的规律,都是由事物的内部因素决定的,是由超过人们主观意识而独立存在的客观规律所决定的。人们只能在一定的时间和空间内改变风险存在和发生的条件,降低风险发生的频率和损失程度,如疏通河道、加固堤坝,以防洪水泛滥等,但不能彻底消除风险。

(二)风险存在的普遍性

自从人类出现以后就面临着各种各样的风险。随着科学技术的发展、生产力的提高、社会的进步又产生了新的风险且风险事故造成的损失也越来越大。比如,美国的航天飞机爆炸所带来的标的损失都是以亿美元为单位来计算的。总之,风险渗透到个人、企业、社会生活的方方面面,无时无处不在。

(三)个别风险发生的偶然性

虽然风险是客观存在的,但就某一具体风险事故而言,它的发生是偶然的,是一种随机现象。风险也可认为是经济损失的不确定性。风险事故的随机性主要表现为风险事故发生与否的不确定、发生时间的不确定、发生后果的不确定。

(四)大量风险发生的必然性

个别风险事故的发生是偶然的,而大量风险事故的发生往往呈现出明显的规律性。运用统计方法去处理大量相互独立的偶发风险事故,其结果可以比较准确地反映风险的规律性。根据以往大量的资料,利用概率论和数理统计的方法可以测算出风险事故发生的概率及损失程度,并可构造出损失分布的模型,成为风险估测的基础,例如,下期体育彩票中特等奖。所谓体育彩票,是从1~36中选7个数,属于偶然事件。但是把所有的偶然事件集中以后,会发现7个数的和在120~160之间。只要把所有的偶然事件集中起来就可以找到规律性和必然性。我们以人身险为例把所有的投保者集中起来,除去先天性心脏病患者。如果是先天性心脏病,则属于物质风险因素,保险公司是不予承保的。

(五)风险的可变性

在一定条件下,风险是可以转化的。随着人们风险意识的增强和风险管理方法的不断完善,某些风险可在一定程度上得以控制,其发生频率和损失程度可以降低。当然,随着人类的进步和社会的发展,新的风险也在不断产生或增加,如"肺结核""肥胖病"等。

三、风险的分类

人类对风险的认识是一个复杂的主观过程,通过对风险的分类可以全面地、客观地认识风险,避免在风险认识过程中出现的主观风险,对风险进行分类是全面认识风险的一种有效方法。所以,必须对风险进行系统的、全面的分析和研究,以有效地控制风险,减少风险给人类的生命和财产造成的损失。常见的分类有以下几种:

(一)按风险损害的对象分类

按风险损害的对象分类,可分为财产风险、人身风险、责任风险和信用风险。

1. 财产风险(Property Risks)

财产风险是指导致财产发生毁损、灭火和贬值的风险,并使财产的所有人、使用人和责任人遭受相应损失的不确定性状态。这种损失既有直接的,也有间接的。如一辆汽车在碰撞事故中受损,修理费用就是车主的直接损失,而为了修理汽车所花费的时间和精力,以及造成的误工等都属于间接损失。

2. 人身风险(Personal Risks)

人身风险是指人们因生、老、病、死而导致的经济风险。生、老、病、死虽然是人生的必然现象,但在何时发生并不确定,一旦发生将给其本人或家属造成精神痛苦和经济拮据。尤其是家庭经济主要来源人的死亡将导致其生活依赖人的生活困难。

3. 责任风险(Liability Risks)

责任风险是指由于侵权行为造成他人的财产损失或人身伤亡,肇事人在法律上负有经济赔偿责任的风险。责任风险又可分为过失责任风险和无过失责任风险。过失责任风险是指团体或个人因疏忽、过失而产生的侵权行为致使他人财产受损或人身受到伤害而在法律上负有经济赔偿责任的风险。无过失责任风险也称绝对责任风险,例如根据合同、法律规定雇主对其雇员在从事工作范围内的活动中遭受身体伤害应承担的经济赔偿责任。

4. 信用风险(Credit Risks)

信用风险是指在经济交往中权利人与义务人之间由于一方违约或犯罪而给对方造成经济损失的风险。

(二)按风险损失发生的原因分类

按风险损失发生的原因分类,可分为自然风险、社会风险、政治风险、经济风险和技术风险。

1. 自然风险(Physical Risks)

自然风险是指由于火山、地震、洪水、冰雹、火灾等自然现象和意外事故所导致财产毁损和人员伤亡的风险。

2. 社会风险(Social Risks)

社会风险是指由于个人或团体的过失、疏忽、侥幸、恶意等不当行为所致损害的风险,如偷窃、抢劫等造成损害的风险。

3. 政治风险(Political Risks)

政治风险是指由于政治原因如政局的变化、政权的更替、政府法令和决定的颁布实施、种族和宗教冲突、叛乱等引起社会动荡而造成损害的风险,如战争、社会动荡、政权改变等。

4. 经济风险(Economic Risks)

经济风险是指在产销过程中由于有关因素的变动或估计错误而导致经营失败的风险,如市场预期失误、经营管理不善、消费需求变化、通货膨胀、汇率变动等所致经济损失的风险等。

5. 技术风险(Technology Risks)

技术风险是指随着社会的进步、科学技术的发展和生产方式的改变而导致的风险,如江、河、湖、海污染等风险。

(三)按风险的性质分类

按风险的性质分类,可分为纯粹风险和投机风险。

1. 纯粹风险(Pure Risks)

纯粹风险是指造成损害可能性的风险,其导致的结果只有两种,即损失和无损失。如火灾、水灾、风灾、雹灾、雪灾、车祸等都属于纯粹风险。

2. 投机风险(Speculative Risks)

投机风险是指可能产生收益和造成损害的风险。其导致的结果有三种,即损失、无损失和获利。如股票买卖、市价波动都属于投机风险。

保险只对纯粹风险提供保障,而不对投机性风险提供保障。保险区分为纯粹风险与投机风险的原因是有纯粹风险才具有可保性,而对于投机性风险,在现有的承保技术下一般不予承保。

(四)按风险涉及的范围分类

按风险涉及的范围分类,可分为特定风险和基本风险。

1. 特定风险(Particular Risks)

特定风险是指与特定的人有因果关系的风险,即由特定的人所引起而且损失仅涉及个人的风险。如某登山运动员攀登珠穆朗玛峰主峰时突遇雪崩而遇难、航天飞行员在飞行过程中遇难等。

2. 基本风险(Fundamental Risks)

基本风险是指损害波及社会的风险。它的起因及影响都不与特定的人有关,至少是不以个人的主观意志为转移的。例如,偷窃、抢劫、罢工、暴动、民变等与社会或政治有关的风险,山崩、地陷等与自然灾害有关的风险都属于基本风险。基本风险是从一个社会的宏观经济层面上来进行界定和判断的,每一个社会都有基本风险,其造成的损失不是小概率事件,损失面广,损失程度严重。

随着时代的发展和人们观念的改变,特定风险和基本风险的界定并非一成不变。也就是说,特定风险和基本风险的定义由原来的静态概念转变为动态概念,对某些风险来说会因时代背景不同而有所不同。如失业曾经被认为是特定风险,而当今则被视为基本风险。

(五)按研究风险的方法分类

按研究风险的方法分类,可分为静态风险和动态风险。

1. 静态风险(Static Risks)

静态风险是指在社会政治、经济环境正常的情况下,由于自然力的不规则变动和人们的错误判断与错误行为所导致的风险。如地震、洪水、飓风等自然灾害,交通事故、火灾等意外事故均属于静态风险。

2. 动态风险(Dynamic Risks)

动态风险是指以社会经济结构变动为直接原因的风险,主要是社会经济、政治以及技术、组织机构发生变动而产生的风险。如通货膨胀、汇率风险、罢工、暴动、消费者偏好改变、国家政策变化等均属于动态风险。动态风险大致分为管理上的风险、政治上的风险、创新的风险三类。

四、风险管理

风险管理是指经济单位通过风险识别、风险估测、风险评价对风险实施有效的控制,并妥善处理风险所致的损失从而达到以最小的成本获得最大安全保障的管理活动或行为。

目前,风险管理有两种形式:一种是保险型风险管理,其经营范围仅限于纯粹风险;另一种是经营管理型风险管理,其经营范围不但包括静态风险,而且包括动态风险。

(一)风险管理程序

风险管理程序可分为风险识别、风险估测和风险管理措施等环节。

1. 风险识别

风险识别是风险管理的初级阶段,它是指对单位面临的风险加以判断、归类和对风险性质进行鉴定的过程。存在于单位自身周围的风险多种多样,现实的、潜在的、内部的、外部的,无所不有。风险识别是指对尚未发生的、潜在的和客观存在的各种风险系统地、连续地进行识别和归类并分析产生风险事故的原因。

风险识别的方法多种多样,常见的有以下几种:

(1)财务报表分析法。任何单位的财务状况都是识别自身存在的各种潜在的风险的重要环节。财务报表分析法是按照单位的资产负债表、财产目录、损益计算书等资料对单位的固定资产和流动资产的分布进行风险分析,以便从财务的角度发现其面临的潜在风险和财务损失。

(2)风险列举法。这种方法是指风险管理部门根据本企业的生产流程按生产环节的先后顺序进行风险排列。

(3)生产流程图法。这种方法是在风险列举法的基础上发展起来的。这种方法的特点是简明扼要,可以揭示生产流程中的薄弱环节。比如以企业的生产过程为例,首先购买原材料,然后雇用工人,工人开始生产进入产品的加工阶段,再进入产品的销售阶段。如果购买到假冒伪劣的次品,后面的产品销售就会受到影响;也可能买的原料是正品但是雇用的工人缺乏相关技术。

(4)现场检查法。通过现场考察企业的设备财产以及生产流程,风险管理部门可以发现许多潜在的风险并能及时对风险进行处理。可见,现场检查法对风险识别非常重要。

2. 风险估测

风险估测是在风险识别的基础上通过对所收集的大量资料进行分析,利用概率统计理论估计和预测风险发生的频率与损失程度。

3. 风险管理措施

风险管理者通过对各种风险和潜在损失的全面、科学的识别,并对损失发生的频率和损失的严重程度加以估计和预测后,就需要寻求有效的途径和方法来解决这些风险损失。

风险管理措施一般主要有控制型风险管理和财务型风险管理两种技术。

(1)控制型风险管理技术,即采取控制技术,达到避免和消除风险,或减少风险因素危害目的的方法。控制型风险管理技术适用于灾前和灾后。事故发生前,降低事故发生频率;事故发生后,降低损失程度。它主要包括避免风险、预防风险、分散风险和抑制风险四种方法。

①避免风险。避免风险是指设法回避损失发生的可能性,即从根本上消除特定的风险单位和中途放弃某些既存的风险单位,采取主动放弃或改变该项活动的方式。避免风险的方法一般在某特定风险所致损失频率和损失程度相当高或处理风险的成本大于其产生的效益时采用,它是一种最彻底、最简单的方法,但也是消极的方法。

②预防风险。预防风险是指在风险事故发生前为了消除或减少可能引起损失的各种因素而采取的处理风险的具体措施,其目的在于通过消除或减少风险因素而降低损失发生频率。这是事前的措施,即所谓"防患于未然"。如定期体检,虽不能消除患癌症的风险,但可获得医生的有效建议或及早防治。

③分散风险。分散风险是指增加同类风险单位的数目来提高未来损失的可预测性,以达

到降低风险发生可能性的目的,如发展连锁店、跨国公司、集团公司等。

④抑制风险。抑制风险是指在损失发生时或损失发生之后为减小损失程度而采取的各项措施。它是处理风险的有效技术,如安装自动喷淋设备、堵修决口的堤坝等。

(2)财务型风险管理技术,即以提供基金的方式,减低发生损失的成本的主要方法。它包括自留风险和转移风险两种。

①自留风险。自留风险是指对风险的自我承担,即企业或单位自我承受风险损害后果的方法。自留风险是一种非常重要的财务型风险管理技术。自留风险有主动自留和被动自留之分。通常在风险所致损失频率和程度低、损失在短期内可以预测以及最大损失不影响企业或单位财务稳定时采用自留风险的方法。

②转移风险。转移风险是指一些单位或个人为避免承担风险损失,而有意识地将损失或与损失有关的财务后果转嫁给另一些单位或个人去承担的一种风险管理方式。转移又有非保险转移和保险转移两种方法。

财务型非保险转移是指单位或个人通过订立经济合同,将损失或与损失有关的财务后果转移给另一些单位或个人去承担,如保证互助、基金制度等,或人们利用合同的方式,将可能发生的指明的不定事件的任何损失责任,从合同一方当事人转移给另一方,如销售、建筑、运输合同和其他类似合同的除外责任与赔偿条款等。

财务型保险转移是指单位或个人通过订立保险合同,将其面临的财产风险、人身风险和责任风险等转嫁给保险人的一种风险管理技术。投保人缴纳保费,将风险转嫁给保险公司,保险公司则在合同规定的责任范围内承担补偿或给付责任。保险作为风险转移方式之一,有很多优越之处,并在社会上得到了广泛的运用。

(二)风险管理的意义

1. 宏观方面

(1)有利于资源的合理利用。风险管理的全面实施,可以在很大程度上减少风险损失或为风险损失提供经济补偿,促使更多的社会资源更加合理地流向所需部门。从整个社会而言,有利于资源分配的最佳组合。

(2)有利于经济的稳定发展。风险管理有助于消除风险给整个经济社会带来的灾害损失及其他连锁反应,从而有利于经济的稳定发展。

(3)有助于保障人民生活安定。通过风险管理的损失控制及损失后经济补偿的及时提供,有助于提高和创造一个有利于经济发展及保障人民生活的良好的社会经济环境。

2. 微观方面

(1)有助于经营目标的顺利实现。盈利是所有企业的主要目标。在企业的生产经营中,盈利主要来自两个途径,即增加收入和减少支出。风险管理的各种措施有助于把企业生产经营中面临的风险损失减少到最低限度,并在灾害损失发生后及时提供各种必要的资金补偿。

(2)可以减少决策的风险性。风险管理是用系统科学的方法来处置包括动态风险在内的各种风险,通过实施风险管理,有助于企业减少和消除生产风险、经营风险等。

(3)有助于提高企业经营效益。风险管理是以最小成本获得最大的风险管理效果为宗旨,它将处理各种静态风险的费用合理地分摊到产品、劳务和其他有关活动中。同时,风险管理可以促使企业的其他职能部门提高经营和管理效率,从而减少各种费用开支,间接提高经营效益。

(4)可以促使员工努力工作,提高效率。风险管理措施能够为企业提供一个安全、稳定的生产经营环境,为广大职工提供各种安全措施,有助于消除企业和职工的后顾之忧,从而促使他们努力工作,提高效率。

五、风险、风险管理和保险的关系

(一)无风险无保险

风险是客观存在的,随时随地都在威胁着人们的生命和物质财产的安全,是不以人的主观意志为转移的。风险的发生直接影响着社会生产过程的持续进行以及家庭、个人的正常生活,因此人们产生了对损失进行补偿的需要。保险作为经济补偿或给付的一种方式,已经被社会所接受,保险的触角已经伸向了千家万户。

(二)保险不保全部风险

无时不有、无处不在的风险虽然是保险产生和存在的前提,但由于保险是一种无形贸易,属于商业性质的经营,所以保险公司并非承保所有风险。

(三)风险的增加是保险发展的条件

风险的增多对保险提出了新的要求,促使保险公司不断设计新险种,开发新产品,进而繁荣保险业。

(四)保险是风险管理的有效措施

保险作为风险转移的方法之一,是处理风险的有效手段。人们通过保险,把不能自行承担的风险转嫁给保险人,以小额的保险费支出换取对巨额风险的经济保障。

(五)风险管理水平制约保险的经营效益

保险的经营效益虽然受到多种因素的影响,但风险管理技术无疑起着非常重要的作用。例如,对风险识别是否全面,对风险损失的频率和造成损失的幅度估测是否准确,哪些风险可以承保,哪些风险不可以承保,保险的范围应有多大,保险的成本与效益的比较等,都制约着保险的经营成果,而良好的保险经营效益,对保险的买方和卖方都有好处。

任务二 保险概述

一、保险的概念与特征

(一)保险的概念

从经济意义上看,保险是以集中起来的保费建立基金,对被保人受到保险责任范围内的损失给予补偿的一种制度。

从法律意义上看,保险是一种合同行为,是一方同意补偿另一方损失的一种合同安排,同意提供损失赔偿的一方是保险人,接受损失赔偿的另一方是被保险人。投保人通过承担支付保险费的义务,换取保险人为其提供保险经济保障(赔偿或给付)的权利,这正体现了民事法律关系主体之间的权利和义务关系。

《中华人民共和国保险法》(以下简称《保险法》)将保险的定义表述为:"保险,是指投保人根据合同约定,向保险人支付保险费,保险人对于合同约定的可能发生的事故因其发生所造成的财产损失承担赔偿保险金责任,或者当被保险人死亡、伤残、疾病或者达到合同约定的年龄、期限时承担给付保险金责任的商业保险行为。"

【视野拓展 8-1】　　　　　　　　保险基金

保险基金(Insurance Fund)是指专门从事风险经营的保险机构,根据法律或合同规定,以收取保险费的办法建立的、专门用于保险事故所致经济损失的补偿或人身伤亡给付的一项专用基金,是保险人履行保险义务的条件。广义上的保险基金是指整个社会的后备基金体系。从狭义上来讲,保险基金是指由保险机构集中起来的后备基金,由保险机构根据大数法则,经过科学的测算,制定出各种不同的保险费率。

保险基金的特点有以下三个方面:

1. 保险基金的互助性

保险是一种社会互助的损失补偿机制,保险补偿损失的结果是风险的分散和损失的共同分摊。保险的互助性表现在遭受损失的被保险人与购买保险的被保险人之间的互助上。

2. 保险基金是社会保障体系的一个组成部分

保险补偿损失的资金来源于由被保险人缴纳的保险费而形成的保险基金。保险补偿损失是依据合同进行的有偿的、有条件的、有保障的损失补偿行为。

3. 保险基金是社会后备基金的一种形式

一个社会的后备基金主要有三种形式,即社会后备基金、集中的国家后备基金和分散自留的后备基金。

社会后备基金,是指一国用于补偿各种特大自然灾害和意外事故造成的损失,保障社会生产顺利进行、人民生活安定所必需的物资储备和资金储备。

集中的国家后备基金,是指国家在财政预算中预留的后备基金,专门用于应付一国遭受特大灾害事故时的损失补偿及一国遭受外敌入侵时的备战需要。

分散自留的后备基金,是指由机构、企业和个人自己提留的后备基金,用于所受损失的经济补偿。

(二)保险的特征

1. 互助性

在一定条件下,保险分担了个别单位和个人所不能承担的风险,从而形成了一种经济互助关系。

2. 经济性

保险是一种经济保障活动。这种经济保障活动是整个国民经济活动的一个有机组成部分,保险体现了一种经济关系,即商品等价交换关系。

3. 法律性

从法律角度看,保险是一种合同行为。保险双方当事人要建立保险关系,其形式是保险合同;要履行其权利和义务,其依据也是保险合同。

4. 科学性

保险是以数理计算为依据而收取保险费的。保险人确定保险费时,一般很慎重,以使其更加公平合理。保险经营的科学性无疑是现代保险存在和发展的基础。

【同步案例8-1】 正确理解保险的概念及风险处理方法

某年6月15日中金报道网报道,截至14日17时30分,武隆鸡尾山垮塌事故中,有64人失踪(原为62人,据群众反映有2名失踪人员,经武隆区核实并公示确认),挖掘出遇难者尸体10具(7男3女),已确认身份9具,火化9具,最后一具尸体正在进行DNA鉴定。8名伤员中,2人已出院,其余6人病情稳定。

另外,鸡尾山垮塌险区人员过渡安置救助方案和房屋全部掩埋户、避让搬迁户安置方案已制订并开始协议签订和资金兑现。已有47名失踪(遇难)人员涉及38户达成了内部分配协议,18名失踪(遇难)人员涉及15户达成了善后救助协议,2名遇难者涉及2户达成预付协议,共兑现善后救助资金408万元。截至6月6日17时,中国平安已确认客户熊先生、黄先生和叶女士在事故中失踪。3人分别投保了平安人寿的鸿祥、鸿盛等险种,涉及的总保额为29.1万元。截至6月7日16时30分,中国人保初步确定有4辆承保车辆(3辆货车、1辆小轿车)出险,保险金额46万元;中华联合承保学平险的1名小学生出险,保险金额1万元。

请问:
(1)如何理解保险是一种经济行为、合同行为?
(2)通过这一事件,结合所学的内容,谈谈如何选择合适的风险处理方法?

案例精析

二、可保风险

保险人承担的风险称为可保风险(Insurable Risks)。保险一般只保障纯粹风险,对有获利可能的投机风险一般是不承保的。因为如果保险人承保了投机风险,那么很可能会引起风险,或者投保人通过保险图谋利益,这显然是违反了保险原则,但是,也并非所有的纯粹风险都是可保的。概括来说,可保风险必须具备以下条件:

(一)风险所产生的损失必须是可以用货币来计量的

凡是不能用货币计量其损失的风险是不可保的风险。但对人的保险来说,很难说清一个人的伤残程度或死亡所蒙受的损失折合多少钱,所以死亡给付的标准在出立保单时就确定了。

(二)风险必须是偶然的

保险人承保的风险必须是有发生可能性的,又必须是偶然的和不可预知的。像自然损耗、折旧等必然发生的现象,保险人一般不承保。如果风险肯定不会发生,保险也就没有必要。所谓偶然和不可预知,是指对每一个具体的保险标的来说,事先无法知道它是否会发生损失以及损失的大小。对于保险人,他可以通过历史资料的分析、大量统计材料的归纳和精确的推算,找到某一风险发生的规律性,就不属于偶然和不可预知的了。

(三)风险必须是意外的

意外风险有主观和客观两层意思,就主观来讲,是指不是由被保险人故意行为所引起的,也就是说,对于被保险人的故意行为或不采取合理预防措施所造成的损失,保险人不予赔偿;就客观来说,是指不是必然的,上面谈到的自然损耗、折旧等就是必然的。非意外风险或属于不可保之列,或属于不赔偿范围。

(四)风险必须是大量标的均有遭受损失的可能性

这是由于保险不是赌博,也不是投机,它是以大数定律作为保险人建立稳固的保险基金的数理基础,只有一个标的或少量标的所具有的风险,是不具备这种基础的。此外,还有一个明显的道理,保险人收取保险费,一定要与其承担的赔偿责任相适应。保险费过高,被保险人承担不起;保险费过低,保险人无法经营。如卫星发射保险,发射卫星是一个巨大的、复杂的工程,投资多,知识密集,风险大。当人类最初发射人造卫星时,保险人因对其风险认识不清而不予保险。承保无疑是冒险,而保险不是冒险。如今,世界各国共发射了3 000多颗不同类型的航天器,每年大约发射100多颗。在这种情况下,由于保险标的数量已经足够大,通过大数定律可以计算风险概率,可以确定保险费率,因而卫星发射保险也风行全球。

(五)风险应有发生重大损失的可能

风险的发生有导致重大的或比较大的损失的可能性,才会有保险的必要。如果可能的损失程度是轻微的,就不需要通过保险来获取经济保障。因为这样在经济上是不划算的,也与保险的本质相悖。

以上五个可保风险条件是相互联系、相互制约的,确认可保风险时,必须五个条件综合考虑,全面评估,以免发生承保失误。

【视野拓展8-2】　　　　保险与类似行为的比较

1. 保险与赌博

相同点:都是不确定的随机事件。

不同点:赌博中的风险,是由赌博行为本身引起的;而保险中的风险是客观存在的。赌博有可能使你获利,而保险无此可能。二者与随机事件的关系不同。

2. 保险与储蓄

相同点:二者都是将现在的剩余财富用作准备,以便将来在一定条件下满足经济上的需要。

不同点:保险和储蓄体现的经济关系不一样。二者遵循原则不一样。储蓄对于个人而言,支付与反支付具有对等的关系;保险对于个人则不具备这种关系。

3. 保险与担保

相同点:以偶然事故的发生为条件。

不同点:保险的运作在于双方相互的行为,而在担保行为中,仅担保人有单方面义务。保险的基础在于对危险事故发生概率的精确计算,有保险基金积累;担保则没有这种基础。从合同角度看,保险合同是独立合同,而担保合同则为从属合同。

4. 保险与救济

相同点:都是对灾害事故进行补偿的行为,都能减轻灾害事故给人们造成的损失。

不同点:保险是一种合同行为,而救济行为则不是合同行为。保险是双方的行为,而救济是单方面的行为。支付金额的计算依据不同。

三、保险的分类

(一)按照实施的形式,可以分为强制保险和自愿保险

1. 强制保险(Compulsory Insurance)

强制保险也称法定保险,是根据国家法律或者法令的规定采取强制形式来实施的一种保险。它是政府为了解决某些社会性的危险或某个领域的特殊危险,维护公共利益和无辜受害者的利益,实现一定的政策目标而实施的。由于它的强制性,保险的范围广,能最大限度地分散风险,费率低,是社会保险和政策性保险主要采用的形式。它的主要特点有以下几方面:

第一,实施的强制性。凡在规定范围内的有关法人或者自然人,不管愿意与否,都必须依法参加保险。

第二,保险人和被保险人必须按照有关规定,履行自己的权利和义务。

第三,保险金额由国家法律规定统一标准。

第四,强制保险的责任期限虽有一定的限制,但保险责任并不因被保险人未履行缴纳保险费的义务而终止,保险人对迟缴的保费采取滞纳罚金的做法。

2. 自愿保险(Voluntary Insurance)

自愿保险又称任意保险,是指在自愿协商的基础上由当事人订立保险合同而实施的一种保险。自愿保险是保险双方在平等互利、协商一致和等价有偿的基础上通过签订保险合同而形成的,其办理和形式都比较灵活,是一般商业保险的主要实施形式。目前,世界各国的保险业务绝大多数是自愿保险。它的主要特点有以下几方面:

第一,自愿保险不是全面的投保或者不投保,完全根据投保人意愿决定。

第二,自愿保险责任期限不是自动产生的,如果保险期限届满而投保人未办理续保手续,保险责任即告终止。

第三,保险金额、保险责任等没有统一的规定,由双方在自愿的基础上自由确定。

(二)按照保障的标的,可以分为财产保险、人身保险、信用保险与保证保险、责任保险等

1. 财产保险(Property Insurance)

财产保险是以财产及其有关利益作为保险标的的一种保险。当保险财产遭受保险责任范围内的损失时,由保险人提供经济补偿。

财产保险的种类主要有:不动产保险、机器设备保险、材料和货物保险、家庭财产保险、以运输工具和运输途中的货物为标的的保险、工程保险、农业保险、海上石油开发保险等。

2. 人身保险(Personal Insurance)

人身保险是以人的寿命和身体为保险标的的保险。保险人对被保险人在保险期间因意外事故、疾病等原因导致死亡、伤残,或者在保险期满后,根据保险条款的规定给付保险金。人身保险的种类主要有人身意外伤害保险、健康保险、人寿保险等。

3. 信用保险与保证保险

(1)信用保险(Credit Insurance)。信用保险是指权利人向保险人投保债务人信用风险的一种保险。实际上,信用保险就是将债务人的保证责任转移给保险人,当债务人不能履行其义务时,由保险人承担赔偿责任。

根据信用的种类不同,可将信用保险分为商业信用保险、银行信用保险和国家信用保险。如果保险标的是商品赊购方的信用,这种信用保险则为商业信用保险;如果保险标的是借款银行的信用,这种信用保险则为银行信用保险;如果保险标的是借款国的信用,这种信用保险则为国家信用保险。

根据被保险人贸易范围的不同,可以将信用保险分为国内信用保险和出口信用保险。如果保险标的是国内商人的信用,这种信用保险则为国内信用保险;如果保险标的是他国商人的信用,这种信用保险则为出口信用保险。

信用保险按照保险期限的不同,可分为短期信用保险和中、长期信用保险。一般来说,短期信用保险是指信用期限不超过2年的信用保险,主要由商业信用保险公司提供保险业务;中期信用保险是指信用期限在2~5年的信用保险;长期信用保险是指信用期限在5年以上的信用保险。中、长期保险大多集中于对各种大型工程项目进行投保,其中大部分是由国有信用保险机构经营。

(2)保证保险(Guarantee Insurance)。保证保险实际上是一种建立在信用保险基础上的担保业务。

保证保险从广义上说,就是保险人为被保证人向权利人提供担保的保险。它包括两类保险:一类是狭义的保证保险,如履约保证保险;另一类是信用保险,如出口信用保险。它们的保险标的都是被保证人的信用风险,当被保证人的作为或不作为致使权利人遭受经济损失时,保险人负经济赔偿责任。因此,保证保险实际上是一种担保业务。

保证保险虽具担保性质,但对狭义的保证保险和信用保险而言,担保的对象却不同,两者是有区别的。凡被保证人根据权利人的要求,要求保险人承担自己(被保险人)信用的保险,属狭义的保证保险;凡权利人要求保险人担保对方(被保证人)信用的保险,属信用保险,权利人也即被保险人。

保证保险是指在约定的保险事故发生时,被保险人需在约定的条件和程序成就时才能获得赔偿的一种保险方式,其主体包括投保人、被保险人和保险人。投保人和被保险人就是贷款合同的借款方和贷款方,保险人是依据《保险法》取得经营保证保险业务的商业保险公司,保证保险常见的有诚实保证保险和消费贷款保证保险。保证保险的内容主要由投保人缴纳保险费的义务和保险人承担保险责任构成。保证保险的性质属于保险,而不是保证。在保证保险中,保险责任是保险人的主要责任,只要发生了合同约定的保险事由,保险人即应承担保险责任,这种责任因在合同有效期未发生保险事由而消灭。

4. 责任保险(Liability Insurance)

责任保险是一种以被保险人的民事损害赔偿责任作为保险对象的保险。凡按《民法典》的规定应由被保险人对其因疏忽或过失所造成的他人的财产损失或人身伤害所应付的经济赔偿责任,由保险人承担。

单独承保的责任保险包括公众责任保险、产品责任保险、雇主责任保险和职业责任保险。

(1)公众责任保险(Public Liability Insurance)。公众责任保险又称普通责任保险或综合责任保险,它是以被保险人在公众场所的过错行为致使他人的人身或财产受到损害,依法应承担的民事经济赔偿责任作为保险标的的责任保险。主要包括综合公共责任保险、场所责任保险、承包人责任保险和承运人责任保险。

公众责任保险的一般内容包括以下几个方面:

①责任范围:被保险人在保险期内、在保险地点发生的依法应承担的经济赔偿责任及其有关的法律诉讼费用。

②保费计算:一般无固定的费率表。其计算公式为:

$$应收保费 = 累计赔偿限额 \times 适用费率$$
$$应收保费 = 保险场所占用面积(平方米) \times 每平方米保险费$$

③公众责任保险的赔偿。

赔偿限额的确定:通常采用规定每次事故赔偿限额的方式,既无分项限额,也无累计限额。

赔偿处理流程:立案—现场查勘—写出查勘报告—进行责任审核—作好抗诉准备—计算保险赔款—支付保险赔款。

公众责任保险的主要险种有以下四种:

①综合公共责任保险,其承保被保险人在任何地点因非故意行为造成他人财产损失或人身伤害应负的经济赔偿责任。

②场所责任保险,其承保被保险人在被保险场所进行生产经营活动时,因疏忽造成他人财产损失或人身伤害应负的经济赔偿责任,是公众责任保险中业务量最大的险种。

③承包人责任保险,其专门承保承包人的损害赔偿责任。

④承运人责任保险,其专门承保承担各种客、货运输的部门或个人在运输过程中可能发生的损害赔偿责任。

(2) 产品责任保险(Product Liability Insurance)。产品责任保险是指产品在使用过程中因其缺陷而造成用户、消费者或公众的人身伤亡或财产损失时,依法应由产品供给方(包括制造者、销售者、修理者等)承担的民事损害经济赔偿责任作为保险标的的责任保险。

产品责任保险的一般内容包括以下三个方面:

①责任范围。保险人承保所保产品造成的对消费者或用户的财产损失、人身伤亡所导致的经济赔偿责任及由此而带来的法律费用。有两个限制性条件:造成责任事故的产品必须是用于销售的商品;产品责任事故的发生必须是在制造、销售该产品的场所范围之外的地点。

②除外责任。包括:被保险人应承担的其他责任;被保险人故意违法生产、出售的产品事故;被保险产品自身的损失;不按所保产品说明去安装、使用或在非正常状态下使用时造成的责任事故。

③保险费率及赔偿。

费率因素:产品特点及对人体或财产造成的损害风险的大小;产品数量与价格;承保的区域范围;产品制造者的技术水平和质量管理情况;赔偿限额的高低。

赔偿:所保产品以在保险期限内发生事故为基础,而不论产品是否在保险期限内生产或销售,即采用"事故发生制"。

保险人处理产品责任险的索赔案时,所要求的赔偿条件必须满足下列条件:

第一,事故必须是偶然、意外发生的,被保险人预先无法预料的。

第二,产品事故必须在被保险人制造或销售场所以外的流通领域并在规定的期限内发生。

第三,产品的所有权必须已转移至用户或消费者手中,经被保险人同意赊欠或分期付款的产品视同所有权转移。

第四,索赔的首次提出必须是在保单有效期内。因为产品责任险的责任是以索赔发生制为基础的,也即对保单期限内的索赔事故负责,而不论引起该事故的有缺陷产品是不是在保险期限内生产或销售的。

【视野拓展8-3】 产品责任保险与产品质量保证保险的区别

1. 保险标的不同

产品责任保险的保险标的是产品责任;产品质量保证保险的保险标的是产品质量违约责任。

2. 性质不同

产品责任保险是保险人针对产品责任提供的替代责任方承担因产品事故造成对受害方经济赔偿责任的责任保险;产品质量保证保险是保险人针对产品质量违约责任提供的带有担保性质的保证保险。

3. 责任范围不同

产品责任保险承保的是因产品缺陷致使消费者、用户或其他第三者遭受人身伤害或财产损失依法应负的经济赔偿责任,产品本身的损失通常不予赔偿;产品质量保证保险承保投保人因其制造或销售的产品质量有缺陷而产生的对产品本身的赔偿责任,即承保因产品质量问题所应负责的修理、更换产品的赔偿责任。

由于产品质量保证保险与产品责任保险的赔偿责任密切相关,所以,我国现行的产品质量保证保险可与产品责任保险一起承保。

(3)雇主责任保险(Employer Liability Insurance)。雇主责任保险是以被保险人(雇主)的雇员在受雇期间从事与业务有关的活动时因遭受意外而导致伤残、死亡,或患有职业病而依法或依劳动合同应由被保险人承担的经济赔偿责任作为保险标的的责任保险。

雇主责任保险的一般内容有以下几个方面:

①责任范围:保险人负责承担由于各种意外的工伤事故和职业病的发生应由雇主对其雇员所承担的经济赔偿责任及其相关的法律费用。

②主要除外责任:战争、罢工、核风险引起的雇员伤害;被保险人故意行为;被保险人的雇员因自己的故意行为导致的伤害;由于传染病、分娩、流产以及由此而施行的手术所致的伤害。

(4)职业责任保险。职业责任保险(Professional Liability Insurance)是以各种专业技术人员在从事职业技术工作时因疏忽或过失造成合同对方或他人的人身伤害或财产损失而引起的经济赔偿责任为承保风险的责任保险。

职业责任保险的一般内容包括以下几个方面:

①承保方式。

以索赔为基础(较普遍):保险人仅对在保险期限内受害人向被保险人提出的有效索赔承担赔偿责任,而不论导致该索赔案的事故是否发生在保险期限内。它实质上是将保险责任期限前置了。实际工作中,保险人为控制责任,常规定一个责任追溯日期(一般为 3~5 年),即保险人仅对追溯日以后、保险期满日以前发生的事故且在保险有效期内提出的索赔负赔偿责任。

以事故发生为基础:保险人仅对在保险有效期内发生的责任事故而引起的索赔承担赔偿责任,而不论受害方是否在保险有效期内提出索赔。它实质上是将保险责任期限延长了。

②职业责任保险的费率及赔偿。

费率因素:被保险人的职业种类、工作场所、工作单位性质、过去的赔付记录及同类业务的事故情况、该笔投保业务的数量、被保险人及其雇员的专业技术与工作责任心、赔偿限额及免赔额。

保险赔偿:严格按承保方式进行审查、承担赔偿金与有关法律费用。

职业责任保险的主要险种:医疗职业责任保险、律师职业责任保险、会计师职业责任保险、建筑和工程技术人员责任保险等。

5. 第三者责任保险(Third Party Liability Insurance,TPL)

第三者责任保险是指被保险人或其允许的驾驶人员在使用保险车辆过程中发生意外事故,致使第三者遭受人身伤亡或财产直接损毁,依法应当由被保险人承担的经济责任,保险公司负责赔偿。同时,若经保险公司书面同意,被保险人因此发生仲裁或诉讼费用的,保险公司在责任限额以外赔偿,但最高不超过责任限额的 30%。

(三)按风险转嫁形式,可以分为原保险、再保险、共同保险和重复保险

1. 原保险

原保险是投保人与保险人之间直接签订保险合同而建立保险关系的一种保险。在原保险关系中,保险需求者将其风险转嫁给保险人,当保险标的遭受保险责任范围内的损失时,保险人直接对被保险人承担损失赔偿责任。

2. 再保险

再保险也称分保,是保险人将其所承保的风险和责任的一部分或全部转移给其他保险人的一种保险。转让业务的是原保险人,接受分保业务的是再保险人。这种风险转嫁方式是保险人对原始风险的纵向转嫁,即第二次风险转嫁。

再保险与原保险的关系如下:

(1)再保险合同与原保险合同之间的关系。再保险合同以原保险合同为基础,又脱离原保险合同而独立存在。

(2)再保险合同与原保险合同的区别。再保险合同与原保险合同在当事人和性质两个方面存在着差异。

3. 共同保险

共同保险也称共保,是由几个保险人联合直接承保同一标的或同一风险而保险金额不超过保险标的的价值的保险。在发生赔偿责任时,其赔偿按照保险人各自承保的金额比例分摊。与再保险不同,这种风险转嫁方式是保险人对原始风险的横向转嫁,它仍属于风险的第一次转嫁。

4. 重复保险

重复保险是指投保人以同一保险标的、同一保险利益、同一保险事故分别与两个以上保险人订立保险合同的一种保险。与共同保险相同,重复保险也是保险人对原始风险的横向转嫁,也属于风险的第一次转嫁。只不过在大多数情况下,重复保险的保险金额总和超过保险价值,因此,这时各保险人的赔偿金额要按一定标准进行分摊。

(四)按投保单位,可分为团体保险和个人保险

1. 团体保险

团体保险是以集体名义签订保险合同,由保险人向团体内的成员提供保险保障的保险。

2. 个人保险

个人保险是以个人的名义向保险人投保的保险。

(五)按经营的性质,可分为营利保险和非营利保险

1. 营利保险

营利保险是指保险业者以营利为目的经营的保险。商业性保险属于营利保险,保险经营者按照营利原则开展业务,将其经营所得的利润或结余进行分配。

2. 非营利保险

非营利保险是指不以营利为目的的保险。非营利保险一般是出于某种特定的目的,由政府资助营运,以保证经济的协调发展和安定社会秩序为目标而实施的保险保障计划。

四、保险的职能

保险的职能有基本职能与派生职能之分。基本职能是保险的原始与固有的职能,不因时间的变化和社会形态的不同而改变。派生职能是随着保险内容的丰富和保险种类的发展,在保险基本职能的基础上产生的新职能。

(一)保险的基本职能

保险的基本职能即保险的经济保障功能,具体表现为保险补偿的职能和保险给付的职能。

1. 保险补偿的职能

保险是在特定灾害事故发生时,在保险的有效期和保险合同约定的责任范围以及保险金额内,按其实际损失数额给予赔付。这种赔付原则使得已经存在的社会财富因灾害事故所致的实际损失在价值上得到了补偿,在使用价值上得以恢复,从而使社会再生产过程得以连续进行。

2. 保险给付的职能

由于人的价值是很难用货币来计量的,所以人身保险是经过保险人和投保人双方约定进行给付的保险。因此,人身保险的职能不是损失补偿,而是定额给付。

(二)保险的派生职能

保险的派生职能主要是指保险的投资职能和防灾防损职能。

1. 保险的投资职能

保险的投资职能就是保险融通资金的职能或保险资金运用的职能。由于保险的补偿与给付的发生具有一定的时差性,这就为保险人进行资金运用提供了可能。同时,保险人为了使保险经营稳定,必须保证保险基金的保值与增值,这也要求保险人对保险资金进行运用。

2. 保险的防灾防损职能

防灾防损是风险管理的重要内容,保险本身就是风险管理的一项重要措施。保险企业为了稳定经营,要对风险进行分析、预测和评估,通过人为的事前预防,可以减少损失的发生。而且,防灾防损作为保险业务操作的环节之一,始终贯穿于整个保险工作之中。

五、保险的作用

保险的作用可以从宏观和微观两个方面予以阐述。

(一)保险的宏观作用

保险的宏观作用是指保险对全社会、对国民经济总体所产生的经济效应。它保障社会再生产的正常运行;有助于财政收支计划和信贷收支计划的顺利实现;有利于对外经济贸易发展,平衡国际收支;有利于科学技术向现实生产力的转化。

(二)保险的微观作用

保险的微观作用是指保险对企业、家庭和个人所起的保障作用。它有助于受灾企业及时恢复生产;有利于企业加强经济核算,增强市场竞争能力;促进企业加强风险管理;有利于安定群众生活;促进个人或家庭消费的均衡。

六、保险合同

(一)保险合同的概念与特点

我国《保险法》第10条的定义:"保险合同是投保人与保险人约定保险权利义务关系的协议。"其包含以下两层含义:当事人是投保人和保险人、内容是关于保险的权利义务关系。

保险合同的基本特点有以下几个方面:

1. 保险合同是有偿合同

保险合同的有偿性主要体现在投保人要取得保险的风险保障,必须支付相应的代价,即保险费;保险人要收取保险费,必须承诺承担保险保障责任。

2. 保险合同是保障合同

保险合同的保障主要表现在:保险合同双方当事人一经达成协议,保险合同从约定生效时起到终止的整个期间,投保人的经济利益受到保险人的保障。

3. 保险合同是有条件的双务合同

保险合同的双务性与一般双务合同并不完全相同,即保险人的赔付义务只有在约定的事故发生时才履行,因而是附有条件的双务合同。

4. 保险合同是附和合同

附和合同是指合同内容一般不是由当事人双方共同协商拟定,而是由一方当事人事先拟定,印好格式条款供另一方当事人选择,另一方当事人只能作出取与舍的决定,无权拟定合同的条文。

5. 保险合同是射幸合同

射幸合同是合同的效果在订约时不能确定的合同,即合同当事人一方并不必然履行给付义务,而只有当合同中约定的条件具备或合同约定的事件发生时才履行。

6. 保险合同是最大的诚信合同

任何合同的订立,都应以合同当事人的诚信为基础。

(二)保险合同的分类

1. 按照合同的性质,可分为补偿性保险合同和给付性保险合同

(1)补偿性保险合同。保险人的责任以补偿被保险人的经济损失为限,并不得超过保险金额的合同。各类财产保险合同和人身保险中的医疗费用保险合同都属于补偿性保险合同。

(2)给付性保险合同。保险金额由双方事先约定,在保险事件发生或约定的期限届满时,保险人按合同规定标准金额给付的合同。各类寿险合同都属于给付性保险合同。

2. 按照保险价值在订立合同时是否确定,可分为定值保险合同和不定值保险合同

(1)定值保险合同。在订立保险合同时,投保人和保险人即已确定保险标的的保险价值,并将其载明于合同中的保险合同(如农作物保险、货物运输保险,以及以字画、古玩等为保险标的的财产保险合同)。

(2)不定值保险合同。投保人和保险人在订立保险合同时不预先约定保险标的价值,仅载明保险金额作为保险事故发生后赔偿最高限额的保险合同(大多数财产保险业务采用不定值保险合同的形式)。

3. 按照承担风险责任的方式,可分为单一风险合同、综合风险合同和一切险合同

(1)单一风险合同。只承保一种风险责任的保险合同。

(2)综合风险合同。承保两种以上的多种特定风险责任的保险合同。

(3)一切险合同。保险人承保的风险是合同中列明的除外不保风险之外的一切风险的保险合同。

4. 按照保险金额和出险时价值对比关系,可分为足额保险合同、不足额保险合同和超额保险合同

(1)足额保险合同。保险金额等于保险事故发生时的保险价值的保险合同。

(2)不足额保险合同。保险金额小于保险事故发生时的保险价值的保险合同。

(3)超额保险合同。保险金额大于保险事故发生时的保险价值的保险合同。

5. 按照保险标的,可分为财产保险合同和人身保险合同

(1)财产保险合同。这是以财产及有关的经济利益为保险标的的保险合同。财产保险合同可分为财产损失保险合同、责任保险合同、信用保险合同。

(2)人身保险合同。这是以人的寿命和身体为保险标的的保险合同。人身保险合同可分为人寿保险合同、人身意外伤害保险合同、健康保险合同。

6. 按照保险合同当事人,可分为原保险合同和再保险合同

(1)原保险合同。保险人与投保人直接订立的保险合同,合同保障的对象是被保险人。

(2)再保险合同。保险人为了将其所承担的保险责任转移给其他的保险人而订立的保险合同,合同直接保障的对象是原保险合同的保险人。

(三)保险合同的要素

1. 保险合同的主体

保险合同的主体是保险合同的参加者,是在保险合同中享有权利并承担相应义务的人。保险合同的主体包括:保险合同的当事人、关系人。保险合同的当事人包括:保险人、投保人。保险合同的关系人包括:被保险人、受益人。

被保险人受保险合同保障,且有权按照保险合同规定向保险人请求赔偿或给付保险金的人。

受益人一般属于人身保险范畴的特定关系人,即人身保险合同中由被保险人或投保人指定,当保险合同规定的条件实现时有权领取保险金的人。未确定受益人有两种情况:一是被保险人或投保人未指定受益人;二是受益人先于被保险人死亡、受益人依法丧失受益权、受益人放弃受益权,而且没有其他受益人。

2. 保险合同的客体

(1)保险利益是保险合同的客体。在民事法律关系中主体享受权利和履行义务时共同指向的对象。

(2)保险标的是保险利益的载体。保险标的是投保人申请投保的财产及其有关利益或者人的寿命和身体,是确定保险合同关系和保险责任的依据。

3. 保险合同的内容

保险合同的内容即保险合同当事人之间由法律确认的权利和义务及相关事项。

(1)保险条款及其分类。

①按照保险条款的性质不同,可分为基本条款和附加条款。

基本条款是保险人事先拟定并印在保险单上的有关保险合同双方当事人权利和义务的基本事项。

附加条款是保险合同双方当事人在基本条款的基础上,根据需要另行约定或附加的、用以扩大或限制基本条款中所规定的权利和义务的补充条款。

②按照保险条款对当事人的约束程度,可分为法定条款和任意条款。

法定条款是由法律规定的保险双方权利和义务的保险条款。

任意条款是相对于法定条款而言的,是指由保险合同当事人在法律规定的保险合同事项之外,就与保险有关的其他事项所作的约定。

(2)保险合同的基本事项。包括:保险合同当事人和关系人的姓名或者名称、住所;保险标的;保险责任和责任免除。

责任免除是对保险人承担责任的限制,即指保险人不负赔偿和给付责任的范围。责任免除明确的是哪些风险事故的发生造成的财产损失或人身伤亡与保险人的赔付责任无关,主要包括法定的和约定的责任免除条件。可分为以下四种类型:

①不承保的风险,即损失原因免除。如现行企业财产基本险中,保险人对地震引起的保险财产损失不承担赔偿责任。

②不承担赔偿责任的损失,即损失免除。如正常维修、保养引起的费用及间接损失,保

人不承担赔偿责任。

③不承保的标的,包括绝对不承保的标的。如土地、矿藏等以及可特约承保的标的,如金银、珠宝。

④投保人或被保险人未履行合同规定义务的责任免除。

4. 保险期间和保险责任开始时间

保险期间是保险合同的有效期间。保险责任开始时间是保险人开始承担保险责任的起点时间(通常以某年、某月、某日、某时表示)。

5. 保险价值

保险价值的确定主要有以下三种方法:

(1)由当事人双方在保险合同中约定,当保险事故发生后,无须再对保险标的估价,就可直接根据合同约定的保险标的价值额计算损失。

(2)按事故发生后保险标的市场价格确定,即保险标的的价值随市场价格而变动,保险人的赔偿金额不超过保险标的在保险事故发生时的市场价格。

(3)依据法律具体规定确定保险价值。

6. 保险金额

保险金额是指保险人承担赔偿或者给付保险金的最高限额。在定值保险中,保险金额为双方约定的保险标的的价值。在不定值保险中,保险金额可以按下述方法确定:

(1)由投保人按保险标的的实际价值确定。

(2)根据投保人投保时保险标的的账面价值确定。无论是在定值保险中还是在不定值保险中,保险金额都不得超过保险价值,超过的部分无效。

7. 保险费和支付办法

缴纳保险费是投保人的基本义务。投保人支付保险费的多少是由保险金额的大小、保险费率的高低和保险期限等因素决定的。

保险费率是保险人在一定时期按一定保险金额收取保险费的比例(通常用百分率或千分率来表示)。保险费率由纯费率、附加费率两部分组成。

纯费率也称净费率,是保险费率的基本部分。在财产保险中,主要是依据保险金额损失率(损失赔偿金额与保险金额的比例)来确定的;在长期寿险中,则是根据人的预定死亡(生存)率和预定利率等因素来确定的。

附加费率是在一定时期内保险人业务经营费用和预定利润的总和与保险金额的比率。

8. 保险金赔偿或给付办法

在财产保险中表现为支付赔款,在人寿保险中表现为给付保险金。

9. 违约责任和争议处理

10. 订立合同的年、月、日

七、保险合同的成立、转让、变更、解除与终止的法律规定

(一)保险合同的成立

从法律的角度看,保险合同的成立必须经过要约与承诺两个法律程序。

在保险业务中,保险人一旦无条件地接受了投保人的投保申请,并据此签发了保险单,保险合同即告成立。

(二)保险合同的转让

转让方和受让方不需要征得保险人同意,这主要是给货物买卖双方带来便利,有利于商品流转和国际贸易往来。这也是海上货物运输保险的一大特点。《中华人民共和国海商法》(以下简称《海商法》)第229条规定:海上货物运输保险合同可以由被保险人背书或者以其他方式转让,合同的权利、义务随之转移。

保险单的转让包括以下两种:

1. 财产保险单的转让

各国法律一般认为,保险单不是保险标的所有权的附属物,不能随保险标的所有权的转让而转让。保险单的转让必须经保险人的同意,否则保险合同从保险标的所有权转移之时起即告终止。

需要注意的是,货运保险合同的转让无须保险人的同意,而由被保险人背书后,随着货物所有权的转让而转让。

2. 人寿保险单的转让

人寿保险单可以自由转让,除非合同中有限制转让的规定。人寿保险单的转让无须经过保险人的同意。

(三)保险合同的变更

保险合同的变更是指在保险合同的有效期内,合同的内容发生改变的情况。

各国保险法律一般规定,保险合同成立以后,投保人可以提出变更保险合同内容的请求,但必须经保险人同意并办理变更手续,有时还需增交保险费,变更合同方才有效。同时,保险合同的变更必须采取书面形式。

(四)保险合同的解除

保险合同的解除是指在合同没有履行或没有完全履行时,当事人一方基于合同成立后所发生的情况,使合同无效的一种单独行为。

1. 法定解除

法定解除是指当法律规定的原因出现时,合同当事人一方依法行使解除权,解除已经生效的合同关系。

2. 任意解除

任意解除是指法律允许双方当事人都有权根据自己的意愿解除合同关系。

3. 约定解除

约定解除是指双方当事人在合同中对解除合同的条件作出明确的约定,一旦出现了所约定的条件时,一方或双方即有权利据以解除保险合同。

(五)保险合同的终止

保险合同终止是指当事人之间由合同所确定的权利和义务关系,因法律规定的原因出现而不复存在。

1. 保险合同的自然终止

保险合同成立后,虽然未发生保险事故,但如果合同的有效期已届满,保险人的保险责任即自然终止。

2. 保险合同因保险赔款已履行而终止

保险事故发生后,保险人履行了全部保险金额的赔偿或给付义务后,保险责任即告终止。

任务三 保险的基本原则

一、保险利益原则

(一)保险利益的概念

保险利益(Insurance Interests)又称可保利益,是指投保人对保险标的所具有的法律上承认的利益,体现了投保人或被保险人与保险标的之间存在的利害关系。如果保险标的安全,投保人或被保险人可以从中获益;而一旦保险标的受损,被保险人必然会蒙受经济损失。

任何一份保险合同都有一个特定的合同对象。特定的保险标的是保险合同订立的必要内容,但是,订立保险合同的目的并不是保障保险标的的本身,而是保障投保人存在于保险标的之上的经济利益,即保险标的是这种经济利益的载体。只要投保人对保险标的所具有的经济利益是合法利益,就可以通过给保险标的购买保险而获得保险保障。保险合同保障的不是保险标的的本身,而是投保人或保险人对保险标的所具有的合法的经济利益,即保险利益。

保险标的和保险利益是两个完全不同的概念,但是两者之间又是相互依存、密切相关的。保险利益以保险标的的存在为条件,只要保险标的存在,投保人或被保险人的经济利益也就存在,但如果保险标的遭受损失,投保人或被保险人也将承受经济上的损失。

(二)保险利益原则及其作用

保险利益原则是指投保人在投保时必须对保险标的具有保险利益,才能同保险人签订有效的保险合同,被保险人在进行索赔时必须对遭受损失的保险标的具有保险利益,保险人才对被保险人进行损失赔偿。

将保险利益的要求应用于投保环节,可以判断投保人是否有资格就某一特定的标的进行投保。如果投保人对保险标的没有保险利益,则其同保险人所签订的保险合同就是非法的、无效的合同,这样可以有效地控制保险的诈骗和赌博行为;将保险利益的要求应用于保险理赔环节用以判断被保险人是否有资格就某一受损的保险标的进行索赔,并衡量被保险人能获得多少赔偿。如果被保险人对保险标的没有保险利益,则保险人不承担损失的赔偿责任。保险利益原则可以有效限制被保险人不当得利的行为。

保险利益原则的确立规范了保险的经营活动,对保险业的发展起到了推动作用。

1. 可以防止变保险合同为赌博性合同

保险不是赌博,划分保险合同与赌博性合同的界限在于投保人对其投保的标的是否具有保险利益。如果投保人在没有保险利益的情况下与保险人签订了保险合同,则这份合同就是以他人的生命和财产进行赌博的合同。如果保险法对利用保险合同进行赌博没有任何限制,任何对保险标的没有利害关系的人都可以通过保险标的的损失而获得损失赔偿,即被保险人不是获得损失赔偿而是通过损失发财,这样就违背了保险的宗旨,并将保险引入歧途。保险利益原则的确立,要求投保人或被保险人必须对保险标的具有保险利益,才能同保险人订立有效的保险合同,这一规定可以从根本上避免变保险合同为赌博合同的行为。

2. 可以防止被保险人的道德风险

所谓道德风险,是指被保险人为获得保险赔款而故意地作为或不作为,由此造成或扩大保险标的的损失。如果保险法不规定保险必须具备保险利益,则保险的开办势必纵容了被保人的道德危险,破坏了社会道德,导致社会道德标准的下降,增加了社会财富受损的机会。有了保险利益原则,在保险事故发生时,保险赔款的支付,以被保险人对保险标的具有合法的利害关系为前提,因而保险标的的损坏或灭失,只能给被保险人带来损失,不会带来好处,这样可有效地防止道德风险的发生。

3. 可以限制保险赔偿的程度

被保险人参加保险后,当保险标的物发生损失时,保险人只能按照损失发生时被保险人对保险标的所具有的经济利益进行赔偿,即被保险人可以获得的赔偿金额,不能超过其对保险标的所具有的保险利益的金额,否则就违背了保险经济补偿的目的,并且会诱发被保险人的道德风险。

(三)保险利益的构成要件

投保人或者被保险人通过保险手段进行风险转移并寻求保障的经济利益,必须是可以保险的利益。判定某一个利益是否可以保险,主要有以下几个条件:

1. 保险利益必须是合法的利益

法律认可的利益又称为适法的利益,即得到法律认可。受到法律保护的利益受到损害才能构成保险利益。由不法行为所产生的利益,不得作为保险利益。比如,以盗窃而来的财物投保财产险,保险合同是无效的。

2. 保险利益必须是确定的利益

仅由投保人主观上认定存在,而在客观实际中并不存在的利益,不应作为保险利益。确定的保险利益包括投保人对保险标的的现有的利益和由现有利益产生的期待利益。现有的利益是指投保人已经实际取得的经济利益,如投保人已购买的汽车、现有的机器设备和已经取得的知识产权等;期待利益是指由现有利益产生的将来可以获得的利益,如出租房屋而预期可以获得的租金收入、维修设备而预期可以得到的修理费收入等。

3. 保险利益必须是可以衡量、可以计算、可以估价的利益

保险本质是对被保险人遭受的经济损失给予经济补偿,而经济上的利益是指可以用货币计算估价的利益,又称金钱上的利益。保险既不能保障保险标的不发生损失,也不能补偿被保险人遭受的非经济损失,如感情痛苦、刑事处分、精神创伤等。这些虽与当事人有利害关系,但是这种利害关系并不表现为直接的经济利益损失,因此不能成为保险利益。

需要注意的是,人身保险的标的是人的身体健康和生命,而这一切虽然是无价的,但是被保险人的生、死、伤、残等均可导致被保险人或其受益人在经济上受到影响,而这种影响是可以用货币来计算的,因此人身是可以保险的。

(四)保险利益的运用

1. 财产保险的保险利益

财产保险的可保利益通常产生于财产的所有权,即投保人或被保险人由于对投保的保险标的具有合法的所有权,而对其具有保险利益。但是,财产保险的可保利益又不限于财产所有权,凡是因财产发生意外事故而遭受经济损失,或因财产安全而获得利益或预期受益者,均对财产具有保险利益。

财产保险的保险利益产生的法律关系有以下几种:

(1)投保人对保险标的具有所有权,即财产的所有人对财产具有可保利益;

(2)投保人对保险标的有法律连带责任;

(3)投保人对保险标的具有保证责任,即财产的保证人对财产具有可保利益;

(4)投保人对保险标的具有收益权或预期收益权;

(5)投保人对保险标的具有管理、维修责任,即财产的受托人对委托人的财产具有可保利益。

投保人投保财产保险,必须对投保标的具有上述法律关系之一,保险合同才是有效的合同。

2. 责任保险的保险利益

责任保险的保险利益有以下几种:

(1)各种固定场所,如饭店、医院、旅馆、影剧院、娱乐场所等对顾客、观众等人身伤害或财产损失,依法应承担经济赔偿责任,对其具有保险利益,可投保公众责任险。

(2)制造商、销售商、修理商因其制造、销售、修理的产品有缺陷造成用户或消费者的人身伤害或财产损失,依法承担经济赔偿责任,对其具有保险利益,可投保产品责任险。

(3)各类专业人员,如药剂师、律师、会计师、工程师等,因工作上的疏忽或过失致使他人遭受损害,依法应承担经济赔偿责任,对其具有保险利益,可投保职业责任险。

(4)雇主对雇员在受雇期间因从事与职业有关的工作而患职业病或伤、残、死亡等依法应该负担医药费、工伤补贴、家属抚恤费等,对其具有保险利益,可投保雇主责任险。

3. 信用与保证保险的保险利益

信用与保证保险的保险标的是一种信用行为。信用保险的保险利益是指债权人担心债务人到期无法偿还债务而致使自身遭受经济损失,从而债权人对债务人的信用具有保险利益,债权人可以投保信用保险。保证保险的保险利益是指债务人对自身的信用具有保险利益,可以按照债权人的要求投保自身信用的保险,即保证保险。

4. 人寿保险的保险利益

人寿保险的保险标的是人的生命或身体,签订人身保险合同要求投保人与保险标的之间存在经济利害关系。根据《中华人民共和国保险法释义》第53条的规定,人身保险的保险利益可分为以下四种情况:

(1)本人对自己的生命和身体具有保险利益,可以作为投保人为自己投保。

(2)投保人对配偶、子女、父母的生命和身体具有保险利益,可以作为投保人为他们投保。由于配偶之间、父母与子女之间具有法律规定的抚养或赡养责任,被保险人的死亡或伤残会给投保人造成经济损失,所以投保人对其配偶、父母、子女具有保险利益,可以作为投保人为他们投保。

(3)投保人对上述两项以外与投保人有抚养、赡养或者扶养关系的家庭其他成员、近亲具有保险利益。由于与投保人有抚养、赡养或者扶养关系的家庭成员、近亲属的伤亡,可能会给投保人带来经济上的损失,因此,投保人对他们具有保险利益,可以为他们投保。

(4)除上述规定外,被保险人同意投保人为其订立合同的,视为投保人对被保险人具有保险利益。在国外,就判定投保人对他人的生命和身体是否具有保险利益方面,主要有两种观点:一是利害关系论。只要投保人对被保险人的存在具有精神和物质幸福,被保险人死亡或伤残会造成投保人痛苦和经济损失,有这种利害关系存在就具有保险利益。英国、美国等一般采用这种主张,如认为债权人对债务人具有保险利益、企业对其职工具有保险利益。二是同意或承认论。只要投保人征得被保险人同意或承认,就对其生命或身体具有投保人身保险的保险利益。德国、日本、瑞士等采用这种观点。根据《保险法》第53条的规定可以看出,我国对人身保险合同的保险利益的确定方式是采取了限制家庭成员关系范围并结合被保险人同意的方式。

订立合同时,投保人对被保险人不具有保险利益的,合同无效。如果被保险人因合同"除外责任"规定的原因死亡,如自杀、刑事犯罪被处决等,均构成保险利益的消灭,从而保险合同失效。由于人身保险标的物的特殊性,一般不存在保险利益的转移。只有那些为一般利害关系而订立的人身保险合同,如债权和债务关系,可以作为继承人的利益继续存在;否则,人身保险的保险利益不得继承或转让。

5. 海上保险的保险利益

海上保险的标的主要是船舶、货物、运费及承运人的法律责任和合同责任。海上保险的保险利益可以基于所有权而产生,也可以基于符合法律规定的权利和义务关系而产生。

(1)船舶。对船舶具有可保利益的人主要是船舶所有人即船东,以及对船舶具有合法的利害关系的其他人,主要是船舶的债权人。

(2)运费。对运费具有可保利益的人主要是船东、租船人和承运人。

(3)货物。对货物具有保险利益的人主要是买方和卖方、货物的抵押贷款人等。

(4)赔偿责任。承运人经营海上货物运输业务,根据有关法律和提单条款对货主和其他关系方承担了法律或者合同责任,因此承运人在经营活动中的疏忽和过失将使其面临各种民事损害赔偿的请求,承运人对由此产生的赔偿具有保险利益。

二、最大诚信原则

(一)最大诚信原则的概念

最大诚信原则(Utmost Good Faith)也称最高诚信原则,是指保险双方当事人在签订和履行保险合同的过程中,都能做到最大限度的诚实和守信,没有隐瞒与保险标的有关的重要事实,不逃避或减少按合同规定对另一方应承担的责任。最大诚信原则起源于海上保险。

最大诚信原则

(二)规定最大诚信原则的原因

在保险活动中,之所以规定最大诚信原则,主要归因于保险信息的不对称性和保险合同的特殊性。

一方面,在保险经营中,无论是保险合同订立时还是保险合同成立后,投保人与保险人对有关保险的重要信息的拥有程度都是不对称的。

对保险人而言,投保人转嫁的风险性质和大小直接决定着其能否承保与如何承保。然而,保险标的是广泛而且复杂的,作为风险承担者的保险人却远离保险标的,而且有些标的难以进行实地查勘。因此,保险人只能根据投保人的告知与陈述来决定是否承保、如何承保以及确定费率。这就使得投保人的告知与陈述是否属实和准确会直接影响保险人的决定。于是要求投保人基于最大诚信原则履行告知义务,尽量对保险标的的有关信息进行披露。

对投保人而言,由于保险合同条款的专业性与复杂性,一般的投保人难以理解与掌握,对保险人使用的保险费率是否合理、承保条件和赔偿方式是否苛刻等也是难以了解的,因此,投保人主要根据保险人为其提供的条款说明来决定是否投保以及投保何种险种。于是也要求保险人基于最大诚信,履行其应尽的此项义务。

另一方面,保险合同属于典型的附合合同。为避免保险人利用保险条款中含糊或容易使人产生误解的文字来逃避自己的责任,保险人应履行其对保险条款的告知与说明义务。另外,保险合同又是一种典型的射幸合同。由于保险人所承保的保险标的的风险事故是不确定的,而投保人购买保险仅支付较少量的保费,保险标的一旦发生保险事故,被保险人所能获得的赔偿或给付将是保费支出的数十倍或数百倍甚至更多。因而,就单个保险合同而言,保险人承担的保险责任远远高于其所收取的保费,如果投保人不诚实、不守信,必将引发大量保险事故,陡然增加保险赔款,使保险人不堪负担而无法永续经营,最终将严重损害广大投保人或被保险人的利益。因此,要求投保人基于最大诚信原则真诚履行其告知与保证义务。

(三)最大诚信原则的内容

对被保险人来说,最大诚信原则主要涉及以下三个方面的内容:

1. 告知与不告知

告知(Disclosure)是指被保险人在投保时把其所知道的有关保险标的的重要事项告诉保险人。保险中所谓的重要事项(Material Facts)也称重要事实,是指一切可能影响谨慎的保险人作出是否承保,以及确定保险费率的有关情况。若投保时被保险人对重要事项故意隐瞒即构成不告知。对于不告知的法律后果,我国《海商法》有下列规定:如果被保险人的不告知是故意所为的,保险人有权解除合同,并且不退还保险费,合同解除前发生保险事故造成损失的,保险人不负赔偿责任;如果被保险人的不告知不是故意所为,保险人有权解除合同或者要求相应地增加保险费,保险人应当负赔偿责任。但是,未告知或者错误告知的重要情况对保险事故的发生有影响者除外。

各国保险立法关于投保人告知义务的形式有两种:一是"无限告知"义务,即投保人应自动将其所知道的与保险标的有关的一切重要事实告知保险人,而不仅限于投保单所列的内容。前述告知义务即属此种形式。二是"询问告知"形式,即保险人在投保单上将自己所要了解的事项列出,由投保人逐项回答,凡属投保单上所询问的事项均视为重要事实,投保人只需要逐项如实回答,即认为已履行告知义务。

不告知(Non-disclosure)即隐瞒,不告知意味着投保人没有履行其应尽的义务,当投保人有告知义务但没有履行告知义务时,投保人对其应尽的告知义务保持沉默就构成隐瞒。

投保人不履行合同项下的告知义务,产生的法律后果因隐瞒的动机不同而有所不同。如果是不知道而不告知,保险公司可以解除保险合同,并退还投保人缴纳的保险费;如果是有意识地、故意不告知,如对重要事项故意隐瞒,则不退还投保人缴纳的保险费;如果投保人编造虚假事实,恶意地欺骗保险公司,则构成了保险欺诈,保险公司解除保险合同,不退还保险费,还可以起诉投保人,投保人要对其恶意的欺骗行为承担刑事责任。

我国《海商法》第223条对被保险人故意和非故意违反告知义务的情况作了不同规定。如果被保险人的不告知是故意所为,保险人有权解除合同,并且不退还保险费;合同解除前发生保险事故,造成损失的,保险人不负赔偿责任。如果被保险人的不告知不是故意所为,保险人有权解除合同或者要求相应增加保险费。保险人解除合同的,对于合同解除前发生保险事故造成的损失,保险人应当负赔偿责任。但是,未告知或错误告知的重要情况对保险事故的发生有影响者除外。

【视野拓展8-4】　　　　保险人的告知与未告知

保险人的告知形式有明确列明和明确说明两种。明确列明是指保险人只需将保险的主要内容明确列明在保险合同之中,即视为已告知投保人;明确说明是指保险人不仅应将保险的主要内容明确列明在保险合同之中,而且必须对投保人进行正确的解释。在国际保险市场上,一般只要求保险人作到明确列明保险合同的主要内容。我国则对保险人的告知形式采用明确列明与明确说明相结合的方式,要求保险人对保险合同的主要条款尤其是责任免责条款不仅要明确列明,而且要明确说明。

保险人未尽告知义务的法律后果包括以下几种:

1. 未尽责任免除条款明确说明义务的法律后果

如果保险人在订立合同时未履行责任免除条款的明确说明义务,则该责任免除条款无效。《保险法》第十七条规定:"订立保险合同,采用保险人提供的格式条款的,保险人向投保人提供的投保单应当附格式条款,保险人应当向投保人说明合同的内容。对保险合同中免除保险人责任的条款,保险人在订立合同时应当在投保单、保险单或者其他保险凭证上作出足以引起投保人注意的提示,并对该条款的内容以书面或者口头形式向投保人作出明确说明;未做提示或者明确说明的,该条款不产生效力。"

2. 隐瞒与保险合同有关的重要情况的法律后果

《保险法》第一百一十六条规定:"保险公司及其工作人员在保险业务活动中不得有下列行为:(一)欺骗投保人、被保险人或者受益人;(二)对投保人隐瞒与保险合同有关的重要情况;(三)阻碍投保人履行本法规定的如实告知义务,或者诱导其不履行本法规定的如实告知义务;(四)给予或者承诺给予投保人、被保险人、受益人保险合同约定以外的保险费回扣或者其他利益。"第一百六十二条规定:"保险公司有本法第一百一十六条规定行为之一的,由保险监督管理机构责令改正,处五万元以上三十万元以下的罚款;情节严重的,限制其业务范围、责令停止接受新业务或者吊销业务许可证。"

2. 保证

一般意义上的保证(Warranty)为允诺、担保,这里的保证是指保险人和投保人在保险合同中约定,投保人或被保险人在保险期限内担保对某种特定事项的作为或不作为或担保其真实性。可见,保险合同保证义务的履行主体是投保人或被保险人。

保证通常分为明示保证和默示保证。

(1)明示保证(Express Warranty)是指在保险单中订明的保证。明示保证作为一种保证条款,必须写入保险合同或写入与保险合同一起的其他文件内,如批单等。明示保证通常用文字来表示,以文字的规定为依据。明示保证又可以分为确认保证和承诺保证。确认保证事项涉及过去与现在,它是投保人或被保险人对过去或现在某一特定事实存在或不存在的保证。例如,某人确认他从未得过重病,是指他在此事项认定之前与认定时他从未得过重病,但并不涉及今后他是否会患重病。承诺保证是指投保人对将来某一特定事项的作为或不作为,其保证事项涉及现在与将来,但不包括过去。例如,某人承诺今后不再吸烟,是指他保证从现在开始不再吸烟,但在此之前他是否吸烟则不予追究。

(2)默示保证(Implied Warranty)是指一些重要保证并未在保单中订明,但却为订约双方在订约时都清楚的保证。与明示保证不同,默示保证不通过文字来说明,而是根据有关的法律、惯例及行业习惯来决定。虽然没有文字规定,但是被保险人应按照习惯保证作为或不作为。默示保证实际上是法庭判例影响的结果,也是某行业习惯的合法化。

因此,默示保证与明示保证具有同等的法律效力,对被保险人具有同等的约束力。例如,在海上保险合同中通常有三项默示保证:船舶的适航保证、不改变航道的保证和航行合法的保证。

【视野拓展 8-5】　　　　　违反保证义务的法律后果

任何不遵守保证条款或保证约定、不信守合同约定的承诺或担保的行为,均属于违反保证。保险合同涉及的所有保证内容都是重要的,无须判定其重要性,投保人与被保险人都必须严格遵守。如有所违背与破坏,其后果一般有两种情况:一是保险人不承担赔偿或给付保险金的责任;二是保险人解除保险合同。

与告知不同,保证是对某个特定事项的作为或不作为的保证,不是对整个保险合同的保证。因此,在某种情况下,违反保证条件只部分地损害了保险人的利益,保险人只应就违反保证部分解除保险责任,拒绝承担履行赔偿义务。例如,保险合同中订有要求被保险人外出时必须将门窗关闭的保证条款,某被保险人违反了该项保证条款致使保险事故发生。对此,保险人应仅就此次违反的保证事项而拒绝赔偿被保险人的损失,但不能就此解除保险合同。被保险人破坏保证而使合同无效时,保险人无须退还保费。

3. 陈述和错误陈述

陈述(Representation)是指被保险人在签订合同时,对其知道的有关保险标的情况向保险人所作的说明。

根据陈述内容的不同,可以分为三种:

(1)对重要事实的陈述,即投保人对重要事实的陈述必须严格属实,不能有任何欺骗行为。如果投保人所作的说明有虚假的内容或故意编造的谎言,即视为对重要事实的错误陈述。

(2)对一般事实的陈述,即投保人对一般事实的陈述只要基本正确即可视为真实。换言之,即使投保人所作的陈述与保险标的实际情况不完全一致,也不视为错误陈述,保险人不得以此为由,解除保险合同。

(3)对希望或相信发生的事实的陈述,即投保人对此类事实的陈述,只要出于善意和诚信,即可认为是真实的陈述。这种陈述即使与实际情况有出入,保险人也不能解除合同。根据《1906年海上保险法》的规定,投保人所作的各种陈述,均可以在合同订立之前予以撤回或更正。

陈述的方式可以是口头的,也可以是书面的。陈述可以在保险合同订立之前撤回或者更改,但书面形式的陈述往往被视为保险合同的一种明示保证,被保险人必须严格遵守。如果保险标的的实际情况与书面的陈述不符时,不论其内容是否重要,都视为违反了保证,保险人有权解除保险合同。

投保人对重要事项所作的陈述如果与实际情况不符、不真实,就构成了错误陈述(Misrepresentation)。只要错误陈述成立,保险人即可以此为由解除保险合同。

【视野拓展 8-6】　　　　　弃权与禁止反言

1. 弃权

弃权是保险合同一方当事人放弃他在保险合同中可以主张的某种权利。通常是指保险人放弃合同解除权与抗辩权。构成弃权必须具备两个要件:一是保险人须有弃权的意思表示。这种意思表示可以是明示的,也可以是默示的。二是保险人必须知道有权利存在。

2. 禁止反言

禁止反言也称禁止抗辩,是指保险合同一方既然已放弃其在合同中的某种权利,将来不得再向他方主张这种权利。事实上,无论是保险人还是投保人,如果弃权,将来均不得重新主张。但在保险实践中,它主要用于约束保险人。

弃权与禁止反言常因保险代理人的原因而产生。保险代理人出于增加保费收入以获得更多佣金的需要,可能不会认真审核标的的情况,而以保险人的名义对投保人作出承诺并收取保险费。一旦保险合同生效,即使发现投保人违背了保险条款,也不得解除合同。因为代理人放弃了本可以拒保或附加条件承保的权利。从保险代理关系看,保险代理人的弃权行为即视为保险人的弃权行为,保险人不得为此拒绝承担责任。

三、近因原则

(一)近因原则的概念

近因是指引起事故发生的最直接的、最有效的、起主导作用或支配性作用的原因。近因原则(Proximate Cause)是指依据近因的标准去判定数个原因中哪个是近因,以判明事故与保险标的损失之间的因果关系,从而确定保险责任的一项基本原则。

(二)保险事故中的近因原则的判定

1. 判定单一原因造成的损失的近因

单一原因主要是指事故的近因只有一个,属于承保风险或属于除外责任,保险人则仅负责赔偿由于承保风险而造成的损失。

2. 判定多种原因相关联造成的损失的近因

(1)保险单未列明的其他风险导致承保风险造成的损失,一般属于保险责任,应予赔偿。
(2)除外责任风险导致承保风险造成的损失,一般不属于保险责任。
(3)承保风险导致除外风险造成的损失,一般应予赔偿。

对原因不明的损失近因的判定,一般是根据客观事实进行推断。正确推断造成损失的近因,首先,要收集有关损失的资料,越多越好,为判定损失近因做好准备;其次,根据所掌握的材料,分析指出损失的主要原因,以确定造成损失的近因。

(三)判定保险责任近因的原则

(1)如果承保风险与其他未指明风险同时发生,承保风险为近因。
(2)如果承保风险与除外责任同时发生,除外责任风险为近因。
(3)如果事件有连续性,最后的事件为近因。
(4)如果事件各因素可以分开,保险人仅负责保险责任,而对除外责任及保险责任以外的风险不予负责。
(5)如果事件的诸因不能区分开,保险人负全部保险责任。

【同步思考8-1】　　　　　　船舶沉没近因案

在第一次世界大战期间,一艘船在英吉利海峡被鱼雷击中,但仍驶抵法国勒阿弗尔目的港。港口当局担心船沉在码头泊位上,要求该船移到港口外。由于海浪冲击,船舶沉没海底。该船舶投保了海上风险。在此案中,什么是船舶沉没的近因呢?

分析:法院认为,船舶损失的原因是被鱼雷击中而非海浪冲击。虽然从时间上看,最近的原因是海浪冲击,但该船被鱼雷击中行驶后始终没有脱离危险。因此,被鱼雷击中是处于支配地位和起决定作用的原因,也即被鱼雷击中是船舶沉没的近因。

四、补偿原则

(一)补偿原则的概念

补偿原则(Principle of Indemnity)又称损害赔偿原则,是指保险合同生效后,如果发生保险责任内的损失,被保险人有权按照合同的约定,获得全面、充分的赔偿。保险赔偿是弥补被保险人由于保险标的遭受损失而实际失去的经济利益,被保险人不能因保险赔偿而获得额外的利益。保险赔偿不会超过保险合同中约定的投保金额。

保险补偿原则是对补偿性的保险合同的赔偿金额所作的各种限制性规定,通过这些限制规定使得被保险人通过保险赔偿仅仅恢复到受损前的经济状态。这有利于防止因保险补偿而获利导致的道德风险的产生。补偿原则主要是通过在保险合同中规定保险利益、保险赔偿金额的确定及代位追偿的规定体现出来的。

(二)影响保险赔偿金额的因素

1. 保险金额

保险金额是指投保人对保险标的的投保金额,是保单上确定的保险人负责损失赔偿的最高责任限额,是计算保险费的依据。

2. 保险价值

保险价值是投保人或被保险人对保险标的所具有的可保利益的货币表现形式,是确定保险金额的依据。

3. 不定值保险单

不定值保险单是指在投保时投保人与保险人双方对保险标的的保险价值不加以确定,而留待损失发生后再具体核实的保险单。

4. 定值保险

在使用定值保险的方式下,保险标的的保险价值在投保时保险合同双方就已经将其确定,投保人以双方确定的保险价值为保险金额投保,损失发生后,保险人按照确定的价值进行赔偿。

(三)补偿原则的内容

1. 请求损失赔偿的条件

(1)被保险人对保险标的必须具有可保利益。

(2)被保险人遭受的损失必须是在保险责任范围之内。

(3)被保险人遭受的损失必须能用货币衡量。

2. 保险人履行损失赔偿的限度

(1)以实际损失为限。损失补偿原则的宗旨是防止被保险人因保险标的遭受损失而获利,所以保险赔偿数额不能超过保险标的的实际损失。实际损失通常是根据保险标的的受损时的市场价值确定的。

(2)以保险金额为限。保险金额是保险人所承担的赔偿责任的最高限额,赔偿金额只能等于或者低于保险金额,而不能超过保险金额。

(3)以可保利益为限。保险人对被保险人的赔偿以被保险人所具有的保险利益为前提条件和最高限额,即被保险人所得的赔偿以其受损标的的保险利益为最高限额。

保险人一般以上述三个限额中的最小数字作为实际赔偿限额。

3. 损失赔偿的方式

(1)第一损失赔偿方式。它是指把保险标的的损失分为两部分:第一部分为保险金额以内的部分,保险人对此部分损失承担赔偿责任。第二部分是超过保险金额的部分,保险人不承担赔偿责任。因此,当损失金额≤保险金额时,赔偿金额=损失金额;当损失金额>保险金额时,赔偿金额=保险金额。该赔偿方式一般只适用信誉良好的被保险人。

(2)比例计算赔偿方式。这是由保险人按照各自承保的保险金额与所有保险人承保的保险金额的总和的比例来分摊保险赔偿责任的一种损失分摊方式。

比例计算赔偿方式是按保障程度计算的:

$$保障程度=保险金额÷损失当时保险财产的实际价值$$
$$保险赔偿金额=损失金额×保障程度$$

该赔偿方式一般适用于不足额投保时。

【做中学 8-1】 某投保人将其价值 100 万元的财产分别向甲、乙、丙三家财产保险公司投保同一险种,三家保险公司承保的金额分别是 40 万元、60 万元、100 万元。当发生保险事故时,保险标的遭受的损失为 80 万元,则该投保人所获得的保险赔付的总额为 80 万元,其中:

甲保险公司的赔偿金额=80×40/(40+60+100)=16(万元)

乙保险公司的赔偿金额=80×60/(40+60+100)=24(万元)

丙保险公司的赔偿金额=80×100/(40+60+100)=40(万元)

(3)定值保险赔偿方式。它是指保险双方在投保时就约定投保标的的价值,并按照该约定的价值投保,缴纳保险费。

当保险标的发生保险事故并全部损失时,保险公司按照约定的价值(保险金额)全赔,而不管保险标的损失时的实际价值如何;当保险标的遭受部分损失时,首先确定损失程度,其次保险公司按照损失程度在保险金额的限度内赔付。

$$保险赔偿金额=损失程度×保险金额$$

(4)限额责任赔偿方式。它是指保险双方在投保时除了约定投保金额外,还约定一个损失的限额(免赔额)。实践中包括绝对免赔额和相对免赔额。不管是绝对还是相对的免赔额,只要保险标的发生保险事故遭受损失的金额小于等于免赔额,保险人就不赔偿。

免赔额

如果是绝对免赔额,当保险标的发生保险事故并遭受损失时的损失额超过免赔额时,保险人只赔偿超过部分的损失;如果是相对免赔额,当保险标的发生保险事故并遭受损失时的损失额超过免赔额时,保险人连同免赔额在内的损失都给予赔偿。

$$保险赔偿金额=损失金额×赔偿比例$$
$$赔偿比例=该保险人单独承保时的赔偿金额÷所有保险人单独承保时的赔偿金额的总和$$

在做中学 8-1 中,保险赔款按限额责任分摊,则:

甲保险公司赔偿金额=80×40/(40+60+80)=17.78(万元)

乙保险公司赔偿金额=80×60/(40+60+80)=26.67(万元)

丙保险公司赔偿金额=80×80/(40+60+80)=35.56(万元)

(四)补偿原则的例外

人身保险不是补偿性合同,而是给付性合同。保险金额是根据被保险人的需要和支付能力来确定的,当保险事故发生时,保险人按照双方事先约定的金额给付。所以,补偿原则不适用于人身保险。

五、代位追偿原则

(一)代位原则的概念

代位追偿根源于保险补偿原则对保险不当得利的限制。当保险标的发生了保单承保责任范围内的损失时,被保险人有权向保险人要求损失赔偿,这种索赔权是根据保险合同产生的合同权利。如果这项损失是由于第三者的责任造成的,被保险人就有权根据民法典中有关侵权的规定,要求肇事者对损失进行赔偿,被保险人的这一索赔权是建立在民法典基础上的。根据民事法律关系产生的权利,保险人不能以保险标的损失是由第三者的责任所致为由而拒绝履行其保险合同责任;同样,第三者责任方也不能以受损标的已有保险为由解除自己的民事损害赔偿责任。在这两种法律权益同时依法并存的情况下,被保险人因依法享有双重的损害赔偿请求权而获得双重的补偿。这种双重补偿无疑会使被保险人获得超过其实际损失的补偿,从而出现因损失而获得额外利益的情况。这种获利不符合保险的赔偿原则。为了解决这一矛盾,保险法规定保险人按照合同规定对被保险人履行了损失赔偿责任以后,可以采取代位追偿的方式向第三者责任方追偿,这样使得被保险人既能及时取得保险赔偿,又可避免产生双重补偿,同时第三方也不能逃脱应承担的法律责任。因此,代为追偿权是保险法律中所特有的一种法律关系。

代位求偿(Right of Subrogation)是指当保险标的因遭受保险责任事故而造成损失,应当依法由第三人承担赔偿责任时,保险人自支付保险赔偿金之日起,相应取得向对此损失负有责任的第三人请求赔偿的权利。

(二)代位求偿的条件

(1)损害事故发生的原因、受损保险标的都属于保险责任范围。
(2)保险事故的发生是由第三人的责任造成的。
(3)保险人按合同规定对被保险人履行赔偿义务后,才有权取得。

(三)行使代位追偿权的时间

根据我国以及国外保险法的规定,代位追偿权的行使应以保险人的赔付为先决条件,即保险人在没有赔付以前无权行使代位追偿权,只有在赔付后才享有代位追偿权。

(四)代位追偿权限

根据法律规定,保险人履行了赔付责任后,有权取代被保险人的一切法律及合同权益,但保险人要求取代请求的数额应以其赔偿给被保险人的金额为限。由于国外一些国家规定,若以代位追偿原则向第三者责任方提起诉讼时,必须以被保险人的名义进行,因此法院判决的追偿金额大于保险人的赔偿金额的案件经常发生,保险人原则上只能占有自己已赔付数额的追偿权,超出部分应归还给被保险人。

代位追偿权

六、重复保险分摊原则

(一)重复保险分摊原则的概念

重复保险(Double Insurance)是指投保人对同一保险标的、同一保险利益、同一保险事故分别向两个以上的保险人订立保险合同,且保险金额总和超过保险价值的保险。

重复保险分摊原则是指投保人向多个保险人重复保险时,投保人的索赔只能在保险人之间分摊,赔偿金额不得超过损失金额。该原则是补偿原则的一种派生原则,它不适用于人身保险,而与财产保险业务中发生的重复保险密切相关。

在重复保险的情况下,当发生保险事故,对于保险标的所受损失,由各保险人分摊。如果保险金额总和超过保险价值的,各保险人承担的赔偿金额总和不得超过保险价值。这是补偿原则在重复保险中的运用,以防止被保险人因重复保险而获得额外利益。

(二)重复保险分摊金额的计算方法

1. 最大责任分摊法

最大责任分摊法是指几家保险公司按最大责任进行损失分摊时,以每一家保险公司承保的保险金额占各家保险公司承保的保险金额的总和的比例作为分摊损失金额的计算方法。因为保险金额是保单上规定的保险人负责损失赔偿的最高责任限额的分摊方法。其计算公式为:

$$各保险人承担的赔款 = 损失金额 \times \frac{该保险人承保的保单项下的最高赔偿责任}{各保险人承保的保单项下最高赔偿责任总和}$$

【做中学 8-2】 某保险标的的实际价值是 200 万元,投保人分别向甲保险公司投保 80 万元,向乙保险公司投保 120 万元,向丙保险公司投保 40 万元,向丁保险公司投保 160 万元。发生保险事故后,该保险标的实际损失为 60 万元,如果按照最大责任分摊法,则各家保险公司承保的保险标的的保险金额总额为 80+120+40+160=400(万元)。四家保险公司应分摊的赔偿金额分别为:

甲:80/400×160=32(万元)

乙:120/400×160=48(万元)

丙:40/400×160=16(万元)

丁:160/400×160=64(万元)

2. 单独责任分摊法

单独责任分摊法是按照各保险人在无他保情况下单独应付的赔偿金额作为基数加总得出各家应分摊的比例,然后据此比例计算赔款的方法,即按各保险人单独赔付时应承担的最高责任比例来分摊损失赔偿责任的方法。其计算公式为:

$$各保险人承担的赔款 = 损失金额 \times \frac{该保险人承担的保单项下的赔偿限额}{各保险人承担的保单项下的赔偿限额总和}$$

【做中学 8-3】 某保险标的的实际价值是 200 万元,投保人分别向甲保险公司投保 80 万元,向乙保险公司投保 120 万元,向丙保险公司投保 40 万元,向丁保险公司投保 160 万元。如果在这四张保单同时有效期间,该保险标的实际损失为 60 万元,各保险公司在无他保的情况下,应负的最高赔偿金额分别是甲保险公司 80 万元、乙保险公司 120 万元、丙保险公司 40 万元、丁保险公司 160 万元。在这个例子中,各保险公司的赔款限额总和为 80+120+40+160=400(万元)。四家保险公司应分摊的赔偿金额分别为:

甲:80/400×60=12(万元)

乙:120/400×60=18(万元)

丙:40/400×60=6(万元)

丁:160/400×60=24(万元)

3. 共同责任分摊法

共同责任分摊法是指几家保险公司按共同责任分摊法进行损失分摊时,首先将几张保单中最低保额部分的损失列为共同责任,由几家保险公司平均分摊,其次将超出共同责任的损失部分由承保了较高保额的保险公司承担赔偿责任。

使用共同责任分摊法,首先是将重复保险部分的承保损失视为共同责任,由保险人均摊,其次超过共同责任部分的承保损失由承担了较高保险责任的保险人承担。

【做中学 8-4】 货主为价值 25 000 元的同一批货物向 A 和 B 两家保险公司投保了海上货物运输保险。保单 A 的保险金额为 15 000 元,保单 B 的保险金额为 25 000 元。货物损失了 70%,损失金额为 25 000×70%=17 500(元)。按照共同责任分摊法,在两个保险人承保损失的分摊时,首先要确定两个保险人应当共同承担的责任:

保单 A:15 000×70%=10 500(元)
保单 B:25 000×70%=17 500(元)

因此,两个保险人应该共同承担责任的部分为 10 500 元。这部分损失作为共同责任由两个保险人分摊,即每人承担 5 250 元;超过共同责任部分的承保损失由承担了较高保险责任的保险人承担,即由保单 B 承担。两个保险人的赔偿金额分别为 5 250 元和 12 250 元。

基础训练

一、单项选择题

1. 保证保险中的义务人是指( )。
   A. 投保人　　　B. 被保险人　　　C. 保险人　　　D. 担保人
2. 当法庭认为合同条款模糊不清时,可以对合同作出支持投保人合理预期的解释,这表明保险合同是( )。
   A. 对人合同　　B. 双务合同　　　C. 射幸合同　　D. 附合合同
3. ( )是指被保险人在签订合同时,对其知道的有关保险标的的情况向保险人所作的说明。
   A. 告知　　　　B. 陈述　　　　　C. 保证　　　　D. 担保
4. 代位追偿和重复保险分摊的最根本依据是( )。
   A. 可保利益原则　B. 最大诚信原则　C. 近因原则　　D. 补偿原则
5. 投保人对保险标的所具有的可保利益的货币表现形式为( )。
   A. 保险金额　　B. 保险费　　　　C. 保险价值　　D. 保险费率

二、多项选择题

1. 按风险损失发生的原因,风险可分为( )。
   A. 自然风险　　B. 社会风险　　　C. 政治风险　　D. 经济风险
2. 风险识别的方法主要有( )。
   A. 法律合同分析法　　　　　　　B. 财务报表分析法
   C. 组织机构图分析法　　　　　　D. 生产流程图分析法
3. 根据信用种类不同,信用保险可分为( )。

A. 商业信用保险　　　B. 银行信用保险　　　C. 国家信用保险　　　D. 出口信用保险

4. 对被保险人来说，最大诚信原则主要涉及（　　）。

A. 投保与不投保　　　B. 赔偿与不赔偿　　　C. 告知与不告知　　　D. 陈述与错误陈述

5. 下列保险合同中，投保人具有可保利益的有（　　）。

A. 雇主为雇员投保的人身意外伤害险　　　B. 财产的受托人为该财产投保的火灾保险

C. 丈夫为妻子投保的健康保险　　　D. 债权人为债务人投保的人寿保险

三、简述题

1. 简述保险利益原则及其作用。
2. 简述保险利益的构成要件。
3. 简述最大诚信原则的内容。
4. 简述保险事故中近因原则的判定。
5. 简述补偿原则中损失赔偿的方式。

四、计算题

某保险标的的实际价值是 100 万元，投保人分别向甲保险公司投保了 40 万元，向乙保险公司投保了 60 万元，向丙保险公司投保了 20 万元。如果在这三张保单同时有效期间，该保险标的发生了 60 万元的实际损失，按最大责任分摊法进行损失分摊，甲、乙、丙三个保险人的分摊金额分别是多少？

五、技能案例

【案例背景】

某年 9 月 30 日，个体运输专业户胡某将其私有东风牌汽车向某县保险公司投保了机动车辆保险及第三者责任险。保险金额为 2 万元。同年 12 月 15 日，该车在途经邻县一险处时坠入悬崖下一条湍急的河流，该车驾驶员（系胡某之弟）随车遇难。事故发生后，胡某向县保险公司报案索赔。该县保险公司经过现场查勘，认为地形险要，无法打捞，按推定全损处理，当即赔付胡某人民币 2 万元。同时声明，车内尸体及其善后工作，保险公司不负责任，由车主自理。12 月 25 日，胡某看到胞弟尸体以及准备采购货物的 2 800 元现金均卡在车内，就将残车以 2 000 元的代价转让给邻县王某。双方约定，由王某负责打捞，车内尸体及现金归胡某，残车归王某。12 月 30 日，残车被打捞起来，王某和胡某均按约行事。保险公司获悉后，认为胡某未经保险公司允许擅自处理产权已转让的财产是违法的，遂起纠纷。

【技能思考】

根据本案的内容阐述你的观点，并结合保险的基本原则，对此案例作出分析。

综合实训

【实训项目】

保险代位求偿权的实施。

【实训情境】

某年 10 月 6 日，保险人鹰星公司承包自荷兰鹿特丹运往中国上海的 29 卷装饰纸。投保人为香港添百利木业有限公司（以下简称"添百利公司"），收货人是江苏美亚装饰耐火板有限公司(以下简称"美亚公司"),保险条款为一切险加战争险(协会 A 条款 01/01/82)。该批货物于 10 月 6 日装船,中外运公司的代理人中外运德国公司签发了以中外运作为承运人的已装船清洁提单,承运船舶为"HANJIN SAVANNAH"轮。该批货物于 11 月 6 日到达上海港,11 月 16 日收货人美亚公司从码头提货,开箱后发现货物有水湿现象。11 月 17 日,中国外轮理货公司出具了发现货物水湿的报告,11 月 23 日,鹰星公司在目的港的检验代理人中国人民保险公司上海分公司委托上海东方公估行对受损货物进行了检验并出具了检验报告,认定货损原因系承运船舶在运输过程中淡水进入集装箱所致,认定货物实际损失为 23 521.96 美元。鹰星公司依保险条款向收货人美亚公司进行了赔偿,收货人美亚公司授权香港美亚新染化有限公司接受赔款。鹰星公司按美亚公司的指示进行了付款,并从美亚公司处得到代位求偿权益转让书。所以,鹰星公司据此向两被告主张权利,请求两被告赔偿其损失。

【实训任务】

根据实操情境设计,浅谈如何让保险人取得被保险人对第三人的代位求偿权?

提示:参见《海商法》第四十二条第(一)项、第二百五十二条第一款、第二百五十七条第一款的规定。

项目九

海上运输货物保险合同与保障范围

○ **知识目标**

理解：海上保险的概念和特征、海上保险单的形式和分类。

熟知：海上保险合同的概念与特点，保险合同的成立、转让、变更、解除与终止的法律规定。

掌握：海上保险合同的构成；海上保险合同的主体与客体、海上运输货物的保障范围。

○ **技能目标**

具备对共同海损和单独海损实例进行辨析的能力。

○ **素质目标**

运用所学的理论与实务知识研究相关案例，培养和提高在特定业务情境下分析解决问题与决策设计的能力；能结合教学内容，依照职业道德与行业规范与标准，分析行为的善恶，强化职业道德素质。

○ **项目引例**

海上船舶触礁造成船底划破案

2021年2月，大连某货轮在某港装货后，航行途中不慎发生触礁事件，船舶搁浅，不能继续航行。事后，船方反复倒行，强行浮起，但船底被划破，致使海水渗入货舱，造成船货部分损失。为使货轮能继续航行，船长发出求救信号，货轮被拖至就近港口的船坞修理，暂时卸下大部分货物。前后花了10天，共支出修理费5 000美元，增加各项费用支出（包括员工工资）共3 000美元。当货轮修复后继续装上原货起航。次日，忽遇恶劣气候，使货轮上装载的某货主的一部分货物被海水浸湿。

请问：从货运保险义务方面分析，以上所述的各项损失，各属于什么性质的损失；在投保了平安险的情况下，被保险人有权向保险公司提出哪些赔偿要求？

引例分析：本案中因触礁造成船底被划破，致使海水渗入货舱，造成船货的部分损失以及船舶遇恶劣气候，导致装载的某货主的一部分货物被海水浸泡的损失属单独海损；因修理船只花费的修理费和各项费用开支共8 000美元属于共同海损。在投保了平安险的情况下，被保险人有权就案中所有损失向保险公司提出赔偿要求。根据中国人民保险公司海洋货物运输保险条款对平安险保险公司的承保范围规定："对在运输工具已经发生了搁浅、触礁、沉没、焚毁等意外事故的情况下，货物在此前后又在海上遭受恶劣气候、雷电、海啸等自然灾害所造成的部分损失，保险公司给予赔偿。"而本案中发生的案情符合该规定，因此，被保险人有权就本案的所有损失向保险公司提出赔偿要求。

○ 知识精讲

任务一　海上运输货物保险合同

一、海上保险的概念和特征

(一)海上保险的概念

海上保险属于财产保险的范畴,是指保险人对于承保财产因海上风险所造成的损失给予经济补偿的制度。

(二)海上保险的特征

1. 承保风险的综合性和复杂性

海上保险所针对的风险主要是航海中所遇到的自然灾害和意外事故。由于海上地理环境和自然条件的特殊性,使得航海风险大于陆上风险,致损原因也更为复杂。它可以来自台风、海啸等自然灾害,可以是由船舶本身导致的船舶碰撞、触礁、搁浅、沉没等,也可以是因海盗、船员的不法行为或者有关当局对船舶扣押等导致的人为灾难。海上保险的承保风险不仅具有复杂性,而且以综合性为特点。因为,它所承保的风险不仅包括在海上发生的事故,而且包括与海上航行有关的发生于内河或者陆上的事故。随着国际多式联运和集装箱运输综合保险的发展,海上保险承保风险综合性的特点更为突出。

2. 承保标的的多样性和流动性

海上保险的保险标的具有多样性,具体包括:船舶、货物、运费、法律责任(如船舶碰撞或漏油污染等事件引起的赔偿责任)及其相关的经济利益。海上保险合同主要是围绕船舶和运输的货物,为海上运输活动提供保障,而这些船舶和运输货物往往是处于流动状态的,因而海上保险的承保标的以流动性为特色。

3. 承保内容的多变性和国际性

海上保险是与海上货物运输紧密联系的,从而受海上运输活动的影响。由于在海上运输中经常会出现由于贸易经营的需要而转让提单、转让或出售船舶、将船舶予以抵押等现象,相应地,也就带来海上保险合同的转让较为频繁的现象。这对保险人来说,意味着承保对象的变化。同样地,海上运输是为国际贸易提供服务的,从而决定了海上保险合同具有国际性。

二、海上保险的分类

(一)根据保险标的划分,可以分为货物保险、船舶保险、运费保险、保赔保险及海上石油勘探开发保险

(1)货物保险的对象主要是贸易商品。

(2)船舶保险承保货船、客船、拖船、油轮等各种类型船舶的船壳、机器、设备、船舶费用及碰撞责任等。

(3)运费保险承保班轮运输中的运费和租船运输中的运费风险,一般而言,只有"到付运费"才是此种保险的保险标的。

(4)保赔保险是指由船东组织起来的互保协会承保的风险,此风险是一般保险公司不予承保的。

(5)海上石油勘探开发风险是一种综合险,承保在海上石油勘探开发过程中发生的财产损

失、费用损失及产生的责任。

(二)根据保险价值,可以分为定值保险和不定值保险

(1)定值保险是指保险人与被保险人对保险标的事先约定一个价值,并依该价值确定保险金额,依该保险金额收取保险费并支付保险赔偿的保险。

(2)不定值保险是指保险人与被保险人不约定保险价值,保险合同中只载明保险金额,在出险后,再核定保险标的的价值,并依该价值进行赔付的保险。

一般而言,海上运输货物均采用定值保险,船舶保险则采用不定值保险。

(三)根据海上保险的期间,可以分为航程保险、定期保险、混合保险、船舶停泊保险和船舶建造保险

(1)航程保险,即保险在规定的航程范围内有效。航程保险是从空间角度来限制责任人的责任期间的,即明确规定起运港和目的港。

(2)定期保险即保险合同的有效期是以时间来限制的。定期保险不能笼统地写保险期为"半年"或"一年",而应写明具体的起止时间。保险合同一般写明自某日中午 12:00 起至某日中午 12:00 止,如不写明,则以当天的零时为准。

(3)混合保险即同时以时间和空间两方面来限制保险合同的期间。

(4)船舶停泊保险承保船舶在停泊期间的风险。船舶在停泊期间其风险的程度远远低于船舶在航运中的风险程度,其保费也往往会便宜许多。

(5)船舶建造保险专门承保船舶在建造期间的各种风险。其承保的期间为从船舶开始建造起至船舶下水为止。

(四)根据承保的方式,可以分为逐笔保险、流动保险、总括保险和预约保险

(1)逐笔保险是指由保险人与被保险人针对某一保险标的逐笔商定承保项目的保险。多数保险合同属于这一类。

(2)流动保险是指在保险合同中约定保险人承担的最高责任限额,由保险人按约定的办法预收保费,被保险人定期向保险人报告保险标的的实际价值,在发生损失时,保险人在其最高责任限额内予以赔偿的保险。

(3)总括保险是指在保险期限内,当发生保险责任内的损失时,保险人均予以赔付,但每次赔付的金额应在保险总金额内扣除的保险。在保险金额被扣完时,保险人的责任即解除。

(4)预约保险是由保险人与被保险人事先签订一份保险合同,规定在约定范围内的风险均由保险人自动承保,最后由双方结账的保险。

三、海上运输货物保险合同的概念和特征

(一)海上运输货物保险合同的概念

海上保险合同是指保险人按照约定,对被保险人遭受保险事故造成保险标的物的损失和产生的责任负责赔偿,而由被保险人支付保险费的合同。

(二)海上运输货物保险合同的特征

由于海上保险合同所发生的权利和义务关系有其特殊性,所以海上保险合同除具有一般经济合同的共同属性外,还具有以下特征:

1. 海上保险合同是射幸合同(Aleatory Contract)

由于约定的保险事故是一种不确定的事件,它是否发生、何时发生,以及发生以后保险标的物遭受损失的程度如何,都带有偶然性的特征。

2. 海上保险合同是有条件的双务合同(Bilateral Contract)

海上保险合同的双务性在于就投保人或被保险人而言,是以支付保险费为义务而取得保险保障的权利;就保险人而言,以履行损失补偿责任为义务而取得收取保险费的权利。双方的权利和义务是相互关联、互为条件的。

3. 海上保险合同是保障合同(Guarantee Contract)

投保人向保险人支付保险费,目的在于通过保险保障其对保险标的物的经济利益,而保险人以收取保险费为条件,当保险标的物遭受损失时,向被保险人提供保障。

4. 海上保险合同是最大诚信合同(Utmost Good Faith)

最大诚信原则是保险合同的双方在签订保障合同时必须遵循的原则,海上保险合同的签订也必须遵守最大诚信原则。

5. 海上保险合同是附合合同(Adhesive Contract)

不同于一般经济合同,海上保险合同不是议商合同,而是附合合同,由保险人根据过去承保、理赔工作的经验以及有关资料事先制定,并印成固定的条款。海上保险合同采取附合合同的形式,可免除保险人分别同所有的被保险人逐项商议合同条件的麻烦。

被保险人在投保时,只能根据制作好的合同基本条款作出选择。即使有特别的情况需要扩大或限制基本条款的权利和义务,也只能作为附加条款。原来的基本条款,原则上不能改变。

四、海上保险合同的构成要素

保险合同是一种经济合同,是调整合同当事人之间符合民事法律规定、具有民事权利和义务内容的社会关系。任何一种民事法律关系都包括主体、客体和内容三个方面。

(一)海上保险合同的主体

海上保险合同的主体(Subject of Marine Insurance Contract)即为与海上保险合同有直接关系的当事人:保险人、投保人和被保险人。

1. 保险人(Insurer)

在海上保险合同中,保险人是指按照合同约定,收取保险费,承担赔偿责任的一方当事人。根据各国保险业的实际情况,保险人是经营保险业务的经济组织或个人。他们的组织形式不尽相同,其形式包括股份有限公司、相互保险公司、保险合作社、国家经营保险和个人经营保险等。无论哪种形式的保险组织,要成为海上保险合同的保险人都必须经过政府机构的批准,取得保险人资格,具备经营海上保险业务范围的资格。在我国,财产保险公司都可以经营海上保险业。

2. 投保人(Proposer)

投保人又称要保人,是指经申请与保险人订立海上保险合同、负有缴纳保险费义务的一方当事人。

投保人的条件主要有以下几个方面:

(1)投保人可以是法人,也可以是自然人;
(2)投保人必须具有民事权利能力和民事行为能力,否则合同无效;
(3)投保人在投保时可以不具有保险利益;
(4)投保人必须承担缴付保险费的义务,即使海上保险合同已经转让。

3. 被保险人(Insured)

海上保险合同的被保险人是指承受保险事故所造成保险标的损失的后果,并有权请求赔偿的一方当事人。

被保险人是在海上保险合同中获取保险保障的直接承受者,是享有保险金请求权的人。海上保险中的投保人与被保险人的关系如下:投保人和被保险人是一体的;投保人和被保险人是不同的人。

保险人在经营业务中,为了更好地开展保险业务,往往通过保险代理人代理保险业务,在国外,投保人也往往委托保险经纪人代办保险手续。保险代理人、经纪人和公证人在保险合同的订立和履行中起到了一定的作用。

(二)海上保险合同的客体

海上保险合同的客体不是保险标的本身,而是投保人或被保险人对保险标的所具有的可保利益。具有可保利益的人可以将其利益的全部或一部分投保,如果投保的是全部利益称为足额保险;如果部分利益投保的则为不足额保险;如果保险金额超过保险价值的称为超额保险。海上运输货物保险中所要求的可保利益有其特殊之处:虽然被保险人对保险标的应具有可保利益,但并不要求其在投保时就应对保险标的具有可保利益,而仅要求其在保险标的发生损失时必须具有可保利益。这一点与一般财产保险合同有所不同。

(三)海上保险合同的内容

海上保险合同的内容是指海上保险合同民事主体享有的民事权利和承担的民事义务。海上保险合同的主要内容如下:

1. 保险人与被保险人名称

保险人是指与投保人签订保险合同,并承担赔偿或者给付保险金责任的保险公司,是保险合同的一方当事人。在我国,保险人均为保险公司,其他任何单位和个人不得经营保险业务。

被保险人,是保险合同的另一方当事人。我国《保险法》第9条第2款规定,投保人是指与保险人订立保险合同,并按照保险合同负有支付保险费义务的人。投保人可以是法人,也可以是自然人。

2. 保险标的

保险标的(Subject Matter Insured)是指保险人与被保险人在海上保险合同中约定给予保险的财产、责任或利益。保险标的的范围很广,主要有船舶、货物以及其他与航海有关的财产和利益。

3. 保险价值

保险价值(Insured Value)是指保险责任开始时保险标的的实际价值和保险费的总和。在实际保险业务中,被保险人在投保时,要正确确定保险标的的实际价值是有困难的,无论是对设备异常复杂、国际市场价值变动不定的现代船舶,还是对品种繁多、运杂费不易准确计算的货物来说,都是如此,所以通常是由保险人与被保险人来议定约束双方的保险标的的价值。

4. 保险金额

保险金额(Insured Amount or Sum Insured)是指保险人与被保险人约定在保险单中载明对保险标的所受损失给予赔偿的最高数额。其约定应以不超过被保险人对保险标的所具有的可保利益为限。如果此金额与保险价值一致,即为全额保险;如果保险标的因保险事故遭受全损,保险人应按保险金额赔偿;如果被保险人只投保保险价值的一部分,这种保险称为不足额保险。在不足额保险条件下,被保险人应对保险金额与保险价值之间的差额自行负责,保险人对此不负赔偿责任。

5. 保险责任和除外责任

保险责任(Insurance Liability)是指海上保险合同成立后,保险人只对发生在保险责任范围内的保险事故造成保险标的损失负责赔偿。

除外责任(Excluded Liability)是指根据法律规定或约定,保险人不承担赔偿责任的风险范围。在不同的海上保险合同中,除外责任的风险范围是不同的。我国《海商法》第 242 条、第 243 条和第 244 条规定了保险人在货物、船舶保险责任中的除外责任。

6. 保险期间

保险期间(Insurance Period)又称保险期限,是指保险合同的有效期间,即明确规定海上保险合同效力发生和终止的期限。不同的保险合同有着不同的保险期限,它一方面是计算保险费的依据,另一方面是保险人与被保险人履行权利和义务的责任期限。

7. 保险费

保险费(Premium)是保险合同的对价。双方当事人关于保险费条款必须达成一致,合同方能成立;否则,保险合同不能成立。合同成立后,如果被保险人拒绝缴纳保险费,保险人仍有权解除合同。

任务二 海上运输货物的保障范围

一、海上风险

(一)海上风险的概念

海上风险是指海上偶然发生的自然灾害和意外事故,并不包括海上经常发生和必然发生的事件。与海上风险相对应的外部原因所造成的风险,其中包括一般外来风险和特殊外来风险,也属于保障的风险。

根据英国《1906 年海上保险法》第 3 条规定,海上风险是指由于航海的后果所造成的危险或与航海有关的风险。被列为海上风险具体指的是下列风险:海难、火灾、战祸、海盗、盗窃、捕获、扣押、限制、政府和人民的限制、抛弃、船员的不法行为、其他类似性质的或在保险合同中所注明的风险。

在现代海上保险业务中,保险人所承保的海上风险是有特定范围的,一方面不包括一切在海上发生的风险,另一方面不限于航海中所发生的风险。也就是说,海上风险是一个广义的概念,它既包括海上航行中特有的风险,又包括一些与海上运输有关的风险。

(二)海上风险的分类

海上保险所承保的海上风险按照性质分类,可以分为海难(Perils of the Sea)和外来风险(Extraneous Risks)两大类。其中,海难按照发生性质又可以分为自然灾害和意外事故。

1. 自然灾害(Natural Disasters)

自然灾害是指不以人的意志为转移的自然界的力量所引起的灾害。它是客观存在的、人类不可抗拒的灾害事故,是保险人承保的主要风险。但是,在海上货物运输保险的灾害事故中,保险人承保的自然灾害并不是泛指一切由于自然界力量所引起的灾害事故。

我国的保险条款规定,保险人承保的自然灾害仅指恶劣气候、雷电、海啸、洪水、地震等人力不可抗拒的灾害。

伦敦协会保险条款规定,在保险人承保的风险中,属自然灾害性质的风险有雷电、地震、火山爆发、浪击落海,以及海水、湖水或河水进入船舶、船舱、运输工具、集装箱、大型海运箱或储存处所等。

各种自然灾害包括以下内容:

(1)恶劣气候。恶劣气候一般是指海上的飓风(八级以上的风)和大浪(三米以上的浪)引起的船体颠簸倾斜,并由此造成船体、船舶机器设备的损坏,或者由此而引起的船上所载货物的相互挤压、碰撞而导致的货物的破碎、渗漏、凹瘪等损失。

(2)雷电。海上货运保险承保的雷电,是指货物在海上或陆上运输过程中由于雷电所直接造成的或者由于雷电引起的火灾所造成的货物的灭失与损坏。

(3)海啸。海啸是由地震或风暴所造成的海面的巨大涨落现象。按其成因,海啸可以分为地震海啸和风暴海啸两种。

(4)浪击落海。浪击落海是指存放在舱面上的货物在运输过程中受海浪的剧烈冲击而落海造成的损失。

我国现行的海运货物保险条款的基本条款不承保此风险。这项风险可以通过投保舱面险而获得保障,ICC(B)、ICC(A)均承保此风险。投保人就堆放在甲板上的货物申请保险时,必须履行事先告知的义务,并且加交额外的保险费。

(5)洪水。洪水是指因江河泛滥、山洪暴发、湖水上岸及倒灌或暴雨积水使保险货物遭受泡损、淹没、冲散等损失。

(6)地震。地震是指由于地壳发生急剧的自然变化,使地面发生震动、坍塌、地陷等造成的保险货物的损失。世界上容易发生地震的区域主要是北美的太平洋海岸、日本到南太平洋岛屿等。

(7)火山爆发。火山爆发是指火山爆发所产生的地震以及喷发的火山岩灰造成的保险货物的损失。

(8)海水、湖水或河水进入船舶、驳船、船舱、运输工具、集装箱、大型海运箱或储存处所。

2. 意外事故(Fortuitous Accidents)

意外事故是指人或物体遭受外来的、突然的、非意料之中的事故,如船舶搁浅、触礁、沉没、互撞或与其他固体物如流冰、码头碰撞,以及失踪、失火、爆炸等。

在海上保险中,保险人承保的所谓意外事故并不是泛指海上发生的所有意外事故。

各种意外事故包括:火灾、爆炸、搁浅、触礁、沉没、碰撞、倾覆、投弃、吊索损害、海盗行为、船长和船员的不法行为等。

3. 外来风险

在海上货运保险中,保险人除了承保上述各项海上风险外,还承保外来风险所造成的损失。外来风险是指海上风险以外的其他外来原因所造成的风险。

货运保险中所指的外来风险必须是意外的、事先难以预料的风险,而不是必然发生的外来因素。外来风险可以分为一般外来风险和特殊外来风险两种。

(1)一般外来风险。海上货运保险业务中承保的一般外来风险有以下几种:偷窃、短少和提货不着、渗漏、短量、碰损、破碎、钩损、淡水雨淋、生锈、玷污、受潮受热、串味。

(2)特殊外来风险。特殊外来风险是指战争、种族冲突或一国的军事、政治、国家政策、法律以及行政措施等的变化。常见的特殊外来风险有战争、罢工、交货不到、拒收等。

①战争风险是指由于战争行为、敌对行为以及由此引起的捕获、拘留、扣留、禁止及各种战争武器所引起的货物损失。

②罢工风险是指由罢工者、被迫停工工人或参加工潮、暴动、民众斗争的人员的行为所造成的货物损失。

③拒收风险是指由于进口国的政府或有关当局拒绝进口或没收造成的损失。

二、海上损失

海上损失(简称"海损")是指被保险货物在海运过程中,由于海上风险所造成的损坏或灭失。根据国际市场的一般解释,凡与海陆连接的陆运过程中所发生的损坏或灭失,也属海损范围。按货物损失的程度,可分为全部损失和部分损失。

(一)全部损失

全部损失简称全损,是指在运输过程中,整批货物或不可分割的一批货物的全部灭失或等价全部灭失。

1. 实际全损(Actual Total Loss)

实际全损是指该批被保险货物完全灭失或完全变质已失去原有的使用价值或者货物实际上已不可能归还被保险人。

构成被保险货物"实际全损"的情况有下列几种:

(1)保险标的物全部灭失,如船、货遇难沉没。

(2)保险标的物已全部丧失无法复得,如船货被劫或被敌方扣押。

(3)保险标的物已丧失商业价值或原有用途,如水泥遭水浸泡而成为硬块。

(4)船舶失踪达到一定时期,如半年无音讯即可视作全部灭失。

2. 推定全损(Constructive Total Loss)

货物发生保险事故后,认为实际全损已经不可避免,或者为避免发生实际全损所需支付的费用与继续将货物运抵目的地的费用之和超过保险价值的,称为推定全损。具体来说,构成被保险货物推定全损的情况有下列几种:

(1)保险货物受损后,修理费用估计要超过货物修复后的价值。

(2)保险货物受损后,整理和续运到目的地的费用,将超过货物到达目的地的价值。

(3)保险货物的实际全损已经无法避免,或者为了避免实际全损需要施救等所花费的费用,将超过获救后的标的价值。

(4)保险标的遭受保险责任范围内的事故,使被保险人失去标的所有权,而收回这一所有权所需花费的费用,将超过收回后的标的价值。

综上所述,实际全损是指保险标的物完全灭失,或虽未灭失但已丧失原有的用途。而推定全损是指保险标的物受损后并未灭失,但若进行施救、整理、修复所需的费用或加上续运至目的地的费用,将会超过货物在目的地的价格。

推定全损的赔偿方法有以下两种:

(1)按全损赔偿。在货物发生严重损失后,之所以推定货物全损,目的是为了从保险公司获得全额赔偿。由于推定全损的货物存在残余价值,若保险人对推定全损的货物按全额赔偿,势必出现被保险人因保险赔偿而额外获利的现象,这是有悖于保险的赔偿原则的。

按照海上保险的国际惯例,如果被保险人想获得全损赔偿,他必须无条件地把受损的保险货物委付给保险人。

委付是指被保险人在保险货物遭受严重损失,处于推定全损状态时,向保险人声明愿意将保险货物的一切权利(包括财产权以及一切由此而产生的权利和义务)转让给保险人,而要求保险人按货物全损给予赔偿的一种特殊索赔方式。由于委付是海上货物运输保险中处理索赔的一种特殊方法,各国保险法对委付都有严格的规定。一般来说,委付的构成必须符合下列条件:

第一,委付通知必须及时发出,可以是书面的,也可以是口头的,保险人可以用明示或默示的行为表示接受委付,但保险人的沉默不得视为接受委付;

第二,委付时必须将被保险货物全部进行委付,而不能只委付其中的一部分;

第三,委付不能带任何条件;

第四,委付必须经过保险人的承诺才能生效。

委付的具体操作方法如下:

①当保险货物遭受严重损失后,被保险人应立即以书面或口头方式向保险人发出委付通知。此举一方面向保险人表示其希望转移货物所有权并获得全损赔偿的愿望;另一方面,便于保险人在必要时能及时采取措施,避免全损或尽量减少被保险货物的损失。

②保险人一旦接到被保险人的委付通知,应立即通知被保险人采取必要的减少损失措施,并着手调查造成货物损失的原因及货物损失程度。

按照国际惯例,保险人原则上不接受被保险人的委付申请,因为委付申请一旦接受便不能撤销,并须承担因接受委付申请而产生的一切法律责任。

③经过保险人对受损保险标的损失原因及损失程度的调查,确认损失系保单承保风险造成并且损失程度严重,可以构成推定全损后,保险人有两种选择:一是接受委付并对被保险人按全损进行赔偿;二是不接受委付,但仍对被保险人按全损赔偿,在这种情况下,受损货物的一切权利仍归被保险人。

(2)按实际损失赔偿。对于经保险调查确认损失程度不严重,不能构成推定全损的委付申请,保险人将按保险标的的实际损失程度,向保险人履行赔偿责任。另外,对于可以推定全损的严重货损,若被保险人根本没有向保险人发出委付申请,保险人对这项损失只能按货物的实际损失进行赔付。

> **【同步思考 9-1】** 实际全损与推定全损的区别
> 1. 实际全损标的物已无可挽救地完全丧失;而推定全损标的物所受的损失是可以修复的。
> 2. 对于推定全损被保险人可以作为全损处理,也可作为部分损失处理。
> 3. 如果按全损获得赔偿必须向保险公司发出委付通知,是保险人与被保险人之间办理赔偿的一种手续,其目的是将受损标的物的一切权益转移给保险人而要求按推定全损赔偿。如果不能及时发出委付通知,该项损失就只能作为部分损失。
> 4. 如果保险人接受这种委付通知,就要根据保险单赔偿全损。保险人支付全损赔偿后就享有保险标的物的所有权以及对第三者的追偿权。

(二)部分损失

部分损失是指被保险货物的一部分在运输途中遭受损失和灭失,或者说货物的损失没有达到全部损失的程度。凡不属于实际全损和推定全损的损失即为部分损失,包括单独海损和共同海损。

1. 单独海损(Particular Average)

单独海损是指仅涉及船舶或货物所有人单方面利益的损失。这种损失只属于特殊利益方,不属于所有其他的货主或船方,由受损方单独承担。

构成单独海损的条件有下列两种:①必须是意外的、偶然的或其他承保危险所直接导致的损失;②必须是船方、货方或其他利益方单方面所遭受的损失。

根据国际海上保险市场的惯例,保险人对单独海损的赔偿通常采用下列几种方式处理:①单独海损不予赔偿。这种规定常用于海上船舶保险。②除某些特定危险所造成的单独海损以外,单独海损不予赔偿。我国平安险条款对单独海损的赔偿规定就属于这种情况。③单独海损赔偿。但单独海损未达到约定的百分比者不赔,已达到约定百分比的单独海损予以赔偿。④全部予以赔偿。外国水渍险条款对单独海损的赔偿规定属于这种情况。⑤单独海损赔偿。但单独海损没有超过约定金额者不赔。换句话说,保险人只对超过约定金额部分的单独海损给予赔偿。⑥不加任何特别限制,凡是单独海损均予赔偿。

2. 共同海损(General Average)

在海洋运输途中,当船舶、货物或其他财产遭遇共同危险时,为了解除共同危险,有意采取合理的救难措施所直接造成的特殊牺牲或支付的特殊费用,称为共同海损。

造成共同海损最主要的原因是自然灾害和意外事故,也有其他原因,如船员不适于途中某地气候而生病,使船无法继续航行等。

(1)共同海损损失。海上保险保障的共同海损损失包括共同海损牺牲、共同海损费用和共同海损分摊。

①共同海损牺牲。共同海损牺牲是指共同海损措施所造成的船舶或货物本身的灭失或损坏。常见的共同海损牺牲项目有:抛弃;救火;自动搁浅;起浮脱险;船舶在避难港卸货、重装或倒移货物、燃料或物料,这些操作造成船舶和货物的损失;将船上货物或船舶物料当作燃料,以保证船舶继续航行;割断锚链,为避免发生碰撞等紧急事故,停泊的船舶来不及正常起锚,有意识地砍断锚链、丢弃锚具,以便船舶启动,由此造成的断链弃锚的损失。

按照英国《1906年海上保险法》的规定,被保险人对其在海上运输途中发生的共同海损牺牲,可以从保险人处获得全部赔偿,而无须先行使从其他分摊责任方进行分摊的权利。

②共同海损费用。共同海损费用是指为了避免共同危险由船方采取措施而支出的特别费用。常见的共同海损费用有以下两项:

a. 避难费用。避难费用是指船舶在航行途中发生了严重的危险不能继续航行,必须驶入避难港修理,由此导致的驶往和驶离避难港费用,驶往和停留避难港口期间合理的船员工资,给养和燃料物料费用,卸载、重装或倒移船上货物、燃料和物料的费用,为安全完成航程修理船舶的费用。

b. 杂项费用。杂项费用是指与处理共同海损有关的费用,包括共同海损损失检验费、船舶在避难港的代理费、电信费、船东检修人员的费用、船东或承运人垫付的共同海损费用的利息和手续费、共同海损理算费等。

③共同海损分摊。共同海损的牺牲和费用都是为了使船舶、货物和运费方免于遭受损失而支出的,因而应该由船舶、货物和运费各方按最后获救价值的比例分摊,这种分摊称为共同海损分摊。

共同海损分摊有两个原则:①分摊以实际遭受的损失或额外增加的费用为准;②无论是受损方还是未受损方,均应按标的物价值比例分摊。进行共同海损分摊时,一般遵循《约克—安特卫普理算规则》。

【做中学 9-1】 有一货轮在运输途中遇难,发生共同海损 8 万美元。已知船舶的价值为 100 万美元,船上载有甲、乙、丙、丁四家的货物,分别为 50 万美元、28 万美元、10 万美元、12 万美元。请根据以上信息计算各方分摊共同海损的费用。

分析:

各方的总价值＝100＋50＋28＋10＋12＝200(万美元)

船方应分担的共同海损费用＝100÷200×8＝4(万美元)

甲方应分担的共同海损费用＝50÷200×8＝2(万美元)

乙方应分担的共同海损费用＝28÷200×8＝1.12(万美元)

丙方应分担的共同海损费用＝10÷200×8＝0.4(万美元)

丁方应分担的共同海损费用＝12÷200×8＝0.48(万美元)

(2)构成共同海损的条件。

①共同海损的危险必须是真实存在的、紧迫的和不可避免的。只凭主观臆测可能会有危险发生而采取某些措施所造成的损失,都不能构成共同海损。

②共同海损行为必须是为了船、货的共同安全而有意采取的紧急、合理的措施。例如,船在航行中搁浅,涉及船主和货主的共同利益。

③必须是主动采取合理措施所作出的特殊牺牲和支付的额外费用。即支付的费用是船舶运营所应支付以外的费用,是为了解除危险造成的。

④共同海损行为必须是最终有效的,即终于避免了船、货的全损,共同海损才能成立。这是因为,若共同海损行为无效,船、货最终全损,则共同海损分摊的基础便不存在,共同海损当然也就无法成立。

所谓有意识的,是指共同海损的发生必须是人为的、经过人的周密计划的,不是意外的;所谓合理的,是指在采取共同海损行为时,必须符合当时实际情况的需要,并能在节约的情况下较好地解除危及船、货双方的危险。例如,为了使搁浅船只浮起,应该抛出较重的、价值较低的、便于抛出的货物。如果危险还没有危及船、货各方的共同安全,即使船长有意作出合理的牺牲和支付了额外的费用,也不能算作共同海损。

【同步思考 9-2】 对共同海损的理解

(1)船舶航行中,船上意外着火而引起火灾,船长下令灌水灭火,致使部分货物受潮造成的损失。

(2)船舶航行过程中,船长认为前方可疑船只为海盗船,命令立即掉头远离该船,却意外触礁,导致船壳钢板裂损。事后,得知遇到的并非海盗船。

(3)船舶因故搁浅,船长为脱浅,命令船员将部分货物抛入海中以卸载。船舶起浮后,船员由于疏忽仍继续抛货。

(4)船舶搁浅之后,为使其脱浅而非正常地使用轮机而致轮机受损。

(5)船舶在航行中推进器失灵,导致船舶失控,船长向附近港口呼救,要求派拖轮,发生了拖轮费用。

试分析以上哪种情况造成的损失属于共同海损?

解析:(1)(4)(5)及(3)船舶因故搁浅,船长为脱浅,命令船员将部分货物抛入海中以卸载导致的损失。

(3)共同海损与单独海损的区别。

①损失的构成不同。单独海损一般是指货物本身的损失,不包括费用损失,而共同海损既包括货物损失,又包括因采取共同海损行为而引起的费用损失。

②造成海损的原因不同。单独海损是承保风险所直接导致的船、货损失,一般是由海上风险直接导致的;而共同海损则是为了解除或减轻船、货、运费三方共同危险而人为造成的损失。

③损失的承担者不同。单独海损由受损方自行承担损失,而共同海损则由船、货、运费三方按获救财产价值大小的比例分摊。若被保险人已投保海运保险,则由保险人按合同规定承担对被保险人分摊金额的赔偿责任。

【视野拓展9-1】　　　　　共同海损的理算与担保

1. 共同海损理算

国际上共同海损的理算一般按《约克—安特卫普理算规则》办理。在我国,中国国际贸易促进委员会在总结我国共同海损理算的工作经验的基础上,参照国际惯例,制定了《中国国际贸易促进委员会共同海损理算暂行规则》(简称《北京理算规则》)。目前,我国各海运船队在提单或其他运输合同中都规定,如发生共同海损,按《北京理算规则》办理,对货主而言,保险人承担的共同海损一定是为避免保险承保风险的发生而产生的共同海损牺牲、费用及分摊。若造成共同海损的原因不是保单承保风险,这项损失只要能合理地构成共同海损,损失仍由大家分摊。而对这种分摊,保险人不承担赔偿责任。

2. 共同海损担保

共同海损理算是一项比较复杂和费时的工作,船东或承运人在理算完成之前,要求货主在提货前办理承担分摊共同海损的担保手续,否则船方对货物可行使留置权。这项手续,货主可请保险人以出具保函的方式履行。

如果保险货物作为共同海损牺牲而损失,被保险人可向保险人先行要求赔偿,然后将向船方获取的共同海损补偿的权利转让给保险人行使。

【同步案例9-1】　　　　　海上损失案

"昌隆"号货轮满载货物驶离上海港。启航后不久,由于空气温度过高,导致电线短路,引发大火,将装在第一货舱的1 000条出口毛毯完全烧毁。船到新加坡港卸货时发现,装在同一货舱中的烟草和茶叶由于羊毛燃烧散发出的焦糊味而不同程度地受到串味损失。其中,由于烟草包装较好,串味不是非常严重,经过特殊加工处理,仍保持了烟草的特性,但是等级已大打折扣,售价下跌三成;茶叶则完全失去了其特有的芳香,不能当作茶叶出售了,只能按廉价的填充物处理。

货轮经印度洋时,不幸与另一艘货轮相撞,船舶严重受损,第二货舱破裂,舱内进入大量海水,剧烈的震荡和海水浸泡导致舱内装载的精密仪器严重受损。为了救险,船长命令动用亚麻临时堵住漏洞,造成大量亚麻损失。在船舶停靠泰国港避难进行大修时,船方联系了岸上有关专家就精密仪器的抢修事宜进行了咨询,发现修复费用十分庞大,已经超过了货物的保险价值。为了方便修理船舶,不得不将第三舱和第四舱部分纺织品货物卸下,在卸货时有一部分货物有钩损。

试分析上述货物损失各属于什么损失。

三、海上费用

保险人承担的海上运输货物保险的费用损失主要有施救费用、救助费用、特别费用和续运费用。

(一)施救费用

施救费用也称诉讼及劳务费用,是指保险标的在遭遇保险责任范围内的灾害事故时,被保险人或其代理人、雇用人及受让人根据保险合同中施救条款的规定,为了避免或减少保险标的的损失,采取各种抢救与防护措施而支出的合理费用。

为了鼓励被保险人对受损的保险标的采取积极的抢救措施,减少灾害事故对被保险货物的损坏和影响,防止损失的进一步扩大,减少保险赔款的支出,我国和世界各国的保险法规及保险条款一般规定,保险人对被保险人所支出的施救费用承担赔偿责任,赔偿金额以不超过该批被抢救货物的保险金额为限。

施救条款不是针对保险标的本身的损失赔偿,而是针对被保险人根据施救条款的规定采取施救措施而支出费用的损失赔偿。它是一项补充性的保险条款或独立的协议,因此施救费用的偿付不受保险标的的损失赔款的影响,保险人对施救费用的赔偿义务独立于其对保险标的的损失赔款的影响,保险人对施救费用的赔偿义务独立于其对保险标的的损失赔偿义务。

构成施救费用的条件有以下三点:

(1)对保险标的进行施救必须是被保险人或其代理人或受让人,其目的是为了减少保险标的遭受的损失,其他人采取此项措施必须是受被保险人的委托,否则由此产生的费用不视为施救费用。

(2)保险标的遭受的损失必须是保单承保的风险造成的,否则,被保险人对货物进行施救所支出的费用,保险人不予承担责任。如果为避免或减轻保险标的的损失并非由保险人承保的风险所致,也不能视为施救费用。

(3)施救费用的支出必须是合理的,一般认为施救费用的支出不应超过保险金额,超过部分则视为不合理。

(二)救助费用

救助费用是指船舶和货物在海上航行中遭遇保险责任范围内的灾害事故时由保险人和被保险人以外的第三人自愿采取救助措施,并成功地使得遇难船舶和货物脱离险情,由被救的船方和货方支付给救助方的报酬。

海上保险人负责赔偿的救助费用是指载货船舶在航行中遭遇海难时,由独立于保险合同以外的第三者前来救助并获得成功后,根据"无效果,无报酬"原则由载货船舶的承运人支付给救助方的那一部分救助报酬。

在多数情况下,救助报酬是为船、货各方的共同安全而支付的,属于船舶正常航行以外的费用,救助费用作为共同海损性质的费用由受益的船、货各方共同分摊。

根据船舶保险条款及海洋货运保险条款的规定,船方和货方分摊的救助费用部分可以向保险人索赔。

【视野拓展9-2】　　　　　海上救助

海上救助又称海难救助,是海商法中所特有的制度。它是建立在人道主义基础上的,其目的是为了鼓励人们对海上遇难的船舶、货物和人命进行救助以维护海上航行安全。早先的海上救助是一种自愿行为,属于应尽义务。由于救助人在进行救助工作时,常承担巨大风险,并消耗大量的人力和物力,法律赋予救助人在救助成功后有请求救助报酬的特殊权利,以补偿船舶设施的损耗。在海上救助中,救助人与被救助人之间为明确双方的权利与义务,一般都在救助开始前或在救助过程中签订救助合同。海上救助合同分为两种:一种是"无效果,无报酬"合同,另一种是雇用性的救助合同。

(三)特别费用

特别费用是指运输工具在海上遭遇海难后,在中途港或避难港卸货、存包、重装及续运货物所产生的费用,其目的是防止或减少货物的损害。按照国际惯例,这种费用也都列入海上保险承保责任范围。保险人对特别费用补偿可以单独负责,对单独海损的赔偿总和以保额为限。

(四)续运费用

续运费用是指因保单承保风险引起的被保险货物的运输在非保单载明的目的地港口或地方终止时,保险人对被保险货物的卸货费用、仓储费用及继续运往保单载明的目的地港口的费用等额外费用。

基础训练

一、单项选择题

1. 被保险货物在海上运输中遭受承保风险之后,虽未达到完全灭失的状态,但是可以预期其全部损失不可避免,这种情况属于( )。
   A. 实际全损　　　　B. 共同海损　　　　C. 推定全损　　　　D. 单独海损
2. 一般情况下,救助人获得救助报酬的首要前提是( )。
   A. 救助人无过失　　　　　　　　B. 救助行为有效果
   C. 救助措施合理　　　　　　　　D. 救助防止或减轻了环境污染
3. 目前,国际上普遍使用的共同海损理算规则是( )。
   A.《约克—安特卫普理算规则》　　B.《北京理算规则》
   C.《海牙规则》　　　　　　　　　D.《维斯比规则》
4. 海上保险合同的转让是指( )。
   A. 被保险人将其保险合同中的权利和义务转让给另一个人的行为
   B. 可保利益的转让
   C. 保险标的的转让
   D. 保险合同随保险标的的所有权发生转移而转让
5. 船舶遇难后,在避难港支出的货物卸货费属于( )。
   A. 施救费用　　　　B. 救助费用　　　　C. 特别费用　　　　D. 续运费用

二、多项选择题

1. 构成施救费用的条件包括( )。
   A. 进行施救的人可以是任何人
   B. 进行施救的人必须是被保险人或其代理人或受让人

C. 施救的目的必须是为了减少标的物遭受损失
D. 保险标的遭受的损失可以是保单承保风险,也可以不是承保风险
2. 海上保险保障的共同海损损失包括(　　)。
A. 共同海损牺牲　　B. 共同海损费用　　C. 共同海损分摊　　D. 单独海损
3. 按照海上保险的惯例,海上部分损失可分为(　　)。
A. 实际损失　　B. 推定损失　　C. 共同海损　　D. 单独海损
4. 常见的特殊外来风险有(　　)。
A. 战争险　　B. 罢工险　　C. 交货不到险　　D. 拒收险
5. 下列海上风险中,属于意外事故的是(　　)。
A. 搁浅　　B. 爆炸　　C. 海水进入船舶　　D. 偷窃

三、简述题

1. 简述海上运输货物保险合同的特征。
2. 简述海上保险合同的构成要素。
3. 简述委付的构成必须符合的条件。
4. 简述构成共同海损的条件。
5. 简述共同海损和单独海损的区别。

四、技能案例

【案例背景】

某货轮从天津新港驶往新加坡,在航行途中船舱货物起火,大火蔓延至船舱。船长为了船、货的安全决定采取紧急措施,往舱中灌水灭火,火被扑灭。由于主机受损,无法继续航行,于是船长决定雇用拖轮,将货船拖回新港修理。检修后,重新驶往新加坡。事后调查,这次事件造成的损失有:①1 000箱货物被烧毁;②600箱货物由于灌水灭火受到损失;③主机和部分甲板被烧坏;④拖船费用;⑤额外增加的燃料和船长、船员的工资。

【技能思考】

从上述情况和各项损失的性质来看,哪些属单独海损?哪些属共同海损?为什么?

综合实训

【实训项目】

共同海损及共同海损的分摊。

【实训情境】

2021年1月,大连某货轮在航行途中因设备故障起火,该船的第四舱内发生火灾。经灌水灭火后统计损失,被火烧毁货物价值5 000美元,因灌水救火被水浸坏的货物价值6 000美元。船方宣布为共同海损。

【实训任务】

(1)该轮船长宣布损失为共同海损是否合理?
(2)被火烧毁的货物损失5 000美元,船方是否应负责赔偿?理由是什么?
(3)被水浸坏的货物损失6 000美元属什么性质的损失?应由谁负责?

项目十

海洋运输货物保险险别与条款

○ **知识目标**

理解:伦敦保险协会海运货物保险条款。

熟知:我国海运保险的险别;基本险的责任范围;海运运输货物专门保险。

掌握:我国海洋货物运输保险条款与险别、海运货物保险基本险的责任起讫。

○ **技能目标**

能够具备利用海洋运输货物保险险别和条款辨析实例的能力。

○ **素质目标**

运用所学的理论与实务知识研究相关案例,培养和提高在特定业务情境下分析解决问题与决策设计的能力;能结合教学内容,依照职业道德与行业规范与标准,分析行为的善恶,强化职业道德素质。

○ **项目引例**

海运保险的保险责任期限

某年6月,我国某进出口公司以CIF术语与外商签订一份合同(注:合同由进口商制作)出口电缆若干,总金额为27.3万美元,其中90%的货款采用即期信用证支付,10%货款待货物到达目的地收货人仓库后,经买方查验无误后再付。合同的保险条款规定:Insurance is to be covered by the Sellers. Such Insurance shall be upon Terms and Conditions consistent with sound commercial practice for 110% of the full CIF value of the final Destination and for a period not later than 90 days after arrival of the buyer's warehouse。

该进出口公司于9月收到国外银行开来的信用证后(金额为24.6万美元),在交货前向中国人民保险公司投保了一切险和战争险。

当年10月底,该进出口公司将全部货物装船运往目的港,并取得船公司签发的清洁已装船提单。12月船到目的港,全部货物卸下海轮,货物数量与提单相符,然后用汽车运到收货人仓库,仓库出具了清洁仓库收据。

次年1月,收货人发现货物在仓库内有部分丢失,损失价值为18.3万美元。于是买方凭保险单向中国人民保险公司索赔。中国人民保险公司认为,保险单载明被保险人投保的是一切险和战争险,其责任起讫为"仓至仓"和"水面责任",此案中保险标的物已安全如数运抵收货人仓库,保险责任已告终止,所以拒赔。

次年2月底,进口人来电通知我方进出口公司:在合同的保险条款中规定保险期限不能少于货物到达买方仓库后90天,而贵公司只投保一切险和战争险,货物在到达我方仓库后22天发生部分丢失,属贵方漏保,造成18.3万美元损失。现在通知贵方,损失金额从27.3万美元的货物中扣除,其余9万美元汇付给贵公司。我方同意了。

请问:我方是否应当承担损失? 应吸取什么教训?

引例分析:我方应承担损失。对于卖方办理保险的情况,应该在签订合同时明确投保险别,不应该由卖方投保的,应该与买方进行磋商,否则应该按照合同或者信用证要求进行投保。另外,卖方还应该清楚海运保险的保险责任期限。

○ 知识精讲

任务一 我国海洋货物运输保险险别与条款

一、我国海洋货物运输保险条款的险别

我国现行的海洋货物保险条款是1981年1月1日修订的。根据不同的运输方式分别订有适用不同运输方式的保险条款,以《海洋运输货物保险条款》使用最普遍,其主要内容为保险人的义务和索赔期限。

(一)保险人的承保责任范围

海运货物保险险别分为基本险别和附加险别两类。基本险又称主险,是可以独立投保的险别,包括平安险、水渍险和一切险;附加险是对基本险的补充和扩展,它不能单独投保,只能在投保了基本险的基础上加保,包括一般附加险、特别附加险和特殊附加险。

1. 平安险的责任范围

平安险(Free from Particular Average,FPA)原文的含义是"单独海损不赔"。它的承保责任范围包括以下内容:

第一,被保险货物在运输途中由于恶劣气候、雷电、海啸、地震、洪水等自然灾害造成整批货物的全部损失或推定全损。

第二,由于运输工具遭受搁浅、触礁、沉没、互撞、与流冰或其他物体碰撞以及着火、爆炸等意外事故造成货物的全部或部分损失。

第三,受恶劣气候、雷电、海啸等自然灾害所造成的部分损失。

第四,在装卸或转运时由于一件或数件货物整件落海造成的全部或部分损失。

第五,被保险人对遭受承保责任内危险的货物,采取抢救、防止或减少货损的措施而支付的合理费用,但以不超过该批被救货物的保险金额为限。

第六,运输工具遭遇海难后,在避难港由于卸货所引起的损失,以及在中途港、避难港由于卸货、存仓和运送货物所产生的特别费用。

第七,共同海损的牺牲、分摊和救助费用。

第八,运输合同订有"船舶互撞责任"条款,根据该条款规定,应由货方偿还船方的损失。

【同步思考10-1】 正确理解平安险的责任范围

大连某公司有批玻璃制品出口日本,由甲、乙两轮分别载运,货主投保了平安险。甲轮在航行途中与他船发生碰撞事故,玻璃制品因此发生部分损失;乙轮在航行途中遇到暴风雨致使玻璃制品相互碰撞而发生部分损失。事后,货主向保险人提出索赔。

请问:保险人该如何处理?

分析:在第一种情况下,由于造成玻璃制品部分损失的原因是船舶在航行途中与他船相

撞,这一意外事故导致的部分损失属于平安险的承保责任范围,保险人应当赔偿。

在第二种情况下,由于造成玻璃制品部分损失的原因不是船舶发生意外事故而是暴风雨袭击船舶,使之颠簸的结果,而暴风雨属于自然灾害。由自然灾害造成的部分损失不属于平安险的承保范围,故而保险人也就无须承担赔偿责任。当然,如果船舶在遭遇暴风雨前后发生了碰撞、搁浅、沉没、触礁或焚毁等意外事故,由此造成的玻璃制品的损失,货主还是能够从保险人处获得赔偿的。

2. 水渍险的责任范围

水渍险(With Particular Average,WA 或 WPA)原文的含义是"负责单独海损"。它的承保责任范围包括以下两部分:

第一,平安险所承保的全部责任。

第二,被保险货物在运输途中,由于恶劣气候、雷电、海啸、地震、洪水等自然灾害所造成的部分损失。

【同步思考 10-2】　　　　水渍险责任范围的理解

我方向澳大利亚出口坯布 200 包。我方按合同规定加一成投保水渍险。货物在海上运输途中因舱内食用水管漏水,致使该批坯布中的 60 包浸有水渍。

请问:对此损失应向保险公司索赔还是向船公司索赔?

分析:因投保的是水渍险,水渍险只对海水浸渍负责,而对淡水所造成的损失不负责任。假如该批货投保了一切险,便可向保险公司索赔。所以,本例不能向保险公司索赔,但可凭清洁提单向船公司进行交涉。

3. 一切险的责任范围

一切险(All Risks)的责任范围,除包括平安险和水渍险的责任外,还包括被保险货物在运输途中由于一般外来原因所造成的全部或部分损失。

(二)海运货物保险基本险的除外责任

除外责任是指保险人不负赔偿责任的风险范围,即除外不保的项目。它主要包括以下内容:

第一,被保险人的故意行为或过失所造成的损失。

第二,属于发货人责任所引起的损失。

第三,在保险责任开始前,被保险货物已存在的品质不良或数量短差所造成的损失。

第四,被保险货物的自然损耗、本质缺陷、特性以及市价跌落、运输延迟所造成的损失或费用。

第五,战争险和罢工险条款规定的责任范围和除外责任。

【同步思考 10-3】　　　　出口蜡烛赔偿案

我方向中东某国出口蜡烛一批,投保的是一切险。由于货舱陈旧、速度慢,加上该轮沿途到处揽载,结果航行了 3 个月才到达目的港。卸货后,蜡烛因受热时间过长已全部溶解软化,无法销售。

请问:这种情况下保险公司是否可以拒赔?

分析:保险公司不负责赔偿。根据我国海运货物保险条款基本险的除外责任规定:被保险货物的自然损耗、本质缺陷、特性及市价跌落、运输延迟所引起的损失或费用不属于保险公司赔偿范围。

(三)海运货物保险附加险

进出口商除了投保货物的上述基本险别外,还可以根据货物的特点和实际需要,酌情再选择若干适当的附加险别。

附加险别包括一般附加险、特殊附加险和特别附加险。

(1)一般附加险包括:偷窃、提货不着险;淡水雨淋险;短量险;混杂、玷污险;渗漏险;碰损、破碎险;串味险;钩损险;受潮受热险;包装破裂险;锈损险。

(2)特别附加险包括:交货不到险;进口关税险;舱面险;拒收险;黄曲霉素险;出口货物到香港(包括九龙在内)或澳门存仓火险责任扩展条款。

(3)特殊附加险包括:海运货物战争险;罢工险。

【同步案例10-1】　　　　基本险和附加险的案例

我国某公司按 CIF 条件向中东某国出口一批货物,根据合同投保了水渍险附加偷窃提货不着险。但在海运途中,因当地军事冲突,船被扣押,事后进口商因提货不着便向我保险公司进行索赔。我保险公司认为不属于保险责任范围,不予赔偿。

案例精析

【同步思考10-4】　　　　CIC 条款的赔偿责任案

我方按 CIF 条件出口大豆 1 000 千克,计 10 000 包。合同规定投保一切险加战争险、罢工险。货物卸至目的港码头后,当地码头工人开始罢工。在工人与政府的武装力量对抗中,该批大豆有的被洒落地面,有的被当作掩体,有的丢失,总共损失近半。

请问:对于这种损失,保险公司是否负责赔偿?

分析:根据 CIC 罢工险条款所规定的责任范围,本例属于直接原因造成的损失,保险公司负责赔偿。

二、海运货物保险的责任起讫

保险的责任起讫又称保险期间或保险期限,是指保险人承担责任的起讫时限。我国海运货物保险基本险的责任起讫,一般采取"仓至仓"的原则。

"仓至仓"(Warehouse to Warehouse,W/W)规定了保险人承担责任的起讫地点,从保险单载明的发货人仓库或储存处所开始运输时生效,在正常运输过程中继续有效,直到保险单载明的目的地收货人最后的仓库或储存处所或被保险人用作分配、分派或非正常运输的其他储存处所为止,货物进入仓库或储存处所后保险责任即行终止。如未抵达上述仓库或储存处所,则以被保险货物在最后卸载港全部卸离海轮后满 60 天为止。如在上述 60 天内被保险货物需转运到非保险单所载明的目的地时,则以该项货物开始转运时终止。

仓至仓条款

(一)正常运输情况下,保险责任的起讫时限

正常运输是指保险货物自保险单载明起运地发货人仓库或其储存处所首途运输时开始,不论先使用哪种运输工具运输货物,只要是属于航程需要都属于正常运输范围。在正常运输情况下,保险责任的起讫是按"仓至仓"原则办理的。

被保险货物在运抵保险单载明的目的地之前,若发生分配、分派和分散转运等情况,保险责任按下列原则处理:

(1)若以卸货港为目的地,被保险人提货后,运到其仓库时,保险责任即行终止。

(2)若以内陆为目的地,从向船方提货后运到内陆目的地的被保险人仓库时,保险责任即行终止。

(3)以内陆为目的地,如果被保险货物在运抵内陆目的地时,先行存入某一仓库,然后将该批货物分成几批再继续运往几个内陆目的地另外几个仓库,包括保险单所载目的地。在这种情况下,则以先行存入的某一仓库作为被保险人的最后仓库,保险责任在进入该仓库时即行终止。

(二)非正常运输情况下,保险责任的起讫时限

所谓非正常运输,是指被保险货物在运输中由于被保险人无法控制的运输迟延、绕道、被迫卸货、重新装载、转载或承运人行使运输合同赋予的权限所作的任何航海上的变更或终止运输合同,致使被保险货物运抵到非保险单所载明的目的地。

根据我国《海洋运输货物保险条款》第三条第二款的规定,在海洋运输过程中,如果出现被保险人所不能控制的意外情况,保险责任将按下列规定办理:

(1)当出现由于被保险人无法控制的运输迟延、绕道、被迫卸货、重行装载、转载或承运人运用运输合同赋予的权限作任何航海上的变更时,在被保险人及时将获知的情况通知保险人并加缴保险费的情况下,保险人可继续承担责任。

(2)在被保险人无法控制的情况下,保险货物如在运抵保险单载明的目的地之前,运输合同在其他港口或地方终止时,在被保险人立即通知保险人并在必要时加缴一定保险费的条件下,保险继续有效,直至货物在这个卸载港口或地方卖出去以及送交之时为止。但是,最长时间不能超过货物在卸载港全部卸离海轮后满60天。这两种情况保险期限的终止,应以先发生者为准。

【同步思考10-5】 "仓至仓"条款的理解

有一份CIF合同,卖方在装船前向保险公司投保了"仓至仓条款一切险",但货物在从卖方仓库运往码头的途中,发生了承保范围以内的货物损失。事后,卖方以保险单含有"仓至仓条款"为由,要求保险公司赔偿此项损失,但遭到保险公司拒绝。保险公司认为货物未装运,损失不在承保范围内。

试问:在上述情况下,保险公司能否拒赔?为什么?

分析:保险公司不能拒赔。因为本案例中的卖方在装船前向保险公司投保了"仓至仓条款一切险",保险公司应该对发生的承保责任范围以内的损失给予赔偿。根据"仓至仓条款",保险公司应对从卖方仓库运往码头的途中的承保范围以内的货物损失进行赔偿,并且在CIF条件下,由卖方投保,卖方与保险公司间存在合法有效的合同关系;而且装船前的风险由卖方承担,也具有可保利益,所以保险公司应给予赔偿。

三、海运运输货物专门保险

(一)海洋运输冷藏货物保险

1. 海洋运输冷藏货物保险的险别

(1)冷藏险(Risk for Shipment of Frozen Products)。

(2)冷藏一切险(All Risks for Shipment of Frozen Products)。

2. 海洋运输冷藏货物保险的除外责任

(1)被保险鲜货在运输过程中的任何阶段,因未存放在有冷藏设备的仓库或运输工具中,或辅助运输工具没有隔温设备所造成鲜货腐烂的损失。

(2)被保险鲜货在保险责任开始时,因未保持良好状态,包括整理加工和包装不妥,冷冻上的不符合规定及肉食骨头变质所引起的鲜货腐烂和损失。

3. 海洋运输冷藏货物保险的责任起讫

海洋运输冷藏保险条款规定:货物到达保险单所载明的最后目的港,如在30天内卸离海轮,并将货物存入岸上冷藏仓库后仍继续负责,但负责到以货物全部卸离海轮时算起满10天为止。如果在上述期限内货物一经移出冷藏仓库,保险责任即告终止。如果货物卸离海轮后不存入冷藏仓库,保险责任至卸离海轮时终止。

4. 赔款的处理

海洋运输冷藏货物保险对赔款的规定是,对同一标记和同一价值的或不同标记但是同一价值的各种包、件、扎、块等,除非另有规定,均视作同一重量和同一保险价值计算处理赔偿。

(二)海运散装桐油保险条款

1. 海运散装桐油保险的责任范围

海运散装桐油保险只有一个险别,负责不论任何原因所致的桐油超过保险单规定免赔率的短少、渗漏损失,以及不论任何原因所致的桐油的污染或变质损失。

2. 海运散装桐油保险的保险期限

(1)在正常运输情况下,海运散装桐油保险的责任自桐油运离保险单载明的起运港的岸上油库或盛装容器开始,包括整个运输过程,至保险单载明的目的地岸上油库责任终止,而且最多只负责海轮到达目的港后15天。

(2)在非正常运输情况下,被保险桐油应在运到非保险单载明的港口的15天内卸离海轮,保险责任在桐油卸离海轮后满15天终止。如果15天内该货物在该地被出售,保险责任在交货时终止。

(3)被保险桐油如果在上述15天内继续运往保险单所载明的原目的地或其他目的地时,保险责任按上述(1)款的规定终止。

3. 特别约定

(1)被保险人在起运港必须取得船上油舱的清洁合格证书,桐油装船后的容量、重量、温度的证书和装船桐油的品质检验合格证书。

(2)如果发生意外,必须在中途港卸货时,必须在卸货前对桐油进行品质检验,取得证书,还要对接受所卸桐油的油驳、岸上油库及重新装载桐油的船舶油舱等进行检验并取得合格证书。

(3)桐油到达指定目的港后,在卸货前,桐油还须由保险单指定检验人对油舱温度、容量、重量和品质进行检验,并出具证书。

(三)卖方利益险

卖方利益险是在卖方没有投保货运基本险的情况下,为保障自身在货物运输途中遇到事故时,买方不付款赎单而遭受的损失而设立的。它适用于付款交单(D/P)、承兑交单(D/A)或赊账(O/A)付款条件成交。

卖方利益险的条件:一是被保险货物的损失必须属于货运保险的承保责任;二是买方拒绝支付该受损货物部分的货款。

【同步思考10-6】　　　保险利益的运用

某年3月,大连某出口公司对外签订一份以FOB为条件的农产品合同,买方已向保险公司投保一切险,仓至仓条款。货物从卖方仓库运往装运码头途中发生承保范围内的损失,事后卖方以保险单含有"仓至仓条款"为由,要求保险公司赔偿,但遭拒绝。后来,卖方又请买方以买方的名义凭保险单向保险公司索赔,但同样遭到拒绝。

分析:被保险人向保险公司索赔必须具备三个条件:①保险公司承保范围内的损失;②索赔人是保险单的合法持有者;③索赔人具有可保利益。

保险公司拒赔卖方是因为损失发生时卖方虽有可保利益,但卖方不是保险单的合法持有者,因此无权向保险公司索赔。保险公司拒绝买方是由于损失发生时买方对货物不具有可保利益,虽然买方是保单的合法持有者,但保险公司仍有权拒绝赔偿。在国际货运保险业务中,保险人可视为买方具有预期的保险利益。

任务二　伦敦保险协会海运货物保险条款

在国际保险市场上,英国伦敦保险协会所制定的"协会货物保险条款"(Institute Cargo Clause,ICC)对世界各国有着广泛的影响。目前,世界上许多国家在海运保险业务中直接采用该条款。

在我国,按CIF条件出口,一般以中国人民保险公司所制定的保险条款为依据,但如果国外客户要求按英国伦敦保险协会所制定的货物保险条款为依据,也可酌情接受。

一、协会货物保险条款的种类

协会货物条款(A):ICC(A)[Institute Cargo Clauses(A),ICC(A)]
协会货物条款(B):ICC(B)[Institute Cargo Clauses(B),ICC(B)]
协会货物条款(C):ICC(C)[Institute Cargo Clauses(C),ICC(C)]
协会战争险条款(货物)(Institute War Clauses-Cargo)
协会罢工险条款(货物)(Institute Strikes Clauses-Cargo)
恶意损害险条款(Malicious Damage Clauses)

以上六种险别中,(A)(B)(C)三种险别是基本险,战争险、罢工险和恶意损害险是附加险。其中,除了恶意损害险外,前五种险别都可以单独投保。另外,(A)险包括恶意损害险,但在投保(B)险或(C)险时,应另行投保恶意损害险。

二、协会货物保险主要险别的承保范围与除外责任

(一)ICC(A)险的承保范围与除外责任

1. 承保范围

类似于我国的一切险,采用"一切风险减除外责任"的概括式规定方法,即除了"除外责任"项下所列的风险,保险人不予负责外,其他风险均予负责。

2. 除外责任

(1)一般除外责任。包括:归因于被保险人故意的不法行为造成的损失或费用;自然渗漏、重量或容量的自然损耗或自然磨损;包装或准备不足或不当所造成的损失或费用;保险标的的内在缺陷或特性所造成的损失或费用;直接由于迟延所引起的损失或费用;由于船舶所有人、经理人、租船人或经营破产或不履行债务造成的损失或费用;由于使用任何原子或热核武器所造成的损失和费用。

(2)不适航、不适货除外责任。主要是指保险人在被保险货物装船时已知道船舶不适航,以及船舶、运输工具、集装箱等不适货。

(3)战争除外责任。包括:由于战争、内战、敌对行为等造成的损失或费用;由于捕获、拘留、扣留等(海盗除外)所造成的损失或费用;由于漂流水雷、鱼雷等造成的损失或费用。

(4)罢工除外责任。包括:由于罢工者、被迫停工工人等造成的损失或费用;任何恐怖主义者或出于政治动机而行动的人所造成的损失或费用。

(二)ICC(B)险的承保范围与除外责任

1. 承保范围

类似于我国的水渍险,采用承保"除外责任"之外列明风险的办法。

(1)灭失或损害合理归因于下列原因者:火灾、爆炸;船舶或驳船触礁、搁浅、沉没或倾覆;陆上运输工具倾覆或出轨;船舶、驳船或运输工具同水以外的外界物体碰撞;在避难港卸货;地震、火山爆发、雷电。

(2)灭失或损害由于下列原因造成者:共同海损牺牲;抛货;浪击落海;海水、湖水或河水进入船舶、驳船、运输工具、集装箱、大型海运箱或储存处所;货物在装卸时落海或摔落造成整件的全损。

2. 除外责任

ICC(A)险除外责任加上(A)险的"海盗行为"与"恶意损害险"。

3. ICC(B)险与ICC(A)险的区别

(1)在ICC(A)险中,仅规定保险人对归因于被保险人故意的不法行为所致的损失或费用,不负赔偿责任;而在ICC(B)险中,则规定保险人对被保险人以外的其他人的故意非法行为所致的风险不负赔偿责任。可见,在ICC(A)险中,恶意损害的风险被列为承保风险;而在ICC(B)险中,保险人对此项风险却不负赔偿责任。被保险人如想获得此种风险的保险保障,就需加保"恶意损害险"。

(2)在ICC(A)险中,标明"海盗行为"不属于除外责任;而在ICC(B)险中,保险人对此项风险不负保险责任。

(三)ICC(C)险的承保范围与除外责任

1. 承保范围

类似于我国的平安险,ICC(C)险仅承保"重大意外事故"的风险,而不承保自然灾害及非重大意外事故的风险。

(1)灭失或损害合理归因于下列原因者:火灾、爆炸;船舶或驳船触礁、搁浅、沉没或倾覆;陆上运输工具倾覆或出轨;在避难港卸货。

(2)灭失或损害由于下列原因造成者:共同海损牺牲;抛货。

2. 除外责任

除外责任与ICC(B)险完全相同。

ICC(A)(B)(C)险的范围类似于CIC(中国保险条款)的一切险、水渍险和平安险,不同之处在于以下内容:

(1)海盗行为所造成的损失是ICC(A)险的承保范围,而在一切险中是除外责任。

(2)ICC(A)险包括恶意损害险,而一切险中不包括此种险。

(3)ICC(B)(C)险改变了水渍险与平安险对承保范围中某些风险不明确的弊病。

采取列明风险的办法,即把承保风险和损失一一列明。责任起讫也是"仓至仓"条款,但比我国条款规定得更为详细。详见表10-1。

表10-1　　ICC(A)(B)(C)险的责任范围及除外责任

责任范围	A	B	C
1. 火灾、爆炸	√	√	√
2. 船舶、驳船的触礁、搁浅、沉没、倾覆	√	√	√
3. 陆上运输工具的倾覆或出轨	√	√	√
4. 船舶、驳船或运输工具同除水以外的任何外界物体碰撞	√	√	√
5. 在避难港卸货	√	√	√
6. 地震、火山爆发或雷电	√	√	√
7. 共同海损牺牲	√	√	√
8. 抛货	√	√	√
9. 浪击落海	√	√	×
10. 海水、湖水或河水进入船舶、驳船、运输工具、集装箱、大型海运箱或贮存处所	√	√	×
11. 货物在船舶或驳船装卸时落海或跌落,造成任何整件的全损	√	√	×
12. 由于被保险人以外的其他人(如船长、船员等)的故意违法行为所造成的损失或费用	√	×	×
13. 海盗行为	√	×	×
14. 下列"除外责任"范围以外的一切风险	√	×	×
除外责任	A	B	C
1. 被保险人的故意违法行为所造成的损失和费用	×	×	×
2. 自然渗漏、重量或容量的自然损耗或自然磨损	×	×	×
3. 包装或准备不足或不当造成的损失或费用	×	×	×
4. 保险标的的内在缺陷或特性造成的损失或费用	×	×	×
5. 直接由于迟延引起的损失或费用	×	×	×
6. 由于船舶所有人、经理人、租船人或经营人破产或不履行债务所造成的损失和费用	×	×	×
7. 由于使用任何原子武器或核裂变等造成的损失和费用	×	×	×
8. 船舶不适航,船舶、装运工具、集装箱等不适货	×	×	×
9. 战争险	×	×	×
10. 罢工险	×	×	×

(四)战争险的承保范围与除外责任

1. 承保范围

(1)直接由于战争、内战、革命、造反、叛乱,或由此引起的内乱,或任何交战方之间的敌对行为所造成的运输货物的损失;

(2)由于上述原因所引起的捕获、扣押、扣留、拘禁或羁押等所造成的运输货物的损失;

(3)各种常规武器所造成的运输货物的损失。

2. 除外责任

与 ICC(A)除外责任相同之外,还包括以下内容:

(1)基于航程或航海上的损失或受阻的任何索赔不负赔偿责任;

(2)由于敌对行为使用原子或热核制造的武器所造成的损失不负赔偿责任。

责任起讫适用"水面"条款,以"水上危险"为限。

(五)罢工险的承保范围与除外责任

1. 承保范围

(1)由于罢工工人、被迫停工工人,或参与工潮、暴动或民变的人员所造成的损失或损害;

(2)罢工、被迫停工、工潮、暴动或民变造成的损失和费用;

(3)由于恐怖分子或出于政治动机而采取相应行动的人所造成的损失或损害。

2. 除外责任

与 ICC(A)险的一般除外责任相同,还包括以下内容:

(1)因罢工、关厂、工潮、暴动或民变造成的各种劳动力流失、短缺,或抵制引起的损失、损害或费用不负赔偿责任;

(2)基于航程或航海上的损失或受理的任何索赔不负赔偿责任;

(3)由于战争、内战、革命、造反、叛乱,或由此引起的内乱或交战方之间的敌对行为造成的损失、损害或费用不负赔偿责任。

责任起讫适用于"仓至仓"条款。

(六)恶意损害险的投保险别

如果要对恶意损害造成的损失取得保障,可以投保 ICC(A)险,或在投保 ICC(B)险或 ICC(C)险时加保恶意损害险。

三、协会海运货物保险的保险期限

海运货物保险的期限:"仓至仓"。海运货物战争险的期限:"仅限于水上危险"。

ICC(A)(B)(C)险条款有关保险期限的规定是在"运输条款"(Transit Clause)、"运输合同终止条款"(Termination of Contract of Carriage Clause)和"航程变更条款"(Change of Voyage Clause)三个条款中规定的。

运输条款是保险人对被保险货物应负"仓至仓"的责任以及被保险人在无法控制的情况下发生船绕航、运输迟延、被迫卸货、重新装载、转运,或由于承运人行使运输合同所赋予的自由处置权而发生变更航程等情况,被保险人无须告知保险人,但须支付保险费。

运输合同终止条款是规定由于被保险人无法控制的原因,被保险货物在运抵保险单所载明的目的地以前,运输合同即在其他港口或处所终止,则在被保险人立即通知保险人并在必要时加缴一定保险费的条件下,保险继续有效,直至货物在这个卸货港口或处所以及送交之时为止。但最长时间以不超过货物到达该港口或处所满 60 天为止。

变更航程条款主要规定,在保险责任开始之后,如果被保险人要求变更保险单所载明的目的地,则在立即通知保险人并另行确定保险费及保险条件的情况下,保险责任仍然有效。

基础训练

一、单项选择题

1. ICC 中承保责任包括恶意损害风险的是(　　)。
   A. ICC(A)　　　　B. ICC(B)　　　　C. ICC(C)　　　　D. ICC(D)
2. ICC(A)在其除外责任规定中,特别指出不包括海盗行为的是(　　)。
   A. 一般除外责任　　　　　　　　　B. 不适航与不适货除外责任
   C. 战争险除外责任　　　　　　　　D. 罢工险除外责任
3. 根据我国海运货物保险条款,"浪击落海"可以通过投保(　　)获得保障。
   A. 淡水雨淋险　　B. 短量险　　　　C. 舱面险　　　　D. 交货不到险
4. 舱面险属于(　　)。
   A. 平安险　　　　B. 水渍险　　　　C. 附加险　　　　D. 一切险
5. 在保险人所承保的海上风险中,雨淋、渗漏属于(　　)。
   A. 自然灾害　　　B. 意外事故　　　C. 一般外来风险　D. 特殊外来风险

二、多项选择题

1. ICC(B)险承保风险包括(　　)。
   A. 火灾、爆炸　　　　　　　　　　B. 海盗行为
   C. 共同海损牺牲　　　　　　　　　D. 地震、火山爆发或雷电
2. 常见的特殊外来风险有(　　)。
   A. 战争　　　　　B. 罢工　　　　　C. 交货不到　　　D. 拒收
3. ICC(A)险予以承保,而我国海洋运输货物保险条款的基本险不保的风险是(　　)。
   A. 投弃　　　　　B. 浪击落海　　　C. 海盗行为　　　D. 恶意损害行为
4. 属于海上货运保险承保的意外事故有(　　)。
   A. 投弃　　　　　　　　　　　　　B. 吊索损害
   C. 搁浅　　　　　　　　　　　　　D. 船长、船员的不法行为
5. 出口茶叶时为防止运输途中串味,办理投保时,可投保(　　)。
   A. 串味险　　　　B. 平安险加串味险　C. 水渍险加串味险　D. 一切险加串味险

三、简述题

1. 简述 ICC(A)、ICC(B)、ICC(C)三个条款在承保风险上的区别。
2. 简述平安险、水渍险和一切险的承保范围及三者的区别。
3. 平安险、水渍险、一切险的承保范围与 ICC(A)、ICC(B)、ICC(C)三个条款在承保范围上的区别是什么?
4. 简述海运货物保险的责任起讫。
5. 海运货物保险附加险有哪些?

四、技能案例

【案例背景】

2021年1月,大连佳鸿外贸公司按CIF术语出口一批货物至韩国釜山,装运前已向保险公司按发票总额的110%投保平安险,1月初货物装妥顺利开航。载货船舶于1月13日在海上遭遇暴雨,致使一部分货物受到水渍,损失价值为2 100美元。数日后,该轮又突然触礁,致使该批货物又遭到部分损失,价值达8 000美元。

【技能思考】

保险公司对该批货物的损失是否赔偿?为什么?(结合中国人民保险公司的《海洋运输货物保险条款》的规定作答。)

综合实训

【实训项目】

国际海上货物运输保险险别的综合运用。

【实训情境】

2020年10月,法国某公司与中国某公司在上海订立了买卖200台计算机的合同。每台CIF上海1 000美元,以不可撤销的信用证支付,2020年12月马赛港交货。2020年11月15日,中国银行上海分行根据买方指示向卖方开出了金额为20万美元的不可撤销的信用证,委托马赛的一家法国银行通知并议付此信用证。2020年12月20日,卖方将200台计算机装船并获得信用证要求的提单、保险单、发票等单据后,即到该法国议付行议付。经审查,单证银行即将20万美元支付给卖方。与此同时,载货船离开马赛港10天后,由于在航行途中遇上特大暴雨和暗礁,货船及货物全部沉入大海。此时开证行已收到了议付行寄来的全套单据,买方也已得知所购货物全部灭失的消息。中国银行上海分行拟拒绝议付行已议付的20万美元的货款,理由是其客户不能得到所期待的货物。

【实训任务】

(1)这批货物的风险自何时起由卖方转移给买方?

(2)开证行能否由于这批货物全部灭失而免除其所承担的付款义务?依据是什么?

(3)买方的损失如何得到补偿?

项目十一

海上货物运输保险实务

○ **知识目标**

理解:投保险别的选择。

熟知:海上保险单据的种类、批改与转让,索赔的方式、程序和索赔单据。

掌握:保险单的缮制、保险金额和保险费的计算、海上保险赔款的计算。

○ **技能目标**

具备缮制投保单和保险单的能力,并能够利用所学的知识计算保险费和海上保险赔款。

○ **素质目标**

运用所学的理论与实务知识研究相关案例,培养和提高在特定业务情境下分析解决问题与决策设计的能力;能结合教学内容,依照职业道德与行业规范与标准,分析行为的善恶,强化职业道德素质。

○ **项目引例**

保险金额遭到保险公司拒绝赔付案

有一份 CIF 合同,卖方投保了一切险,自法国内陆仓库起,直到美国纽约的买方仓库为止。合同中规定,投保金额是"按发票金额点值另加10%"。卖方在货物装船后,凭提单、保险单、发票、品质检验证书等单证向买方银行收取了货款。后来,货物在运到纽约港前遇险而全部损失。当卖方凭保险单要求保值的10%部分应该属于他,但遭到卖方保险公司的拒绝。

请问:卖方有无权利要求保险公司发票总值10%的金额?为什么?

引例分析:根据本案情况,卖方无权要求这部分赔款,保险公司只能将全部损失赔偿支付给买方。

(1)在国际货物运输保险中,投保加成是一种习惯做法。保险公司允许投保人按发票总值加成投保,习惯上是加成10%。当然,加成多少应由投保人与保险公司协商约定,不限于10%。在国际商会的《国际贸易术语解释通则》中,关于 CIF 卖方的责任有如下规定:"自费向信誉卓著的保险人或保险公司投保有关货物运送中的海洋险,并取得保险单,这项保险,应投保平安险,保险金额包括 CIF 价另加10%。"

(2)在 CIF 合同中,虽然由卖方向保险公司投保,负责支付保险费并领取保险单,但在卖方提供符合合同规定的单据(包括提单、保险单、发单等)换取买方支付货款时,这些单据包括保险单已合法、有效地转让给买方。买方作为保险单的合法受让人和持有人,也就享有根据保险单所产生的全部利益。包括超出发票总值的保险价值的各项权益都应属买方享有。因此在本案中,保险公司有权拒绝向卖方赔付任何金额,也有义务向买方赔付包括加成在内的全部保险金额。

○ 知识精讲

任务一 投 保

一、投保概述

我国出口货物一般采取逐笔投保的办法。按 FOB 或 CFR 术语成交的出口货物,卖方无办理投保的义务,但卖方在履行交货之前,货物自仓库到装船这段时间内,仍承担货物可能遭受意外损失的风险,需要自行安排这段时间内的保险事宜。按 CIF 或 CIP 等术语成交的出口货物,卖方负有办理保险的责任,一般应在货物从装运仓库运往码头或车站之前办妥投保手续。我国进口货物大多采用预约保险的办法,各专业进出口公司或其收货代理人同保险公司事先签有预约保险合同(Open Cover)。签订合同后,保险公司负有自动承保的责任。

二、投保险别的选择

投保人在办理投保时,主要涉及险别的选择、保险金额的确定、保险费的计算等工作。对投保险别的选择,一般考虑以下因素:

(一)货物的性质和特点

不同性质和特点的货物,在运输途中可能遭遇的风险和发生的损失往往有很大的差别,因此,在投保时必须充分考虑货物的性质和特点,据以确定适当的险别。例如,粮谷类商品(花生、豆类等)的特点是含有水分,经过长途运输水分蒸发,可能造成短量;在运输途中如果通风设备不良,还易发汗发热而致发霉。对于此类商品,一般可以在投保水渍险的基础上加保短量险和受潮受热险。

(二)货物的包装

有些货物在运输及装卸转运过程中,因包装破损而造成质量上或数量上的损失。因此,在办理投保和选择险别时,对货物包装在运输过程中可能发生的损坏及其对货物可能造成的损害也应加以考虑。

(三)运输路线及船舶停靠港口

海运中船舶的航行路线和停靠的港口不同,对货物可能遭受的风险和损失也有很大不同。某些航线途经气候炎热的地区,如果载货船舶通风不良,就会增大货损。同时,由于不同停靠港口在设备、装卸能力等方面有很大差异,进出口货物在港口装卸时发生货损货差的情况也有所不同。

(四)运输季节

货物运输季节不同,会对运输货物带来不同风险和损失。

(五)目的地市场的变化趋势

为了保证尚在运输中的货物不受目的地市场价格变化的影响,在投保时应考虑是否增加保险价值。

(六)各国贸易习惯

各国贸易习惯不同,投保的险别不同,投保何种险别应在合同中规定。若合同对此没有规定,便应按照国际惯例及有关国家的法律规定办理。

【视野拓展 11-1】 出口企业办理货物保险的具体投保程序

(1) 投保人根据出口合同或信用证规定,在备妥货物并确定装运日期和运输工具后,按保险公司规定的格式逐笔填制投保单,送保险公司投保。

(2) 保险公司以投保单为凭出具保险单,作为接受保险的正式凭证,故投保人应认真审核。

(3) 投保人在保险公司出具保险单后,如需更改险别、运输工具、航程、保险期限及保险金额等,必须向保险公司提出申请,保险公司出立批单,附在保险单上作为保险单的组成部分。

(4) 投保人按规定缴纳保险费。

(5) 被保险货物抵达目的地后,如发生承保责任范围内的损失,可由国外收货人凭保险单等有关凭证向保险公司或其代理人索赔。

【视野拓展 11-2】 投保单

从保险合同成立的法律看,投保人填写的投保单构成了保险合同的要约。在进出口业务中,投保海运保险时,投保人均需填写进出口货运投保单,作为其对保险标的及其他相关事实的告知和陈述,保险人则根据投保单所填写的内容决定是否接受保险。保险人如果接受保险,即以投保单为依据,出立保险单,确定其所承担的保险责任,并由此确定保险费率,计算投保人应缴纳的保险费。

在出口投保时,有时为简化手续,投保人不单独填写投保单,而以现成的公司发票副本代替投保单,并将下列内容在发票上逐一列明:承保险别、投保金额、运输工具、开航日期、赔款地点、保单份数、投保日期、其他要求等。

办理投保手续后,投保人如果发现填写内容有错误、遗漏,或实际情况发生变化,应及时通知保险人,申请变更有关内容,以免因重要事实陈述不实而致保险人解除保险合同或拒付保险赔款。

三、投保单缮制

被保险人根据信用证或合同(托收方式时)规定填制"运输保险投保单"(Application for Transportation Insurance)或其他名称的投保申请单的。投保单主要内容和项目要正确、齐全,因为保险公司是根据该投保申请单出具正式保险单。如果差错,不完整则影响将来安全、及时收汇,甚至造成国外拒付的事故。投保申请单主要有以下内容:

(1) 被保险人名称(The Insured's Name)。一般是出口企业的名称。如信用证要求以进口商名称投保或指明要过户给银行,要在投保单上明确表明,以便保险公司按要求制作保险单据。

(2) 标记(Marks & Nos.)。与发票、提单上的标记一致,如标记繁杂,可以简化,如"与×号发票同"(as per invoice No. ×××)。

(3) 包装及数量(Package & Quantity)。写明包装性质,如箱、捆、包以及具体数量,以集装箱装运的也要注明。

(4) 货物名称(Description of Goods)。不能将货物写成百货、食品,而要写具体品名,如服装、大米、小五金等。可写统称,但不能与发票所列货名相抵触。

(5) 保险金额(Amount Insured)。按买卖合同规定的加成比例计算保险金额,保额小数点后进位成整数(不能用四舍五入法),所用币制应与发票一致。

(6)船名或装运工具(Per Conveyance)。海运应注明船名。

(7)开航日期(Slg. On Abt.)。按确定日期或大约月、日填写,但与提单所列开航日期要一致。

(8)航程。即写明从何地起运至何地止。如转内陆,则要写明内陆城市名称,不能笼统写"内陆城市"。

(9)保险险别(Conditions)。要明确具体险别,不能笼统地写"海运保险"。

(10)赔款地点(Claim Payable At)。通常是在货运目的地,如果在目的地之外的地点,要加以注明。

(11)投保日期(Applicant's Date)。保单上载明的出单日期,不能迟于提单上的开航日期。

投保申请单项目如发现差错、遗漏等情况,应及时通知保险公司更正,或已出具保险单,如发现保险单上任何内容有错误、遗漏或变更项目等现象,应及时向保险公司重新出具保险单或签发批单,作为更改保险单的书面文件;批单应粘贴在原保险单上,并经保险公司骑缝盖章,为保险单不可分割的一部分。如保险单已寄交收货人,应按原寄单路线寄交收货人,要求粘贴在原保险单上。如投保申请单有虚假或隐瞒真实情况,发生损失,保险公司可以不负责赔偿。

投保单的格式如表 11—1 所示。

四、保险金额的确定和保险费的计算

(一)保险金额的确定

1. 保险金额(Insured Amount)

按照国际保险市场的习惯做法,出口货物的保险金额一般按 CIF 货价另加 10% 计算。这增加的 10% 就称为保险加成,也就是买方进行这笔交易所付的费用和预期利润。

保险金额的计算公式是:

$$保险金额 = CIF 货值 \times (1 + 加成率)$$

2. 保险费(Premium)

投保人按约定方式缴纳保险费是保险合同生效的条件。

保险费率(Premium Rate)是由保险公司根据一定时期、不同种类的货物的赔付率,按不同险别和目的地确定的。保险费则根据保险费率表按保险金计算。其计算公式是:

$$保险费 = 保险金额 \times 保险费率$$

在我国出口业务中,CFR 和 CIF 是两种常用的术语。鉴于保险费是按 CIF 货值为基础的保险额计算的,两种术语价格应按下述方式换算。

由 CIF 换算成 CFR 价:

$$CFR = CIF \times [1 - 保险费率 \times (1 + 加成率)]$$

由 CFR 换算成 CIF 价:

$$CIF = CFR / [1 - 保险费率 \times (1 + 加成率)]$$

在进口业务中,按双方签订的预约保险合同承担,保险金额按进口货物的 CIF 货值计算,不另加减,保费率按"特约费率表"规定的平均费率计算。

表 11—1

华泰财产保险股份有限公司
Huatai Insurance Company of China Limited
海洋运输货物保险投保单
APPLICATION FOR OCEAN CARGO TRANSPORTATION INSURANCE

本投保单内容以中文为准。
The interpretation of this Application shall be subject to Chinese version.

投保单号：
Application

注意：请您仔细阅读投保单和所附保险条款，并听取保险公司相关人员的说明。如对保险公司相关人员的说明不明白或有异议的，请在填写本投保单之前向保险公司相关人员进行询问。如未询问，视同已经对条款内容完全理解并无异议。请您如实填写本投保单，您所填写的材料将构成签订保险合同的要约，成为保险人核保并签发保险单的依据。除双方另有约定外，保险人签发保险单且投保人向保险人缴清保险费后，保险人开始按约定的险种承保货物运输保险。

投 保 人 Applicant				
投保人地址 Applicant's Add			邮 编 Code	
联系人 Contact		电 话 Tel.	电子邮箱 E-mail	
被保险人 Insured			电 话 Tel.	
贸易合同号 Contract No.		信用证号 L/C No.	发 票 号 Invoice No.	
标 记 Marks & Nos.	包装及数量 Packing & Quantity	保险货物项目 Description of Goods	1. 发票金额 Invoice Value 2. 加成 Value Plus About _____% 3. 保险金额 Insured Value 4. 费率 Rate 5. 保险费 Premium	
装载运输工具： Name of the Carrier		提(运)单号： B/L No.	赔付地点： Claims Payable At	
起运日期： Departure Date		运输路线： 自 经 Route From Via	到达(目的地) To(destination)	

包装方式：1. 散装 2. 纸箱 3. 罐装 4. 木箱 5. 编织袋 6. 真空袋 7. 桶装 8. 裸装 9. 苫布 10. 其他方式：____
装载方式：1. 普通集装箱 2. 冷藏箱 3. 拼箱 4. 整船 5. 舱面 6. 其他方式：____
货物项目：1. 精密仪器 是□ 否□ 2. 旧货物 是□ 否□ 船龄：_____年建

承保条件：投保人可根据投保意向选择投保险别及条款，并划/确认，但保险人承保的险别及适用条款以保险人最终确定并在保险单上列明的险种、条款为准。

海洋运输：□一切险 □水渍险 □平安险 （华泰《海洋运输货物保险条款》）

是否放弃或部分放弃向承运人的追偿权利 □是 □否(如果是，请详细说明)

其他承保条件： 免赔额：
(免赔额的金额和比例以最终保险单为准)

特别约定 Special Conditions：

投保人声明：
1. 保险人已经就本投保单及所附的保险条款的内容，尤其是关于保险人免除责任的条款及投保人和被保险人义务条款向投保人作了明确说明，投保人对该保险条款及保险条件已完全了解，并同意接受保险条款和保险条件的约束。
2. 本投保单所填各项内容均属事实，同意以本投保单作为保险人签发保险单的依据。
3. 保险合同自保险单签发之日起成立。

投保人签字(盖章) 日期

如果是FOB进口货物,则按平均运费率换算为CFR货值后再计算保险金额。其计算公式如下:
FOB进口货物:

$$保险金额=[FOB×(1+平均运费率)]/(1-平均保险费率)$$

CFR进口货物:

$$保险金额=CFR/(1-平均保险费率)$$

保险金额原则上应与保险价值相等。但实际上有不足额保险、足额保险和超额保险三种情况。在不定值保险情况下,超额部分通常是无效的。保险人只按保险价值赔付。

国际贸易运输货物保险的保险金额,一般是以发票价值为基础确定的,从买方来看,是以CIF价值为保险金额。但在货物发生损失时,被保险人已支付的如开证费、电信费、借款利息、税款等可以获得的预期利润,仍无法从保险人处得到,因此,各国保险法及国际惯例一般都规定,进出口货物运输的保险金额可在CIF货价基础上适当加成10%投保,但并非一成不变。加成率可由保险双方根据不同的货物、不同地区进口价格与当地市价之间的差价、不同的经营费用和预期利润水平约定不同的加成率。

我国出口业务中,一般也按CIF加成10%计算。若国外商人要求将保险加成率提高到20%或30%,其保费差额部分应由国外买方负担。若国外商人要求加成率超过30%时,应征得保险公司的同意;否则,会因加成率过高、保险金额过大,造成一些不良情况的发生。

如果出口按CFR成交,买方可以要求卖方按CIF价格加成10%。

$$保险金额=CFR×(1+加成率)/[1-(1+加成率)×保险费率]$$

【做中学11-1】 大连某公司于某年3月出口一批小五金商品到欧盟某港口,原报CFR欧盟某港口,总金额为10 000美元,投保一切险(保险费率为0.6%)和战争险(保险费率为0.04%),保险加成率为10%,则改报CIF价格,求该批货物的保险金额。

保险金额=10 000×(1+10%)/[1-(1+10%)×(0.6%+0.04%)]=11 077.99(美元)

(二)保险费的计算

1. 保险费的性质

首先,保险人承保一定保险责任的价格,是以一定的保险费率的形式表示的。

其次,保险费率的核算与一般商品价格的核算不同。

最后,就个别投保人而言,以支付保险费为代价换取的是保险人的一种承诺。

2. 保险费的计算公式

$$保险费=保险金额×保险费率$$
$$保险费=CIF×(1+保险加成率)×保险费率$$

【做中学11-2】 某出口货物发票总金额为CIF20 000美元,信用证规定按发票金额加一成投保一切险和战争险,费率分别为0.5%和0.1%,这批货物的保险费为:

保险费=20 000×(1+10%)×(0.5%+0.1%)=132(美元)

【同步思考11-1】　　　　　　保险费的计算

我国某出口公司原来对外报价USD1 890CFR鹿特丹,后来外商要求改报CIF5%鹿特丹。规定按发票金额的120%投保一切险和战争险,一切险的保险费率为0.6%,战争险保险费率为0.03%。试计算CIF5%的价格,该公司应付给保险公司多少保险费? 应付多少佣金?

分析：外商要求改报CIF5%鹿特丹，则CIFC5%鹿特丹就是成交后的发票金额。

CIF5%＝CRF＋保险费＋佣金
　　　＝CFR＋CIFC5%×投保加成×保险费率＋CIFC5%×佣金率

CIFC5%＝CFR/(1－投保加成×保险费率－佣金率)
　　　　＝1 890/[1－120%×(0.6%＋0.03%)－5%]
　　　　＝2 005.43(美元)

CIFC5%鹿特丹的价格为2 005.43美元。

付给保险公司的保险费为2 005.43×120%×(0.6%＋0.03%)＝15.16美元。

应付的佣金为2 005.43×5%＝100.27美元。

3. 保险费率

中国人民保险公司出口货物保险费率分为一般货物费率和指明货物加费费率两大类。我国进口货物保险，目前有两种费率表，即特约费率表和进口货物费率表。

(1)一般货物费率。一般货物费率适用于所有海运出口的货物。凡投保基本险别(平安险、水渍险及一切险)的所有海运出口货物，均须依照"一般货物费率表"所列标准核收保险费。

(2)指明货物加费费率。指明货物加费费率是针对某些易损货物加收的一种附加费率。指明货物中还有一部分货物规定有免赔率，免赔率是指保险人对于保险货物在运输途中发生的货损货差，在一定的比例内不负赔偿责任。免赔率有绝对免赔率和相对免赔率两种。

(3)特约费率表。该表适用于同中国人民保险公司签订的有预约保险合同的各进出口公司。这种费率表对每一大类商品只订一个费率，不分国家和地区，有的不分货物及险别，其实质是一种优惠的平均费率。

(4)进口货物费率表。该表适用于未与中国人民保险公司订有预约保险合同的其他单位。这种货物费率表分一般货物费率和特价费率两种。一般货物是按照不同的运输方式，分地区、分险别制定的。它不分商品，除特价费率中列出的商品外，适用于其他一切货物。特价费率是对一些指定的商品投保一切险时采用的费率。

任务二　海上保险单据

一、海上保险单

海上保险单是证明海上保险合同成立的法律文件。它既反映了保险人与被保险人之间的权利和义务关系，又是保险人的承保证明。一旦发生承保责任范围的损失，它就是被保险人索赔的法律依据。

二、海上保险单的分类

(一)按保险价值是否确定，可以分为定值保险单和不定值保险单

1. 定值保险单(Valued Policy)

定值保险单是指在保险单内订明保险人与被保险人事先约定的保险标的价值的保险单。通常，投保人以这个价值作为保险金额进行投保。双方约定的保险价值，可以包括货价、运费、保险费以及预期利润和有关费用。

2. 不定值保险单(Unvalued Policy)

不定值保险单是指保险人与被保险人在保险单内不事先约定保险标的的价值,而留待以后再行确定的保险单。在不定值保险下,若发生损失,保险价值依照"保险责任开始时货物在起运地的发票价格以及运费加保险费的总和计算"(即按 CIF 货价计算,不包括预期利润)。由此计算出来的保险价值,若等于保险金额(足额保险),保险赔款按实际损失计算;若低于保险金额(超额保险),保险赔款最高不超过保险价值;若高于保险金额(不足额保险),保险赔款按保险金额与保险价值的比例计算,最高不超过保险价值。

不定值保险单大多应用于海运货物保险和船舶保险以外的财产保险或责任保险。

(二)按船名是否确定,可以分为船名已定保险单和船名未定保险单

1. 船名已定保险单

船名已定保险单是指被保险人投保时载货的船舶已经确定,并在保险单上注明船名及开航日期的保险单。一般保险单都属于此类。

2. 船名未定保险单

凡投保时不能确定载货船舶名称,而需以后确定的,就是船名未定保险单。属于这类保险单的主要有流动保险单、预约保险单和总括保险单。

(三)按保险单形式,可以分为保险单、保险凭证、联合凭证、批单和预约保险单

1. 保险单(Insurance Policy)

保险单俗称"大保单",是承保一个指定航程内某一批货物的运输保险。大保单是一种最规范、在国际贸易中使用最广泛的保险单据(背面载明保险人与被保险人之间的权利和义务关系)。它是正规的保险合同。

2. 保险凭证(Insurance Certificate)

保险凭证俗称"小保单",它是简化的保险合同。保险凭证的内容,除背面未印有详细条款外,正面内容与保险单相同,在法律上与保险单具有同等法律效力。目前,各国在信用证上的保险条款中,一般有规定保险单与保险凭证均可接受的条款,但信用证规定提交单据为保险单时,则议付行不接受以保险凭证代替保险单凭以议付。

3. 联合凭证(Combined Certificate)

联合凭证是发票与保险单的结合,是比保险凭证更为简化的一种保险单据。它是保险公司将保险险别、保险金额、保险和理赔代理人的名称与地址以及保险编号加注在我国外贸公司的发票上,并经保险人签章,其他项目以发票上所列为准。这是一种把发票和保险单结合起来的联合凭证,与保险单具有同等效力。目前,仅适用于港、澳地区及部分新加坡、马来西亚的出口业务中。

4. 批单(Endorsement)

批单是指投保人需补充或更改保险单内容时出具的一种凭证。批单必须粘贴在原保险单上,并加盖骑缝章。

5. 预约保险单(Open Policy)

预约保险单是保险公司与被保险人双方签订的预约保险合同。它规定了总的保险范围、保险期限、保险种类、总保险限额、航程区域、运输工具、保险条件、保险费率和保险结算办法等。在这个范围内的被保险货物,一经起运,保险公司即自动承保。但被保险人在获悉每批货物装运时,应及时将装运通知书(包括货物的名称、数量、保险金额、船名、运输工具、起讫地点、起运日期)送交保险公司,并按约定办法缴纳保险费,即完成了投保手续。在实际业务中,预约

保单适用于进口的货物保险,这可以防止因漏保或迟保而造成无法弥补的损失。

在保险业务中,保险单据的转让无须取得保险人的同意,也无须通知保险人,即使在保险标的发生损失后,保险单据仍可有效转让;保险单据的出单日期不得迟于运输单据所列货物装船或发运或承运人接受监管的日期。因此,办理投保手续的日期也不得迟于货物装运日期。

此外,还有暂保单(Cover Note)。暂保单作为一种临时性保险单,在其规定的有效期内(一般为 30 天),其效力与正式保险单相同。

(四)按保险期限,可以分为航程保险单、定期保险单和混合保险单

1. 航程保险单(Voyage Policy)

航程保险单是指保险人与被保险人约定由保险人承保一定航程内风险的保险单。

2. 定期保险单(Time Policy)

定期保险单是指保险人承保一定时期内风险的保险单。这种保险单在货物运输保险中很少应用,一般用在船舶保险中。

3. 混合保险单(Mixed Policy)

混合保险单是兼有航程和定期两种性质的保险单。在这种保险单下,保险人仅对在保险期限内和船舶在规定的航程内所发生的损失负赔偿责任。

三、海上保险单的批改和转让

(一)保险单的批改

(1)投保人或被保险人如果需要对保险单内容进行变更或修改,应以书面方式向保险人申请批改。通常只要不超过保险条款规定允许的内容,保险人都会接受。若涉及扩大承保责任或增加保险金额,必须在被保险人不知有损失事故发生的情况下,在货物抵达目的地之前申请办理,并需加缴一定的保险费。

(2)保险人批改保险单时,一般采用签发批单的方式进行。此项工作可以由保险人自己办理,也可以由保险人授权的设在国外港口的代理人办理。保险人或其代理人所签发的批单,一般应加贴在原保险单上,构成原保险单的一个组成部分,对双方当事人均有约束力。批改的内容如与保险合同有抵触之处,应以批单为准。

(二)保险单的转让

1. 保险单转让的概念

保险单转让一般是指保险单权利的转让,即被保险人将根据保险单赋予的损害赔偿请求权及相应的诉讼权转让给受让人。

2. 保险单转让的有关规定

(1)海运货物保险单可以不经保险人的同意而自由转让,而船舶保险单则必须征得保险人的同意才能转让。

(2)海上保险单的转让,必须在保险标的所有权转移之前或转移的同时进行。如果所有权已经转移,事后再办理保险单的转让,这种转让是无效的。

(3)在海上保险单办理转让时,无论损失是否发生,只要被保险人对保险标的仍然具有可保利益,保险单均可有效转让。

(4)保险单的受让人只能享有与原被保险人在保险单下享有的相同权利和义务。

(5)保险单转让后,受让人有权以自己的名义向保险人进行诉讼,保险人也有权如同对待原被保险人一样,对保险合同项下引起的责任进行辩护。

(6)保险单的转让,可以采取由被保险人在保险单上背书或其他习惯方式进行。按照习惯做法,采用空白背书方式转让的保险单,可以自由转让;采用记名背书方式转让的保险单,则只有被背书人才能成为保险单权利的受让人。

四、保险单缮制

(1)发票号码(Invice No.):此栏填写投保海洋货物运输保险货物商业发票的号码。

(2)保险单号(No.):此栏填写保险单号码。

(3)被保险人(Insured):如果 L/C 和合同无特别约定,此栏一般填写信用证的受益人,即出口公司名称。如果 L/C 无特殊要求,或要求"ENDORSED IN BLANK"一般也应填写 L/C 受益人名称,可不填详细地址,但出口公司应在保险单背面背书。

若来证指定以××公司为被保险人,则应在此栏填写×× CO.。出口公司不需要背书。

若来证规定以某银行为抬头,如"TO ORDER OF ××× BANK",则在此栏先填写受益人名称,再填写"HELD TO THE ORDER OF ××× BANK"或以开证行、开证申请人名称为被保险人。此时受益人均须在背面作空白背书。

如果是 TO ORDER,则应填写 THE APPLICANT ＋出口企业名称,FOR THE ACCOUNT OF WHOM IT MAY CONCERN。

(4)标记 & 唛头(Marks & Nos.):按信用证规定,保险单上的标记应与发票、提单上一致。可单独填写,若来证无特殊规定,一般可简单填成"AS PER INV. No. ×××"。

(5)包装及数量(Quantity):此栏填制大包装件数,应与提单上同一栏目内容相同。有包装的填写最大包装件数,有包装但以重量计价的应把包装重量与计价重量都注明;裸装货物要注明本身件数;煤炭、石油等散装货注明"IN BULK",再填净重;如以单位包装件数计价者,可只填总件数。

(6)保险物资项目(Description Of Goods):又称货物名称或保险货物项目,此栏根据投保单填写,要与提单此栏目的填写一致。一般允许使用统称,但不同类别的多种货物应注明不同类别的各自总称。

(7)保险金额(Amount Insured):应严格按照信用证和合同上的要求填制。保险金额应为发票金额加上投保加成后的金额。如信用证和合同无明确规定,一般以发票金额加一成(即110%的发票金额)填写。也可按含佣价加成投保,但须按扣除折扣后的价格加成投保。信用证支付方式下,应严格按信用证规定。大小写要一致,币种要用英文全称且币种一致,如应填SAY UNITED STATES DOLLARS(U.S. DOLLARS) ONE THOUSAND TWO HUNDRED AND FIFTY ONLY。保险金额不要有小数,出现小数时无论多少一律向上进位。

(8)保险费及保险费率(Premium And Rate):此栏一般由保险公司填制或已印好 AS ARRANGED,除非信用证另有规定,如"INOURANCE POLICY ENDORSED INBLANK FULL INVOICE VALUE PLUS 10% MARKED PREMIUM PAID"时,此栏就填入"PAID"或把已印好的"AS ARRANGED"删去,加盖校对章后打上"PAID"字样。

(9)装载运输工具(Per Conveyance S.S):此栏要与运输单据一致,应按照实际情况填写。若在海运方式下,填写船名和航次。如整个运输由两段或两段以上运程完成时,应分别填写一程船名和二程船名,中间用"/"隔开,例如,提单中一程船名为"DOGXING",二程船名为"HUAIHAI",则填"DONGXING/HUAIHAI"。

铁路运输加填运输方式为 BY RAILWAY 或 BY TRAIN,最好再加车号,如 BY TRAIN:

WAGON No.××；航空运输为"BY AIR"；邮包运输为"BY PARCEL POST"。

(10)开航日期(Slg On Rr Abt.)：此栏填制应按 B/L 中的签发日期或签发日期前 5 天内的任何一天填，或可简单填上 AS PER B/L。

(11)起讫地点(From…To…)：此栏填制货物实际装运的起运港口和目的港口名称，货物如转船，应把转船地点填上，如 FROM WUHAN, CHINA TO NEW YORK, USA VIA-HONGKONG(OR W/T HONGKONG)。

当信用证中未明确列明具体的起运港口和目的地港口时，如 ANY CHINESE PORT 或 ANY JAPANESE PORT，填制时应根据货物实际装运选定一个具体的港口，如 SHANGHAI 或 OSAKA 等。

(12)承保险别(Conditions)：此栏是保险单的核心内容，填写时应注意保险险别及文句与信用证严格一致，应根据信用证或合同中的保险条款要求填制。即使信用证中有重复语句，为了避免混乱和误解，最好按信用证规定的顺序填写。如信用证没有规定具体险别，或只规定 "MARINE RISK" "USUAL RISK" "TRANSPORT RISK" 等，则可投保一切险（ALL RISKS）、水渍险（WA 或 WPA）、平安险（FPA）三种基本险中的任何一种。如信用证中规定使用伦敦协会条款，包括修订前和修订后的，可以按信用证规定承保，保单应按要求填制。投保的险别除注明险别名称外，还应注明险别适用的文本及日期。

在实际操作中一般是由出口公司在制单时，先在副本上填写这一栏的内容，当全部保险单填好交给保险公司审核确认时，才由保险公司把承保险别的详细内容加注在正本保单上。如来证要求"INSURANCE POLICY COVERING THE FOLLOWING RISKS: ALL RISKS AND WAR RISK AS PER CHINA INSURANCE CLAUSE(C.I.C)"，则制单时应打上"ALL RISKS AND WAR RISK AS PER CHINA INSURANCE CLAUSE(C.I.C)"。

(13)赔款偿付地点(Claim Payable At)：此栏应严格按照信用证或合同规定填制地点和币种两项内容。地点按信用证或投保单，币种应与保险金额一致。如果来证未具体规定，一般将目的地作为赔付地点，将目的地名称填入这一栏目，赔偿货币为投保险金额相同的货币。

如信用证规定不止一个目的港或赔付地，则应全部照打。如来证要求"INSURANCE CLAIMS PAYALE AT A THIRD COUNTRY CHINA"，此时，应把第三国"CHINA"填入此栏。

(14)日期(Date)：此栏填制保险单的日期。由于保险公司提供仓至仓服务，所以要求货物离开出口仓库前办理保险手续，保险单的签发日期应为货物离开仓库的日期或至少填写早于提单签发的日期、发运日或接受监管日。

(15)投保地点(Place)：此栏一般填制装运港口的名称。

(16)签字(Signature)：此栏需要与第一栏相同的保险公司盖章及其负责人的签字。实际操作中其签章一般已经印刷在保险单上。保险单需经保险公司签章后方才生效。

(17)特殊条款(Special Conditions)：如果信用证和合同中对保险单据有特殊要求就填在此栏中。如来证要求"L/C No.××× MUST BE INDICATED IN ALL DOCUMENTS"，即在此栏中填上"L/C No.×××"。

(18)"ORIGINAL"字样：《跟单信用证统一惯例》条款中规定，正本保险单上必须有"ORIGINAL"字样。

【视野拓展 11-3】　　　海运保险单注意事项

在实际操作中，缮制海洋货物运输保险单时应注意以下事项：

(1)出口公司在取得保险公司出具的保单后,凡以出口方为投保人的保险单均须背书,以利转让。

(2)保单内容必须与信用证要求及商业发票、提单等相互核对一致,严格做到单单一致、单证一致。

(3)超过合同所规定的附加险或超额险加成时,须事先与保险公司联系是否能办到,否则须改证或由开证人来承担。

(4)信用证应规定所需投保海洋货物运输保险险别的种类,以及必要的附加险别。诸如"通常险别""惯常险别"这些意义不明确的条文不应使用。如使用此类条文,银行当按照所提示的保险单据予以接受,并对未经投保的任何险种不予负责。除非信用证另有规定,银行将接受证明受免赔率或免赔额约束的保险单据。

(5)关于投保海洋货物运输保险一切险的提醒。当信用证规定投保一切险时,银行将接受含有任何一切险批注或条文的保险单据,不论其有无一切险的标题,甚至表明不包括某种险别。银行对未经投保的任何险别将不予负责。

保单的格式如表11—2所示。

表11—2

PICC	中国人民保险公司上海市分公司 The People's Insurance Company of China Shanghai Branch 总公司设于北京 一九四九年创立 Head Office Beijing Established in 1949

货物运输保险单 CARGO TRANSPORTATION INSURANCE POLICY		
发票号(INVOICE NO.)		保单号次 POLICY NO.
合同号(CONTRACT NO.)		
信用证号(L/C NO.)		
被保险人: INSURED:		

中国人民保险公司(以下简称本公司)根据被保险人的要求,由被保险人向本公司缴付约定的保险费,按照本保险单承保险别和背面所载条款与下列条款承保下述货物运输保险,特立本保险单。
THIS POLICY OF INSURANCE WITNESSES THAT THE PEOPLE'S INSURANCE COMPANY OF CHINA (HEREINAFTER CALLED "THE COMPANY")
AT THE REQUEST OF THE INSURED AND IN CONSIDERATION OF THE AGREED PREMIUM PAID TO THE COMPANY BY THE INSURED,
UNDERTAKES TO INSURE THE UNDERMENTIONED GOODS IN TRANSPORTATION SUBJECT TO THE CONDITIONS OF THIS OF THIS POLICY AS PER THE CLAUSES PRINTED OVERLEAF AND OTHER SPECIL CLAUSES ATTACHED HEREON.

标记 MARKS & NOS.	包装及数量 QUANTITY	保险货物项目 DESCRIPTION OF GOODS	保险金额 AMOUNT INSURED

总保险金额 TOTAL AMOUNT INSURED:	

保费: PERMIUM:		起运日期 DATE OF COMMENCEMENT:		装载运输工具: PER CONVEYANCE:	
自FROM:		经VIA		至TO	
承保险别: CONDITIONS:					

续表

所保货物,如发生保险单项下可能引起索赔的损失或损坏,应立即通知本公司下述代理人查勘。如有索赔,应向本公司提交保单正本(本保险单共有　　份正本)及有关文件。如一份正本已用于索赔,其余正本自动失效。 IN THE EVENT OF LOSS OR DAMAGE WITCH MAY RESULT IN A CLAIM UNDER THIS POLICY,IMMEDI-ATE NOTICE MUST BE GIVEN TO THE COMPANY'S AGENT AS MENTIONED HEREUNDER. CLAIMS, IF ANY,ONE OF THE ORIGINAL POLICY WHICH HAS BEEN ISSUED IN ORIGINAL(S) TOGETHER WITH THE RELEVENT DOCUMENTS SHALL BE SURRENDERED TO THE COMPANY. IF ONE OF THE ORIGINAL POLICY HAS BEEN ACCOMPLISHED. THE OTHERS TO BE VOID.	
赔款偿付地点 CLAIM PAYABLE AT	中国人民保险公司上海市分公司 The People's Insurance Company of China Shanghai Branch
出单日期 ISSUING DATE	Authorized Signature
地址(ADD):中国上海黄河路112号 电话(TEL):(021)86521049	
邮编(POST CODE):200003	传真(FAX):(021)84404593

任务三　索　赔

一、保险索赔

保险的索赔是保险标的在遭受保险事故后,被保险人凭保险单有关条款的规定,向保险人要求赔偿损失的行为。

从保险人的角度来说,当它接到被保险人损失通知时起,直至处理赔款案件的全过程,称为理赔(Claims Handling or Settlement)。

索赔

这项工作涉及被保险人投保的根本目的和切身利益,保险人应在"重合同,守信用"的前提下,本着"主动、迅速、准确、合理"的原则,妥善处理好索赔案。做好这项工作对于正确发挥保险的补偿作用、促进对外经济贸易的发展、提高保险企业的信誉等,有着非常重要的作用。

【视野拓展11-4】　　　　索赔工作应注意的问题

(1)对受损货物应积极采取措施进行施救和整理。一旦发生保险事故,被保险人除应立即通知保险人外,还应采取必要的合理措施,防止或者减少损失。如果被保险人没有采取必要的措施以防止损失扩大,则这部分继续扩大的损失,保险人不负赔偿责任。当然,被保险人为此而支付的合理费用,可以从保险人的赔款中获得补偿。

(2)对受损货物的转售、修理、改变用途等由被保险人负责处理。由于被保险人对货物的性能、用途等比保险人更为熟悉,能更好地利用受损后的各种货物。在我国,无论是进口货物还是国内运输的货物,受损后原则上都是由货方(被保险人)自行处理。当然,被保险人在对受损货物进行上述转售、修理、改变用途等工作之前,必须通知保险人,或征得保险人的同意。

(3)如果涉及第三者责任,赔款一般虽然先由保险人赔付,但被保险人应首先向责任方提出索赔,以保留追偿权利。

【视野拓展11-5】　　　　海上保险索赔的原因

当被保险人保险的货物遭受损失后,应立即向保险公司提出索赔。

货物受损一般有两种情况：一种是运输工具在途中遭遇意外事故，如船舶搁浅、火车出轨使货物严重遭损，这种情况被保险人往往很快就能知道；另一种是货物抵达目的港后，被保险人在码头、车站提货或者自己的仓库、贮藏处发现损失。

不论哪一种情况，被保险人都应该按照保险单的规定向保险公司办理索赔手续，同时应以收货人的身份向承运方办妥必要的手续，以维护自己的索赔权利。

二、索赔方式

被保险人获悉被保险货物受损后，可以提出直接索赔或间接索赔。

(一)直接索赔

直接索赔是指被保险人直接以书面形式提出索赔。它包括以下两种：

(1)直接责任索赔。这是指被保险人向保险人直接提出索赔。

(2)转位责任索赔。这是指被保险人先直接向负有责任的第三者提出索赔，然后就第三者赔偿后的不足部分向保险人或其代理人提出索赔。由于转位责任索赔强调第三者责任方的赔偿责任，所以又称追偿索赔。

(二)间接索赔

间接索赔是指被保险人委托其代理人或保险经纪人以书面形式向保险人或其代理人提出索赔请求。在这种方式下，被保险人代理人的行为视作被保险人的行为，其行为结果由被保险人承担。被保险人向其代理人签发授权委托书，代理人在索赔时必须出示授权委托书，而保险人或其代理人不得无故拒绝被保险人的代理人提出的赔偿请求。

三、索赔实效

根据我国《海商法》规定，在海上保险合同中，被保险人向保险公司要求保险赔偿的请求权，时效期间为2年，自事故发生之日起计算。在时效期间的最后6个月内，因不可抗力或其他障碍不能行使请求权的，时效中止。自中止时效的原因消除之日起，有效期间继续计算。时效因请求人提起诉讼、提交仲裁或者被请求人同意履行义务而中断。但是，请求人撤回起诉、撤回仲裁或者起诉被裁定驳回的，时效不中断。请求人申请扣船的，时效自申请扣船之日起中断。自中断时起，时效期间重新计算。

四、索赔程序

(一)损失通知和申请检验

当被保险人获悉或发现保险货物已经遭受损失，应该马上通知保险公司。因为一经通知，表示索赔行为已经开始，不再受索赔时效的限制，保险公司在接到损失通知后即能采取相应措施，如检验损失、提出施救意见、确定保险责任、查核发货人或承运方责任等。延迟通知，会耽误保险公司办理有关工作，引起异议，影响索赔。

在出口货物运输保险单上都写明了保险公司在目的港的检验、理赔代理人名称和地址。被保险人或其代表可就近通知代理人，并申请对货损进行检验。在检验时，应会同保险公司及其代理人对受损货物采取相应的施救、整理措施，以避免损失的进一步扩大。检验完毕后，应提交检验报告，作为向保险公司索赔的重要证件。出口货物运输保险由国外代理人或其他公证机构出具的检验报告都应视作一种公证证明，但并不最后决定保险责任。因此，在检验报告中往往注明本检验报告并不影响保险公司的权利，也就是说，赔还是不赔取决于保险公司。

在我国,进口货物运输保险较多地采取联合检验报告的形式,由收货人会同当地保险公司对现场检验情况进行记录,最后由保险公司或港口经营方进行核赔。

(二)采取合理施救措施

保险货物受损后,作为货主的被保险人应该对受损货物采取合理、及时的施救和整理措施,以防止损失进一步扩大。被保险人不能因为有了保险就完全把责任转嫁给保险公司。特别是对受损货物,被保险人仍有处理的职责与义务,如对受损货物的转售、修理、改变用途等。这是因为被保险人对于货物的性能、用途比保险公司更为熟悉,能更好地利用物资。在我国,无论是进口货物还是国内运输的货物受损后,原则上都应由被保险人自行处理。

(三)索赔单据

保险货物的损失向承运人等第三者的追偿手续办妥后,就应向保险公司或其他代理人提出赔偿请求。提请赔偿时,应将有关的单证备齐。保险公司通常要求被保险人提供以下单证或单据:

1. 保险单原件或保险凭证正本

这是向保险公司索赔的基本证件,可证明保险公司承担保险责任及其范围。这是保险公司理赔的依据之一。

2. 运输合同

运输合同包括海运提单、陆空运运单等运输单证。这些单证能证明保险货物承运的状况,如承运的件数、运输的路线、交运时货物的状态,以确定受损货物是否属于保险公司所承保的责任以及在保险责任开始前的货物情况。

3. 发票

货物的发票是计算保险赔款金额的重要依据。

4. 装箱单、磅码单

装箱单、磅码单是证明保险货物装运时件数和重量的细节,是核对损失数量的依据。

5. 向承运人等第三者责任方请求赔偿的函电或其他单证和文件

这些文件中应包括第三者责任方的答复文件,这是证明被保险人已经履行了其应该办的追偿手续,即维护了保险公司的追偿权利。至于第三者是否承担责任则不是被保险人所能决定的。

6. 检验报告

检验报告是损失原因、损失程度、损失金额、残余物资价值及受损货物处理经过的证明,是确定保险责任和赔偿金额的主要证件。检验报告可以由第三方公证、检验机关出具,也可以由保险公司及其代理人出具。一般来说,出口货物往往由保险代理人或检验人出具。进口货物由保险公司或其代理机构如铁路、民航等部门同收货人联合出具。

7. 海事报告摘录或海事申明书

当船舶在航行途中遭受海难,即属于人力不可抗拒的事故。船长要在海事日志中记录下来,同时他要申明船方不承担因此而造成的损失。这些证明对保险公司确定海事责任直接有关,遇到一些与海难有关的较大损失的案件,保险公司要求提供此种证件。

8. 货损、货差证明

保险货物送给承运人运输时是完好的,由承运人签发清洁提单或者无批注的运单。当货物抵达目的地发现残损或短少时,由承运人或其代理人签发货损、货差证明,既作为向保险公司索赔的有力证明,又是日后向承运方追偿的依据。特别是整件短少的货物,更应要求承运方签发短缺证明。

9. 索赔清单

索赔清单是被保险人要求保险公司给付赔款的详细清单,主要写明索取赔款数字的计算依据以及有关费用的项目和用途。

【同步案例 11-1】　　　　海上保险索赔案

某货代公司接受货主委托,安排一批茶叶海运出口。货代公司在提取了船公司提供的集装箱并装箱后,将整箱货交给船公司。同时,货主自行办理了货物运输保险。收货人在目的港拆箱提货时发现集装箱内异味浓重,经查明,该集装箱前一航次所载货物为精萘,致使茶叶受到精萘污染。

案例精析

请问:

(1)收货人可以向谁索赔?为什么?

(2)最终应由谁对茶叶受污染事故承担赔偿责任?

五、海上保险赔款的计算

(一)全部损失

保险合同双方如果根据定值保险承保的货物,如发生保险责任范围内的实际全损或推定全损,不论损失当时的实际价值是否高于或低于约定价值,只要保险金额与约定价值相等,保险公司应给予补偿。

按不定值保险承保的货物,如发生保险责任范围内的实际全损或推定全损,按实际价值作为赔款计算的依据。如果出险时货物的实际价值高于保险金额,保险公司可按保险金额赔付,如果实际价值低于保险金额,则按实际价值赔付。

(二)部分损失

1. 数量损失的计算公式

$$赔款 = 保险金额 \times \frac{遭损货物件数(或重量)}{承保货物总件数(或总重量)}$$

2. 质量损失的计算公式

计算受损货物的质量损失时,首先应确定货物完好价值和受损价值,即得出贬值率,以此乘以保额,就等于应付赔款。

对于完好价值和受损后的价值,一般以货物运抵目的地检验时的市价为准。如受损货物在中途处理不再运往目的地,则可按处理地的市价为准。计算公式为:

$$赔款 = 保险金额 \times \frac{货物完好价值 - 受损后的价值}{货物完好价值}$$

3. 加成投保的计算公式

损失按发票价值计算,保险金额高于发票价值的计算公式为:

$$赔款 = 保险金额 \times \frac{按发票价值计算的损失额}{发票金额}$$

4. 扣除免赔率的计算公式

免赔率是指保险公司对损失免除部分赔偿责任的百分比,免赔率分相对免赔率和绝对免赔率。相对免赔率是指损失达到规定的免赔率时,保险公司对全部损失如数赔偿。其目的是减少零星琐碎的小额赔款,但如果保险标的的损失没有达到这个百分数,保险公司则不予赔偿。绝对免赔率是指损失超过规定的免赔率时,保险公司只对超过免赔的部分进行赔偿。其目的是减少自然损耗或运输损耗损失的赔偿。在海上货物运输保险中,绝对免赔率应用较多。
绝对免赔率的货物发生损失时,其计算公式为:

$$免赔重量 = 已损货物重量 \times 每件原装重量 \times 免赔率$$

$$赔偿重量 = 损失重量 - 免赔重量$$

$$赔款 = 保险金额 \times \frac{赔偿数量}{保险重量}$$

(三)散装货物的短量损失

1. 包括中途耗损的计算公式

$$短少数量 = 装船重量 - 实到重量$$

$$赔款 = 保险金额 \times \frac{短少数量}{装船重量}$$

2. 不包括中途耗损的计算公式

$$应到重量 = 装船重量 - 途耗$$

$$短少数量 = 应到重量 - 实到重量$$

$$赔款 = 保险金额 \times \frac{短少数量}{应到重量}$$

(四)理赔结案

关于单独海损的计算包括以下方面:

1. 数量损失的赔偿计算

$$赔款金额 = 保险金额 \times \frac{损失数量(重量)}{保险货物总量}$$

【做中学 11-3】 某货物一批共 5 包,每包 400 千克,保险金额为 50 000 美元,投保短量险,运输途中短少 800 千克,赔款金额应为:

50 000×800/5×400=20 000(美元)

2. 质量损失的赔偿计算

$$赔款金额 = 保险金额 \times \frac{货物完好价值 - 受损后价值}{货物完好价值}$$

【做中学 11-4】 一批货物共 500 箱,保险金额为 50 000 美元,货物受损后只能按 8 折出售,当地完好价值为 60 000 美元,保险人应赔款:

50 000×(60 000-48 000)/60 000=10 000(美元)

再如,500 箱货物中只有 200 箱受损,按当地完好价值每箱 120 美元的 8 折出售,保险人应赔款:

20 000×[(120×200)-(96×200)]/(120×200)=4 000(美元)

在实际业务中,经协议也可按发票价值计算。其计算公式为:

$$赔款金额 = 保险金额 \times \frac{按发票价值计算的损失额}{发票价值}$$

不定值保险条件下,货物保险价值按起运地发票价值加运费和保险费的总和(即 CIF 价值)计算。计算公式为:

$$赔款金额 = 保险金额 \times \frac{按 CIF 价值计算的损失额}{CIF 价值}$$

关于共同海损牺牲和分摊的赔偿计算：

$$赔款金额 = \frac{货物损失的价值 + 出售费用}{货物完好价值} \times 保险金额$$

【做中学 11-5】 某载货船舶在航程中发生共同海损，船体损失 20 万元，货物损失 25 万元，救助费 4.5 万元，损失运费 0.5 万元，共 50 万元。设各方分摊价值如下：

船舶：700 万元

货物：

货主甲 120 万元

货主乙 100 万元

货主丙 70 万元

货物共计：290 万元

运费：10 万元

分摊总值：1 000 万元

分摊比例：50 万元/1 000 万元×100%＝5%

各方的分摊如下：

船方分摊：700×5%＝35(万元)

货主甲分摊：120×5%＝6(万元)

货主乙分摊：100×5%＝5(万元)

货主丙分摊：70×5%＝3.5(万元)

承运人分摊：10×5%＝0.5(万元)

基础训练

一、单项选择题

1. 在中国人民保险公司的进口货物费率表中，适用于与其签订有预约保险协议的各外贸进出口公司进口货物的保险费计算的是（　　）。
   A. 特约费率表　　B. 特价费率表　　C. 进口货物费率表　　D. 一般货物费率表

2. 从保险合同成立的法律来看，投保人填写的投保单构成了保险合同的（　　）。
   A. 本身　　　　　B. 依据　　　　　C. 要约　　　　　　D. 承诺

3. 暂保单的有效期限一般为（　　）。
   A. 10 天　　　　　B. 15 天　　　　　C. 30 天　　　　　　D. 45 天

4. 下列保险单证中只有我国采用，仅适用于对港、澳地区的出口业务的是（　　）。
   A. 保险单　　　　B. 保险凭证　　　C. 联合凭证　　　　D. 暂保单

5. 我国现行的海洋运输货物保险条款规定的索赔时效是：从保险货物在最后的卸载港完全卸离海轮起（　　）年。
   A. 1　　　　　　　B. 2　　　　　　　C. 3　　　　　　　　D. 4

二、多项选择题

1. 处理理赔和索赔的主要依据是（　　）。

A. 索赔函　　　　　B. 索赔清单　　　　C. 租船合同　　　　D. 提单
2. 中国人民保险公司为适应所有出口货物,将出口货物费率表分为(　　)。
A. 特殊货物费率表　B. 特价费率表　　　C. 特约费率表　　　D. 一般货物费率表
3. 在货物运输保险单中,属于船名未定的保单是(　　)。
A. 流动保险单　　　B. 暂保单　　　　　C. 预约保险单　　　D. 总括保险单
4. 以下关于保险凭证的说法中正确的有(　　)。
A. 俗称"小保单",是一种简约化的保险单　　B. 既有正面内容,又有背面内容
C. 与保险单具有同等效力　　　　　　　　　D. 在实务中,保险单可以代替保险凭证
5. 保险单按形式可分为(　　)。
A. 保险单　　　　　B. 保险凭证　　　　C. 联合凭证　　　　D. 批单

三、简述题

1. 简述选择保险险别一般应考虑的因素。
2. 简述海上保险单的批改和转让。
3. 简述保险单的缮制。
4. 简述索赔的程序。
5. 简述保险金额和保险费的计算。

四、计算题

1. 一批出口货物,保险金额 210 000 港元,货物受损后只能按 8 折出售,完好价值以当地该货物价值计 230 000 美元。保险人应该赔付金额是多少?

2. 有一批货物投保一切险,投保金额为 20 000 美元。货物在运输途中遭受了承保范围内的损失。已知该货物在目的地的完好价值为 28 000 美元,受损后仅值 15 000 美元。保险公司应赔多少?(小数保留至 0.01)

3. 某载货船舶在航行中发生共同海损,船体损失 30 万元,货物损失 40 万元,救助费用 8 万元,损失的运费为 2 万元,共计 80 万元。已知船舶、货物、运费三方分摊价值分别为:船舶 800 万元,货主甲 200 万元、货主乙 350 万元、货主丙 240 万元,运费 10 万元。各方分摊额为多少?

五、技能案例

【案例背景】

G 公司以 CIF 条件引进一套英国产检测仪器,因合同金额不大,故合同采用简式标准格式,保险条款只简单规定"保险由卖方负责"。到货后,G 公司发现一部件变形影响其正常使用。G 公司向外商要求索赔,外商答复:仪器出厂经严格检验,有质量合格证书,此事不是他们的责任。后经检验,认为是运输途中部件受到振动、挤压造成的。

G 公司于是向保险公司索赔,保险公司认为此情况属"碰损、破碎险"承保范围,但 G 公司提供的进出口货物运输保险保单上只保了"协会货物条款(C)",没保"碰损、破碎险",所以无法理赔。

G 公司无奈只好重新购买此部件,既浪费了金钱,又耽误了时间。

【技能思考】

请结合国际贸易中的保险条款、CIF 贸易术语性质及保险险别和保险金额作答,并说明此案例给我们带来了什么教训。

综合实训

【实训项目 1】

缮制投保单。

【实训情境】

中国机械设备进出口公司以 FOB 条件从新加坡富达贸易有限公司进口一批货物,我方以预约保险方式投保,现富达公司传来保险申请书(装运通知)如下:

FUDA TRADING CO., LTD
Commercial Building 19A07 Singapore
Tel:65—2210001 Telex:65—22104521

To: CHINA NATIONAL MACHINERY IMPORT & EXPORT CORPORATION
INSURANCE DECLARATION
(SHIPPING ADVICE)

Singapore, Aug. 25th, 2020

Dear Sirs,
L/C No. MS1912
Cover Note (or open policy) No. AD335
Under the captioned Credit and Cover Note (or Open Policy), please insure the goods as detailed in our Invoice No. 1824 enclosed, other particulars being given below:
Carrying Vessel's Name: STAR RIVER V. 052
Shipment Date: on or about Aug. 25th, 2020
B/L NO. COSMN7982
Covering Risks: (as arranged)
Kindly forward directly to the insured your Insurance Acknowledgment.
FUDA TRADING CO., LTD.
Encl.

FUDA TRADING CO., LTD
Commercial Building 19A07 Singapore
Tel:65—2210001 Telex:65—22104521

COMMERCIAL INVOICE

No. 1824

Date: 15th August 2020
Messrs: CHINA NATIONAL MACHINERY IMPORT & EXPORT CORPORATION
From Singapore to Shanghai per conveyance STAR RIVER V. 052 on or about Aug. 25th, 2020
L/C No. MS1912 　　　　　　　　　　　　　　　　　　　　Contract No. 90129

MARKS & NOS.	DESCRIPTION OF GOODS	QUANTITY	UNIT PRICE	AMOUNT
MADE IN	1. SPARE PARTS OF HTP-TYP Ⅰ	10 SETS	USD2 000.00	20 000.00
SINGAPORE	2. SPARE PARTS OF HTP-TYP Ⅱ	10 SETS	USD3 000.00	30 000.00
30 SETS	3. SPARE PARTS OF HTP-TYP Ⅲ	10 SETS	USD5 000.00	50 000.00
PACKING: IN WOODEN CASES OF ONE SET EACH			FOB SINGAPORE	USD100 000.00

SAY U. S. DOLLARS ONE HUNDRED THOUSAND ONLY.
DRAWN UNDER L/C NO. MS1812 ISSUED BY COMMERCIAL BANK SINGAPORE DATED 10th AUG. 2020.
FUDA TRADING CO., LTD
E. & O. E.

合同保险条款：INSURANCE TO BE COVERED BY THE BUYER FOR FULL CIF VALUE PLUS 10 PCT COVERING ALL RISKS AND WAR RISKS SHOWING CLAIMS IF ANY PAYABLE IN CHINA。已知海运费 USD1 700.00，保险费 USD300.00。我方自行投保，请填写投保单一份。

【实训任务】

根据所给资料，结合本项目的内容，缮制投保单。

PICC	中国人民保险公司大连分公司

货物运输保险投保单
APPLICATION FORM FOR CARGO TRANSPORTATION INSURANCE

被保险人：
Insured：

发票号(INVOICE NO.)

合同号(CONTRACT NO.)

信用证号(L/C NO.)

发票金额(INVOICE AMOUNT)　　　投保加成(PLUS)

兹有下列物品向中国人民保险公司广东分公司投保(INSURANCE IS REQUESTED ON THE FOLLOWING COMMODITIES)：

MARKS & NOS.	QUANTITY	DESCRIPTION OF GOODS	AMOUNT INSURED

起运日期：　　　　　　　　　装载运输工具：
DATE OF COMMENCEMENT　　　PER CONVEYANCE：

自　　　　经　　　　至
FROM　　　 VIA　　　 TO

提单号　　　　　赔款偿付地点
B/L NO.：　　　 CLAIM PAYABLE AT

投保险别：(PLEASE INDICATE THE CONDITIONS &/ OR SPECIAL COVERAGES：)

请如实告知下列情况：(如"是"，打"√"；"不是"，打"×")

1. 货物种类：　袋装[ ]　散装[ ]　冷藏[ ]　液体[ ]　活动物[ ]　机器/汽车[ ]　危险品等级[ ]
   GOODS　　　BAG/JUMBO BULK　 REEFER LIQUID LIVE　ANIMAL   MACHINE/AUTO   DANGEROUS CLASS

2. 集装箱种类：　普通[ ]　开顶[ ]　框架[ ]　平板[ ]　冷藏[ ]
   CONTAINER　 ORDINARY　OPEN　 FRAME　 FLAT　 REEFERAGERATOR

3. 转运工具：　海轮[ ]　飞机[ ]　驳船[ ]　火车[ ]　汽车[ ]
   BY TRANSIT　SHIP　　PLANE　 BARGE　 TRAIN　 TRUCK

4. 船舶资料：　　　　船籍　　　　船龄
   PARTICULAR OF SHIP　REGISTRY　 AGE

备注：被保险人确认本保险合同条款和内容已经完全了解。
THE ASSURED CONFIRMS HEREWITH THE TERMS AND CONDITIONS OF THIS INSURANCE CONTRACT FULLY UNDERSTOOD.

投保日期(DATE)

投保人(签名盖章) APPLICANT'S SIGNATURE

电话：(TEL)
地址：(ADD)

本公司自用(FOR OFFICE USE ONLY)

费率　　　　　　保费
RATE：　　　　 PREMIUM

经办人　　　核保人　　　负责人　　　联系电话：　　承保公司签章
By　　　　　　　　　　　　　　　　　　Tel　　　　 Insurance Company's Signature

【实训项目2】
缮制保险单。
【实训情境】
出口商(托运人)：DAYU CUTTING TOOLS I/E CORP
　　　　　　　774 DONG FENG EAST ROAD,TIANJIN,CHINA
进口商(收货人)：FAR EASTERN TRADING COMPANY LIMITED
　　　　　　　336 LONG STREET NEW YORK
发票日期：2020年5月15日
发票号：X118
合同号：MK007
信用证号：41-19-03
装运港：TIANJIN
中转港：HONGKONG
目的港：NEW YORK
运输标志：FETC
　　　　MK007
　　　　NEW YORK
　　　　C/No. 1-UP
货名：CUTTING TOOLS
数量：1 500 SETS
包装：纸箱装,每箱3 SETS
单价：CIF NEW YORK USD 128/SET
原产地证书号：IBO12345678
商品编码：1297 0400
保险单号：ABX999
保险单日期：2020年5月18日　　保险加成率：10%
提单日期：2020年5月20日
船名航次：HONGXING V.777
险别：COVERING ICC (A) AS PER INSTITUTE CARGO CLAUSE OF 1982
赔付地点：NEW YORK IN USD
【实训任务】
根据所给资料,结合本项目的内容,缮制保险单。

中保财产保险有限公司
The People's Insurance (Property) Company of China Ltd

Head Office：BEIJING　　　　海洋货物运输保险单　　　　Established in 1949

MARINE CARGO TRANSPORTAION INSURANCE POLICY

发票号码　　　　　　　　　　　　　　　　　　　　　　保险单号次
Invoice No.　　　　　　　　　　　　　　　　　　　　　Policy No.

被保险人：
Insured：

中国人民保险公司（以下简称"本公司"）根据被保险人的要求，及其所缴付的保险费，按照本保险单承保险别和背面所载条款与下列特别条款承保下述货物运输保险，特签发本保单。

This Policy of Insurance witnesses that The People's Insurance Company of China (hereinafter called "The Company") at the request of the "Insured" and in consideration of the agreed premium paid to the Company by the Insured undertakes to insure the undermentioned goods in transportation subject to the conditions of this Policy as per the Clauses printed overleaf and other special clauses attached hereon.

标记及号码 Marks & Nos.	包装数量 Quantity	保险货物项目 Description of Goods	保险金额 Amount Insured

总保险金额
Total Amount Insured：＿＿＿＿＿＿＿＿＿＿＿＿＿＿＿＿＿＿＿＿＿＿＿＿＿＿＿＿＿＿

保费　　　　　　　　　费率　　　　　　　　装载运输工具
Premium ＿＿＿＿＿　　Rate ＿＿＿＿＿　　Per Conveyance S. S. ＿＿＿＿＿＿＿

开航日期　　　　　　　起运港　　　　　　　目的港
Slg. on or Abt. ＿＿＿　From ＿＿＿＿＿　To ＿＿＿＿＿＿

承保险别
Conditions

所保货物，如发生本保单项下可能引起索赔的损失或损坏，应立即通知本公司下述代理人勘察。如有索赔，应向本公司提交保险单正本（本保险单共有　　份正本）及有关部门文件。如一份正本已用于索赔，其余正本则自动失效。

In the event loss or damage which may result in a claim under this Policy, immediate notice applying for Survey must be given to the Company's Agent as mentioned hereunder. Claims, if any, one of the Original Policy which has been issued in ＿＿＿ Original(s) together with other relevant documents shall be surrendered to the Company. If one of the Original Policy has been accomplished, the others to be void.

赔款偿付地点
Claim Payable at

　　　　　　　　　　　　　　　　　　中保财产保险有限公司
　　　　　　　　　　　　　　THE PEOPLE'S INSURANCE (PROPERTY) COMPANY OF CHINA LTD

日期
Date
地址
Address

项目十二

陆运货物、空运货物和邮包货物保险

○ 知识目标

理解:航空运输货物保险。

熟知:邮递货物保险。

掌握:陆上运输货物保险。

○ 技能目标

能够在掌握基本保险理论的基础上,具备实际应用和解决问题的能力。

○ 素质目标

运用所学的理论与实务知识研究相关案例,培养和提高在特定业务情境下分析解决问题与决策设计的能力;能结合教学内容,依照职业道德与企业伦理的"行业规范与标准",分析行为的善恶,强化职业道德素质。

○ 项目引例

航空运输货物的拒绝赔付案

2021年1月2日,新加坡A公司与卖方我国B医药保健品进出口公司(以下简称"B公司")签订了成交确认书。根据合同规定,由卖方按照CIF新加坡的价格条款向A公司销售虫草300千克,货物由中国口岸空运到新加坡,并由卖方负责投保,合同总金额为24.6万美元。卖方于2021年1月12日在广州将300千克虫草交付D公司承运,并由D公司出具了广州至新加坡的全程空运单。同时,卖方向保险公司办理了货物的投保手续,保险公司出具了货物航空运输保险单,保险金额为26.84万美元,运输方式为空运,投保险种为航空运输一切险。起运地为广州,目的地为新加坡,赔付地为新加坡。卖方把背书后的保险单连同其他单据送交A公司,A公司成为上述保险单的合法受益人。1月23日,A公司在新加坡机场仓库提货时,发现上述300千克虫草全部被盗,A公司通知了保险公司在新加坡的保险代理人到场查验,证实货物在运输途中被盗。货损发生后,A公司凭保险单和其他单据向保险公司提出索赔,保险公司经过调查发现,保险单上约定的由广州空运至新加坡的运输方式和路线被改为由广州陆运至香港,再由香港空运至新加坡。而且交付陆运和空运时毛重不同,说明货物是在广州出关后在陆运途中被盗的。故保险公司以本案涉及的损失是由于发货人在事先未通知保险人的情况下擅自改变运输方式所引起的,属于保险除外责任为由,拒绝赔付。

引例分析:保险人出具的保险单上已明确约定,货物装载工具是飞机,起止地是广州至新加坡。保险单上没有约定可以陆空联运,也没有约定可以从广州以外的港口起始空运。发货人在事先没有通知保险人的情况下擅自改变运输方式和路线,严重违反保险人在保险单上的约定。这种改变增加了运输环节,导致货物在运输途中的风险大大增加。依据航空运输货物保险条款的规定，发货人责任引起的损失，属于保险的除外责任，保险人不负责赔偿。

《中华人民共和国保险法》第 52 条规定："在合同有效期内，保险标的危险程度增加的，被保险人按照合同约定应当及时通知保险人，保险人有权要求增加保险费或解除保险合同。被保险人未履行前款规定的通知义务的，因保险标的危险程度增加而发生的保险事故，保险人不承担赔偿责任。"应该说，这项法律规定正是对类似本案的大量司法实践的总结。

○ **知识精讲**

任务一　陆上运输货物保险

一、陆运险与陆运一切险

（一）责任范围

陆运险的承保责任范围与海洋运输货物保险条款中的"水渍险"相似。保险公司负责赔偿被保险货物在运输途中遭受暴风、雷电、洪水、地震等自然灾害或由于运输工具遭受碰撞、倾覆、出轨或在驳运过程中因驳运工具遭受搁浅、触礁、沉没、碰撞；或由于遭受隧道坍塌、崖崩或着火、爆炸等意外事故所造成的全部或部分损失。此外，被保险人对遭受承保责任内危险的货物要采取抢救、防止或减少货损的措施，而陆运一切险的承保责任范围与海上运输货物保险条款中的"一切险"相似。

（二）责任起讫

陆上运输货物险的责任起讫采用"仓至仓"责任条款。保险人负责自被保险货物运离保险单所载明的起运地仓库或储存处所开始运输时生效，包括正常运输过程中的陆上和与其有关的水上驳运在内，直至该项货物运达保险单所载目的地收货人的最后仓库或储存处所或被保险人用作分配、分派的其他储存处所为止。如未运抵上述仓库或储存处所，则以被保险货物运抵最后卸载的车站满 60 天为止。

陆上运输货物险的索赔时效为从被保险货物在最后目的地车站全部卸离车辆后起算，最多不超过 2 年。

二、陆上运输冷藏货物险

（一）责任范围

陆上运输冷藏货物险主要责任范围除负责陆运险所列举的自然灾害和意外事故所造成的全部或部分损失外，还负责赔偿由于冷藏机器或隔温设备在运输途中损坏所造成的被保险货物解冻融化以致腐烂的损失。但对于因战争、罢工或运输延迟而造成的被保险冷藏货物的腐烂或损失，以及被保险冷藏货物在保险责任开始时未能保持良好状况，包括整理、包扎不妥，或冷冻上的不合规定及骨头变质造成的损失除外。一般的除外责任条款也适用本险别。

（二）责任起讫

陆上运输冷藏货物险的责任自被保险货物运离保险单所载起运地点的冷藏仓库装入运送工具开始运输时生效，包括正常的陆运及其有关的水上驳运在内，直至货物到达保险单所载明的目的地收货人仓库为止。但是最长保险责任的有效期限以被保险货物到达目的地车站后 10 天为限。(中国人民保险公司的该项保险条款还规定：装货的任何运输工具，必须有相应的冷藏设备或隔温设备；或供应和贮存足够的冰块使车厢内始终保持适当的温度，保证被保险冷藏货物不致因融化而腐烂,直至目的地收货人仓库为止。)

陆上运输冷藏货物险的索赔时效为从被保险货物在最后目的地全部卸离车辆后起计算,最多不超过2年。

三、陆上运输货物战争险

加保陆上运输货物战争险(Overland Transportation Cargo War Risks)后,保险公司负责赔偿在火车运输途中由于战争和类似战争行为、敌对行为、武装冲突所致的损失以及各种常规武器包括地雷、炸弹所致的损失。但是,由于敌对行为使用原子或热核武器所致的损失和费用,以及根据执政者、当权者或其他武装集团的扣押、拘留引起的承保运程的丧失和挫折而造成的损失除外。

陆上运输货物战争险的责任起讫与海运战争险相似,以货物置于运输工具时为限。即自被保险货物装上保险单所载起运地的火车时开始到卸离保险单所载目的地火车时为止。如果被保险货物不卸离火车,则以火车到达目的地的当日午夜起计算,满48小时为止;如在运输中途转车,则不论货物在当地卸载与否,保险责任以火车到达该中途站的当日午夜起计算满10天为止。如货物在此期限内重新装车续运,仍恢复有效。但需指出,如运输合同在保险单所载目的地以外的地点终止时,该地即视作本保险单所载目的地,在货物卸离该地火车时为止;如不卸离火车,则保险责任以火车到达该地当日午夜起计算满48小时为止。

任务二 航空运输货物保险

一、航空运输险和航空运输一切险

(一)责任范围

1. 航空运输险的责任范围

保险公司负责赔偿被保险货物在运输途中遭受雷电、火灾、爆炸或由于飞机遭受恶劣气候或其他危难事故而被抛弃,或由于飞机遭受碰撞、倾覆、坠落或失踪等自然灾害和意外事故所造成的全部或部分损失。

2. 航空运输一切险的责任范围

包括上述航空运输险的全部责任外,保险公司还负责赔偿被保险货物由于被偷窃、短少等外来原因所造成的全部或部分损失。

(二)责任起讫

采用"仓至仓"条款,但与海洋运输险的"仓至仓"责任条款不同的是,如货物运达保险单所载明目的地而未运抵保险单所载明的收货人仓库或储存处所,则以被保险货物在最后卸载地卸离飞机后满30天为止。

如在上述30天内被保险货物需转送到非保险单所载明的目的地时,则以该项货物开始转运时终止。

(1)被保险货物如在非保险单所载目的地出售,保险责任至交货时为止。但不论何种情况,均以被保险货物在卸载地卸离飞机后满30天为止。

(2)被保险货物在上述30天期限内继续运往保险单所载原目的地或其他目的地时,保险责任的规定即在保险单所载目的地或其他目的地卸离飞机后满30天终止。

二、航空运输货物战争险

航空运输货物战争险就其性质而言,是航空运输货物险的一种附加险。

其责任范围为保险公司承担赔偿在航空运输途中由于战争和类似战争行为、敌对行为或武装冲突以及各种常规武器和炸弹所造成的货物的损失,但不包括因使用原子或热核武器所造成的损失。

航空运输货物战争险是航空运输货物险的一种特殊附加险,只有在投保了航空运输险或航空运输一切险的基础上方可加保。

加保航空运输货物战争险后,保险公司承担赔偿在航空运输途中由于战争和类似战争行为、敌对行为或武装冲突以及各种常规武器和炸弹所造成的货物的损失,但不包括因使用原子或热核武器所造成的损失。

航空运输货物战争险的保险责任起讫是自被保险货物装上保险单所载明的起运地的飞机时开始,直到卸离保险单所载明的目的地的飞机时为止。如果被保险货物不卸离飞机,则以飞机到达目的地当日午夜起计算满15天为止;如果被保险货物需在中途转运时,则保险责任以飞机到达转运地的当日午夜起计算满15天为止;待装上续运的飞机,保险责任再恢复有效。

【同步案例12-1】 航空运输出口货物遗失索赔案

A货运代理公司空运部接受货主的委托,将一台重20千克的精密仪器从沈阳空运至香港。该批货物价值5万余元人民币,但货物"声明价值"栏未填写。A货运代理公司按照正常的业务程序,向货主签发了航空分运单,并按普通货物的空运费率收取了运费。由于当时沈阳无直达香港的航班,所有空运货物须在北京办理中转。为此,A货运代理公司委托香港B货运代理公司驻北京办事处办理中转业务。但是,由于航空公司工作疏忽,致使该货物在北京至香港的运输途中遗失。

案例精析

请问:
(1) A货运代理公司和B货运代理公司的法律地位是什么?
(2) 它们是否应对货物遗失承担责任?
(3) 本案是否适用国际航空货运公约?为什么?
(4) 货主认为应按货物的实际价值进行赔偿的主张是否有法律依据,为什么?

任务三 邮包货物保险

一、邮包险和邮包一切险

邮包险的承保责任范围是负责赔偿被保险邮包在运输途中由于恶劣气候、雷电、海啸、地震、洪水、自然灾害或由于运输工具搁浅、触礁、沉没、碰撞、出轨、倾覆、坠落、失踪,或由于着火和爆炸等意外事故造成的全部或部分损失;另外,还负责被保险人对遭受承保责任范围内风险的货物采取抢救、防止或减少货损的措施而支付的合理费用,但以不超过该批被救货物的保险金额为限。

邮包一切险的承保责任范围除包括上述邮包险的全部责任外,还负责被保险邮包在运输途中由于一般外来原因所致的全部或部分损失。

但是,关于这两种险别,保险公司对因战争、类似战争行为、敌对行为、武装冲突、海盗行为、工人罢工所造成的损失,直接由于运输延迟或被保险物品本质上的缺陷或自然损耗所造成的损失以及属于寄件人责任和被保险邮包在保险责任开始前已存在的品质不良或数量短差所造成的损失,被保险人的故意行为或过失所造成的损失,不负赔偿责任。

邮包险和邮包一切险的保险责任是自被保险邮包离开保险单所载起运地点寄件人的处所运往邮局时开始生效。直至被保险邮包运达保险单所载明的目的地邮局发出通知书给收件人当日午夜起算满15天为止,但在此期限内邮包一经递交至收件人的处所时,保险责任即行终止。

二、邮包战争险

邮包战争险是邮政包裹保险的一种特殊附加险,只有在投保了邮包险或邮包一切险的基础上,经投保人与保险公司协商方可加保。

加保邮包战争险后,保险公司负责赔偿在邮包运输过程中由于战争、类似战争行为、敌对行为、武装冲突、海盗行为以及各种常规武器包括水雷、鱼雷、炸弹所造成的损失。此外,保险公司还负责被保险人对遭受以上承保责任内危险的物品采取抢救、防止或减少损失的措施而支付的合理费用。但保险公司不承担因使用原子或热核制造的武器所造成损失的赔偿。

邮包战争险的保险责任是自被保险邮包经邮政机构收讫后自储存处所开始运送时生效,直至该项邮包运达保险单所载明的目的地邮政机构送交收货人为止。

【视野拓展12-1】 出口信用保险与出口信贷

出口信用保险(Export Credit Insurance)是承保出口贸易中出口商由于境外的商业风险或政治风险而遭受损失的一种特殊保险,主要为出口商提供出口收汇风险保障。该保险业务中,被保险人(出口商)缴纳保险费,保险人将赔偿出口商因进口商不能按照合同规定支付到期的部分或全部货款的经济损失。

出口信用保险的特点有以下五个方面:
(1)承保风险的特殊性。
(2)通常是获得出口信贷融资的条件之一。
(3)保险机构主要由政府出资设立或给予资金支持。
(4)主要目的是提高本国产品的国际竞争力,扩大海外市场。
(5)一般属于非商业性保险业务。

出口信贷是指一个国家为了鼓励商品出口,增强出口商品的竞争能力,通过银行对本国出口厂商或国外进口厂商提供的贷款。出口信贷包括卖方信贷和买方信贷。

卖方信贷(Supplier Credit)是指出口国贷款银行向本国出口商提供的中长期优惠贷款。它解决了出口商资金周转的困难,使之能采取延期付款的方式同进口商达成交易。

买方信贷(Buyer Credit)是指为了解决进口商暂时无力支付而又必须支付给出口商货款的需要,由出口国贷款银行把款项贷给进口商或进口国的银行,再由进口商用这笔贷款以现汇形式向出口商支付货款的一种出口信贷融资方式。

买方信贷具体有两种方式:

（1）出口国贷款银行先向进口国银行贷款，再由进口国银行为进口商提供信贷。进口银行可以按进口商原计划的分期付款时间陆续向出口国贷款银行归还贷款，也可以按照双方银行另行商定的还款办法办理，而进口商与进口国银行之间的债务，则由双方在国内直接结算清偿。

（2）出口国贷款银行直接向进口商贷款，并由进口国银行或第三国银行为该项贷款担保，进出口贸易的结算方式则为即期付款。通常，出口国贷款银行根据合同规定凭出口商提供的交货单据将贷款直接付给出口商，而进口商则按合同规定陆续将贷款本息偿还给出口国贷款银行。

出口信贷担保(Export Credit Guarantee)是指由国家设立专门机构对本国商业银行向出口商或进口商或进口国银行提供的出口信贷融资出面担保，当借款人拒绝付款时，由该机构按承保的金额给予补偿的一种鼓励出口的政策措施。

基础训练

一、单项选择题

1. 空运货物保险对货物在运达目的地后的保险责任终止日期规定为（　　）。
   A. 卸离飞机后满10天　　　　　　B. 卸离飞机后满15天
   C. 卸离飞机后满30天　　　　　　D. 卸离飞机后满60天
2. 陆上运输货物险的责任起讫采用（　　）。
   A."门到门"条款　　B."钩至钩"条款　　C."钩至仓"条款　　D."仓至仓"条款
3. 陆上运输冷藏货物险最长保险责任的有效期限以被保险货物到达目的地车站后（　　）。
   A. 10天为限　　　B. 15天为限　　　C. 20天为限　　　D. 30天为限
4. 陆上运输货物战争险的责任起讫（　　）。
   A. 以"仓至仓"责任为限　　　　　B. 以货物置于运输工具上时为限
   C. 以运输工具处于运输途中为限　　D. 以运输工具处于运动状态为限
5. 邮包险和邮包一切险的保险责任是自被保险邮包离开保险单所载起运地点寄件人的处所运往邮局时开始生效。直至被保险邮包运达保险单所载明的目的地邮局发出通知书给收件人当日午夜起算满（　　）天为止。
   A. 15　　　　　B. 20　　　　　C. 25　　　　　D. 30

二、多项选择题

1. 陆运货物保险的险别主要有（　　）。
   A. 陆运险　　　　　　　　　　　B. 陆运一切险
   C. 陆上运输货物战争险　　　　　D. 陆运全损险
2. 中国人民保险公司承保邮递货物保险的基本险有（　　）。
   A. 邮包险　　　B. 邮包一切险　　C. 邮包战争险　　D. 邮包专门险
3. 邮包险和邮包一切险的除外责任包括下列（　　）造成的损失。
   A. 战争行为　　B. 敌对行为　　　C. 类似战争行为　　D. 武装冲突
4. 陆运险的承保范围，保险公司负责赔偿被保险货物的（　　）所造成的损失。

A. 雷电   B. 沉没   C. 碰撞   D. 洪水

5. 对于邮包战争险,保险公司负责赔偿的范围是(　　)。

A. 战争行为   B. 武装冲突

C. 海盗行为   D. 原子或热核武器造成的损失

三、简述题

1. 简述陆运险和陆运一切险的责任起讫。
2. 简述航空运输险和航空运输一切险的责任范围。
3. 简述陆运险和陆运一切险的责任范围。
4. 简述邮包战争险。
5. 简述航空运输险和航空运输一切险的责任起讫。

四、技能案例

【案例背景】

一批从北京运往伦敦的机器配件,在巴黎中转,货运单号666—33783442,共4件,每件25千克。当在巴黎中转时,由于临时出现问题,发货人向航空公司提出停止运输,且返回北京。

【技能思考】

结合本项目及本书上篇国际货物运输的相关内容回答:发货人的请求是否可以得到航空公司的许可?为什么?返回的机器配件的运费由谁来支付?

综合实训

【实训项目】

航空运输货物保险。

【实训情境】

一名客户在汕头机场委托一家航空公司将一批货物托运至成都,后来发现这批货物丢失了。双方因赔偿问题发生纠纷,最后对簿公堂。从汕头市龙湖区法院了解到,这起航空货物运输合同纠纷案近日已经审理终结,客户获赔相关货物损失及运费等。

事件回顾:客户方某称,2021年2月27日,他在汕头机场委托一家航空公司运输用编织袋包装的复印机一件,总重量为36千克,价值21 600元。合同约定货物在成都机场自提,方某支付了运费277元,但成都方面并没有提到货物。为此,方某请求法院判令这家航空公司偿还自己的损失21 600元,以及直接经济损失1 360元等。

【实训任务】

根据上述实训情境,对航空货物运输进行程序设计,并分析货物丢失的责任应该由谁来承担。

参考文献

1. 李贺:《国际货物运输与保险》(第三版),上海财经大学出版社2019年版。
2. 李贺、胡聪:《海商法》,西南财经大学出版社2015年版。
3. 孙家庆:《国际货运代理》(第三版),东北财经大学出版社2017年版。
4. 栗丽:《国际运输与保险》,中国人民大学出版社2017年版。
5. 张虹、陈迪红:《保险学原理》,清华大学出版社2018年版。
6. 赵盈盈、尚静:《国际货物运输与保险》,西南交通大学出版社2017年版。
7. 李贺:《国际货运代理》,上海财经大学出版社2020年版。
8. 中国国际货运代理协会:《国际航空货运代理理论与实务》,中国商务出版社2010年版。
9. 中国国际货运代理协会:《国际海上货运代理理论与实务》,中国商务出版社2010年版。
10. 杨海芳:《国际货物运输与保险》,北京交通大学出版社2018年版。
11. 黄海东、孙红玉:《国际货物运输保险》,清华大学出版社2016年版。
12. 李贺:《外贸跟单实务》(第三版),上海财经大学出版社2020年版。
13. 李贺:《国际贸易理论与实务》(第二版),上海财经大学出版社2020年版。
14. 李贺:《外贸单证实务》(第三版),上海财经大学出版社2019年版。
15. 李贺:《国际贸易实务》,上海财经大学出版社2020年版。
16. 姚新超:《国际贸易运输与保险》,对外经济贸易大学出版社2016年版。
17. 应世昌:《国际货物运输与保险》,首都经济贸易大学出版社2017年版。
18. 董琳娜、何翔:《国际货物运输与保险》,清华大学出版社2017年版。
19. https://haokan.baidu.com.